D1725951

éditions
guy binsfeld°

# TOMAS BJØRNSTAD

# VON DER SCHÖNEN ERDE

*Fragmente & Skizzen*

Éditions Guy Binsfeld

In Hommage an Julio Cortázar, den Tomas Bjørnstad nie persönlich kennenlernte, da Julio in dem Jahr starb, in dem Tomas, den offiziellen Angaben nach, zur Welt kam.

Alle Personen dieses Werkes sind erfunden, auch diejenigen, die nicht erfunden sind.

ein gantz respektabler Uhrwald, dessen Durchkreutzung gantz
gewiß, dem grimmigsten aller infahmen Teufel,
im höchsten Graade zuwider sein müßte

Adolf Wölfli, *Von der Wiege bis zum Graab*

Alle Wesen bisher schufen etwas über sich hinaus: und
ihr wollt die Ebbe dieser großen Flut sein und lieber noch zum
Tiere zurückgehn, als den Menschen überwinden?

Friedrich Nietzsche, *Also sprach Zarathustra*

Das Problem, wenn man 3 und 3 zusammentut, ist,
dass es manchmal 6 ergibt und manchmal 33

Jean-Claude Juncker

Möglicherweise ist das Ganze nichts als eine einzige Panikattacke

Tomas Bjørnstad, *Troll*

## Spielregeln

Die Geschichte gehört Ihnen. Sie sind die Gestalter.
Ohne Sie gäbe es die Sprache nicht.
Sie sind ein Tier auf Umwegen.
Himmel und Hölle auf Erden.
Sie bemühen sich. Sie sprechen sich aus und versagen.
Worin besteht eine erbrachte Leistung?
Es gibt unzählige Tote, die Ihnen gleichgültig sind.
Zum Leben gehört der Zerfall.
Und das Würfeln.
Dies ist eine Möglichkeit:
Sie würfeln sich an den Anfang.
Gerne dürfen Sie auch linear lesen.
Sie fangen an bei Kapitel 1 und tun, als läsen Sie einen Roman. Aber aufgepasst: Diese Lesart könnte sich als unzulänglich erweisen.
Am besten Sie tasten sich im Labyrinth voran, indem Sie den Zahlen am Ende eines Kapitels folgen.

Wählen Sie Schwarz oder Weiß.
Weiß fängt bei Kapitel 8 ½ an,
Schwarz bei Kapitel 66.

Eine Abweichung von der Strategie zahlt sich nicht aus (Nash-Gleichgewicht).

Go!

# I

## Entwürfe
## (Games people play)

# 1

## Wer?

Ob jemand das überleben würde?

Ein verbesserter Mitmensch vielleicht, der ein Kopfüber nicht scheut und bereit ist, sich für Optimierung und Implantat oder sonst eine der angestrebten Emulationen zu opfern. Besinnungslos fällt er sich in den Wettbewerbsvorteil. Möglicherweise ist er oder sie oder es kein biotisches Wesen mehr. Hätte er, sie oder es Ohren, klänge der Sturz wie Hummelsurren. Vielleicht wüsste das Hummelsurren von der Umwandlung des akustischen Reizes in ein elektrisches Signal. Die Schwingung des ovalen Fensters, hervorgerufen durch die Steigbügelplatte, versetzte die dahinterliegende Flüssigkeit in Bewegung und es bildete sich die sogenannte Wanderwelle aus.

So aber erleben wir die Welt als neurologische Störung und Auflösung der Denkprozesse. Jeder sollte darauf achten, dass sich seine Gedanken nicht zu weit wegbewegen, nicht von ihm und nicht von den Schnittstellen im Hirn mit den gebrauchten Datenmengen. Es wird genau bemessen, ob eine Arbeitskraft stets das Optimale aus sich herausholt. Die Zukunft liegt im Maschinenei.

Gackern heißt nun Cyborgisierung. Oder so was Ähnliches.

Wir freuen uns mit den Strukturen der Verharmlosung.

Gebären war früher.

Auch Hummelsurren ist ein veraltetes Wort.

Und der Mund kann ein Abgrund sein.

Die Menschen sind längst den Häusern angepasst. In einer Zeit, in der Gedanken von Hirn zu Hirn gehen, braucht es keine

Dichter mehr. Sie sind sprachlose Haustiere, gehalten von Steig-
bügelhaltern einer neuen Intelligenz. Verwundert schüttelt
sich das All über den Gestaltungswillen unserer Weitsicht.
Entfernungen werden längst nicht mehr in Schwalben gemessen.
Wir haben eine sehr kurzweilige Zeit vor uns.

# 2

## Liliane M

Es ist das Jahr, in dem sie anfängt, in der dritten Person über sich zu berichten.

Sie fragt sich, ob Wünsche einen Wert haben, und wenn ja, ob dieser sich am Grad ihrer Erfüllung messen ließe, oder ob der Wert unabhängig von jeglicher Verwirklichung darin liege, sie als Möglichkeit zu genießen, als hoffnungstragende Willenserklärung.

Sie steht im Geschäftsviertel der Stadt, am Ende der Fußgängerzone; vor ihr türmen sich Geldinstitute, die verkrümmten Spiegeln ähneln. Einen Augenblick lang denkt sie sich die vorbeieilenden Menschen als Wünsche. Unauffällige sind dabei, scheue, verzweifelte, andere, fordernd und übertrieben, lassen an Hybris denken. Wenn die Menschen aber Wünsche sind, sagt sie sich, wessen Wünsche sind sie dann? Und wer lässt mich dies denken in diesem Augenblick?

Als sie im Vorbeigehen zufällig in eines der Institute hineinsieht und die Angestellten wie Häftlinge an den Tischen sitzen sieht, weiß sie: Wenn die Menschen Wünsche sind, dann nur solche, die nicht erfüllt wurden.

Sie fühlt sich verloren, findet nur heraus aus diesem Gefühl, indem sie sich in Gefahr begibt.

Sie sollte sich hinstellen und warten, bis jemand sie anspricht. Je nachdem wer es wäre, würde sie mit ihm reden.

Sie fühlt sich aufgehoben in den Gesprächen mit Unbekannten. Manchmal. Manchmal läuft sie auch davon. Es könnte ja sein, dass er sie zur Rede stellte wegen des Kindes. Aber das ist schon so lange her, dass sich niemand mehr daran erinnert.

In der Luft liegt ein leichter Rauchgeruch, gemischt mit dem von Desinfektionsmittel.

Totes oder lebendes Material in einen Zustand versetzen, so dass es nicht mehr infizieren kann, las sie in einem Wörterbuch für Ärzte.

Das können doch nicht alles Krankenhäuser sein, sagt sie sich und sieht an den Fassaden hoch.

Als ihre Augen sich an das helle Blau darüber gewöhnt haben, erspäht sie einen dunklen schwebenden Punkt. Ein lauernder Greifvogel, denkt sie zuerst, merkt dann, dass dieser Körper mehr stürzt als schwebt. Als habe er es eilig, zur Erde zu gelangen. Ein Individuum, das eben aus dem Blau geboren wurde, ein Wesen mit einer Botschaft aus dem All, ein Mensch beim Fall in die Zeit. Oder gar ein rettender Engel?

Dann treibt es ab und wird vom Turm geschluckt.

Muss noch sehr schnell und sehr hoch sein, sagt sie sich.

# 3

## Jean-Pierre W (JPW)

Die Stadt stinkt.

Der Phenolgeruch der Halde.

Angeblich stamme ich daher. Tue sogar manchmal, als erinnerte ich mich. Wie ich da lag, in den aufgeweichten Kartons, zwischen Zäpfchen und Fläschchen, Monatsbinden und Packungsbeilagen, gut aufgehoben zwischen Restbeständen und Klinikschutt, getragen vom Gestank der Desinfektionsmittel, gerettet durch einen Junkie auf der Suche nach einer Spritze.

Illegal, alles, der Müll, der Junkie und ich.

Der Schoß meiner Mutter spie etwas aus, genau an dem unbetretbaren Ort am Stadtrand. Ein Knäuel Menschliches, ein Klumpen Fleisch und Blut. Ich nehme an, dass sogar der Junkie über das Hingerotzte, das Schreie ausstieß, erschrak. Winzige Schreie, weil es am Vertrocknen war. Vielleicht dachte er: Mein Entzug wird immer beschissener!

Vielleicht sagte er auch dem andern Junkie: Geh nicht hin, da liegt was.

Und irgendwie geht der doch hin, und irgendwie erfährt es dann jemand, der irgendwelche Verantwortung mit sich trägt.

Und so wird aus dem Weggeworfenen ein Jean-Pierre.

Keine Ahnung, woher ich den Namen habe. Im Heim hieß ich plötzlich so. Weil jeder einen Namen zu haben hatte. Um aufgerufen werden zu können.

Jean-Pierre, vortreten!

Jean-Pierre hatte wieder einmal durch auffälliges Benehmen auf sich aufmerksam gemacht.

Du bist doch ein guter Junge, sagte der Heimleiter, und du bist klug.

Das kriegten sie nicht zusammen, die Klugheit und das Ausrasten.

Die Klugen saßen brav und schrieben an ihren Aufsätzen, die andern waren schwer erziehbar und kriegten Prügel. Ich gehörte zu beiden. Der Heimleiter hatte herausgefunden, dass ich sehr schnell sehr gut Schach spielte. So wurde ich gefördert. Der Phenolgestank wurde aus mir herausgewaschen und ich wurde mal richtig durchgeschleudert, damit ich aus dem Müllkippentrauma herausfinde. Recycling Jean-Pierre muss das Programm geheißen haben. Ich lernte laufen und lief ziemlich schnell ziemlich schnell. Jean-Pierre, der Läufer, unterwegs in alle Richtungen.

Womöglich sucht er überall bloß seine Eltern, sagte der psychologisch geschulte Psychologe mit seinem Wissen aus dem vorigen Jahrhundert.

Ich hatte meinen Vater längst getötet. Und hatte regelmäßig Sex mit meiner Mutter, bis ich auch sie umbrachte. Ich riss ihr das Herz aus dem Leib und schickte es in einem Brief an die Haldenverwaltung, damit es dort landete, wo ich einmal gelandet war.

Den Psychologen habe ich unter seiner Homepage begraben. Habe mich reingehackt und ihn weltberühmt gemacht. Niemals zuvor hatte sich ein Mensch derart dem Spott der Welt ausgesetzt. Er starb vor seinem Schirm an Schamesröte.

So bin ich auf den Geschmack gekommen und habe fortan auch anderen Menschen geholfen, sich zu verwirklichen. Sie gaben sich falsche Namen und entkleideten sich. Und ich stellte sie ins Netz und baute damit mein Geschäft auf. Schnell und effizient.

Ich heiße Blogger, Jogger oder Joker, manchmal heiß ich auch Mister Poker.

Meine neue Heimat heißt *Gus Clinton Consulting*. Da bin ich jetzt eingetaucht. Zum Vergnügen der Chefin, Frau Koenig, die sie Königin Elisabeth oder auch die rote Königin nennen.

Lücken im Lebenslauf bedeuten nichts Gutes und werden negativ interpretiert, ha! Ich pisse sie in den Schnee, meine Lebensläufe. Third life, fourth life. 7 Leben hat der Kater, erst im achten wird er Vater.

Die *Gus Clinton* ist ein ziemlich undurchdringliches Geflecht, da ist die Erfahrung des Dschungelkämpfers von Nutzen. Durchhaltevermögen und Belastbarkeit, was in dem Maße nicht jedem gegeben ist.

Noch vor 2 Tagen hat sich ein Mitarbeiter aus dem Fenster oder vom Dach gestürzt. Der dritte in diesem Jahr.

Der gehörte zu der Sorte Mensch, die Gitter vor dem Fenster brauchen, sagte die Chefin.

Pardon gibt's hier nicht, bestenfalls als Drohung. Wenn die Vorgesetzte Sie mit „Pardon?" angeht, können Sie sicher sein, dass Sie das Falsche gesagt oder getan haben und ein paar Tage Bunker riskieren.

Die ganze Firma ist ein Tollhaus, die Belegschaft in ständigem Kriegsrat, weil es pausenlos ums Überleben geht.

Vielleicht geht's auch noch um was anderes und die ganze Geschäftigkeit ist bloß ein Vorwand. Aber worum es gehen sollte, habe ich bisher nicht erfasst. Wie auch immer, überleben ist wichtiger als leben. Daraus ergibt sich ein besonderes Atmen, ein leicht japsendes Sauerstoffschöpfen, aus dem das Winseln der Suchtkranken herauszuhören ist.

Nicht nur in der Firma, in ganz Kaffstadt wird so geatmet. Überall dieses schäumige Geräusch speichelbedeckten Stoffwechsels, überall diese Schwärme lästiger Berater und gerissener Lobbyisten: schemenhafte Wesen, schimmernde Ölgesichter, dürre Insektenkörper, die alle in teuren, mülltütengrauen Anzügen stecken und beständig unterwegs sind, gewieften Schrittes und mit knurrenden Augen auf Beute aus. In Kaffstadt, sagt die Königin, musst du so schnell rennen, wie du kannst, wenn du am gleichen Fleck bleiben willst. Das haben sich alle sehr zu Herzen genommen. Niemand weiß genau, was geschieht, aber es geschieht, und alle leben davon, dass es geschieht. Streng genommen gibt es hier nur Überlebende und Verrückte.

# 4

# Vorwort

Damals schrieb ich unter dem Pseudonym Liliane Musmann; der Name ist in Literaturkreisen mittlerweile so gut wie vergessen. Man kann ihn aber noch ausfindig machen, zum Beispiel auf der vom *Centre national de littérature/Lëtzebuerger Literaturarchiv (CNL)* veröffentlichten Liste der Preisträger des Nationalen Literaturwettbewerbs. Liliane Musmann gewann einen Preis für ihr Stück *Spadséiergank bei den huelen Zant* und einen weiteren für ihr Hörspiel *Rulett*, das damals auch von RTL ausgestrahlt wurde.

Zu gleicher Zeit veröffentlichte ich unter den Pseudonymen Jean-Pierre Wagner und Guy Helminger, die ebenfalls unter den Preisträgern zu finden sind, der eine mit dem Text *Eng Hex*, der andere mit *Beim blanne Jhang*.

Im gleichen Jahr wurde bei mir eine bipolare Störung diagnostiziert, mit der ich bis heute gut, manchmal auch weniger gut lebe.

Im darauffolgenden Jahr gab es Kurzgeschichten von mir unter dem Namen Annick Breitfeld.

Weitere Namen an dieser Stelle zu erwähnen, führte zu weit.

Schließlich besteht die Stadt, um die es geht, nicht nur aus Schall und Rauch. Oder wie andere es ausdrücken: aus Schall und Wahn.

Aber lassen wir die Erzählenden beginnen.

# 5

# Guy H

Der erste Satz könnte lauten: Die Welt ist verrückt. Er könnte somit eine Anspielung auf einen alten Film der sechziger Jahre des vorigen Jahrhunderts sein, mit denen ich mich im Rahmen meiner Arbeit für die TV-Zeitschrift *Stars à l'heure* befasse. Im Originaltitel des Films kommt das Wort *verrückt* – *mad* – 4 Mal vor.

Der Satz könnte aber auch die Aussage eines Menschen sein, der gerade Zeitung gelesen hat und J. P. Wagner heißt. Oder Teil eines Kommentars sein, der eben im Radio zu hören war, gesprochen von einer Frau, die dem Zuhörer vorher als verantwortliche Programmleiterin vorgestellt worden war. Der Satz könnte aber auch anders lauten.

Nennen Sie mich, wie es Ihnen beliebt, zum Beispiel.

Oder: Ich glaube nicht, dass irgendein Ausdruck noch allgemeingültige oder überhaupt Bedeutung haben kann.

Oder: Am Anfang war Bjørnstad.

Der Bär und die Stadt. Geht das zusammen? Das Raubtier und die Ordnung der Anwälte. Die *Gus Clinton Consulting* beschäftigt jede Menge davon, Anwälte, keine Bären. Obwohl. Bullen- und Bärenmarkt sind für die ja keine Fremdwörter. Der Bär, so lese ich, ist pessimistisch und setzt auf einen erwarteten Kursabfall. Er macht sein Geld durch Skepsis und Unglauben, spekuliert auf Baisse oder kauft Verkaufsoptionen. Wenn sich die Erwartung der Bären durchsetzt, führt dies zu fallenden Kursen.

Die Börse interessiert mich nur am Rande.

Annick hat mal dort gearbeitet, eine alte Freundin, eine sehr intelligente, sehr schöne und sehr unglückliche Frau. Ich habe nie ganz begreifen können, wie sie nach dem Erfolg der frühen Jahre derart abstürzen konnte.

Als ich sie kennenlernte, hieß sie noch Marylène. Der Name hatte ihr nie gefallen, und mit 18 beschloss sie, sich Annick zu nennen. Warum ihr Marylène missfiel, weiß ich bis heute nicht genau. Ich selbst fand Marylène sanfter als Annick, war jedoch gerne bereit, sie Annick zu nennen, falls sie nur mit mir zu sprechen bereit war.

Später, in Paris, wo wir beide studierten, wurde unser Verhältnis etwas enger.

Auch in Paris war sie sehr umschwärmt.

Ihren Hund Vercingetorix, kurz Torix genannt, hatte sie dorthin mitgenommen, obwohl in der kleinen Wohnung kaum Platz für ein Tier seiner Größe war. Es hieß, er wäre vor allem dazu da, ihr die Verehrer vom Hals zu halten.

Von Zeit zu Zeit bat sie mich, mit ihr zusammen auszugehen – ohne Hund –, da sie in meiner Gegenwart weniger angequatscht wurde. Wir hatten nichts miteinander, taten aber, als seien wir ein Paar, damit die Meute hormongesteuerter Typen, die sie regelrecht anzuziehen schien, auf Distanz blieb. Was aber nicht immer der Fall war. Manche taten, als sei ich gar nicht da, und ich musste sie zurechtweisen, was mir 2 Schlägereien einbrachte, bei denen ich leider den Kürzeren zog. Trotzdem sagte ich jedesmal zu, wenn sie mich fragte, sie zu begleiten. An ihrer Seite zu sein war ein Privileg, auf das kein Mann verzichtet hätte. Ein Teil der Bewunderung, die man ihr entgegenbrachte, galt auch mir. Und ich legte ganz nonchalant meinen Arm über ihre Schulter und blickte triumphierend in die Runde der Neider.

Neben den Aufreißertypen, die schonungslos baggerten, gab es die stillen Verehrer, die sich die unglaublichsten Tricks einfallen ließen, um ihr nahezukommen. Natürlich gab's da auch welche, die man durchaus als pervers bezeichnen konnte. Von denen will ich hier nicht reden, die sind es nicht wert. Ich erinnere mich vielmehr an einen heimlichen Verehrer, der einmal von Torix gebissen worden war. Er hieß Fabrice, glaube ich. Ich wusste nichts von ihm, bis die Umstände es mit sich brachten, dass ich im Rahmen meines Praktikums Dienst im Hôpital Saint Louis tat, wo er wegen des Bisses hinkam, ein eher schüchterner Mann in meinem Alter, Student, hager und blass. Er hatte eine recht tiefe Wunde am linken Arm und hatte Angst vor Tollwut (es hatte damals einige Fälle in Paris gegeben) und Starrkrampf. Er erzählte mir, dass er gebissen worden war, als er der Frau vom fünften Stock die Post hatte geben wollen. Die Concierge hatte sie ihm mitgegeben, um nicht selbst die Treppen hochzusteigen.

Sie wissen schon, hatte sie gesagt, Arthrose.

Er hatte das gerne für sie übernommen, zumal die Frau vom Fünften ja von unberührbarer Schönheit war. Lange schon war er dabei gewesen, sich einen Grund zu überlegen, der es ihm ermöglichte, bei ihr zu klingeln. Und dann drückt die Concierge ihm einfach so die Post in die Hand!

Während ich ihm die Wunde desinfiziere und die Spritzen gebe, erzählt er mir freimütig von dieser Schönheit, die ihm seit Wochen, seit er dort eingezogen ist, keine Ruhe lässt.

Was war das denn für ein Hund?, frage ich ihn.

Ich kenne mich da nicht so aus, antwortet er, aber riesig ist der schon!

Naja, sage ich, ein solcher Zerberus in einem Pariser Mietshaus, das kann schon mal ins Auge gehen.

Wissen Sie, sagt er daraufhin, irgendwie fühle ich mich auch beglückt dabei!

Beglückt? Gebissen und beglückt?

Das werden Sie nicht verstehn, sagt er, aber vom Hund dieser Frau gebissen zu werden, das hat was!

Da ich einen skeptischen Blick nicht vermeiden kann, fügt er hinzu: Wenn Sie die Frau kennen würden, würden Sie mich verstehn!

Ich muss zugeben, ich hatte schon eine Weile an Annick und Torix gedacht, als ich einen Blick auf die von ihm ausgefüllte *Fiche* warf und die Adresse sah, die gleiche wie die von Annick.

Heißt der Hund vielleicht Torix?, fragte ich.

Genau, rief er begeistert, so ruft sie ihn. Kennen Sie sie?

Ich nickte.

Er hatte Tränen der Begeisterung in den Augen.

Hat er Sie auch schon mal gebissen?, fragte er.

Ich verneinte, was ihn noch einen Kopf größer werden ließ.

Er sagte nichts, aber ich sah ihm an, dass er sich mir plötzlich überlegen fühlte. Die Bisswunde machte ihn zum Auserwählten.

Ein paar Wochen später lernte ich Maïwenn kennen. Wir verliebten uns ineinander, und mit den Schutzbegleitungen Annicks war es aus. Ein bisschen tat es mir leid, da ich mich doch stärker auf das Spiel eingelassen hatte, als ich dachte. Aber Maïwenn war eifersüchtig, und es wäre ihr gegenüber auch nicht fair gewesen, weiter mit Annick Händchen zu halten.

Als wir, Maïwenn und ich, eines abends ins *Touchons du bois* gingen, saß Annick dort in Begleitung von Fabrice. Er wirkte erbärmlich an ihrer Seite, so mein Eindruck. Dann sah ich, dass ihm der linke Arm fehlte.

(Ich muss irgendwann Bjørnstad diese Geschichte erzählt haben, denn er thematisierte den fehlenden Arm – den rechten allerdings – in seinen beiden Büchern *Fjorde* und *Die Tanzenden*.)

Aber davon wollte ich nicht sprechen. Sondern von den Sätzen, mit denen ich mich beschäftige. Wenn die Welt verrückt ist, dann sind auch die Sätze verrückt. Oder zumindest in Verrückungen verstrickt oder ihnen unterlegen, so dass mir nichts anderes übrigbleibt, als ihnen zu misstrauen. Und was für Sätze stimmt, stimmt erst recht für Worte. Wenn sie mich besuchen und sich vorstellen, weiß ich nie, mit wem ich zu tun habe. Manchmal geht alles gut, mit angenehmen Überraschungen sogar, manchmal fühle ich mich auch völlig irregeleitet und gebe mich dem Zweifel hin, bis zur Verzweiflung. Ich schreibe nur noch um Hilfe.

**65** ◁ ▶ **91**

# 6

## Annick B

Hab ich immer gesagt, dass ich sowas nicht machen will. Weil ich dafür eben nicht gemacht bin. Sicher gibt es Frauen, die sich gerne als Altenpflegerinnen den Arsch aufreißen und sich dabei erhaben fühlen. Bei mir ist das keine Selbstverwirklichung, ich bin zur Pflege verurteilt. Strafe vom Gericht, in eine Arbeitsauflage umgewandelt. Ich bin jetzt eine Gemeinnützige. Weil Sascha mich da hineingeboxt hat. Ihn haben sie eingelocht; wenn er rauskommt, werde ich ihn nicht wiedererkennen. Ich bin jetzt mit jemandem zusammen, der gut im Geschäft ist, nicht so'n Türsteher wie Sascha. So im Geschäft zu sein, wenn man aus dem Nichts kommt, das hat schon was, das gibt Größe und Selbstwertgefühl. Ich sage aus dem Nichts, weil meine Mutter ein Nichts war. Ein Nichts, dessen einzige Bestimmung darin lag, mir die Kindheit zu versauen. Die ersten Schuljahre waren ein unaufhörlicher Abstieg. Ein unheimliches, nicht genau auszumachendes Wesen brachte Unheil über die Familie: Zuerst verschwand mein Vater, dann das Kindermädchen, schließlich meine Mutter. Und das kleine, süße, umschwärmte Mädel, das im teuren Kleid von *Tartine et Chocolat* zur Schule gebracht wurde, verkam nach und nach zu der übel riechenden und verhaltensgestörten Göre, der man im Pausenhof aus Spaß und Hass in gebrauchten Kaugummi gewickelte Vogelkotreste in den Mund steckte.

Zu dem Zeitpunkt war meine Mutter in der Kur und lag unter Palmen flach. Wenn ich das Wort „Palmenhof" höre, denke ich an Verwahrlosung.

Das unheimliche Wesen, von dem die Rede gewesen war, hieß mit vollem Namen Bankwesen. Ab da wusste ich um die Bedeutung des Geldes. Entscheidend ist nicht, was man ist, sagte Sascha, sondern, was man aus sich macht.

Wir machten ausschließlich ästhetische Filme, nichts mit Tieren oder so. Alles makellos sauber und sauber abgefilmt, wie in der Werbung.

Mein Künstlername war Mary Linn. Wenn man den eingab, stieß man auf 3 Einträge über eine Anthropologie-Professorin aus Kansas und auf 2 Millionen Filmausschnitte mit mir. Da wurde echt viel runtergeladen.

Du bist jetzt kein Geheimtipp mehr, sagte Sascha, sondern eine echt große Nummer. Du spukst in all diesen Köpfen herum, die unsere wohl geordnete Hemmungslosigkeit jetzt weitertreiben. In diesem Augenblick entlädst du dich in einer guten Stube und deine Schreie stecken in den Wänden einer trostlosen Vorstadtwohnung oder in den Villen am Comer See fest. Und die Frauen tragen Stulpenstiefel beim Sex, weil sie wissen, dass ihre Männer dich so gesehen haben und ihnen das gefallen hat.

Wir lebten gut davon, mit Fitnesstrainer und Ernährungsberater, und flogen nach Las Vegas.

Bis Sascha mich in Konkurrenz zu irgendeiner billigen Miss Arschgeweih brachte, die er wohl für die Größte hielt, die aber bereits auf dem absteigenden Ast war. Sie hatte den Weltrekord im Oralverkehr aufstellen und 200 Männer am Stück befriedigen wollen, doch bereits bei Nummer 70 klappte sie zusammen, Kreislaufschwäche.

Alles sei voll von Ästhetik, meinte Sascha dann, das langweile die Kunden so langsam; wir sollten zurück zur Natur. Ich wollte mir aber nicht die Haare wachsen lassen, unrasiert vor die Kamera, das kam mir pervers vor.

Mary Linn ist eine Skulptur, sagte ich zu ihm, die lässt sich da keinen Busch wachsen.

So lebten wir uns etwas auseinander. Er ging mit mir in eine sehr teure Sauna, weil, so sagte er, so ein Club besser sei als das Arbeitsamt. Da ließen sich die wirklich guten Stellen ausmachen. Da sah ich zum ersten mal alte Männer mit aufgedunsenen Bäuchen, Speckhüften und Krampfadern. Ihre Schamhaarkränze waren grau, ihre Schwänze kleiner als die Krampfadern. Zum Glück kam dann der Aufgussmeister und alle verschwanden in einer Wolke aus Birkenwaldaroma. Das wünsch ich mir manchmal hier, dass so eine Wolke mich von all den hässlichen Alten befreit. Wenn ich all diese Gebrechlichkeit aus der Scheiße rollen muss und die Windel stinkt, dann möchte ich sie dort liegen und verrecken lassen. Das ist ganz leicht dann, keine Gefahr, dass Mitgefühl aufkommt, weil du von allem Menschlichen derart angeekelt bist, das du dich selbst nicht mehr dazugehörig fühlst, nicht zu den Menschen und nicht zu ihrer Moral.

*31*

# 7

## Guy H

Am Anfang war Bjørnstad. Am Anfang dieses Textes, mit dem ich mich nun schon eine beachtliche Weile herumschlage und der sich im Laufe der Zeit auf eine mir befremdliche Art verselbständigt hat.

An manchen Tagen treibt er mich derart in die Enge, dass mir nichts anderes übrigbleibt, als ihn anzuschreien. Ich sitze am Schreibtisch und brülle vor mich hin. Verfluche die aufmüpfigen Sätze mehrsprachig und schmeiße gelegentlich auch Gläser gegen die Wand, die, obwohl geleert, am Raufaserrelief kleine Whiskyschnuppen hinterlassen.

Wenn ich dann eine halbe Stunde später hinausgehe, weil ich die vollgebrüllte Wohnung nicht mehr ertrage – den Text hat mein Ausrasten kalt gelassen, aber mich hat es in einen Zustand aggressiver Euphorie versetzt –, lauert Frau Musmann im Treppenhaus, um mir einen guten Tag zu wünschen.

Sie tut dies mit der unverkennbaren Schadenfreude der Nachbarin, die alles mitgehört hat und jederzeit mit ihrem Wissen über den Wahnsinn von nebenan auspacken kann. Beschwert hat sie sich bisher nicht. Weder über mich noch über die Frau im Parterre, die ihre Orgasmen ebenso großzügig auszuleben pflegt wie ich meinen Ärger. Frau Musmann ist mehr der Typ stille Dulderin, um nicht zu sagen heimliche Genießerin, die dir regelmäßig zu verstehen gibt, dass sie über alles Bescheid weiß, aber eben auch fair genug ist, nicht darüber zu reden.

Wie lachhaft wenig sie in Wirklichkeit über ihren Nachbarn weiß – jenes seltsame Ausrasten ist ja bestenfalls die Spitze des nachbarlichen Wahneisbergs –, wird sie an dem Tag erfahren, an dem ich ihr das fertige Buch schenken werde. Dass ich schreibe, weiß sie nicht. Hält mich wohl für einen Arbeitslosen. Oder einen Frühruheständler, der auf perfide Weise dem Staat eine Invalidenrente abgeluchst hat. Wollte sich ein vergnügliches Leben machen, und dann ist ihm die viele freie Zeit in den Kopf gestiegen. Als Wahnknäuel, Hirnriss oder Kretinbeule.

Gut so, Frau Musmann, man kann in unserer schwierigen Zeit gar nicht genug unanständige Gedanken haben!

Ich zum Beispiel stelle mir vor, Sie, wenn Sie nächstes Mal im Treppenhaus auf mich lauern, anzusprechen und zu fragen: Haben Sie auch dieses Geschrei gehört?

Geschrei?, werden Sie zurückfragen und mit Ihrem Hühnerkopf zucken und Ihre Augen werden in alle Richtungen auf der Suche nach einem Fluchtweg hinflattern.

Darauf waren Sie ja nun nicht gefasst, dass dieser Hooligan Sie auf seine eigenen Missetaten hin anspricht.

Ja, werde ich sagen, Geschrei, Wahnsinnsgebrüll! Müssen Sie doch gehört haben! Da weilt ein Irrer unter uns!

Spätestens ab dem Augenblick werden Sie sich richtig bedroht fühlen. Anfangs waren Sie nur überrascht. Wollten der Konfrontation aus dem Weg. Ist halt nicht Ihre Art, sich den Fakten zu stellen. Aber jetzt, wo der Kerl vor Ihnen steht und Ihnen ausdrücklich zu verstehen gibt, dass er nicht der Radaubruder ist und es auch in Zukunft nicht sein wird, überkommt Sie ein Frösteln, eine nicht ganz ausgelebte Gänsehaut, begleitet von unauffälligen Schweißausbrüchen und ersten Anzeichen von Sodbrennen.

Der Mann jault wie'n krankes Biest, werde ich fortfahren, heult am hellen Tag den Mond an! Und Sie wollen nichts gehört haben!

Bei diesen Sätzen wird sich panikartige Verzweiflung in Ihre Angst mischen. Einen Augenblick werden Sie daran denken, Schwerhörigkeit ins Spiel zu bringen. Aber das wäre erneut eine Lüge. Sie tun nichts als lügen, Frau Musmann! Und das gestehen Sie sich dann auch ein, panisches Geständnis: Lili Musmann, du bist eine Lügnerin!

Und der Kerl, der selbst ein Heuchler ist, das Widerlichste an Heuchler, das man sich überhaupt vorstellen kann, steht vor Ihnen wie ein Bußprediger und droht an, Sie mit dem Höllenfeuer zu bestrafen, falls Sie sich nicht bessern!

Da bleibt Ihnen nichts anderes übrig, als ein zaghaftes „Entschuldigen Sie bitte" zu stammeln und sich beschämt in Ihrer Wohnung zu verkriechen.

Sehen Sie, das finde ich schade, Frau Musmann, dass man sich unter Nachbarn nicht aussprechen kann!

Bjørnstad, sagten wir. So geht's mir beständig: Ich will von Bjørnstad erzählen, aber die Schreibe sträubt sich. Das hängt wohl auch damit zusammen, dass Bjørnstad als Ausgangspunkt nur bedingt tauglich ist, jedenfalls von mir aus gesehen.

Von wem sonst soll hier denn ausgesehen werden?, wird sich der aufmerksame Leser fragen. Hat der Autor etwa vor, mehrere Standpunkte in sich zu vereinen, sozusagen gleichzeitig die unterschiedlichen Perspektiven des Mörders und des Opfers einzunehmen (sofern es einen Mord geben wird, das heißt, gegeben hat, ich erzähle ja von Vergangenem)?

Nun, die Komplexität dieses Berichtes orientiert sich an der Komplexität der Wirklichkeit, *meiner* Wirklichkeit, möchte ich hinzufügen, obschon dieses Possessiv mir, gemessen an meiner Unzulänglichkeit, reichlich überzogen vorkommt.

Andererseits dürfte damit die Standpunktdiskussion – wenigstens ansatzweise – geklärt sein: Ich schreibe über *mich*, *mein* bisheriges Leben, *meine* Freunde, *meine* Feinde, *meine* Stadt.

Was mich an diese Stadt binde, hat Tomas mal gefragt. Ich wusste keine Antwort. Mir leuchtete auch nicht ein, dass ich in irgendeiner Form *gebunden* sein sollte. Ich bin hier geboren und lebe hier. Ein Grund, meinen Wohnsitz nach Chicago, Tokio, Darmstadt oder Knuttingen zu verlegen hat sich nicht ergeben. Und wenn, habe ich ihn nicht wahrgenommen. Immerhin habe ich in Paris studiert. Und habe auch gelegentlich daran gedacht wegzuziehen, nicht nur ins benachbarte Ausland – bis ins Ausland sind es von hier aus gerade mal 500 Meter, die Stadt liegt direkt an der französischen Grenze –, sondern richtig weit weg, nach Mexiko oder Australien. Aber solche Gedanken hatten wohl immer mehr mit Tagträumen als mit tatkräftigen Entschlüssen zu tun.

So blieb ich diesem Grenzort treu, diesem Knappvierzigtausendseelenkaff, das, bei aller Eintönigkeit und Trägheit, die sich hier breitgemacht hat, immer wieder für Überraschungen gut ist. So begann letztes Jahr der Blätterfall nicht erst im Herbst, sondern bereits Anfang Juli. Die Platanenblätter – es gibt vor allem Platanen in der Stadt – waren gerade richtig schön groß geworden, da begannen sie auch schon wieder zu schrumpfen, wurden fleckig, braun und grau, verdorrten im Nu, hingen noch 2 Tage wie verkrampfte, im Todeskampf erstarrte Hände an den Zweigen und fielen ab.

Das hatte es noch nicht gegeben, einen Juli aus dürrem Laub.

Zu Beginn der Sommerferien standen manche Bäume kahl wie im Dezember und die Vögel zwitscherten recht hilflos im nackten Geäst.

Die Franzosen, die an ihrem Nationalfeiertag wie üblich zum Straßenverkauf herüberkamen – jedes Jahr gibt's zum 14. Juli hier eine sogenannte Braderie, bei der die hiesigen Geschäftsleute ihre Ladenhüter verhökern –, staunten nicht schlecht, als sie sich ihren Weg zu den Sonderangeboten durch Laubhaufen bahnen mussten.

Die Ursache dieses plötzlichen Blätterfalls ist bisher unbekannt, zumindest offiziell. Gerüchte und Spekulationen gab es genug: Vom – fast schon zum Running Gag verkommenen, aber immer noch beliebten – geheimgehaltenen Absturz eines amerikanischen Militärflugzeugs – rätselhaft, wieso eine in Spangdahlem Richtung Irak gestartete Maschine über Luxemburg fliegen sollte – bis hin zur akuten Persönlichkeitsveränderung eines an Liebeskummer erkrankten Stadtgärtners, der seine Baumpflege nur noch mit selbstgemischten Herbiziden betrieb. Selbstverständlich wurde auch das nahgelegene Kernkraftwerk erwähnt, in dem es regelmäßig Pannen gibt, die aber bisher, so die Verantwortlichen, stets ohne Auswirkungen auf die Umwelt waren. Dann wieder sollte eine mangelhafte Filterinstallation in einem Verbrennungsbetrieb für das plötzliche Laubsterben verantwortlich sein. Eine These, die vor allem die Kleingärtnervereinigung vertrat, die seit Jahren mit dem Werk im Clinch liegt, weil versprochene Entschädigungen – es ging damals um zu hohe Schadstoffausscheidungen, die das Gemüse ungenießbar machten – nie gezahlt worden sind.

So gab es die unterschiedlichsten Thesen und Meinungen, einleuchtende und weniger einleuchtende, es gab zahlreiche Leserbriefe und jede Woche eine Spezialsendung im Fernsehen mit jeweils einem – meist selbsternannten – Experten als Gast, es gab Anhörungen, Verdächtigungen, Mutmaßungen und eine Untersuchungskommission, aber keine Erklärung. Sowas erwartet man hierzulande in solchen Fällen auch gar nicht mehr.

Als im November die Kommission bekanntgab, dass nichts bekanntzugeben sei, nahm kaum jemand Notiz davon. Schon im Sommer war man, trotz all der erwähnten Wortmeldungen, die Sache recht gelassen angegangen. Das anfängliche Staunen hatte sich schnell gelegt, und faule, welke Blätter in den ersten Sommerwochen zusammenscharren, noch bevor man in die Ferien fuhr, das war mal was anderes!

Bjørnstad sagten wir.

Ihm habe ich diese Arbeit zu verdanken.

Er hat ein Drehbuch geschrieben, hat es beim Förderungsgremium *Film Fund* eingereicht und verschiedenen Produzenten zu lesen gegeben. Ohne Erfolg. Niemand war an seinem Projekt interessiert. Nicht einmal die Stadt, die – trotz ungewöhnlichem Blätterfall – ein Kulturfestival vorbereitet, *BjørnBling22*, das ein ganzes Jahr dauern soll, und die dafür eine Menge Projekte braucht. Einer der Produzenten hatte Bjørnstads Skript eingereicht – übrigens ohne dessen Einwilligung – in der Hoffnung, der Stadt ein paar Milliönchen abzuluchsen, aber das Projekt wurde abgelehnt. Es passe nicht ins Konzept, hieß es. Auf Nachfrage hin konnten die Organisatoren nicht sagen, worum es sich bei dem Konzept handele. Anzunehmen ist, dass das Projekt nicht in ein Konzept passen konnte und kann, weil überhaupt kein Konzept existiert.

Statt eines Konzeptes hat man sich einen Wettbewerb ausgedacht: Jeder Einwohner der Stadt soll – soweit er des Schreibens mächtig ist – seine Autobiografie verfassen und einreichen. Damit soll so etwas wie die Autobiografie der Stadt entstehen, so die Verantwortlichen. Gefragt seien vor allem Biografien, die zeigten, dass sich der Einsatz für die Stadt stets gelohnt hat, auch in schweren Zeiten, wobei es nicht unbedingt auf beispielhaftes Engagement ankäme, auch kleine Leute, die mit einem bescheidenen Beitrag etwas zur Entwicklung der Stadt beigetragen hätten, hätten eine Chance, auch deren Lebensbeschreibungen könnten richtungs- und zukunftsweisend sein.

Für die Gewinner gibt es beachtliche Geldpreise, unter anderem gesponsert von der *Gus Clinton*. Dass Bjørnstads Projekt abgelehnt wurde, kann also auch daran liegen, dass er die Selbstmorde bei der *Gus Clinton* thematisiert hat. Wie auch immer, ich bin jetzt dabei, sein Drehbuch umzuschreiben. Wir haben ja schon mal zusammengearbeitet, ich habe seinen Roman *Die Tanzenden* lektoriert, und da er damit einen beachtlichen Erfolg einfahren konnte, steh ich jetzt mit ihm unter Druck, was mich nicht wirklich beruhigt.

# 8

## Heftroman

Von außen betrachtet wirkt der Raucherbereich am Flughafen wie ein riesiges, vollgequalmtes Aquarium, drinnen fühlt man sich wie in einem Dampfbad, nur dass der Dampf eben Rauch ist und die Menschen bekleidet sind. Ein Mann – auf seinem Ticket wird er als Jean-Pierre Wagner geführt – hält mit einer Hand die Gauloise, mit der andern das Handy am Ohr, späht hinaus und versucht, auf der Tafel mit den Abfahrtszeiten seinen Flug zu erspähen. Er wirkt genervt, spricht so laut in sein Handy, dass einige der Leute um ihn herum den Kopf schütteln.

Diese gottverdammte Wolke, schreit er, halb Europa verschwindet in dieser Wolke. Und da steht immer noch *delayed*. Ein globales Delay hier. Aschgrau kündigt sich der Untergang des Abendlandes an!

Soll er doch woanders hin!, murrt eine Frau, die auf einer der Sitzbänke zusammen mit einem Begleiter irgendwelche Infos auf ihrem Laptop verfolgt.

Nein, hat nicht geklappt, sagt Wagner dann etwas weniger laut, ich weiß nicht, wie es weitergehen soll. Nee, sie weiß nichts von den Schulden.

Gerade in dem Augenblick, in dem er das Wort Schulden ausspricht, tritt ein dunkelhäutiger Mann an ihn heran und bittet um Feuer.

Wagner setzt, ohne den Mann zu beachten, seine Rede fort.

Pardon, sagt der Mann.

Ja, das kann dauern, sagt Wagner, Eyjafjallajökull, hab ich mir gemerkt, Eyjafjallajökull, aber der Eyjafjallajökull heißt diesmal anders.

Auriez-vous du feu ?, fragt der Dunkelhäutige und hält seine Zigarette hoch.

Grumsvötn oder so, sagt Wagner, ja, Gramsvötn. Grimsvötn.

S'il vous plaît, sagt der Dunkelhäutige etwas aufdringlich. Möglicherweise hat er den Verdacht, dass der andere ihn bewusst übersieht.

Grumsvötn, wiederholt Wagner, wirft einen kurzen Blick auf den Dunkelhäutigen und fügt hinzu: Vulkane und Asylanten, in einer solchen Welt leben wir!

Der Dunkelhäutige scheint jetzt sichtlich amüsiert über das mehr als unfreundliche Verhalten des Mannes am Handy, der dies zu bemerken scheint und laut sagt: Zu viel Rauch, da versteht man nix!

Haben Sie Feuer?, übersetzt der andere.

Und Wagner: Ja, Feuer, Großalarm. Du siehst doch, dass ich telefoniere!

Er wirkt sehr erregt, gestikuliert, zieht Grimassen, fast könnte man denken, er sei verwirrt. Beruhigt sich dann und spricht weiter ins Telefon.

Schon wieder so'n Sprachbegabter, sagt er höhnisch, der schleicht sich mit nem schäbigen Trick an mich heran und gleich wird er mich fragen, ob ich nicht sein präpariertes Handgepäck mitnehmen will.

Er macht eine Pause, ist wohl von seinem Gesprächspartner unterbrochen worden.

Ja, sagt er dann, das mit *Gus Clinton* läuft gut. O. k., wir seh'n uns. Bis dann!

Er steckt sein Handy weg, steht dicht am Dunkelhäutigen und sieht ihn starr an.

Merkst du nicht, dass du auf meinem Fuß stehst?, sagt er und lächelt, macht eine Pause, fährt dann fort: Nein, du stehst natürlich nicht auf meinem Fuß, aber du bist mir mit deiner schwitzenden Gewichtigkeit so nah, dass ich den Eindruck haben muss, du stehst mir drauf, oder dein schwerer Geruch steht mir drauf, deine gewürzten Ausdünstungen, und obwohl du ein Leichtgewicht bist, habe ich höllische Schmerzen von den Zehen bis ins Rückenmark hinein, als habe mir eben die gesamte dritte Welt ins Bein getreten.

Der Dunkelhäutige bleibt ganz ruhig; entweder er versteht nicht, was Wagner sagt, oder er ist dabei zu überlegen, wie er mit diesem Typen abrechnen soll.

Wagner holt sein Feuerzeug aus der Tasche, tut, als funktioniere es nicht und sagt: Bei dir funktioniert es nicht. Tut mir leid.

Die Frau mit dem Laptop sieht zu den beiden hoch, gespannt und etwas ängstlich zugleich.

Der Dunkelhäutige steht eine Weile ganz ruhig da, sagt dann ebenso ruhig, aber mit Verachtung: Merci. Worauf Wagner sich abwendet und mit seltsam fernem Blick, als habe er zu viel Alkohol getrunken oder irgendwelche Drogen eingeworfen, seine Rede fortsetzt.

Nichts zu danken, sagt er, oder doch. Wir sind großzügig in diesen Breitengraden und bauen gern auf fremde Fremdheiten. Lassen uns sozusagen solidarisch beschmutzen. Räumen das Lager, damit Leute wie du ihre Gebetsteppiche über unsern dahinsterbenden Ansichten ausbreiten dürfen. Ich kann dir versichern, es gibt wirklich viel zu holen hier. Und wenn nicht, Leute wie du überleben überall. Weil sie die Fähigkeiten von Ungeziefer haben. Letzte Woche noch ist einer deiner Sorte schwarz ins Land geflogen, unterm Cockpit oder Flugzeugflügel bombenartig festgeklebt und war hartgefroren beim Landen. Den haben sie dann mit dem Brecheisen ab vom

Flugzeugbauch, aufgeheizt, losgeklopft und abgekratzt. Ein Eismensch, ein Yeti. Obwohl seine Wiege ursprünglich, soweit er eine haben mochte, an wärmerem Ort gestanden hat. Du magst die Geschichte nicht. Aber der Mann hat überlebt, völlig unwahrscheinlich, und doch: Er hat, nachdem er abgekratzt und aufgetaut war, sein Recht auf ein Asylantendasein eingeklagt. Wie ich schon sagte, deine Sorte überlebt überall. Er verlässt den Raucherbereich mit stolzem Schritt, als hätte es eben für seinen Vortrag Applaus gegeben.

In der Halle ist ziemlich viel los; wegen der gestrichenen Flüge halten sich dort weit mehr Menschen auf als üblich und Wagner findet nicht gleich einen Sitzplatz. Auf einmal steht ein Mann in gut sitzendem und wohl teurem Anzug vor ihm und fragt mit etwas heiserer Stimme: Entschuldigen Sie, wissen Sie, wo wir hier sind?

Wagner verzieht das Gesicht, macht schmale Augen und sagt auf seine genervte Art: Bitte?

Es ist das erste Mal, sagt der andere, sowas ist mir noch nie vorgekommen. Ich bin völlig verloren. Nicht bloß desorientiert. Verloren. Eine Art Blackout, der mich keine Zusammenhänge mehr erkennen, mich die Dinge nicht mehr deuten lässt. Plötzlich war ich weg, das heißt meiner kognitiven Fähigkeiten von einem Augenblick zum andern beraubt, jedenfalls eines Teils von ihnen.

Wagner, immer noch unter dem Eindruck des Dunkelhäutigen, versucht ruhig zu bleiben und sagt im Ton des Lehrers, der einem Schüler zum sechsten mal eine Aufgabe erklärt: Drüben ist ein Duty-free-Shop, in dem Sie ihren Whisky ein paar Prozent billiger kaufen können, hier eine Raucherkabine, dort eine Rolltreppenanlage zu den Gates 3 bis 7, ihnen gegenüber Gate 9, wo sich eine Meute Asylanten für einen

Ferienausflug bereithält, und genau über ihrem Kopf eine riesige gottverdammte Tafel, die ankündigt, dass bis auf Weiteres alle Flüge gestrichen sind! Sie befinden sich auf einem Flughafen. Frankfurt, Tokio ...?, fragt der andere. Sie machen sich doch nicht etwa über mich lustig! Entschuldigen Sie, ich bin Kommunikationsarchitekt, sagt der Mann plötzlich heiter und erleichtert, ja, es kommt wieder. Mein Gott, ich hatte eben eine solche Angst. Hier meine Karte, ich hoffe, Sie nehmen es mir nicht übel, aber in diesem Augenblick tut sich mir die Welt auf, völlig neu. Ich erlebe quasi die Wiedergeburt meiner Fähigkeiten aus einem unbeschreiblichen Chaos heraus. Es hätte die Hölle sein können! Gott, ich kann es mir nicht erklären. Ganz plötzlich ohne Anhaltspunkt. Ohne Erinnerung. Ich bin Teil eines Puzzles, das niemand mehr zusammenzusetzen vermag, so scheint es mir. Ich stehe inmitten eines gesellschaftlichen Scherbenhaufens. Lichtfetzen, die ich zu deuten versuche. Als sei ich eben aus einem Traum aufgewacht, der mir nur noch bruchstückhaft in Erinnerung ist. Das kriegst du nie zusammen! So sieht die große Verweigerung aus! Dann, als schöben sich ein paar Lichtbilder übereinander, eine erste erkennbare Konstellation: Ist das nicht eine Einkaufshalle? Ich bin mir nicht ganz sicher, ob es so etwas gibt, Einkaufshallen, aber der Begriff schiebt sich von irgendwoher in mein Bewusstsein. Da muss was dran sein. Da sind unzählige Menschen, die sich hin und her bewegen, ja, dass es Menschen gibt, das weiß ich, kein Zweifel, soweit ist mein Erinnerungsvermögen nicht getrübt. Und dann nach und nach: Ist das nicht ein Schalter dort? Und wozu gibt es Schalter? Oder ist es seine Stunde? Und wie sieht eine Stunde aus?

# 8½

## Vorspann

Die Stadt von oben.

Abgesucht vom Kameraauge.

Viertel um Viertel durchkämmt.

Ja, es gab Razzien, aber die sind nicht unser Thema.

Unser Thema heißt Fallen und Gefälligkeiten.

Razzien gab es in der *Komplottbar*, im *Ei* und im *Argosy*, wo ich des Öfteren mit Guy hingehe. Befindet sich in der Bahnhofstraße, wo es jetzt von Menschen wimmelt. Wegen der schlechten Luft tragen viele einen Nasen- und Mundschutz, weiße Masken, klinisches Zeug, einige aber auch teuer erstandene farbenfrohe Hüllen aus Modeschöpferateliers. Man erkennt nicht gleich die Gesichter, und viele Menschen fühlen sich durch die Verkleidung angenehm anonymisiert. So auch Samantha, die auf dem Weg zu Louis Ballentini, dem Architekten, ist. Sie trägt ein cranberryfarbenes Kleid und den dazu passenden Mundschutz. Vor dem Bahnhof steigt sie in ein Taxi, fährt Richtung Belval.

Die Kamera folgt dem Wagen, zoomt zurück.

In Belval befindet sich auch der Sitz der *Gus Clinton Consulting*.

Belval ist das neue Viertel der Stadt, die wir Bjørnstadt nennen wollen, mit t am Ende, um sie vom Personennamen zu unterscheiden.

Belval ist für Bjørnstadt was La Défense für Paris ist.

Belval bedeutet soviel wie Schönes Tal.

Belval wächst.

Über Belval jetzt ein fallender Körper.

Dann die Namen der Mitwirkenden.

1 ◁                                    ▶ 65

# 9

## Halil

Ich dachte, dies ist ein Wunderland.

Ist es auch, sagen sie, du musst nur stark genug daran glauben.

Der Glaube versetzt Berge und Reichtum.

Manchmal schaut er bei mir vorbei, der Glaube, kommt zur Tür herein und sagt: Ich bin jetzt da.

Dann sage ich mir, das ist alles so schweinisch um mich herum, dass ich mir gar nicht vorstellen kann, dass du da bist.

Aber wenn's schon so ist, gut, unterhalten wir uns!

Er bleibt ein paar Stunden, manchmal sogar Tage, aber dann ist er plötzlich weg.

Bin wohl doch ein schlechter Gastgeber.

Obwohl es immer in der Tradition meiner Familie war, gut zu empfangen. Manchmal waren sogar unsere Feinde bei uns zu Gast.

Das war ohnehin nie so richtig auseinanderzuhalten, wer der echte Freund, wer der echte Feind.

Bei aller Freundschaft, sagte jemand, der jahrelang mein Freund gewesen war, ich muss dich jetzt festnehmen.

Ich fuhr im Wagen eines Onkels, der für jemanden arbeitete, der die Vorigen unterstützt hatte. Ich war verdächtig, nur, weil ich einmal ein Auto fahren durfte.

O. k., sagte ich, ich steige aus.

Du wirst Schwierigkeiten bekommen, sagte der, der mein Freund gewesen war. Du suchst dir deine Freunde besser woanders.

Auf welcher Seite war ich denn gewesen, dass es die falsche sein konnte?

Ich hatte meinem Vater im Geschäft geholfen, kleiner Laden mit Küchenzubehör und Elektrogeräten, Batterien, Kassetten, Kabelzeug, Ersatzteile für alles, gebrauchte Antennen und gebrauchte Musik.

Das alles war die falsche Seite.

Ich bin in die falsche Familie hineingezeugt worden.

Mein Vater hat einem Menschen das Leben gerettet, aber es war ein Mensch von der falschen Seite, und so geriet auch mein Vater unter Verdacht.

Die von der richtigen Seite rückten an und plünderten und verwüsteten den Laden.

Vielleicht war es nicht ganz so, aber ich glaube schon, dass es so war.

Da der Glaube bei dir war, sage ich mir, muss es ihn geben; ich kann ihn also nicht auf immer wegdenken.

Ich bemühe mich, an das Wunderland zu glauben, obwohl es schweinisch ist. Obwohl ich den Blicken der Wunderlandbewohner entnehme, dass sie mich weghaben wollen. Dass ich nicht hierher gehöre, schon gar nicht dazu.

Das werfen sie mir vor, dass ich Landschaften in mir trage, die sie nie erreichen werden.

Die Strategie des Fremden sollte darauf hinauslaufen, nicht mehr als Fremder erkannt zu werden. Und wenn du erkannt wirst, musst du dich unterwürfig zeigen. Du musst sagen: Wenn ich bleiben darf, bin ich zu allem bereit. Ich ziehe mir die brennende Sklavenhaut über, ich krieche und verwandle mich in ein unermüdliches Arbeitstier, ich steche mir ein Auge aus, um nicht alles sehen zu müssen, ich binde mir einen Knoten in die Zunge und schweige. Ich mache gern den Affen, ich spende Blut und Tränen, ich stehe zu eurer Verfügung, 24 Stunden am Tag tue ich meine Pflicht.

Wenn es sein muss, verschenke ich eine Niere, oder auch nur meinen Schwanz. Ein Mitbewohner sagte mir, die mögen das hier. Er stellt seinen Schwanz zur Verfügung, Frauen und Männern. Davon kann er leben.

Ich mache gar nichts, sagt er, meine Eier arbeiten für mich.

Er, der Scheue, hat in diesem Land seine Scham verloren.

Im Foyer ist ein jeder trotz Hoffnung auf Verlust eingestellt.

Stolz und Würde sind Worte, die viel gebraucht werden, aus Verzweiflung, nehme ich an, damit man sie nicht ganz vergisst, nehme ich an.

Im großen Saal, einer Art Turnhalle, sind Familien untergebracht, eine von der andern getrennt durch quer gestellte Schränke und Tücherwände, eine jede in ihrem improvisierten privaten Pferch.

Wen auch immer du fragst, er hatte sich etwas anderes vorgestellt.

Und fragt sich selbst jetzt, wie viel er noch aufgeben muss, um dieses andere zu bekommen.

# 10

## Der Zeuge (Felix)

Hat ne richtige Erschütterung gegeben. Ich dachte an ein Erdbeben. Hätt ich nie geglaubt, dass ein Mensch eine derartige Erschütterung auslösen könnte. Aber er kam ja von sehr oben. Ich hatte die Nacht durchgemacht und war wohl noch etwas benommen von dem Zeug. Hatte noch den Schaum der Schaumkanonen in den Augen, was wie'n Rieseneierschaum. Oder Seifenlauge. Also zwischen Eierschaum und Seifenlauge. Erst Eierschaum, dann Seifenlauge. Total heiß und glitschig, wie die Frau mir da entgegenrutschte. Hieß Annick, war in Vegas gewesen und erzählte, wie sie im *Planet* war und Brad Pitt traf. Und ihm oder auch nur seinem Leibwächter sagte, was für ein schlechter Schauspieler er doch sei. Und wie völlig fehl am Platz doch dieser Rock gewesen sei, den er für die Aufmachung von *Rolling Stone* angezogen hatte. Im Schaum. Im *Ei*.

So heißt der Club, *Ei*. Bei 99 Grad. Fahrenheit. Ist gewissermaßen schneller am Kochen. Ein Schaumschwabbelmenschenschwarm. Da sieht man doch, was für ein Seifenopernstatist der Mensch ist, sagte Miss Touch oder sonst jemand. Und Annick schwärmte uns schamlos was vor über diesen DJ Battlefield. Habe für sie ganz allein die Scheibe kreischen lassen. In einer ausgebrannten Tankstelle unter einem Möwenschwarm.

Annick hatte 2 Caipirinha getrunken und war sehr beseelt. Und Miss Touch beobachtete von ihren hohen Absätzen herunter das Schaumprickeln zwischen uns und sagte eine Spur zu sehr in Trance: Bubble gum for everyone! Babbeln. Das Wort passt zu ihr, sagte Jumpy, während er Seifenblasen mit Annicks Ohrringen machte. Es war toll. Eine tolle Nacht. Und dann das. Ich hörte das Aufschlagen. Ein Geräusch, wie ich es noch nie gehört hatte. Als ich mich umdrehte, lag er da. Du hast Halluzinationen, dachte ich. Die Droge! Und dann ging ich einfach weiter. Weiß nicht warum. Es konnte nicht sein. Ich war noch mit Annick im Schaum, und die völlig durchnässte Miss Touch zog ihren *La-Perla*-Büstenhalter unter der Bluse hervor. War mit Jumpy in New York gewesen, nur um in New York gewesen zu sein. Um später erzählen zu können, dass sie da war. Die beiden haben sich anscheinend total gelangweilt. Lagen den ganzen Tag über im Bett und rauchten. Weil ihnen alles zu bekannt vorkam. Höhepunkt sei der Abend gewesen, an dem Jumpy im *Royalton* die High-Tech-Restrooms von *Phillippe Starck* vollkotzte.

Falls wir zusammen nach New York sollten, sagte ich zu Kamilla, würde ich *The Time* vorschlagen, Ecke Broadway und Neunundvierzigste. Da rückt nämlich ein asiatischer Feng-shui-Meister die Möbel zurecht. Alle Räume sind einschließlich Früchtekorb in einer der 3 Grundfarben gehalten. Beim Einchecken wählt man dazu den passenden Seifenduft. Pure Euphorie. Und dann geh ich einfach weiter. Weg von dem Mann. Er war ja tot. Aber wusste ich, dass er tot war? Besser ich denke mich jetzt auf andere Gedanken.

Das Morgengrau zum Beispiel. War kein Grau. War ein goldener Lichtstreifen. Eine richtige Wolken- und Lichtbrandung. Als fänden gleichzeitig mehrere Sonnenaufgänge statt. Ein Morgen mit einer Unmenge an Sonnenaufgängen. Was hätte ich tun können? Es gab da viele Menschen, die aneinander vorbeigingen. Auch jetzt gehen viele Menschen aneinander vorbei.

Einer trägt ein Hemd mit Affen darauf. Ein anderer eine Krawatte. Und eine Narbe im Gesicht. Die Geschichte einer Verstümmelung. Stummes Sicheinstimmen auf Leiden und Leistung. Der ganz gewöhnliche Alltag. Er lag da, ich ging. Was hätte ich tun sollen? Einen Blick in das gebleichte Auge eines Einzelschicksals werfen?

# 11

## JPW

Verzeihen Sie meine Direktheit, aber ich kann nur sagen: Dachschaden. Jeder wusste, dass der Mann nicht für den Job gemacht war. Er konnte einfach nicht mithalten. Du kannst nicht gleichzeitig bei der *Gus Clinton* arbeiten und in den Wolken sein, wie man so schön sagt. O. k., wir sind alle verrückt, aber wir wissen damit umzugehen. Der verrannte sich nur. Verabschiedete sich von sich selbst. Einmal traf ich ihn zufällig auf dem Züricher Flughafen, grüßte ihn, doch er erkannte mich nicht wieder.

Ich bin's, sagte ich, Wagner.

Er sah mich nur an und sagte: Entschuldigen Sie, wissen Sie, wo wir hier sind?

Er wusste überhaupt nicht mehr, wo er war, völlig plemplem.

Es ist das erste Mal, sagte er, sowas ist mir noch nie vorgekommen. Ich bin völlig verloren. Nicht bloß desorientiert. Verloren. Eine Art Blackout, der mich keine Zusammenhänge mehr erkennen, mich die Dinge nicht mehr deuten lässt. Was in dem Stil, völlig bekloppt. Ich merkte, dass er wirklich in einem sehr seltsamen Zustand war und spielte den Fremdenführer.

Drüben, sagte ich, ist ein Duty-free-Shop, in dem Sie Ihren Whisky ein paar Prozent billiger kaufen können, hier eine Raucherzelle, dort eine Rolltreppenanlage zu den Gates 3 bis 7, Ihnen gegenüber Gate 9, wo sich eine Meute Asylanten für einen Ferienausflug bereithält und genau über Ihrem Kopf eine riesige gottverdammte Tafel, die ankündigt, dass bis auf Weiteres alle Flüge gestrichen sind! Sie befinden sich auf einem Flughafen.

Das half ihm aber nicht wirklich weiter, denn er fragte nach: Frankfurt, Tokio …?

Back, sagte ich, verarschen Sie mich nicht!

Er erkannte mich immer noch nicht, reichte mir seine Karte. Mit so jemandem kann die *Gus Clinton* nichts anfangen. Frage mich, wieso es ihm überhaupt gelingen konnte, diesen Job zu ergattern. Bei Frau Koenig geht so etwas normalerweise nicht durch. Sie ist ziemlich gefürchtet und von zynischem Humor. Einer ihrer Sprüche: Führung bedeutet, den Mitarbeiter so über den Tisch zu ziehen, dass er die Reibung als Nestwärme empfindet.

Sie sorgt dafür, dass ein jeder das Wettrüsten verinnerlicht. Ohne dass sie viel einschreiten muss, bringen es ihre Mitarbeiter zu einem geradezu bestialischen Enthusiasmus.

Vergessen Sie nicht, sagte sie mal, dass ich angefangen hatte, Biologie zu studieren und dabei haufenweise kleine Frösche aufschlitzte. Passen Sie also auf, wenn sie ihre Männerweisheiten in die Welt quaken; ich kann Sie zu Prinzen küssen oder Sie platt fahren.

Mett Back war kein Mann, den eine Frau zum Prinzen küssen konnte.

So ließ er sich halt platt fahren.

12 ◁                    ▶ 71

# 12

## Dr. Walsers Aufzeichnungen

*(Backs Patientenakte. Krankengeschichte. Notizen.)*

Der Druck sei so stark, dass er nur standhalten könne, wenn er eine ganze Stadt sei.

Immer wieder manisches Schreiben.

Er habe einen Dichter verschluckt.

Be(r)ichte nennt er die Texte. Manchmal auch Ge-dicht-schichten.

Zum Teil genaue Selbstanalyse, präzise Autobiografie, zum Teil kaum verständliche Mitteilungen, hermetisch und rätselhaft.

Hatte Literatur und Kunst studieren wollen. Der Vater (Back Senior, schreibt er oder: Mein alter Herr) hatte das für einen Irrweg gehalten.

Wenn du studieren willst, dann etwas Anständiges, hatte er gesagt, Kunst ist verlorene Zeit, also verlorenes Geld.

Unterstützung gäbe es nur bei Handfestem. Recht oder Wirtschaft, zum Beispiel.

Er habe nicht die Kraft oder den Mut gehabt, zu widersprechen.

Sein Schrei sei nach innen gegangen und habe dort einen lauten Spalt hinterlassen, schreibt er. Aus diesem Schrei wohl sei er geboren, der andere Matthias Back, den keiner kennt.

**Be(r)ichte/Ge-dicht-schichten:** Ich lebe in über 18 Etagen, die Tage sind gezählt, die Ausläufer des Arbeitsplatzes nicht zu überwachen. Fluss ohne Ufer. Das All ist von Dunkelziffern beherrscht, Augenblicke einer nie dagewesenen Fremdheit.

Lithium, Carbamazepin, Clozapin.

Dann wandelt sich der ganze Tag in einen Büroraum, nichts als Büroraum, auch der Abend, der Mond und die Faxgeräte und die Sekretärinnen, und mittendrin eine Erscheinung, die Welt als Hochstöckige, in Glas und Metall, und man sieht dich: Draußen beobachtet dich jemand, wie du 100 Nummern anrufst und Botschaften abschickst und als hungriger weißer Spargel deinen Anzug glättest, und wie eine Schlittschuhläuferin flitzt die Gehilfin und trägt Blasen an den Füßen und Überstunden. Die Welt besteht aus Überstunden, Neonlicht, schwarzem Kaffee und blöden Bemerkungen.

Man ließ mich mich vertun.

Matthias war ein Geschenk Gottes.
    Etwas später saß er in der Schule als Mett die Wurst.
    Er war ein zu dickes Kind geworden.
    Wenn ich mir das Foto ansehe, fällt mir die Bleistiftspitze ein, mit der Annick die Luft aus mir rauslassen wollte.
    Ihr Bruder Rick hatte sie dazu angestiftet.
    Rick war ein Zerstörer. Mit 7 stahl er den Kanarienvogel der Nachbarin und gab ihn ihrer Katze zu fressen. Mit 8 legte er Feuer an das Kommunionkleid, das seine Cousine gerade anprobierte. Die Cousine überlebte mit schweren Verletzungen.
    Den dicken Mett zwang Rick, Vogelfutter zu essen, damit er kotzte und schlanker würde.
    Zum Trost hat mich die Mutter verhätschelt, das heißt gefesselt.
    Noch als ich bei der Consulting anfing, war ich ihre Geisel.
    Trotz guter Vorsätze hatte sich mein alter Herr in die Irrenanstalt getrunken.

Mutter war allein und wollte mit mir ausgehen.

Ich ging aber mit Jacky Unterheuser aus. Was mich zu einem undankbaren Menschen machte.

Mein Versagen wollte ich durch Arbeit wettmachen. Die *Gus Clinton* war dafür der richtige Platz und ich der richtige Mann am richtigen Platz. Eine Zeitlang war ich auch ein richtiger Tiger. Ein Triggerer und Reißer. Konnte auf dem Zahnfleisch gehen und mit Blicken töten. Aber all das genügte nicht.

Lithium, Carbamazepin, Clozapin.

Die Kindheit ist eine nie heilende Wunde.

Immer wieder kaufte mir Mutter Schuhe, die zu klein waren. Größe 42. Auch nach der Pubertät. Ich war es gewohnt, die Zehen einzuziehn, und spürte die Enge kaum. Ich war so an die 42 gewöhnt, dass ich, als ich mir zum ersten Mal Schuhe kaufte, auch nach Größe 42 fragte. 42 war meine Größe und blieb es auch während meiner Studienzeit in Nancy. Erst später, in Iowa, wurde mir bewusst, dass ich, seit ich 12 war, zu kleine Schuhe getragen hatte. In Iowa City kaufte ich mir Sneakers, und da sie im Laden nichts mit Größe 42 anfangen konnten, nahmen sie eine Fußmessung vor und brachten mir Sneakers, die sich wunderbar leicht anziehen ließen, und in denen meine Füße auflebten. Größe 13, die, wie ich herausfand, der europäischen 46 oder gar 47 entsprach. Ab da ging ich für eine Zeit leichter und besser durchs Leben.

Aber möglicherweise fing die Krankheit damals schon an.

Lange vor Nancy, lange vor Iowa.

Erinnere mich an die sogenannte Körperertüchtigung meiner Kindheit. Wurde von den Eltern in den Verein gezwungen. *Die Brüderlichen* hieß er.

Jeden Samstagnachmittag in die Halle, wo blaue Matten aus-
lagen, die nach Schweiß und Gummi stanken. Wenn der Turn-
meister – wir sagten immer Meister, nicht Lehrer – seine Befehle
gab, flog ihm die Spucke meterweit aus dem Mund. Die Befehle
schrie er auf Französisch. Garde à vous ! Courez ! Plus vite !
Repos !

Wir stellten uns der Größe nach auf und riefen einer nach
dem andern: Présent !

Die Fenster der Halle waren hoch oben, so dass man nicht
hinaussehen konnte. Ein paar von den Jungen mochten die
Gefängnisatmosphäre. Sie fühlten sich dadurch angespornt,
Straftaten zu begehen.

Wenn ich da noch lange hin muss, sagte ich zu meinen
Eltern, ende ich als Verbrecher.

Wenn du noch einmal einen solchen Unsinn von dir gibst,
sagte mein Vater, gibt's eins aufs Maul.

Ich begann zu schwänzen. Ging los, aber nicht zum Verein.
Strich durch die Stadt. Ich war 10 oder 11 und dachte daran,
meinen Vater umzubringen.

Ich traf einen Jungen, der genau wie ich keine Lust hatte, sich
am Strammstehen zu beteiligen. Er hieß Guy und hatte Zigaretten
und Zündhölzer dabei.

Wir zogen uns auf den Friedhof zurück, saßen hinterm Ge-
büsch auf einem Grab und rauchten. Guy wollte den Turnmeister
umbringen. Sein Vater war schon tot. Bei der Arbeit verunglückt,
zwischen Zugpuffer gekommen und zerquetscht worden.

Wenn Guy an der Zigarette zog, bebten seine Lippen, als seien
sie von Frost bewohnt.

Auch im Winter rauchten wir trotz Regen und Kälte auf dem
Friedhof. Suchten Schutz im Eingang einer Familiengrabkapelle.

Riechst du die Toten auch?, fragte Guy.

Ja, sagte ich.

Neben uns kniete ein steinerner Engel, dem jemand die Nase gebrochen hatte.

Ich kam völlig durchnässt nach Hause.

Meine Mutter war darüber derart beunruhigt, dass sie nicht bemerkte, dass ich geraucht hatte.

Bei der Weihnachtsfeier der *Brüderlichen* bekamen die Jungen, die auf der jährlichen Anwesenheitsliste vorne lagen, ein besonderes Geschenk.

Ich war nicht dabei, worüber mein Vater sich wunderte.

Du bist doch immer hingegangen!, sagte er.

Ja, sagte ich.


Der Turnmeister der *Brüderlichen* hatte auch ein paar Klassen in der Schule, in denen er gefürchtet war. Wer seine Turnhose vergessen hatte, musste nicht nur 10 Seiten aus dem Telefonbuch abschreiben, sondern die ganze Turnstunde über auf allen Vieren um einen zu dem Zweck aufgestellten Kegel kriechen. Dabei immer einen Abstand von ungefähr einem Meter halten. An einer Stelle der Kriechpiste war ein Teil des sogenannten Kastens aufgestellt, einer Art rechteckigen Holzrahmens, durch den man hindurchkriechen musste. Oben auf dem Holzrahmen stand ein zweiter Kegel, der beim Durchkriechen durch den Kastenrahmen nicht ins Wackeln geraten oder gar herunterfallen durfte. Fiel der Kegel, gab es noch einmal 10 Seiten aus dem Telefonbuch abzuschreiben.

Ich erinnere mich daran, dass ein Junge, den Namen weiß ich nicht mehr, einmal gut ein Drittel des nationalen Telefonbuchs abschreiben musste, angefangen bei der Hauptstadt über Ahn, Altwies, Bascharage und Beckerich bis nach Belvaux (was eine Mehrzahl von Belval ist).

Und immer wieder Schuhe.

Zur Kommunion trug ich schwarze Lackschuhe.

Meine Familie war katholisch, ohne zu wissen warum.

Eine Frage der Anpassung. Vater ging in keine Kirche, aber sein Sohn sollte es einmal besser haben als er. Wer dem Katechismus fernblieb, war von vornherein verloren.

Zum ersten Mal in meinem Leben bekam ich einen maßgeschneiderten Anzug. Der war so teuer, dass mein alter Herr 3 Tage und 3 Nächte lang fluchte, um sich zu beruhigen. Nach jedem Fluch trank er eine Flasche Bier.

Für den Preis arbeitete der Schneider dafür umso genauer.

Mit einem Maßband, das auf einer Seite gelb, auf der andern weiß war – die Farben der Kirche, eine heraldische Besonderheit, da in der Heraldik das ungeschriebene Gesetz gilt, dass Metall nicht an Metall stoßen darf, dennoch vereinigen sich in diesem Fall Gold (Gelb) und Silber (Weiß) – umspannte er meine Taille, lotete Länge von Armen und Beinen aus, sondierte den Brustkorb und streifte mehrmals vom Nacken zum Hintern. Dann fragte er, ob ich Links- oder Rechtsträger sei, was weder meine Mutter noch ich verstand.

Er fuhr mir daher von hinten in die Hose zwischen die Schenkel, so das ich seine Hand vorne spüren konnte und leicht zusammenzuckte.

Aus irgendeinem Grund war es üblich, den Kindern zur ersten heiligen Kommunion ein sogenanntes Necessaire zu schenken. Ich bekam 3. 1 von der Taufpatin, 1 vom Taufpaten und 1 von einer Großmutter. Sie sahen alle aus wie dicke, in Leder gebundene Bücher, die mit einem Reißverschluss geöffnet werden konnten. Drinnen lag silberglänzendes Zeug, mit dem man nichts anfangen konnte, wenn man es nicht zweckentfremdete. Außer dem Kamm und dem Spiegel vielleicht, aber das war mehr etwas für Mädchen. Ein Seifenkästchen war dabei, eine Nagelfeile, eine Kleiderbürste und sogar Nähzeug.

Zum Glück bekam ich von der andern Großmutter ein richtiges Buch, *Die letzten Tage von Pompeji*, das ich aber erst später las, nachdem ich den Film gesehen hatte. Das Buch war gebraucht, das merkte ich, obwohl Großmutter sich große Mühe gegeben hatte, es neu aussehen zu lassen.

Was mir an *Die letzten Tage von Pompeji* gefiel, war zum einen der als Liebestrank getarnte Sud, der den Konsumenten für einige Zeit wahnsinnig werden lässt, zum andern der Löwe in der Arena, der den Helden zerfleischen soll, jedoch den nahenden Vulkanausbruch wittert und sich in seinen Käfig zurückzieht.

# 13

# Heftroman

WER ZUM TEUFEL IST HIER DER ERZÄHLER?

Gysin Kuttup, *Turm und Springer*

Sie treffen sich im *Sodabergh\**, obwohl das Lokal längst nicht mehr das ist, was es mal war. Der neue Besitzer hat es zwar neu gemacht, aber es sieht alt aus. Nicht hip wie in der Zeit, als sie sich kennenlernten. Macht nichts, Jumpy kriegt das sowieso nicht mit, ist immer noch bei der Arbeit, hat was eingeschmissen, um davon loszukommen. Geht aber nicht. Da ist immer noch ein Projekt, das sich mit ihm unterhält. Trägt ein grünes Kleid und eine zu große Brille. Die Stimmen im Lokal sind ziemlich laut, jeder erzählt von sich selbst und will dabei gehört werden. Einen Augenblick überlegt Jumpy, wie es wäre, wenn er den Job wechseln würde. Irgendwas mit Musik. Einen neuen Sound produzieren, der sich weltweit in die Ohren frisst und ihn reich macht. Was das Geld anbelangt, kann er nicht klagen, aber es wäre auch schön, solche Summen mit einer andern Tätigkeit zu verdienen. Etwas tun, was man zu 100 Prozent genießen kann. Damit man was gehabt hat vom Leben, wenn es einen plötzlich vor die Tür setzt. Rebecca war gerade mal 29 als sie verunglückte. Ob ihr Mann wusste, dass sie fremdging? Jumpy macht sich manchmal Vorwürfe, diese halten aber nie lange an. Er muss sich eingestehen, dass er wütend war, als sie plötzlich weg war. Trauer, ja, vor allem aber Wut. Weil ihm die Lust genommen worden war. Rebecca war eine tolle Frau, eine wie man ihr nur einmal im Leben begegnet. Danach war nichts mehr, also nichts von Bedeutung. Viele Bekanntschaften, ja, das kann er, das liegt ihm, aber keine neue Rebecca dabei. Er fickte seine Wut in gut 2 Dutzend Frauen, danach ging er zum Arzt und fragte nach, ob er vielleicht Sexaholic sei. Der Arzt kam ihm etwas verklemmt vor, schien seine Geschichten nicht so richtig glauben zu wollen, sprach dann aber von einer Therapie. Das wiederum kam Jumpy seltsam vor. Wieso sollte er sich die Lust am Sex austherapieren lassen?

Einen schwierigen Moment hatte es danach gegeben, als Jacky gedroht hatte, ihn anzuzeigen, Jacky Unterheuser, mit der er zusammenarbeitete. Irgendwann hatte sie sich angemacht gefühlt, begrapscht und in ihrer Würde verletzt. Hatte schließlich aber keine Klage eingereicht, unter anderem auch, weil Frau Koenig das verhindert hatte. Sie brauchte Jumpy und war nicht daran interessiert, die *Gus Clinton* wieder mal vor Gericht erwähnt zu wissen. Jacky Unterheuser – er nannte sie fortan Jacky Ungeheuer – kam in eine andere Abteilung und bekam eine Gehaltserhöhung.

Dass er jetzt mit Samantha dasitzt, wundert ihn. Er kennt sie schon lange, sie sieht nicht schlecht aus, ist aber nicht sein Typ. Zu natürlich, zu burschikos auch. Nur die großen grünen Augen findet er unwiderstehlich. Sie ist Künstlerin und Besitzerin einer Galerie, nicht schlecht im Geschäft. Er hat sich dort mal eine Skulptur von einem sardischen Künstler gekauft. Oder war's ein Korse? Jedenfalls hatte der Premierminister, der auch ein Kunstsammler ist, ihn auf diesen Kunstschaffenden aufmerksam gemacht. Nicht, dass die beiden sich sehr gut kennen würden, aber sie waren am Rande einer Konferenz auf das Bjørnstädter Kulturjahr zu sprechen gekommen.

In Samanthas Galerie hatte er nicht so richtig gewusst, für welches Werk er sich entscheiden sollte – die Skulpturen sahen in seinen Augen alle gleich aus – und Samantha hatte ihm bei der Entscheidung geholfen. Das Objekt war recht teuer gewesen, aber das hatte ihn nicht gestört. Nur wusste er nicht, wo er es hinstellen sollte. Wohl hatte er sehr viel Platz in seiner Duplexwohnung, aber die Skulptur passte nirgendwo so richtig hin, fand er. Sie stand in einer Ecke seines Salons wie ein ungebetener Gast.

Das *Sodabergh* ist jetzt ziemlich voll, eine Menge junger Leute, und Samantha denkt laut darüber nach, ob es nicht an der Zeit wäre, das Lokal zu wechseln.

Dann steht plötzlich ein Typ an ihrem Tisch, der durch ein sehr farbenfrohes Hemd und eine zappelige Gestik auffällt.

Hi, Jumpy!

Hallo Felix, sagt Jumpy und erklärt: Das ist Felix, ein alter Schulfreund.

Hallo Felix, sagt Samantha.

Mit ganzem Namen Felix Krull**, sagt Jumpy.

Wie die Romanfigur?, fragt Samantha mit ungläubigem Lächeln.

Genau, sagt Felix, wie die Romanfigur.

Aber er ist keine Romanfigur, sagt Jumpy.

Nee, sagt Felix, ich bin keine Romanfigur, kann ich mich zu euch setzen?

Wir wollten gerade gehen, sagt Jumpy, aber bitte.

Geht ihr ins *Trench*?, fragt Felix.

Wir wissen es noch nicht, sagt Jumpy.

Ist Miss Touch noch nicht hier?, fragt Felix.

Nicht gesehen, antwortet Jumpy.

Und First Lady Fabiola?

Keine Ahnung.

Und wie geht's so?, fragt Felix.

Gut, antwortet Jumpy.

Ich meine wegen des Toten, sagt Felix.

Ist ja nicht der erste, spottet Jumpy.

Kanntest du ihn gut?

Nicht wirklich, sagt Jumpy.

Ich bin immer noch nicht drüber weg, sagt Felix.

Er kam zufällig da vorbei, erklärt Jumpy, gerade als Back gesprungen war.

Er hieß Back?

Ja, Mett Back.

Ich hätte ja nichts mehr machen können, sagt Felix, trotzdem, ich weiß nicht, wieso ich einfach weiterging.

Das tun die meisten, sagt Jumpy, Weitergehen ist völlig normal. Mach dir keinen Kopf.

Bleibt doch einfach noch eine Weile, sagt Felix, ich geb einen aus.

Jumpy willigt ein, obwohl ihn Felix' Gegenwart zunehmend irritiert. Trotz allmöglicher Tranquilizer ist er beständig auf Strom und quatscht einem die Birne voll. Lebt davon, jedem seine Erlebnisse zu erzählen, beschissener Alltag und Krankheiten so gut wie außergewöhnliche Vorfälle.

Da ist sie ja, unsere Miss Touch, ruft Felix plötzlich und breitet die Arme aus. Steht dann auf und fällt ihr um den Hals.

Sie ist eine eher zierliche Person, feingliedrig, gebräunte Haut, rötliches Haar. Samantha weiß gleich, dass diese Frau sie interessiert.

Hallo Lola, sagt Jumpy eher zurückhaltend.

Er und Lola – der richtige Name von Miss Touch lautet Lola Tasch – waren mal kurz zusammen gewesen, 3, vielleicht 4 Monate, er erinnert sich nicht mehr genau. Vielleicht war er am Anfang sogar ein bisschen in sie verliebt. Sie waren nach New York geflogen, um dort ihr gemeinsames Leben zu beginnen. Wurde aber nichts. Viel zu entgegengesetzte Ideen. Dann helfen gemeinsame Orgasmen auf Dauer auch nicht. Aber beide haben die zusammen verbrachten Nächte in guter Erinnerung.

Etwas später taucht First Lady Fabiola aus dem Gedränge an der Theke auf und sagt: Ach, ihr seid schon hier?

Tu nicht so, sagt Felix, du hast Verspätung.

Ich muss auch gleich weiter, sagt First Lady Fabiola, ich leg um 12 im *Bardo* auf.

Ist das heute?, fragt Felix erstaunt.

Ja, antwortet First Lady Fabiola, ich springe da für jemanden ein. Habt ihr das gehört von der *Gus Clinton*?

Klar doch, sagt Jumpy.

Ach ja, sagt First Lady Fabiola, du arbeitest ja auch dort.

Ich bin einfach an ihm vorbei, sagt Felix.

Lass das jetzt!, sagt Jumpy.

Wie, an ihm vorbei?, fragt First Lady Fabiola.

Am Toten, als er gerade gesprungen war, sagt Felix.

Ich bin dann mal kurz weg, sagt Jumpy genervt.

Lass ihn doch, sagt First Lady Fabiola, wenn er sich aussprechen möchte!

Hast du ihn auch gekannt, den Toten?, fragt Lola.

Ja, sagt First Lady Fabiola, aber ich kann nicht darüber sprechen.

Gut, sagt Jumpy, wo zieht es uns jetzt hin?

* Siehe Band 2 *Die Tanzenden*
** Korrekte Schreibweise: Croulles

# 14

## Tomas B

Wer Bjørnstadt – t bitte mitlesen – als Kaff oder Kaffstadt abtut, wird dem Ort nicht gerecht. Die Stadt hat Geschichte und Potential. Leider wird das Potential nicht genutzt und die Geschichte vergessen.

Gegessen auch die Hoffnung auf Veränderung.

Spekulanten, die das Sagen haben, bereichern sich, die Stadt verarmt.

Betriebe und Firmen wie die *Gus Clinton Consulting* sollen helfen, Image und Zustand der Stadt zu verbessern. Sie florieren aber hauptsächlich auf Kosten der Ortschaft und ihrer Einwohner.

Wegen der schlechten Luft gibt es Masken und Ausgangssperren wie im Krieg.

Wir SIND im Krieg, sagte ein Minister mit sehr viel Pathos in der Stimme und wässrigen Augen. Man sah ihm an, dass er dabei an Churchill dachte und versuchte, den Ton dieses historischen Staatsmannes zu treffen, was ihm aber nicht wirklich gelang.

Es gibt wie in jeder Stadt gute und schlechte Viertel.

In den schlechten, wo Ausländer und Mindestlohnempfänger wohnen, gibt es regelmäßig Razzien.

In den guten gibt es Feinkost.

Mein Name ist Tomas Bjørnstad, sagte ich zu den Bullen, wie die Stadt, aber ohne t am Ende.

Der Herr Bulle dachte, ich mache mich über ihn lustig und wurde aggressiv.

Er tat seine Pflicht, indem er seine Augen zusammenkniff und die Hand an die Pistole legte. Unsicherheit macht aus dem besten Beamten im Nu einen Testosteron-Cowboy.

Der zweite Herr Bulle war mehr der Denker. Man kennt das. The good, the bad and the ugly.

Ich verbrachte eine Weile auf dem Kommissariat, wo ich im Flur auf einem Klappstuhl saß. Später erklärte man mir, es fehlten die Mittel.

Vorher hatte man gesagt, es sei schon ziemlich widerlich, dass Verbrecher sich in Sesseln räkeln dürften. Nun, die Verbrecher sind nicht unbedingt da, wo man meint.

Voriges Jahr ist ein Bjørnstädter Geschäftsmann verhaftet worden, dessen erste Frau seit Jahrzehnten vermisst gemeldet war. Es hieß, sie sei mit einem Geliebten in Belize.

Der Mann, er hatte ein gut gehendes Kleidergeschäft, trauerte und nahm sich eine zweite Ehefrau, danach eine dritte, danach eine vierte.

Er war im Geschäftsverband tätig, investierte in Immobilien und in 2 verschiedene politische Parteien, wurde so zu einem der angesehensten Bürger der Stadt.

Niemand, wirklich niemand hätte gedacht, dass er eines Mordes fähig sein könnte. Bis auf einen italienischen Untersuchungsrichter, der auf der Spur unlauterer Praktiken der Ehrenwerten Gesellschaft war. Der Geschäftsmann war italienischen Ursprungs und fuhr regelmäßig nach Lamezia Terme, wo er ein Weingut besaß.

Es stellte sich heraus, dass er dort unten die beiden ersten Ehefrauen an ausgehungerte Schweine verfüttert hatte. Die dritte war an einem Herzinfarkt gestorben, als er ihr von den ersten beiden erzählt hatte, so hieß es jedenfalls, nachdem die Morde bekannt geworden waren.

Der Geschäftsmann war übrigens wie andere Honoratioren auf der Trauerfeier für Gus Clinton gewesen, zu der auch mehrere Minister erschienen waren.

Auch damals gab es schon Luftverschmutzung, aber nicht in demselben Ausmaß wie jetzt. An manchen Tagen wirkt die Stadt wie in Nebel gehüllt, obwohl die Sonne scheint und der Himmel eigentlich blau sein müsste.

Ein Zeuge sagte aus, der Mann, der vom Dach der *Gus Clinton* gesprungen sei, sei oben gar nicht zu sehen gewesen. Er sei wie aus allen Wolken gefallen.

An anderen Tagen wird trotz guter Sicht vor den ungesunden Partikeln in der Luft gewarnt. Das Gift sei unsichtbar und demnach noch gefährlicher.

Der vom Minister mehrfach angekündigte Krieg kommt aus blauem Himmel. Die Regierenden tun selbstverständlich alles, um die Bevölkerung zu schützen. Zum Wohl der Menschen sehen sie sich gezwungen, unliebsame Maßnahmen zu treffen, wie, je nach Stand der Dinge, Saison oder Wetterbericht, nach Analysen von Wissenschaftlern oder internationalen Politikausrichtungen, das oben genannte Tragen von Atemschutzmasken oder eben die Sperrstunden und Ausgangssperren.

Das Ganze ist sehr gut durchdacht und detailliert in immer neuen Erlassen und Gesetzen nachzulesen. Mal darf man abends bis 11 vor die Tür, mal nur bis 6. Die meisten Menschen verstehen die Logik der Anordnungen nicht, machen aber mit, weil sie Angst vor der Infizierung mit vergifteter Luft haben. Ein richtiges Gegenmittel gibt es anscheinend nicht, dafür aber strenge Strafen für alle, die den Infektionsschutzmaßnahmenverordnungen nicht nachkommen.

Macht die schlechte Luft die Menschen verrückt?, fragte die meistgelesene Tageszeitung nach dem dritten Suizid bei der *Gus Clinton Consulting*.

Dass ich auf dem Kommissariat landete, war keine Folge der schlechten Luft, sondern der Razzia im *Argosy*.

Ich hatte nichts dabei, nicht einmal meine Papiere. Das war dann auch der Grund für die schlechte Laune der Herren. Mein Name gefiel ihnen nicht oder sie wollten nicht glauben, dass es mein Name war.

Guy war auch dort – im *Argosy* – und konnte bestätigen, dass ich Tomas Bjørnstad bin. Aber auch ihm glaubten sie nicht.

Kommen Sie doch bitte mit!, sagte der, der meine Taschen durchwühlt hatte. Immerhin sagte der Mann bitte.

Ich weiß nicht, wie viele es waren, auf jeden Fall mehr Bullen als Gäste. Konnte nichts schiefgehen. Das *Argosy* ist schon lange in Verruf, weil dort anscheinend zu viele Dealer verkehren.

Tut mir leid, sagte ich, ich habe noch nie einen von denen da getroffen.

Sie nahmen mich mit zu ihrem Wagen. Guy durfte bleiben, da er sich hatte ausweisen können.

Nachdem ich eine Weile auf dem Klappstuhl gesessen hatte, riefen sie mich in ein Büro und servierten mir ein Glas Wasser. Das sei vorgeschrieben. Nicht, dass es wieder zu einer Klage vor dem europäischen Gerichtshof käme, weil einer vergessen hatte, dem Verdächtigten ein Glas Leitungswasser hinzustellen.

Ich sagte dem Mann am Computer, ich sei Schriftsteller.

Er hob die Augen von der Tastatur, sah mich mit großen Augen an und fragte nach: Schriftsteller?

Seine Augenbrauen standen hoch über der Hornbrille, die viel zu groß für sein schmales Gesicht war. Er erinnerte mich an jemanden, ich wusste aber nicht an wen. Hatte ihn irgendwo schon einmal gesehen.

Ja, sagte ich, Schriftsteller.

Journalist?, fragte er.

Nein, sagte ich, Schriftsteller.

Nicht Journalist?

Nein, Schriftsteller.

Er hatte bis dahin nicht gewusst, dass es diesen Beruf gibt. Er blickte zu seinem Kollegen rüber, der die Befragung stehend, an die Wand gelehnt und leicht gähnend verfolgte.

Der nickte.

Also kann ich Schriftsteller eintragen?

Ja, sagte der andere.

Der Mann tippte sehr langsam, als sei es sein erstes Protokoll. Oder als sei er dabei, das Tippen erst zu lernen. Das Wort Schriftsteller bereitete ihm ohne Zweifel Schwierigkeiten.

Dabei müssen sie sich doch, und dies nicht erst seit den neuen Bestimmungen die aktuelle Luftverschmutzung betreffend, die zum Teil in einer Art DDR-Sprache verfasst sind mit komplizierteren Worten herumschlagen als Schriftsteller.

Infektionsschutzmaßnahmenverordnungsparagraph zum Beispiel.

Ich hab hier was, sagte der Mann am Computer und blickte wieder hoch zu dem andern.

Der nickte.

Marihuana.

Das ist schon eine Weile her, sagte ich.

In dem Augenblick fiel mir auch ein, woher ich ihn kannte. Ich hatte ihn schon mal in der Zeitung gesehen.

Ja, sagte er.

So wie er sein „Ja" betonte, war anzunehmen, dass er sagen wollte: Einmal Shit, immer Shit!

Haben Sie was bei mir gefunden, fragte ich etwas genervt, ich meine jetzt?

Auf jeden Fall keine Papiere, sagte der Mann aus der Zeitung.

Ich wohne gleich da um die Ecke, sagte ich, da geh ich schon mal ohne ins *Argosy*.

Sind Sie bekannt?, fragte der an der Mauer.

Bekannt?

Ich meine als Schriftsteller.

Nicht wirklich, sagte ich.

Sowieso, sagte der andere, bekannt oder nicht, das spielt keine Rolle.

Dann wurde mir schlagartig klar, mit wem ich es zu tun hatte. Der Mann hinterm Computer aus der Zeitung war Heiko Maas, seinerzeit der deutsche Minister für Verbraucherschutz.

Kuck doch mal nach, sagte der andere.

Sie finden meinen Namen bei den *éditions guy binsfeld*, sagte ich.

Ein Buch ist kein Ausweis, sagte Heiko Maas, und dann: Hier ist noch was. Sie waren bei *Luxdatawatch\** dabei!

Stimmt nicht, sagte ich.

Was Sie sagen interessiert uns nicht, maulte er, wir kucken auf das, was hier steht.

Wenn Sie so gut Bescheid wissen, erwiderte ich, dann müssten Sie auch wissen, wer ich bin und mich laufen lassen.

Warum sagen Sie, dass Sie NICHT bei der *Luxdatawatch* dabei waren?, fragte Heiko Maas und gab sich selbstzufrieden.

Weil ich nicht dabei war. Das ist die Wahrheit. Und die *Luxdatawatch* gibt's ohnehin nicht mehr. Was wollen Sie von mir?

In dem Augenblick kommt ein dritter Polizist herein, das heißt, er öffnet die Tür und bleibt erst mal dort stehen.

Franz, sagt er, kommst du morgen mit zum Spiel?

Er nennt Heiko nicht Heiko und nicht Josef – sein zweiter Vorname – sondern Franz. Tarnung wohl.

Heiko hebt den Kopf und sagt: Weiß noch nicht.

Ich wollte beim Italiener reservieren für danach, sagt der in der Tür.

Gut, sagt Heiko, dann komm ich mit. Um wie viel Uhr ist das Spiel? Um 5?

Nee, um 6, sagt der andere.

Ah, erst um 6 sagt Heiko, ich dachte um 5.

Dachte ich auch, sagt der andere, aber ich habe jetzt gelesen um 6.

Dann frag doch nochmal nach, sagt Heiko, nicht, dass wir zu spät kommen.

Also beim letzten Spiel wär's nicht schlimm gewesen, wenn wir zu spät gekommen wären.

Da hast du recht. Hoffe, diesmal klappt's.

Klar, 's ist gegen den Zweitletzten der Tabelle.

Das will nichts heißen.

Nee, will nichts heißen, trotzdem, die Chancen stehen gut.

Ist Stehberg immer noch im Tor oder wieder Lanz?

Ich glaube Stehberg.

Immer noch! Das verheißt nichts Gutes.

Besser Lanz lässt seinen Knöchel ganz ausheilen, bevor er wieder antritt.

Auch richtig. Aber diesen Stehberg kann ich nicht ab. Wie kann man so arrogant sein, bloß weil man einmal einen Elfmeter gehalten hat?

Und trotzdem 4 zu 1 verliert.

Genau.

Wenn man bedenkt, dass der im Gespräch war, um nach Kaiserslautern zu gehen.

Nicht nach Kaiserslautern, nach Köln.

Nee, war Kaiserslautern.

Nee, Buddy, das war Köln.

Köln wird absteigen.

Hätte also doch dahin gepasst.

Nee, der ist sogar für einen Absteiger zu schlecht. Das ist es ja. Die kassieren hier wie die Profis und spielen Behindertenfußball.

Nun übertreib mal nicht. Die sind alle viel besser geworden.

Viel besser als was?

Der an der Mauer hat sein Smartphone herausgekramt und scrollt.

Da die beiden offensichtlich nicht vorhaben, ihr Gespräch zu beenden – der an der Tür, Buddy genannt, hat ein paar Schritte nach vorne gemacht und steht jetzt dicht am Schreibtisch –, beschließe ich aufzustehen und zu gehen.

Sobald ich mich erhebe, springt Heiko auf und schreit: Hinsetzen!

Sorry, sage ich, aber ich interessiere mich nicht für Fußball.

Wir sind noch nicht fertig, sagt Heiko etwas ruhiger.

Was habt ihr denn für'n Fall?, fragt Buddy.

Nen Journalisten, der sich nicht ausweisen kann, sagt Heiko.

Wenn er Journalist ist, sagt Buddy, dann findet man das doch schnell raus!

Er ist eben nicht Journalist.

Eben sagtest du Journalist.

Sagte ich Journalist? Ich meinte Schriftsteller.

Schriftsteller. Das ist ja noch seltener als Journalist. Das haben wir gleich.

Buddy macht noch eine Schritt nach vorne und sieht Heiko über die Schulter auf den Schirm.

Ich hab ihn schon, sagt Heiko, war bei der *Luxdatawatch*.

Aber die gibt's doch nicht mehr, sagt Buddy.

Nee, die gibt's nicht mehr.

O. k., sagt Buddy in väterlichem Ton zu mir, Sie können gehn. Kommen Sie einfach morgen mit ihrem Ausweis vorbei. Damit wir das prüfen können. Reine Formsache.

Du kannst ihn doch nicht einfach so gehn lassen!, ärgert sich Heiko.

Wieso nicht?, fragt Buddy.

Ich meine, wir haben ihn doch nicht umsonst hergeschleppt, argumentiert Heiko.

Du hast ja alles überprüft, entgegnet Buddy, der Mann ist Schriftsteller. Schriftsteller sind harmlos.

Ich meine, wir geben uns hier die ganze Mühe, sagt Heiko aufgebracht, und dann macht das plötzlich alles keinen Sinn.

Klar doch, sagt Buddy, die Überprüfung hat doch stattgefunden.

Tut mir leid, sagt Heiko laut, ich weiß immer noch nicht, mit wem ich es zu tun habe. Wenn er einen falschen Namen angegeben hat, sind wir die Gelackmeierten.

Er bringt uns morgen seinen Ausweis, sagt Buddy beruhigend.

Ja, sage ich, ich bringe den Ausweis.

Siehst du, sagt Buddy.

Und wenn er ihn nicht bringt, fragt Heiko, was machen wir dann?

Ich bringe ihn, sage ich und gebe mich betont freundlich.

Der an der Wand, der bis dahin mit seinem Handy beschäftigt war, macht dann auf Schiedsrichter und sagt: O. k., Franz, wir lassen ihn gehen.

Aber du hast doch gesagt, der Junge sieht nicht ganz sauber aus.

Hab ich das?

Ja, das hast du! Und dann lässt du mich hier die Arbeit machen, und wenn Buddy auftaucht, bist du plötzlich auf seiner Seite!

Heiko, sagt Buddy, beruhige dich.

Ja, ja, sagt Heiko laut, ich beruhige mich!

Dabei überschlägt sich seine Stimme, grelle Obertöne schwingen durch, als würde gerade in ihm ein kleiner Farinelli zu Tode gequält.

Gut, sagt Buddy, ich gehe jetzt. Ich hab Feierabend. Wir sehen uns dann morgen zum Spiel!

In dem Augenblick zuckt Heiko zusammen, als habe man ihm einen Stromstoß versetzt, zittert am ganzen Körper, verdreht die Augen, wirft den Kopf nach hinten, gibt einen Ton von sich, als werde er gerade gewürgt.

Er hat einen Anfall, ruft der an der Wand und steckt schnell sein Handy weg.

Buddy, der einen Schritt Richtung Tür gemacht hat, dreht sich um und sagt: Scheiße!

Heiko zappelt auf seinem Stuhl wie von Juckpulver spuckenden Termiten befallen, schlägt mehrmals mit dem Kopf gegen die Kopfstütze. Schleimige Spucke blubbert um seinen Mund. Buddy hält ihn fest, hat plötzlich einen kleinen Löffel in der Hand – wohl aus der Kaffetasse, die auf dem kleinen Schrank hinter ihm gestanden hatte – und klemmt Heiko diesen zwischen die Zähne.

Ich weiß nicht, was ich sagen soll und frage: Kann ich was tun?

Ist schon in Ordnung, sagt der an der Wand, gehen Sie jetzt!

Buddy ringt mit Heiko, der sich wie ein Irrer gegen Buddys Griffe wehrt.

Gehen Sie, sagt der an der Wand noch mal.

Als ich den Raum verlasse, liegt Heiko strampelnd am Boden. Buddy hält ihn immer noch fest, träufelt ihm irgendeine Substanz ins Gesicht.

*Siehe Band 9 *Kidigicity*

**16** ◁      ▶ **15**

# 15

## Heftroman

Jumpy hatte bei Samantha geschlafen, nicht bei ihr im Bett, nicht mit ihr, sondern im Gästezimmer. Er konnte sich nicht mehr genau erinnern, was passiert war und wieso er es nicht nach Hause geschafft hatte. War wohl fahruntüchtig gewesen, passiert manchmal.

Er hatte aber keinen Kater und war mit sich zufrieden. Obwohl er nicht gerne auswärts übernachtet. Zu dir oder zu mir beantwortet er immer mit zu mir. Routine. Im eigenen Bett ist er sicherer.

Auch an dem Morgen wäre er lieber zu Hause aufgewacht, er hatte ja noch zu arbeiten. Auch das, Routine. Er steht auf, lässt sich von der Kaffeemaschine einen kraftvollen Robusta ausschenken und zieht sich mit seinem Laptop wieder ins Bett zurück. So fangen die meisten Sonntage an. Es sei denn, er hat eine Frau dabei.

Ohne diese Sonntagsdisziplin ist das Arbeitspensum kaum zu schaffen. Ganz aufs Ausgehen möchte er nicht verzichten. Zum einen muss er Dampf ablassen, zum andern reizen ihn immer noch zufällige Begegnungen. Vielleicht trägt er auch noch die Hoffnung mit sich, einer zweiten Rebecca zu begegnen.

Samantha musste ihn gehört haben, denn sie rief von unten: Ich bin beim Frühstück!

Er wartete, bis seine morgendliche Erektion abgeschwollen war und ging ins Bad.

Er erinnerte sich daran, wie er früher einmal bei Paulette in der WG übernachtet hatte und im Halbschlaf zum Bad geeilt war. Dabei hatte er das Wohnzimmer durchqueren müssen, wo

Paulettes Mitbewohnerinnen saßen, die sich dann später über den Exhibitionisten beschwerten.

Tut mir leid, hatte er gesagt, ich bin nun wirklich kein Exhibitionist, ich war nur völlig unaufmerksam.

War wohl auch nicht die ganze Wahrheit, das wusste er.

Nicht, dass er je die Idee gehabt hätte, sich im Stadtpark in den Schatten eines Baumes oder in den schwach erleuchteten Eingang eines Wohnblocks zu platzieren und im geeigneten Augenblick der herbeieilenden Frau entgegenzutreten, das nicht. Das kam ihm albern vor. Aber gelegentlich mit einer Frau eine Nummer draußen durchziehn, da war er nicht abgeneigt.

Manchmal überkam es ihn einfach, wie er sagte, dann gab es kein Zurück. Der Drang war so groß, dass sich augenblicklich eine Gelegenheit finden musste. Die Möglichkeit, in der Öffentlichkeit dabei ertappt zu werden, sorgte für zusätzliche Spannung. Nicht jede Frau wollte dabei mitmachen. Dann machte die Überzeugungskraft, die er aufbringen musste, um sie für das Unternehmen zu gewinnen, den Reiz aus.

Einmal überkam es ihn auch im Zug, als er allein reiste.

Immer wieder führte das Vibrieren des Waggons zu Erektionen.

Er saß im Intercity Richtung Düsseldorf in einem Wagen in der ersten Klasse, in dem es nur wenige Reisende gab. Er verließ den reservierten Platz und setzte sich ans Ende des Wagens, direkt neben die Tür, behielt so den Überblick.

Falls jemand von hinten käme, würde er die Tür hören und reagieren.

Er wandte sich dem Fenster zu und öffnete den Reißverschluss seiner Hose. Prachtvolle Erektion. Er sah sie im Fenster wie in einem zart reflektierenden Spiegel. Wie sie über der Landschaft thronte. Über Wiese und Feld. Hinausragte über die Reihe Pappeln. Wie sie mächtig und kraftvoll durch die Dörfer schwebte. Wie sie den Himmel berührte und in der Sonne glänzte. Sah und spürte den Lusttropfen an der Spitze und ließ sich gehn.

Sein Saft spritzte gegen das Fenster, dann, als er seinen zuckenden Körper leicht drehte, gegen den Vordersitz. Floss und tropfte.

Einen Augenblick lang hatte Jumpy die Augen geschlossen und prüfte nun, ob sich nichts im Wagen tat. Die Reisenden saßen alle auf ihren Plätzen, bis auf eine Frau, die aufgestanden war, um etwas aus ihrem Koffer zu holen. Sie trug einen grünen Pullover und streckte den Arm auf sehr elegante Weise nach oben. Die Haare hatte sie hochgesteckt, und Jumpy dachte an eine Tänzerin.

Dann verstaute er schnell seinen Schwanz und kramte nach den Taschentüchern. Eben noch Herr der Welt, dachte er, und jetzt Putzmann bei der Deutschen Bundesbahn.

Samantha bot ihm Sekt zum Frühstück an, aber er lehnte ab.

Er müsse noch arbeiten, sagte er, ließ sich Kaffee ausschenken und nahm sich ein Croissant aus dem Brotkorb.

Wieso bin ich überhaupt hier gelandet?, fragte er in zweideutigem Tonfall, so dass Samantha nicht klar war, ob es ironisch gemeint war oder nicht.

Dann rate mal!, sagte sie heiter.

Kann's mir denken, sagte er, mich wundert nur, dass ich so klar im Kopf bin.

Naja, sagte Samantha immer noch schmunzelnd.

Erst dann merkte Jumpy, dass der Tisch für 3 gedeckt war.

Noch während seine Hand in Richtung des leeren Tellers zeigte und er mit offenem Mund und hochgezogenen Brauen eine Frage andeutete, erschien Lola auf der zu den Schlaf-zimmern führenden Holztreppe.

Er sah erst nur ein paar Beine, wusste aber gleich, dass es Lola war.

Guten Morgen, sagte sie, umarmte ihn und dann Samantha.

Bei Samantha dauerte die Umarmung länger. Er war irritiert. Diesen Auftritt hatte er nicht erwartet. Es konnte ihm egal sein, dass die beiden zusammen geschlafen hatten, aber er fühlte sich überrumpelt. Ausgeschlossen. Betrogen. Eine dumme Überempfindlichkeit, gegen die er nichts machen konnte. Das ärgerte ihn am meisten. Dass er jetzt nicht souverän das Liebesspiel der beiden genießen konnte, wie es ihm zustand. Da fehlte ihm dann doch die Gewandtheit, die Leichtigkeit. Stattdessen Ärger über den Kontrollverlust.

Ihr Lieben, sagte er, ich muss nun leider!

Er schob den Teller mit dem Rest Croissant auf dem Tisch etwas nach hinten, als würde dies ihm das Aufstehen erleichtern.

Jetzt schon?, fragte Samantha.

Ist nicht ganz gentlemanlike, sagte er, aber ich habe zu tun.

Wenn du es nicht lassen kannst! Lola lächelte.

Ihr Lächeln gefiel ihm immer noch.

Er nahm seine Jacke und verabschiedete sich.

An der Haustür – Samantha hatte ihn begleitet, Lola nicht – fiel ihm ein, dass er sich gar nicht mehr daran erinnerte, wo er den Wagen gelassen hatte.

Wo steht das Auto?, fragte er betont locker.

Gleich vorne an der Ecke, sagte Samantha.

Du bist gefahren?

Ja. Pass auf dich auf!

Keine Sorge, sagte er, ich bin manchmal etwas albern, aber ich gebe mir Mühe.

Leicht zerknirscht ging er zum Wagen, sah schon von Weitem, dass etwas nicht stimmte. Kühlerhaube, Windschutzscheibe und Dach sahen aus wie mit Farbbeuteln beworfen. Als er näherkam, bemerkte er, dass der Dreck Vogelscheiße war, gigantische Sendungen grauweißer Ablagerungen, Fladen bisher ungesehener Größe, als hätte auf seinem Auto ein Pterosaurus zum Kacken gehockt.

# 16

## Gespräch JPW & Jean Py, genannt Jumpy

War einfach nicht mehr tragbar.

Was erwarten Sie von jemandem, der sich tagelang mit der Frage beschäftigt, ob Glück wirklich glücklich macht!

Nach seinem Burnout war er nicht einmal mehr fähig, seine Chance als Chauffeur zu nutzen.

Trotzdem, die Chefin ist umgänglicher, als mir gesagt wurde.

Wenn Sie schnell genug sind!

Ich jogge viel.

Ich würde gerne Marathon laufen, aber ich habe keine Zeit zu trainieren.

Ich bin vor 2 Jahren den *Marathon des Sables* gelaufen. Hat aber schlecht geendet. Nicht für mich, für eine Freundin. Sie hatte sich in einen Sandsturm verirrt, mit Schlafsack, Schlangenbiss-Set und ein paar Litern Wasser, und blieb 3 Wochen unauffindbar. Man hatte sie bereits aufgegeben, als sie von einer Gruppe Nomaden gefunden wurde, erschöpft, abgemagert, am Vertrocknen. Als ich sie wiedersah, erkannte ich wie sie nicht gleich. Sie hatte den Körper einer Magersüchtigen, das Gesicht von der Sonne entstellt, den Blick immer noch im Sandsturm. Ein halbes Jahr darauf ist sie gestorben. Wenn ich an sie zurückdenke, sehe ich mich immer als Wartenden. Das Warten war das Schlimmste. Die Ungewissheit, kommt sie, kommt sie nicht? Ich ertrage solche Momente nicht.

Ich hatte eine ähnliche Erfahrung. Ich wartete auf meine Geliebte. Die normalerweise pünktlich war. Aber diesmal, eine halbe Stunde, eine Stunde, ich versuchte sie anzurufen, aber ihr Handy ging nicht. Ich war völlig aufgekratzt. Sie müssen sich vorstellen, ich hatte mich die ganze Woche auf das Treffen vorbereitet, na ja, da ist man schon einfach so ungehalten, so kurz davor. Und dann die Verspätung. Und plötzlich dachte ich, ihr Mann hat es rausgekriegt und lässt sie nicht gehen. Vielleicht hat er sie an einen Stuhl gefesselt und quält sie jetzt. Wenn dieses Arschloch uns dazwischenfunkt!, dachte ich. Und wartete. 2 Stunden, 3 Stunden. Sie kam nicht und war nicht zu erreichen. Um es kurz zu machen: Am nächsten Morgen erfuhr ich, dass sie tot war. Auf dem Weg zu mir in einen falsch geparkten Laster gedonnert. Sie hatte einem entgegenkommenden Raser ausweichen müssen und dabei die Kontrolle über den Wagen verloren. Aus. Voll unter die im Dunkeln abgestellte Rostkarre eines übermüdeten rumänischen Fahrers gequetscht. Ich war gerade aus Kalifornien zurück und hatte meinen Job hier angetreten. Ein schrecklicher Anfang. Haben Sie auch in Berkeley studiert?

Ich habe alle meine Diplome gefälscht.

Sie wären nicht der Einzige! Ich war ja auch erst später dort, als Berater für *McKinsey*. Sie hieß Rebecca. Da war nicht viel übrig von ihr in dem Autowrack. Und dann lese ich morgens im Büro diesen Artikel über Resourcenausfallkosten und erfahre, wie viel ein Straßenverkehrsopfer wert ist.

Der Nutzen von Kate Winslet für die britische Wirtschaft wurde kürzlich auf 65 Millionen Euro geschätzt, darin enthalten Gagen, Kinokassenergebnisse wie auch ihr aktueller Werbewert.

Ach, ja, Sie waren im Filmgeschäft tätig. Da wird das alles aufgeblasen und hochgeputscht. Ein Verkehrsopfer ist ziemlich genau 1,2 Millionen wert.

Was an sich ein stattlicher Betrag ist.

Entspricht so etwa der durchschnittlichen Summe, die die Volkswirtschaft durch einen solchen Unfall verliert.

Errechnet auf Basis des Humankapitalansatzes, wobei das Restlebenseinkommen des Individuums ein Hauptfaktor ist.

Haben Sie den Toten gekannt?

Als ich den Vertrag unterschrieb, war er schon gesprungen.

Ich dachte, Sie sind schon länger hier.

Nicht in dieser Abteilung.

Keine Ahnung, wie er tickte, aber er sah aus, als sei er zum falschen Moment gezeugt worden. Oder an einem ungünstigen Ort, unter Verrenkungen.

Ich bin überzeugt, Ihre Eltern besaßen ein Himmelbett.

Ich kann mich an meine Kindheit überhaupt nicht erinnern. Bestenfalls in Sätzen, die mir von Erwachsenen vorgesagt wurden. Also nicht aus meiner Sicht. Aus meiner Sicht bin ich nie ein Kind gewesen. Sicher gab es einmal einen kleinen Jumpy, der Milchbrei erbrach und Windeln vollschiss und irgendwann dann Mama sagte und aufrecht ging. Aber was habe ich mit dem zu tun?

Soweit ich sehe, gehen Sie immer noch aufrecht.

Was ich sagen will: Wer die Gegenwart genießen möchte, darf sie nicht mit Vergangenem belasten. Das goldene Zeitalter hat es nie gegeben. Der Weise dreht sich nicht um. Als Orpheus sich umdrehte, verschwand er in der Unterwelt.

Sie meinen Eurydike!

Was zählt ist vorne.

Die Zähne und der Schwanz.

Ich verstehe, warum Koenig sie eingestellt hat, obwohl Sie ja nicht ganz dem gesuchten Profil entsprechen.

Mein Profil ist äußerst wandelbar, und meine Anpassungsfähigkeit hat schon viele verblüfft.

Es soll von Vorteil sein, aus der Unterschicht zu stammen, da bringt man den Hass als Motivation mit.

Wenn ich als Kind ein Schwächling gewesen wäre, würde ich mich auch nicht an meine Kindheit erinnern wollen.

Sie haben wohl ein Faible für ganz großes Kino! Wissen Sie, der Tote – ich kann mich nicht einmal mehr an seinen Namen erinnern –, er hat sich noch vor ein paar Wochen einen neuen Wagen gekauft, Lamborghini, glaube ich. Für mich heißt das, den Selbstbetrug auf die Spitze treiben.

Welchen Wagen fahren Sie?

Auch ich mag schnelle Wagen, aber mich bringen sie ans Ziel.

Gut, stoßen wir auf das Ziel an!

# 17

## Heftroman

Samantha saß mit Lola beim Chinesen am Prinzenring und staunte nicht schlecht, als Guy plötzlich an ihrem Tisch stand. Sie erkannte ihn gleich wieder, obwohl er sich sehr verändert hatte, und das nicht zu seinen Gunsten. Sein Gesicht war breiter geworden – breiig, dachte sie –, blass und aufgedunsen, von Medikamenten wohl.

Willst du dich setzen?, fragte sie.

Nee, sagte er, habe schon gegessen. Ich wollte nur kurz Hallo sagen.

Hallo, sagte auch Lola.

Das ist Lola, sagte Samantha.

Hallo Lola, sagte Guy, und zu Samantha: Ist ne Weile her.

Kann man wohl sagen, sagte Samantha.

Dass sie mal mit diesem Typen geschlafen hatte, kam ihr gespenstisch vor. Na ja, ne Weile her, wie er sagte, und so sah er damals nicht aus. Sie hatte die Galerie noch nicht, arbeitete als Bühnenbildnerin für das Theater, an dem ein Stück von Guy aufgeführt wurde, in dem er sich mit dem Leistungsdruck der Gesellschaft auseinandersetzte. Den Titel *Kühl und still und langsam im dunklen Flusse talabwärts* hatte er sich bei Hermann Hesse ausgeliehen. Im Stück bezog er sich auf Leigh Van Valens evolutionstheoretische Hypothese der Roten Königin und übertrug diese auf die Auswüchse neoliberaler Wirtschaftssysteme.

Sie erinnerte sich ziemlich gut an die Produktion, da sie aufwendig war, mehr Budget als üblich, was ihr auch zugutekam, und trotz all der anstrengenden Schauspieler – nie hätte sie vorher gedacht, dass so ein paar Leute so viele Macken haben könnten – eine durchwegs heitere und lustbetonte Stimmung während der Proben herrschte. Diese euphorisierende Leichtigkeit war wohl auf sie übergesprungen und so war es zum One-Night-Stand mit dem Autor gekommen. Ihr Typ war er nicht, trotzdem fühlte sie sich zu ihm hingezogen. Er hatte etwas Verwirrendes, eine Mischung aus vorlautem Auftrumpfen und kindlicher Verlegenheit, eine etwas rätselhafte Aura, die sie neugierig machte. Besser gefiel ihr Chris, der Schauspieler, der die Hauptrolle spielte und wirklich gut aussah. Aber er war schwul, nicht einmal bi, wie er ihr zu verstehen gab, als sie ihm unverblümt ihre Schwäche für ihn kundgetan hatte. Sie hatte von ihm geträumt – dass sie von Männern träumte, kam eher selten vor – und als sie mit Guy im Bett war, sich gefragt, ob sie nicht vielleicht kurz an Chris denken sollte.

# 18

## Tomas B

Ich bin mit Guy im *Casablanca* verabredet. Er hat vor, mich zu überreden, das Angebot von Filmproduzent Waringo doch anzunehmen, das weiß ich. Ich habe aber keine Lust, mich weiter mit dem Projekt zu beschäftigen.

Ich weiß, dass alle mich bloß da hineinziehen wollen, um mich später fertigzumachen. Ich bin froh, dass Guy sich jetzt damit herumschlägt, traue mich aber nicht, ihm zu sagen, dass ich ihm das einzig und allein weitergereicht habe, damit ich es los bin. Überarbeiten war ein Vorwand. Ob Drehbuch, Erzählung, Roman oder Dokufiktion, sie werden es vernichten. Man will mich in die Öffentlichkeit locken, um mich öffentlich steinigen zu können. Wenn möglich bei schönem Wetter, damit möglichst viel Publikum sich einfindet, mich anzufeinden. Frau Mart von RTL* rief an und fragte mich, ob ich nicht Lust hätte, in ihrer Sendung Klartext zu reden. Ich sagte ab. Letztes Mal, als ich dort war, wurde ich schon beim Schminken ausgefragt. Irgendein als Moderator getarnter George Smiley, der neben mir gepudert wurde, fing ein Gespräch mit mir an, das darauf hinauslief, möglichst viel über meine Vergangenheit zu erfahren, und ich sah mich gezwungen, ein paar Seiten aus Anthony Kiedis' Autobiografie zu zitieren, die ich gerade las.

Zurzeit habe ich ohnehin Ärger genug mit der Kuttup-Übersetzung, genauer gesagt mit der Lektorin, die meinen Text betreut. Klar, sie will, dass das Buch sich verkauft, aber wenn nur noch der Umsatz ausschlaggebend sein soll und nicht die Sätze – man verzeihe mir diese etwas billige Formulierung, aber mit diesen meinen Worten fing der Streit mit ihr an –, dann bin ich aus dem Spiel. Ich war sehr früh schon ein Kuttup-Leser – mein Stiefvater hatte ein paar Kuttup-Bücher in seiner Bibliothek – und ich denke, mit Recht behaupten zu können, dass ich sein Werk kenne. Wenn nun die Frau Lektorin – wir wollen ihren Namen nicht nennen, sondern nur die Initialen E. T. – glaubt, eine Korrektur durchziehen zu müssen, die mehr der Zensur dient als der Lesbarkeit des Textes, muss ich Einspruch erheben. Ein angepasster und abgeschwächter Kuttup kommt für mich nicht in Frage. Wenn Frau E. T. Reaktionen einer politischen Korrektheit befürchtet, sollte sie das Kuttup-Projekt gleich ganz lassen. Kuttup – eigentlich Gysin Kuttupowski, geboren 1922 – wird bald 100 und dies nahm der Verlag dann auch als Anlass für die Übersetzung, eine Idee, die mich begeisterte, bis ich halt mit E. T. zu tun bekam.

Guy sitzt auf der Terrasse bei einem fast geleerten Bier und sieht bei meiner Ankunft auf die Uhr. Ich entschuldige mich wegen der Verspätung und er sagt: Nee, ich bin erstaunt, dass du so früh da bist. Meist hast du größere Verspätung!

Ich setze mich neben ihn und habe augenblicklich den Eindruck, mir in einem nicht richtig abgedunkelten Kino einen Breitwandfilm anzusehen. Da seit heute das Wetter besser ist, wimmelt es in der Fußgängerzone von Menschen. Die unzähligen Bewegungen irritieren mich und ich frage Guy, warum wir uns ausgerechnet im *Casablanca* treffen mussten.

War das nicht deine Idee?, fragt Guy.

Kaum, sage ich.

Wir können auch woanders hin, sagt er.

Nee, sage ich, ist gut jetzt.

Die Kellnerin ähnelt einer bekannten russischen Tennisspielerin, deren Namen mir aber nicht einfällt. Ich bestelle Pastis. Guy nimmt noch ein Bier.

Ich war im *Bellagio*, sagt er dann, um mit der Mutter des Toten zu reden.

Und?, frage ich.

Sie war nicht da, sagt er.

Aber sie ist dort untergebracht?

Ja, sie wohnt dort, aber sie war bei irgendeiner medizinischen Untersuchung. Dabei hatte ich ein Treffen vereinbart.

Glaubst du, das bringt was?

Ja, du bist es doch, der etwas über die Vergangenheit des Typen erfahren möchte.

Ich höre Aggressivität aus seinem Ton heraus, reagiere aber nicht.

Ist ja auch nicht falsch, fährt er fort, mich ärgert es nur, wenn Leute sich nicht an Abmachungen halten.

Da sein Satz zweideutig klingt, frage ich mich, ob er mich auf etwas aufmerksam machen möchte. Dann sagt er auch schon: Du hast nicht auf meine Mail geantwortet.

Wenn ich nicht geantwortet habe, habe ich auch nichts bekommen, sage ich, worum ging's denn?

Um das Thomas-Viertel, sagt er.

Das Thomas-Viertel?, frage ich zurück.

Ja, das Thomas-Viertel.

An eine Mail dazu kann ich mich nicht erinnern, weiß aber, dass wir darüber gesprochen hatten. Das Thomas-Viertel ist mehr als ein Stadtviertel, ist ein riesiges Areal im Osten von Bjørnstadt. Dort waren, ebenso wie in Belval, Schmelzhüttenwerke angesiedelt, die schon vor Jahrzehnten geschlossen worden sind. Die Ruinen hatten, bevor sie ganz niedergerissen wurden, sowohl als Schlupflöcher für Junkies als auch als Kulissen für verschiedene Filme gedient, wie zum Beispiel *Die purpurnen Flüsse 2 – Die Engel der Apokalypse*. Der Name des Areals geht zurück auf den britischen Metallurgen Sidney Thomas, der zusammen mit seinem Vetter, dem Chemiker Percy Carlyle Gilchrist, ein Verfahren zur Erzeugung von Eisen und Stahl aus phosphorreichem Eisenerz erfand, das nach ihm benannt wurde. Zurzeit entsteht dort einer neuer Stadtteil. Die Gemeinde hat das Areal einem privaten Promoter überlassen, der gute Kontakte zur *Gus Clinton Consulting* unterhält und von dort aus eine Bjørnstadt-City der Zukunft plant. Im Gespräch ist auch ein Forschungsinstitut auf dem Gebiet Künstliche Intelligenz, das Guy besonders interessiert, da er regelmäßig mit Schmidhuber telefoniert, der sich auf diesem Gebiet nicht nur bestens auskennt, sondern auch der zukünftige Berater beim Bau des Instituts werden könnte.

Guy möchte diesem Thema im Text mehr Gewicht geben, was sicher keine schlechte Idee ist, mich jedoch im augenblicklichen Zustand überfordert.

Mach du das, sage ich, du kennst dich da aus!

Ich kann das machen, sagt er, aber ich muss dich doch fragen. Das Ganze ist ja deine Idee.

Es ist unser gemeinsames Projekt, sage ich, obwohl ich auf eine Gelegenheit warte, mich gänzlich davon zu verabschieden.

Guy sitzt eine Weile nachdenklich dort, den Blick auf die vibrierende Masse der Passanten gerichtet, fuchtelt plötzlich mit der Hand durch die Luft und ruft laut: Lola!

Eine Frau, rothaarig, helle Jacke, dunkle Jeans, wendet den Kopf, lacht kurz und winkt.

Komm, setz dich zu uns!, ruft Guy.

Lola macht ein paar Schritte in unsere Richtung und sagt: Ich hab's eilig.

Das ist Tomas. Lola.

Hallo Lola.

Hallo Tomas.

Trinkst du was mit?, fragt Guy und zieht einen Stuhl vom Nebentisch rüber.

Nee, sagt Lola, tut mir leid, ich hab eine Verabredung. Ein andermal!

Und weg ist sie.

Sie wohnt bei mir, sagt Guy dann.

Sie wohnt bei dir?

Unten im Haus. Und weißt du, wo ich sie getroffen habe? Beim Chinesen. Du solltest mal dorthin mitkommen, der ist wirklich gut.

Du weißt, dass ich es nicht so mit den Chinesen habe.

Also ich treffe da zufällig eine alte Freundin, Samantha. Und die stellt mir ihre Freundin Lola vor. Und dann stellt sich heraus, dass die bei mir im Haus wohnt. Ich hatte sie vorher nie gesehen. Strange, nicht!

Guy wirkt seit Lolas kurzem Auftritt beschwingter, angeheitert. Ich habe nicht den Eindruck, dass das durch das Bier kommt.

Gut, sagt er, wie machen wir weiter?

Das hängt mehr von dir ab als von mir, sage ich.

Ich habe den Eindruck, dass du nicht mehr hundertprozentig dabei bist! Ich meine, das bedeutet doch nichts, wenn der *Film Fund* dein Projekt für entartete Kunst hält. Waringo ist doch daran interessiert!

Darauf habe ich gewartet. Waringo. Wie ich es mir dachte.

Der Mann ist gut, sagt Guy, ich weiß nicht, was du hast. Er kann schließlich nichts für deine Depressionen.

Hab ich nicht gesagt, entgegne ich, ich habe einfach keine Lust, mich mit Filmleuten herumzuschlagen!

Wieso schreibst du dann ein Drehbuch?, schreit er plötzlich genervt. Die Wirkung von Lolas kurzer Präsenz scheint nachzulassen.

Zu dem Zeitpunkt sah ich das eben anders, antworte ich so gelassen wie möglich.

Oder ist es die Ablehnung durch das Bjørnstädter Kulturfestival, die dir zu schaffen macht?

Du hast überhaupt keine Ahnung! Das *BjørnBling22* der Stadt ist mir völlig schnuppe! Möchtest du etwa ein *BjørnBling22*-Autor sein?

Keine Beleidigung, bitte!

Na, also.

*Siehe Band 8 *Spam*

# 19

## Felix

Ich verstehe nicht, warum es ausgerechnet immer wieder mich trifft.

Ich bin der geborene Zeuge.

Tut sich etwas, so bin ich dabei.

Ob Sie es glauben oder nicht, am 11. September war ich in New York. Ich sah das Flugzeug. Nicht, wie es in den Tower raste. Ich war in Chinatown und sah es von dort aus. Über dem Flügel eines spuckenden Drachen. Die ganze Katastrophe sah ich später auf dem Schirm. Auch dort sprangen Menschen in die Leere. Ich verstehe es nicht. Und ich mache mir Vorwürfe, weil ich mich nicht um den Mann kümmerte. Obwohl es sicher zu spät war. Warum passiert mir das? Beständig. Heute Morgen die Frau auf dem Balkon. Bei 8 Grad. Celsius. Auf dem Hometrainer. Ich sehe rüber, also zufällig, wie sie sich abstrampelt. Auf dem Hometrainer auf dem Balkon. Sehe zufällig rüber und seh sie vom Rad fallen. Sie kippt einfach vom Rad. Ein übler Sturz auf glatter Strecke auf dem Balkon. Als sei sie einen Berg runter. Unfassbar. Steht nicht mehr auf. Bleibt hinter der Balkonbalustrade liegen.

Und du hast nichts unternommen?, fragte Miss Touch.

Was hätte ich tun sollen? Rüber zum Haus. 42 Klingeln gibt es da. War's im fünften oder sechsten Stock? Jetzt weiß ich nicht einmal mehr. Also, wem sag ich: Da ist eben eine Frau im fünften oder sechsten Stock vom Rad gefallen. Alle Klingeln gleichzeitig drücken und heulen: Ich bin der aus dem gegenüberliegenden Block, der eben eine Frau auf dem Balkon vom Rad fallen sah. Quatsch. Ich ruf doch nicht die Feuerwehr,

93

bloß weil ich meinen Augen nicht traue. Vielleicht trainiert sie einfach nur Hinfallen. Ihr alltäglicher Abgang. Mal sehen, ob sie morgen wieder fit ist. Jetzt ist es bereits zu dunkel. Aber da ist Licht bei ihr. Klar, dass da Licht ist.

Ich wär da rein, weil eben jemand rauswollte und hätt ihm oder ihr auch gesagt: Da ist eine Frau vom Rad gefallen. Aber vielleicht wär sie es ja selber gewesen, die mir da die Tür aufhielt.

Oder ein Mann kommt mir entgegen, und ich sag ihm: Da ist eben eine Frau vom Rad, im fünften oder sechsten. Und er erwidert mir: Meine Frau fällt jeden Tag vom Rad! Ziemlich schroff. Und geht weiter. Kannste nichts machen. Dann sagt Jumpy am Telefon: Stell dir vor, sie verblutet! Stell dir vor, die Frau liegt immer noch da, mit einer Kopfwunde auf dem Balkon.

Ich stell mir überhaupt nichts vor. Übrigens hab ich sie getroffen. Jedenfalls sah sie ihr ähnlich. Wenn du glaubst, dass sie noch da liegt, kannst du ihr ja einen Blutstiller rüberschicken. Oder kaufst dir ein Teleskop und guckst rüber. Die verunglückte Frau in Großaufnahme. Setzt dich mit nem Eimer Popcorn ans Fenster und gaffst.

Alle sind so aufgedreht. Wenn etwas die Menschen in dieser Stadt auszeichnet, ist es merkwürdiges Benehmen. Gestern Abend stand plötzlich eine Frau vor mir, nicht weit vom *Ei* entfernt, und wollte mir eine CD schenken.

Wieso?, fragte ich.

Nehmen Sie sie einfach, sagte sie.

Ich wusste nicht, wieso ich eine CD in Empfang nehmen sollte. Vielleicht war da ja ganz was anderes drin und die Frau wollte mich reinlegen.

Andererseits, muss ich sagen, sah sie nicht aus, als habe sie Böswilliges im Sinn. Sie wirkte eher abwesend. Hatte einen ganz seltsamen Blick.

Jedenfalls nahm ich ihr das Ding nicht ab und ging weiter.

Als ich mich umdrehte, sah ich, dass sie bereits einen andern Passanten angesprochen hatte.

**20** ◁ ▶ **24**

## 20

## Be(r)ichte/Ge-dicht-schichten

Den Aufenthalt in der Klinik hatte ich verschwiegen, hatte ihn als Sabbatical ausgegeben. Das machte mich zum Verdächtigen.

Ich saß, von Schirmen beobachtet, von Erinnerungen durchflutet im Großraum und ward in einen Zustand der Geselligkeit versetzt.

Dr. Walser – ich glaube, es war Dr. Walser – trug später das Wort Neurotransmitterwahn in sein Heftchen ein.

Mein Job trat aus dem Bildschirm, Herr Job, Hiob auf Deutsch, und fragte mich aus, so wie die Einsteller mich ausgefragt hatten.

Ich spürte den harschen Ton an den Knochen.

Ein Hallen beherrschte den Körperraum, das ferne Echo eines vergangenen Zusammenbruchs.

Ich war ein Nerd gewesen.

Wie Archimedes, der Pi berechnete, berechnete ich den Weltgeist.

Herr Job ist, wie alle Mitarbeiter der *Gus Clinton*, ein rücksichtsloser Gewinner. Tritt aus dem Grau der Anzüge und aus dem Weiß der Hemden und gibt sein Vabanque.

Rien ne va plus in der Abendsonne als Cocktail.

Ein Herr Wagner, genannt JPW, gibt sich als Computerexperte aus, ohne überprüft zu werden.

Alle Mitarbeiter der *Gus Clinton* gehn mit Passwörtern durch die Welt, die ihnen Zugänge zu neuen Prämissen des Glücks ermöglichen.

Koenig lässt alle zu *Fuck the Mud* tanzen beziehungsweise marschieren.

Was dennoch wächst, gehört den Armen.

Sagen Sie, Back, wo nehmen Sie das her?

Undeutliches Antworten.

Da war sie, die Backpfeife.

Die saß.

Die Schulbank als Schlachtbank, und ein Junge, der so viel konnte, aber nicht das Richtige.

So viel war nie das Richtige.

Ein Zuviel an Möglichkeiten, ohne sich entscheiden zu können.

Da blieb er sitzen und erfand, sitzend, den Backschen Schwebezustand.

Er war der erste seiner Klasse, der einem andern die Relativitätstheorie erklären konnte.

Seine Mutter freute sich über die Fortschritte in zu kleinen Schuhen.

Auch die himmelblaue Badehose war zu klein, als er den Dunst des Hallenbades einatmete, umringt von einer schäumenden Duschmannschaft.

Die Männer mochten das Himmelblaue und auch seine Waden.

Die seien wie die Waden eines Tänzers.

Er tanzte aber nicht.

Er hatte ein Brennen im Auge von der Seife und saß gleichzeitig in der Sonne und im Schatten.

Die Strahlen der Dusche waren hart und fest wie Nägel.

Der durchgenagelte Körper war wund vom Wasser.

Danach mied er Hallenbäder.


Und dann, ja …


Und dann, ja, erfinde ich mir eine Gesellschaft aus Not, eine Notgemeinschaft, die mich tröstet und die mir keiner nimmt.

Ich bewege mich zwischen mir Gutgesinnten, bis sie es sich anders überlegen und ausrudern. Boote, Boten, Botschaften. Ein im Stich gelassenes Ich, das sich neu finden muss. Zahlreiche Biografien, die sich alle bis aufs Blut ausleben. Ich bin der jeweils Sprechende und sage Ich oder Er oder Sie. Wobei Sie sowohl eine Einzahl als auch eine Mehrzahl bedeuten kann, was bei Ich und Er nicht der Fall ist. Ich erzähle von mir in veränderter Form. Nie formvollendet. Formvollendet ist vielleicht eine Verbeugung oder ein Handkuss, so das Wörterbuch, aber kein Mensch. Es sei denn, man nehme es nicht so genau mit Definitionen und Gleichungen. Zuhause sagten wir (Luxemburgisch): Jemand hat mir das gezählt. Nicht erzählt. Er hat gezählt und aus dem Zählen entstanden Geschichten. Gibt es ein Ich, das sich bis ans Ende zählen kann?

# 21

## Frau Back
## und ein Mann namens Xaver im Altenheim

Wann war das? Als er zum letzten Mal hier war?

Wer?

Matthias.

Matthias?

Über wen sonst redeten wir eben?

Vielleicht verwechselst du ihn.

Ich verwechsle ihn?

Könnte sein.

Mit wem sollte ich ihn verwechseln?

Einfach so. Du verwechselst ihn.

Wenn ich ihn verwechsle, muss ich ihn mit jemandem verwechseln.

Genau. Sagte ich doch.

Und ich fragte mit wem.

Du wiederholst dich.

Weil du nichts begreifst, Xaver. War es Sonntag?

Vielleicht.

Streng dich an!

Sonntag ist hier so gut wie nie.

Also Sonntag.

Ja.

Sag nicht einfach ja. Erinnere dich!

Ja.

Als er ein Junge war und so begabt. In allen Fächern. Besonders in Mathe und Englisch. Auch in Französisch und Latein. Und da hat der Biologe von gegenüber – wie hieß er noch?

Der Biologe von gegenüber? Woher sollte ich das wissen?

Egal. Lass dir einen Namen einfallen. Der hat ihm seine Käfersammlung gezeigt, und so begabt war er, dass er alle wiedererkannte und sie beim lateinischen Namen nannte. So dass der Mann sagte: Ihr Junge wird irgendwann den Nobelpreis bekommen, was anderes ist gar nicht denkbar.

Waren es nicht Schmetterlinge?

Schmetterlinge?

Die mit den lateinischen Namen.

Du suchst die Diskussion. Find ich gut.

Ich tu dir bloß den gewünschten Gefallen. Damit wir nicht so lange hier sitzen müssen und uns bis zum Abendessen schweigend ansehen.

Zum Glück kommt das Abendessen früh.

Ich kenne nur 2 Orte, an denen es um 17 Uhr Abendessen gibt, *Rikers Island* und hier.

Was für ein Eiland?

*Rikers Island.* Das Gefängnis bei New York.

Du warst dort?

Truthahnburger und Kartoffelstampf.

Was hattest du verbrochen?

Hab ich aus der Zeitung. Da sitzen sie ohne Schnürsenkel und in blauem Kittel aus reißfestem Stoff.

Truthahnburger gibt's hier nicht.

Hier fällt dir die Decke auf den Kopf.

Mir nicht, dir.

Der Frau Meunier ist ein Stück Stuck in den Rollstuhlschoß geplumpst. Hat ihr fast das Becken gebrochen.

Wenn es sie am Kopf getroffen hätte!

Am Kopf war nur etwas Gipsstaub. Haare und Gesicht weiß, als sei ihr Kopf in Mehl gelegtes Gargut gewesen. Und der Frau

Jakob ist auch so ein Kalk auf den Kopf gebröckelt. Nur, dass es nicht einfach Kalk war, sondern ein Teil der Decke. Hat sie erst berieselt und dann erschlagen. Solche Zimmer haben die hier, damit die Alten etwas schneller gehen; das ist dann die Verantwortung des Schicksals.

Die war alt, die Frau Jakob.

Ja, die war wirklich alt. Und durch den Gust ist ein Stromblitz gegangen und hat ihn am Ende des Flurs durchgeschüttelt.

Gust?

Gust Gantenbein. Erinnere dich! So'n kleiner Mann und so viel Elektrisch. Der ging wochenlang als Chorea Huntington durchs Haus.

Hier fällt sowas nicht auf.

Ich bleibe nicht hier.

Niemand bleibt.

Ich meine nicht, was du meinst.

Sobald das neue Altenheim fertig ist, werden wir befördert. Das soll sehr schön werden. Das neue. Mit Fußbodenheizung.

Ich habe ein krankes Herz und eine falsche Hüfte, da brauch ich keine Fußbodenheizung mehr. Sobald ich wieder richtig gehen kann, gehe ich.

Matthias kommt. Am Sonntag, sagte er.

Sagte er?

Es waren keine Schmetterlinge, es waren Käfer. Ich erinnere mich noch an ,Nicrophorus humator'.

Robert. Mein Kanarienvogel hieß Robert. Wie Schumann. Robert Schumann.

Und wie er nach Amerika ging.

Aber den durfte ich ja nicht hierher mitbringen. Und den Hund schon gar nicht.

Ein Abschied, den ich nicht vergesse. Weil ich so eine Angst hatte.

Angst?

Du doch auch! Ich dachte, er kommt nicht mehr zurück.

Matthias? Am Sonntag.

Aus den Staaten. Wie wir da standen, in der Flughafenhalle. Er freute sich und war stolz. Sein neuer Job. Erinnere dich.

Du hast geweint.

Der ganze Flugplatz versank in meinem Tränenmeer. Und als er zurückkam, habe ich noch mal so viel geweint.

Ja.

Da ist Matthias! Da kommt er. Über das Rollband. Mit seinen Koffern aus argentinischem Rindsleder.

Ist das nicht etwas dick aufgetragen jetzt?

Begrüße ihn!

Hallo, Matthias!

So sieht keine Begrüßung aus. Du tust, als würdest du ihn gar nicht kennen.

Ich kenne ihn ja auch nicht.

Mir zuliebe.

Na, alter Junge, wie war's in den Staaten?

Du willst mich ärgern.

Du tust, als seien wir ein Paar.

Was sind wir denn sonst, so wie wir hier sitzen?

Vielleicht sind wir ein Paar.

Also!

Aber eine gemeinsame Vergangenheit haben wir nicht. Soll ich dir ein Gedicht vorlesen?

Wir begrüßen jetzt Matthias.

Mit seinen Koffern aus argentinischem Rindsleder.

Das Rollband trägt ihn heran. Schwebend leicht. Sehr souverän.

Und weit schneller kommt er vorwärts als die neben ihm den Gang entlang hechelnden Fußgänger. Wie strampelnde Zwerge sehen die aus. Vom Leben längst außer Atem gebracht.

Da kommt das Abendessen.

Truthahnburger und Kartoffelstampf.

Riecht nach Sauerampfer.

Diese Annick ist unmöglich!

Wir beschweren uns doch nicht, wir freuen uns. Man schiebt uns lustig durch die Gegend. Auf dem Weg in den Speiseraum kriegen wir mächtig was zu sehen. Ein Stück geht's durch den Garten, das ist dann das Paradies. Begonien, Rosen, Buchsbäume. Auf dem Rückweg dann Buchsbäume, Rosen, Begonien. Einmal schlägt die Sonne dir ins Gesicht, einmal nimmt sie dich von hinten. Je nach Pfleger oder Pflegerin gehts auch quer hindurch, durch Sonne und Buchsbaumbegonien.

# 22

## Be(r)ichte/Ge-dicht-schichten

Weil nämlich die Nacht uns auszieht. Und mit uns fliegt ohne Regeln. Nicht einmal die Sprache hört zu, wenn das Mondmaul sein Gähnen oder Lachen zur Schau für sehnsuchtswütige Eulen macht.

Mett Back spinnt und trinkt.

Er hat einen Schildkrötenpanzer mit Watte gefüllt und zupft daran.

Wir sind mitten in einer Krankheitsgeschichte, an die er sich nur zu genau erinnert.

Erstens die Leuchte, zweitens das Stethoskop.

Die Leuchte wie die eines Bergmanns damals.

Es gab sie, die wie unser Nachbar im Berge wohnten.

Und verunglückten. Erst in Gedanken, dann in Wirklichkeit. Wobei diese Unterscheidung nicht stimmen mag. Sind denn nicht die Gedanken die Wirklichkeit?, fragte ich den Lehrer.

### Chopins Heizer

Zions Pech hier
Heroins PCI-Zeh

Sieh Prinz Echo
Ich heize Sporn

Zirpe oh Nische
Reiz Penis hoch

Zieh Neros Chip
Zisch Opern hie

Herz in Ich-Epos
Ich-Epos in Herz

Ich stand auf dem Friedhof – jeden Sonntag verweilten alle
Familien nach der Messe für kurze Zeit auf dem Friedhof –
und zählte die Gräber, einmal der Reihe nach, dann in Form
einer Multiplikation, Zahl der Reihen und Zahl der Gräber in
einer Reihe, wobei verschiedene Unregelmäßigkeiten mit ein-
zurechnen waren, da nicht jede Reihe die gleiche Anzahl an
Gräbern hatte. Danach rechnete ich die Zahl der Personen
aus, welche die Friedhofsmenge ausmachten. Verglich die
Zahlen der Kommenden und Gehenden und die der in dieser
Sekunde Verweilenden, die der hellen und dunklen Mäntel,
Frauen und Männer, Mädchen und Jungen (genderbedingte
zusätzliche Geschlechter wurden in jenen Tagen noch nicht
aufgeführt) und verglich Teilmengen, Schnittmengen und
Vereinigungsmengen, ohne von der Mengenlehre je gehört
zu haben.

**Gedicht**

Sieh Industriestaatsdiener
Astrids industrienahe Seite
sieht Turins Adressdatei ein
Tristesse Unreinheit Adidas

Sieh Industriestaatsdiener
Titanin Heidi Dauerstresses
Druiden assistieren Atheist
addieren Sushi-Satiniertest

addiertest hausinterne Isis
addierst Einsteins Haustier
Atari diesseits hinsteuernd

Eisenindustrie Hit-Adressat
hausierendes Eintritts Aids
Aas-Dentistin studiere Hirse!

Ich lag wach im geröteten Zimmer. Wenn ich den Kopf hob, konnte ich die Brandadern der Halde sehen, sprühende Funken als kleines Feuerwerk. Im Morgengrau die Vulkanasche. Und die entblößten Häupter, als eine Heilige, Barbara, vorbeigetragen wurde.

Ich wollte dazugehören.

Ich ahmte die Grubenarbeiter nach, grub in dieser Wiese, die an den Garten meines Großvaters grenzte. Krater. In die Erde sehen wollte ich wie die, die *in* den Berg gingen. Nicht auf, in den Berg. Befremdlich. Ich wollte Schätze ausheben wie die Männer, die mit meinem Vater befreundet waren. Nicht die auf dem Foto, das waren keine Bergleute, sondern Schmelzarbeiter. Schmelz. Sonderbares Wort, welches ich mit *Vergehen* verband. Mein Großvater erlaubte mir nicht, die Krater in seinem Garten zu graben, setzte mich über den Zaun in die Kuhwiese des Bauern, der sich später beschwerte. Seine Kühe könnten sich ein Bein brechen. Die dummen Kühe, dachte ich. Über mir schwebten bedrohlich die Erzbrocken. In den Loren der Seilbahn. Die Lore nannten wir *Buggi*, ein Wort mit einer ganz besonderen Aura.

Manchmal saß sogar ein Mensch in einer Lore, wie in einem Kahn.

Die Loren waren Himmelskähne.

Das sei die Zukunft, wurde mir gesagt.

Von dieser Zukunft ist jetzt nichts mehr übrig, der Himmel
steht leer.

## Gedicht

Sieh Industriestaatsdiener
Enthusiast addiert Einrisse
standardisierte Sushi-Niete
assistierend Rudi Antithese

Sieh Industriestaatsdiener
hurende Ada insistierst seit
authentisiertes Rindes Aids
Triers Euthanasie-Dissident

Assisi ahndet einstudierter
Reinheit niedersaust Sadist
Hurerei seid Sanitätsdient

heisere Anis-Industriestadt
initiiertes hustendes Dr Aas
iss standardisierte Neuheit!

Diese Landschaft saß bei uns zu Tisch. Im Gesicht des Vaters,
in seinen rissigen Händen, im Rauch seiner Stimme. Im Glas-
blick seines Arbeitskollegen, der ein Auge verloren hatte. Auf
dem Schränkchen ein Gruppenbild der Frühschicht, das mei-
nem Vater bis zu seinem Tod eine Erinnerungsstütze war. Auf
dem Foto ist das Auge noch da. Tage darauf das glühende

Staubkorn. In die Pupille eingebranntes Eisen. Die gesamte Landschaft ein riesiges Feuer, dann Schwärze. Und der Humor des Verzweifelten: Voll ins Schwarze getroffen, gewonnen also.

Wohin sieht der Mann mit seinem schwarzen Auge? Welche Landschaften tun sich ihm unter dem Lid auf?

**Gedicht**

Sieh Industriestaatsdiener
Aas initiierte Stuss drehend
Eisendraht Siesta-Industrie
diesseits Hausdiener-Nitrat

Sieh Industriestaatsdiener
Edith Sinatras Studienreise
standardisierst Heines Etui
editierst hieraus Sandstein

editierst Asse industrienah
studiertest Sardiniens Haie
initiierend Städters Hausse

diesseits dinierten Rathaus
dreiste industrienahe Stasi
sieh standardisierte Suiten!

Wir zogen aus, auf Abenteuer, und deuteten die Industrie-bauten auf unsere Weise. Und ein erstes Mal stießen wir auf jenes Ungeheuer, das sich plötzlich aus dem Grün schob, mächtige Schatten warf und uns mit einer Wucht entgegentrat, wie wir sie in diesem Ausmaß bis dahin nicht gekannt hatten.

Ein moosbedeckter Fabelkörper war's, ein barbarischer Klotz, der versteinerte Wirbelbogen eines riesigen Urwesens; über ihm stand Rauch, in schwindelnden Höhen quietschte und blitzte es, unten, zwischen den zu Pfeilern erstarrten Querfortsätzen, dröhnte Schmelzenlärm. Eine solche Herausforderung hatte niemand von uns erwartet, dementsprechend begeistert waren wir – sicher auch etwas verstört – und begannen zu deuten. Je nach Kompass – es gab deutliche Abweichungen, was den Norden anbelangte – rückte der geheimnisumwitterte Koloss in unterschiedlichste Breitengrade, je nach Karte – auch hier befanden wir uns an mehreren Orten gleichzeitig – war er Mond- oder Meeresgestein. Wir schlugen in Reisebüchern nach, gruben nach Schätzen und fanden neue Mythologien. Es könnte sich sehr wohl um die Überreste jener rätselhaften Befestigungen handeln, meinte ein Freund, die in den Briefen seines Urgroßvaters erwähnt seien und die jenen Angaben zufolge auf keltische Stämme zurückzuführen seien. Ein anderer glaubte, solche Befestigungen am Meer gesehen zu haben, in der Normandie, wo er mit seinen Eltern gewesen war, aus dem Sand ragende Bunkereinrichtungen. Ja, vielleicht war jenseits dieses Steindamms das Meer. Schlug gegen den Stein, wusch ihn, gab ihm Salz und Tang. Wir konnten das Peitschen der Brandung hören, die Schreie der kreisenden Möwen und in der Ferne die Hörner der Schiffe. Am Rand der Bogenwölbung hingen Fledermäuse, die viel größer waren als die übrigen im Lande, und wenn sie abends loszogen, flatterte der Himmel und das Laub rauschte auf, als gingen Sturmböen hindurch. Der bröckelnde Putz am Bogengemäuer zeichnete einen riesigen Schädel in die Nacht, Wolken bildeten einen endlosen Trauerzug, über der Steinkrone tanzte Gischt. Die Böschung hinauf wuchsen schwarze Tulpen aus Ruß, der Lichtspritzer im Laub war ein goldener Käfer, der, durchs linke Auge des Totenschädels herabgelassen, zu den Schätzen führte.

**Gedicht**

Sieh Industriestaatsdiener
hastender Saudi insistierte
datierst Dienstreise hinaus
trainierst diesseits hauend

Sieh Industriestaatsdiener
industrienah siedet Eisstar
diesseits Husarenritten-Dia
Asiat desinteressiert Hindu

Studienrätin Hera diesseits
Endstadien Sirius heiratest
hausend Desaster initiierst

dahinter situiertes Daseins-
Arthritis dieses eintausend
Inders Industriestaat siehe!

In jenen Tagen hatte der Bürgermeister einen Chauffeur, der so dick war, dass er ein Leder über dem Bauch trug, damit das Lenkrad ihm durch die Reibung nicht die Kleidung zerfetzte.

Dieses unschöne Bild ist mittlerweile verschwunden.

Es wurde durch Sparmaßnahmen ersetzt, der Bürgermeister fährt selber und grüßt als Steuermann.

Auch das haben die Bürger der *Gus Clinton* zu verdanken.

Wir sitzen in algorithmisch bestimmten Räumlichkeiten und gehen mit erweiterten Speicherkapazitäten das stets wachsende Volumen von möglichen Lösungen an, wobei wir viel mit einer Schulklasse gemein haben.

Ich saß in der ersten Bank, so dass der Lehrer über mich hinwegsah.

Sein Horizont war eine Klassenwand, an der Schülerzeichnungen hingen, die, je nach Saison, aufgehängt und abgenommen wurden.

Wir malten nach Jahreszeit, Schnee im Winter, Blumen im Frühling, Sonne im Sommer, Blätter im Herbst, Masken an Karneval.

Meine Masken gefielen dem Herrn Lehrer nicht. Sie waren ihm zu düster.

Karneval aber war wie Ostern ein Fest der Freude.

Auch meine Ostereier waren ihm zu düster.

Bei dir kommen nur schwarze Küken raus, sagte er, das ist nicht schön.

# 23

## Annick B

Gestern tauchte hier jemand auf und wollte Frau Back sprechen. Frau Back war aber zur Untersuchung in der Klinik. Der Mann sagte, er sei angemeldet gewesen, und Frau Back müsste eigentlich da sein. War sie aber nicht.

Der Typ kam mir von Anfang an bekannt vor, ich wusste aber nicht woher. Letztlich war es seine Stimme, die mich auf die Spur brachte. Es war Guy, den ich in Paris kennengelernt hatte. Er war dicker geworden und hatte weniger Haare. Er erkannte mich wohl nicht, was mir lieb war. Er war immer schon sehr von sich eingenommen und ziemlich rechthaberisch gewesen. Dabei erfand er beständig Geschichten. Einer Freundin hat er mal erzählt, ich sei eine Weile mit ihm zusammen gewesen. Und hätte an der Börse gearbeitet. Welche Börse er wohl damit meinte? Ich fing ja schon während des Studiums mit den Shows an, eine Frage des Geldes. Meine Börse hieß *Club 99*. Da stand ein Stier vor der Tür, kein Bär. Rue Saint Denis, da ging's ausschließlich bergauf. Gehörte einem tunesischen Juden, der mit Gott verwandt war. Mehr noch mit dem Teufel, denke ich. Er stand mehrfach vor Gericht, kam aber jedes Mal frei. Sascha mochte ihn nicht.

Hat nichts mit Antisemitismus zu tun, sagte er jedes Mal, der Mann ist einfach kriminell. In dem Fall ist es egal, zu welchem religiösen Stamm der gehört. Sascha war wohl auch ein wenig eifersüchtig. Im Grunde sind alle Männer gleich, hirnlose Platzhirsche, die einfach forkeln wollen. Ich hab dann das Studium abgebrochen, weil's mich nicht mehr interessierte. War mittlerweile ja auch vollbeschäftigt im Club. Eine gute Zeit, viel Geld und ganz verrückte Nächte. Klar, dass es auch mal Ärger gab, aber ich bin Zwilling. Eine von uns ist immer gut gelaunt. Sonst würde ich das hier nicht überleben. *Bellagio.* Die waren wirklich so unverschämt, diese Altenabsteige *Bellagio* zu nennen.

Ich war mal in *Bellagio. Villa Serbelloni.* Zusammen mit Diego, kurze, intensive Affäre. Sascha wusste nichts davon. *Bellagio* war ganz nah am Paradies. Und dann das hier mit dem gleichen Namen. Eine Zumutung.

Das sind unsere Gäste, sagt Maya, die Vorgesetzte. Das Einzige, was sie mit Gästen – ich denke jetzt an die *Villa Serbelloni* – gemeinsam haben: Sie bezahlen teuer. Ansonsten sitzen sie an der Wand entlang wie Hühner. Blicken Richtung Fenster, wo die andere Reihe mit dem Rücken zum Fenster sitzt. 40 alte Damen und alte Herren auf ihren Stühlen wie festgeschnallt – ein paar sind es wirklich – sehen sich in die groß aufgerissenen Augen oder sehen auf die große Uhr an der Wand oder zum Fernseher hin. Frau Sablon mit nur einem Auge. Wurde operiert.

War mit den *gilets jaunes* mit, sagt Herr Lulling.

Er ist beständig um *Stimmung* bemüht, wie er sagt.

Ahmt den *Schlagerspaß mit Andy Borg* nach und merkt nicht, wie er sich dabei bepinkelt. Da muss dann Annick ran an den Gast und ihm beim Saubermachen behilflich sein.

Ich hab das nicht gelernt, sage ich zu Maya, ich weiß nicht, wie eine einen solchen Gast anfasst. Da kommt es vor, dass er schreien muss, weil ich ihm unvorsichtigerweise weh getan habe.

Dann darf eine andere das machen, und ich kann eine rauchen. Oder ich muss halt in die Küche, um dort zu helfen.

In Wahrheit wissen sie nicht, wohin mit mir, wären mich am liebsten los. Ich bin keine Hilfe, sondern eine Gefahr. In

Zukunft werden sie keine zum Sozialdienst Verurteilte mehr wollen. Was wiederum nicht sehr sozial ist.

Als ich aus der Küche zurück bin, sitzt Lulling wieder an seinem Platz. Aber die *Stimmung* scheint aus ihm raus zu sein. Er zittert mit einem Lid, als sei das Auge dabei, sich in einen Schmetterling zu verwandeln. Dann fließt eine Träne.

Ein Tisch ist in die Mitte des Raumes gerückt worden, an dem ein paar Senioren und Seniorinnen ein Puzzle zusammensetzen.

Einer von denen, Herr Kneip, fängt an, sich Puzzle-Teile in den Mund zu stecken. Er bückt sich über den Tisch, sucht lange, und als er dann das richtige Stück gefunden hat, legt er es sich auf die Zunge. Bleibt dann eine Weile mit offenem Mund ruhig sitzen und zeigt das farbige Teil auf der Zunge. Ludivine, die Pflegerin, steht gleich daneben, sagt aber nichts. Möglicherweise hat sie Kneips Geste nicht bemerkt. Oder sie ist so an sein Benehmen gewöhnt, dass es ihr nicht mehr als ungewöhnlich auffällt.

Ich gebe ihr ein Zeichen, aber sie winkt bloß zurück, als wolle sie mich grüßen.

Kneip nimmt das Teil, an dem ein langer Speichelfaden hängt, wieder aus dem Mund und legt es zurück auf den Tisch, nimmt danach ein anderes Teil und legt es sich wie das erste auf die Zunge, um es auf diese Weise vorzuzeigen.

Beim dritten Teil – möglicherweise sind es bereits mehr, aber die vorher habe ich nicht gesehen – schlägt Frau Sablon, die in ihrem Rollstuhl unterwegs ist und gerade an ihm vorbeifährt, Alarm.

Der Kneip isst wieder Puzzle!, schreit sie.

Dies ist so etwas wie der Anpfiff eines Spiels, dessen Regeln ich nicht durchschaue. Plötzlich kümmern sich sehr viele um Kneip. Es sind auf einmal jede Menge Menschen im Raum, die ich vorher nicht wahrgenommen habe. Civitavecchia ist dabei, der schon des Öfteren abgehauen ist, und Tonnar, den man in ein Spezialkostüm gesteckt hat, weil er sich ständig die Kleider vom Leib riss, und Frau Faust, die sich verhungern lassen wollte.

Kümmer du dich doch um dich selbst!, schreit sie Frau Sablon an.

Lass sie doch, schreit Civitavecchia, sie hat recht!

Was soll die denn schon sehn mit ihrem Deckel auf dem Auge!

Weil Kneip das alles eine Spur zu laut ist, erschrickt er und fängt an zu husten und zu röcheln.

Jetzt hat er das Puzzle verschluckt!, schreit Frau Sablon.

Er erstickt!, schreit Civitavecchia.

Und schon schlägt Frau Parini mit ihrem ganzen Schwergewicht dem Kneip ein paarmal auf den Rücken.

Ludivine geht dazwischen, etwas spät wohl.

Hast du sie noch alle!, brüllt Kneip Frau Parini an.

Ich will dir ja bloß helfen, sagt Frau Parini.

Jetzt ist ein Teil runter, stottert Kneip.

Sie sollten das nicht in den Mund nehmen, sagt Ludivine, das wissen Sie doch.

Ich passe immer auf, sagt er, ich habe noch nie etwas verschluckt und ich hätte auch jetzt nichts verschluckt, wenn mich die da nicht gehauen hätte.

Ich wollte doch nur helfen, wiederholt Frau Parini.

Sie will immer helfen und macht dabei immer alles falsch, sagt Frau Sablon.

Haben Sie das Stück wirklich verschluckt?, hakt Ludivine nach.

Könnte sein, sagt Kneip.

So einfach rutscht das ja doch nicht runter, sagt Ludivine.

Man muss es nur ein bisschen anfeuchten, sagt Kneip.

Das sollten Sie nicht, sagt Ludivine.

Er hat sie nicht mehr alle!, schreit Frau Sablon dazwischen.

Die Blinden halten den Mund, sagt daraufhin Civitavecchia.

# 24

## Liliane M

An jenem 29. Februar – einem Ausnahmetag – stand sie plötzlich in der Kirche im Dorf ihrer Kindheit. Sie wusste nicht, wie sie dorthin gekommen war. Sie könnte eine Erscheinung sein, dachte sie, jemand könnte sie sich als Erscheinung gewünscht haben.

Aber da war niemand, dem sie sich mitteilen konnte.

Auf einem der Betstühle lag ein rotes Kissen, das sie an die Bettdecke im Schlafzimmer ihrer Eltern denken ließ. Sie hatte das Bedürfnis zu warten und gleichzeitig das Gefühl, dieses Wartens nicht würdig zu sein. Sie setzte sich, wollte, dass der Lichtstrahl sie erreichte. Ein schmaler Streifen Sonne, der durchs Rochus-Fenster einfiel. Wie eine schwere Muschel hing die Kanzel, aber keineswegs bedrohlich.

Als sie 6 oder 7 war, war sie dort hinaufgestiegen, mit ihrer Schwester und dem Jungen, der die Idee dazu gehabt hatte. Sie hatte sich sehr über den verbotenen Blick von oben gefreut. Beim Gedanken, dies jetzt noch mal zu tun, verspürte sie ein seltenes Glücksgefühl. Mit diesem Glücksgefühl verließ sie die Kirche.

Zu ihrer Überraschung stand draußen ihr Wagen bereit, mit geöffneter Tür. Durch den Rückspiegel glitt langsam der Friedhof, so deutlich, dass sie auf einem der Gräber den Namen *Yvo* lesen konnte. Wegen des Y verband sie den Namen mit einem Wünschelrutengänger. In ihren Fingerspitzen spürte sie den Sog. Ihre Fingerkuppen zogen sich zu spitzen Tulpenblüten zusammen. Sie saß von gelben Tulpen umgeben in ihrem Wagen. Die Tulpen waren aus feinem Licht, leicht und sanft wie

Schmetterlingsflügel. Gelb war die unberechenbarste aller Farben; sie konnte grell sein und brennen, bösartig blitzen, dann wieder war sie sanft und beruhigend wie jetzt. Warmes Spätsommergelb im Februar.

Sie wusste, wo sie zum ersten Mal, als Kind, eine Sonnenblume angesprochen hatte, steuerte den Wagen dorthin, Richtung Bettborn, doch das Feld war verschwunden. Nasse Ackererde. Damals hatte die Blume sie getröstet, ihre Mutter hatte ihr nicht geglaubt. Später, in Bergen, wird sie die Szene ein zweites Mal erleben, heftiger, bedrohlich fast. Ab dem Tag wird sie mit ihrem Geheimnis leben müssen. Immer wieder werden andere versuchen, es ihr zu entreißen. Aber sie ist die Beschützerin ihres Geheimnisses und wird nicht nachgeben wollen.

Abends, in ihrem Schlafzimmer, hörte sie nochmals in die Kirche hinein. Ein sanftes Hallen, aus dem einzelne Stimmen herauszuhören waren. Sie konnte die gesprochenen Sätze nicht verstehen und ärgerte sich über ihre Unzulänglichkeit. Mit dem V aus Yvo wollte sie aufsteigen und fliegen. Es war ihr Herzensvogel. Über Nacht würde sie sicher sein.

Seit ein paar Wochen fiel es ihr wieder leicht, sich dem Schlaf anzuvertrauen. Vorher irrte sie. Die nächtlichen Straßen waren wie ausgestorben. Nur einmal sprach sie ein Fremder an. Seine Stirn war blass und schweißtriefend. Sie wusste, dass er die Begegnung mit ihr nur ein, 2 Tage überleben würde. Sie sah sich die Todesanzeigen an, fand sein Gesicht aber nicht. Eine Anzeige verstand sie als Hilferuf. Ein Hündchen und ein Kanarienvogel waren zu vergeben. Der Aufgeber musste äußerst verzweifelt sein. Sie notierte die Telefonnummer, rief mehrmals an, aber es meldete sich niemand.

In der Nacht hatte sie dann diese Vision: Im Fenster der Brasserie *Sodabergh* wurde ein Theaterstück aufgeführt, ein bisher nicht entdecktes Stück von Calderon. Sie versuchte die Dialoge mitzuschreiben, verzweifelte aber an der schnellen Sprache. Die Worte waren so gewaltig, dass sie für eine Unwissende wie sie nicht zu verstehen waren. Sie konnten nur als Tonkunst wahrgenommen werden. *Vielleicht Mahlers Neunte*, schrieb sie in ihr Notizbuch.

Obwohl sie seit Bergen mit diesen Visionen lebte, konnte sie sich nicht daran gewöhnen. An Visionen gewöhnt man sich nicht, schrieb sie, weil sie in ihrer Essenz stärker sind als alles Gewöhnliche. Seit jenem Tag in Bergen, das wusste sie, würde es langsam in ihr wachsen, über sie hinauswachsen, und je größer es würde, desto verlorener müsste sie sich vorkommen.

Manchmal ging sie in beklemmender Ahnung, manchmal in beglückender Erwartung. Sie versuchte, sich Spielregeln aufzuerlegen, griff zu Hilfsmitteln, entwarf einen Kalender der Erscheinungen. Obwohl sie um die Bedeutung der Zahlen wusste, halfen sie ihr nicht weiter. Einmal sah sie in den kahlen Zweigen eines Kastanienbaumes die Zahl 64. Der 6, *Vaw* kommt die Bezeichnung „Nagel" zu, der 4, *Daleth* die Bezeichnung „Tür". Die vernagelte Tür in der Kastanie deutete sie als Sarg. Sie würde nicht älter als 64 werden.

# 25

## Guy H

Sonst tanzte ich gern;
jetzt denke ich lieber nach der Musik
Novalis, *Heinrich von Ofterdingen*

Heute sehr früh am Werk.

Der Nacht den ersten Schimmer abgeluchst und los.

*Gus-Clinton*-Rhapsodie (Zusammengenähtes, Sammelwerk).

Spinnwebenschimmer, filigranes Licht aus der Zeit, als noch kein Mensch sie kannte, unvoreingenommenes Glück.

Wir wissen nichts von bevorstehenden Entdeckungen, begnügen uns mit 2 Scheiben Brot. Und dem leuchtenden Weiß des Eis. Brüchige Schale, in Erwartung des Kükens.

Hier beginnt die Welt, an diesem Tisch, auch er aus unergründeter Ferne uns zugewachsen.

War Wasser und Wurzel und Wurm.

Gemurmel.


mmmmmmmmmmmmmmmmmmmmmmmmmmmmmmmmmmmm


So viele Wunden, so viele Wünsche!

Leopold zum Beispiel, mein Großvater, wünschte sich Enkel. 5 Jungen und 3 Mädchen wären richtig.

Die Jungen würden alle Eisenbahner werden, weil auch er, wie schon sein Vater, mein Urgroßvater, Eisenbahner geworden war und wusste, wie man's macht.

Die Mädchen würden heiraten, Eisenbahner, weil alle Eisenbahner wissen, wie man's macht.

Unendliche Schienentage, endloses Sonnengeflecht, unaufhörlich zischende Glücksschnuppen nach Jahren der Entbehrung und des Krieges.

Nun, der Enkel ist älter geworden, aber nicht Eisenbahner, sitzt zu Tisch und schält sein Ei.

Eine Art Abkürzung.

Der Zug ist weg, und er hat jetzt Zeit, viel Zeit.

Hat die Sonne hereingeholt in die Öde des Vortischs, des noch nicht Angerichteten, noch nicht Gereichten, aus Gegenden der Unvoreingenommenheit.

Kindheit, zum Beispiel, die der alte Leopold sich selbstverständlich anders vorgestellt hatte. Er lebte zwischen Heiligenbildern und war gegen Ende seines Lebens selbst zum Heiligen geworden.

In seinem Haus in der Rue Prommenschenkel verbrachte er viel Zeit im Treppenhaus, wo die Kopie eines Van Eyck hing, Mutter und Kind und ein Priester.

Die Treppe war aus Holz und Großvater quietschte jedes Mal, wenn er an der Tür erschien, in taghelles Licht gehüllt, auch nachts.

Elektrisches Licht hatte es in dem Haus nicht immer gegeben.

Angesichts der vielen Möglichkeiten, die diese Erfindung bot, und wohl auch ein wenig aus Dankbarkeit war mein Vater Elektriker geworden.

In dem Haus gab es mehr Kabel als in allen andern Häusern der Straße zusammen.

Obwohl gute Arbeit geleistet worden war, kam es manchmal zu Kurzschlüssen, Funken stoben und kleine Brände kamen auf.

Meine erste Erinnerung ist ein solcher Brand, ein glühendes Kabelende und der Geruch von brennendem Tapetenkleister, vor allem aber dieses plötzliche Zischen eines Drahtes, verbunden mit dem hell aufglimmenden Fühler oder Zeigefinger eines Wandgottes, der mich zum Schreien brachte.

So kam es, dass ich lange dachte, ich sei aus einem elektrischen Funken heraus geboren.

Die Geschichte vom Storchen war dementsprechend enttäuschend.

Alles andere kaum zu glauben. Zum Beispiel, dass meine Eltern sich an jenem Herbsttag unter einer dünnen Wolldecke vereinigt haben sollen, um sich Sätze zuzuflüstern wie: Lass uns einen kleinen Bengel zeugen, den wir von Zeit zu Zeit versohlen können und der später, wenn wir alt und zahnlos sind, für uns zu sorgen weiß!

So hat's mir Großonkel Xaver erzählt, der für seine Lügengeschichten bekannt war und den Tag mit einer halben Flasche Birnenschnaps begann, obwohl er Milchwagenfahrer war.

Ich beginne mit dem Ei, das ich mir nur leisten kann, so Großvater Leopold in den mir gewidmeten Geschichtsstunden, weil er und seine Eisenbahnergewerkschaft damals zu streiten wussten.

Ich danke Leopold und beiße hinein.

Ein morgendlicher Biss in die Welt, der mich am unaufhaltsamen Prozess von Aufnahme und Ausscheidung, der das Leben nun mal ist, auf meine ganz eigene Art und Weise teilnehmen lässt und Erinnerungen an eine Legehenne namens Dolby wachruft, der wir die Federn auszupften, um daraus Indianerschmuck zu machen.

Der gute Xaver lag besoffen im Hühnerstall und wir versteckten uns hinter seinem dicken Bauch, wenn Tante Vronny uns zum Milchholen bestellen wollte und nur zu gut wusste, wo sie uns suchen sollte.

Das Hühnergehege grenzte zum einen an den Friedhof, zum anderen an die Wiese, wo die Schafe des Dorfpfarrers weideten. Diese Nachbarschaft führte gelegentlich zu animierten Friedhofsegnungen, von denen später noch die Rede sein wird.

Im Augenblick gibt's noch keine Schafe und keine Hühner, nur Ei und Eisenbahn, was, hören wir auf Großvater Leopold, ein und dasselbe ist: rund, zeitlos und voller Möglichkeiten.

Nun, den Toten wollen wir nicht widersprechen, aber zeitlos war die Eisenbahn nie, im Gegenteil, nichts ist so sehr an die Zeit gebunden wie die Bahn, außer die Menschen selbst, versteht sich.

Meine Zeit heißt im Augenblick 5 Uhr morgens und ich habe 2 Takte geschrieben. Mein Klavier ist seit dem Umzug leicht verstimmt, was mich allerdings wenig stört, da ich weiß, wie die Töne richtig klingen. Ich gebe ja keine Konzerte, benutze es ausschließlich – und auch das recht selten – zu kompositorischen Zwecken.

Letztlich gab sich Frau Musmann als Tanzlehrerin mit feinem Gehör aus, um mich auf die falschen Töne hinzuweisen, indem sie über einen Bekannten zu reden anfing, der Klavierreparaturen durchführe.

In solchen Fällen tröste ich sie mit dem Hinweis auf meine Recherchen in Richtung klavierloses Komponieren. Ich arbeite ja ohnehin, wie bereits angedeutet, weitgehend auf mathematischer Basis, entwickle Klangwelten, die mit üblicher Klaviermusik nicht das Geringste zu tun haben, was mir in früheren Tagen nicht nur Lob einbrachte.

Mit 16 begann ich eine Sonate zu schreiben, die ich Großvater Leopold widmete und die in ihrer Struktur den Schaltkreisen des Bettemburger Stellwerkes – dort arbeitete er – nachempfunden war, was meinen damaligen Lehrer Fred Herpes, der später eine belanglose Karriere als Bläser und Fanfarendirigent machte, zu geringschätzigen Bemerkungen und dem Ratschlag veranlasste, ich sollte meine Zeit doch vielleicht besser mit Angeln verbringen. Wobei wir wieder bei Großonkel Xaver wären, der ein leidenschaftlicher Angler war und fast ebenso viel Zeit am Ufer von Attert oder Sauer verbrachte wie im Wirtshaus. Außer Lügen lehrte er mich Geduld, 2 Eigenschaften, die zu den wichtigsten Voraussetzungen eines erfolgreichen Lebens zählen dürften.

Neben seiner Fassung von meiner Geburt – Eltern unter der Wolldecke – und meiner – elektrischer Funke –, gab es noch einige andere, die sich in einzelnen Punkten gelegentlich überschnitten, im Großen und Ganzen aber wenig miteinander zu tun hatten, so dass eine einheitlich abgeschlossene Darstellung dieses Ereignisses schwerfällt. Sicher ist, ich kam nicht, wie die meisten Kinder hier, in einem Krankenhaus zur Welt, sondern in der Wohnung einer Frau, die sich meiner Mutter gegenüber als Hebamme ausgegeben hatte, die aber eine aus einem belgischen Gefängnis entflohene Straftäterin war.

Auch darüber, was sie angestellt hatte, gab es verschiedene Geschichten, die zum einen in die Zeit der Kollaboration zurückführten – es hieß, sie sei bei der Befreiung geschoren worden –, zum anderen mit einem Geldfälscherring Nachkriegswährungen betreffend zu tun hatten. Ob es eine bessere Vorbereitung auf das Leben ist, im Hause einer Straftäterin zur Welt zu kommen als im Krankenhaus sei dahingestellt; was mich damals prägte, war nicht die Hebamme, sondern, so die übereinstimmenden Aussagen meiner Eltern, die Nabelschnur, die sich mir um den Hals gelegt und aus meiner Geburt fast einen Tod durch Ersticken (oder Erhängen) gemacht hatte.

So wie man nicht 2 Mal ins gleiche Wasser steigen kann, kann man auch nicht 2 Mal die gleiche Geschichte erzählen. Geschichten leben, auch von Veränderungen. Für mich sind sie vor allem Geschichtetes, und je nachdem wie tief man beim Erzählen vordringt, verändert sich alles Übereinandergelegte.

Am wenigsten verändern sich Lügengeschichten, da der lügende Erzähler stets darauf bedacht ist, sich nicht durch Unstimmigkeiten eine Blöße zu geben. Großonkel Xaver konnte jahrelang immer die gleichen Geschichten erzählen; sogar wenn er sturzbetrunken war, gab es kaum Abweichungen.

Seinen Ausführungen nach war es die verbrecherische Hebamme, die mir das Leben rettete, indem sie kurzerhand ihren Instinken freien Lauf ließ und einer Wölfin ähnlich – wie gesagt, Großonkel Xavers Worte – meiner Mutter Nabelschnur zerbiss und den bereits blau angelaufenen Säugling vom Galgen erlöste. Das Bett war blutüberströmt, und ich vorgewarnt. Ich sollte die mir bleibende Galgenfrist nur redlich nutzen!

Und was mache ich? Schreibe Filmkolumnen, die niemand liest, für eine Programmzeitschrift, die es schon bald nicht mehr geben wird, und schlage mich mit Bjørnstads größenwahnsinnigem Drehbuch herum. Wie sagt der Philosoph: Was ihm an Lebensmut bleibt, raubt ihm, was er noch an Verstand besitzt.

# 26

## Heftroman

Sie waren schon über eine Stunde unterwegs und hatten noch nicht einmal die halbe Strecke hinter sich gebracht. Normalerweise ist man von der *Gus Clinton* aus in einer halben Stunde in der Hauptstadt. Aber jetzt gab es einen Riesenstau.

Wir hätten da vorne von der Autobahn abfahren sollen, sagte Jean-Pierre. Es hörte sich genervt, vorwurfsvoll, resigniert und schadenfroh zugleich an.

Jumpy tat, als hätte er nichts gehört.

Bevor sie losfuhren, hatte es eine Diskussion gegeben, wer sich denn ans Steuer des von der Consulting geleasten Wagens setzen sollte.

Am liebsten wären sie getrennt gefahren.

Die beiden waren nicht gemacht, um nebeneinander zu sitzen.

Wie 2 Killer, dachte Jean-Pierre, die einen Auftrag zu erfüllen haben und wissen, dass, sobald der Auftrag erledigt ist, einer den andern umbringen muss. Man muss jetzt schon alle Vorbereitungen treffen, um der erste zu sein.

Der Fahrer im Wagen vor ihnen gab nicht gleich Gas, als es ein Stück weiterging, und Jumpy drückte mächtig auf die Hupe.

Jumpy war nicht nur genervt wegen des Staus und des Mitfahrers, den er unter andern Umständen aus dem Wagen geschmissen hätte, er ärgerte sich auch darüber, dass er vom Albtraum der vergangenen Nacht nicht loskam.

Ruf den doch mal an!, raunzte er.

Wen soll ich anrufen?, fragte Jean-Pierre selbstzufrieden.

Na, wen wohl!, schrie Jumpy, mit wem sind wir denn verabredet!

Ich hab die Nummer nicht, entgegnete Jean-Pierre.

Wieso hast du die Nummer nicht?

Du hast dich doch um den Termin gekümmert!

Jumpy wusste genau, dass Jean-Pierre ihn hinhielt. Bei der erstbesten Gelegenheit würde er dafür sorgen, diesem fiesen Falschspieler ein Bein zu stellen. Kommt in der Consulting an und weiß alles besser. Hat für Soros und Gates gearbeitet und in Paris für Präsident Macron, solche Geschichten. Seit wann setzt Koenig auf solche Maulhelden? Möglicherweise kann er ja auch etwas, aber sein Stil gibt ihn zum Abschuss frei, für Jumpy auf jeden Fall. Er mag diesen zu jungen Typen nicht, der ganz aus Energy-Drinks und schlechten Manieren besteht und mit seinem Allesfresser-Ego ganze Abteilungen in Panik versetzt. Dabei sieht er aus wie'n Verkäufer in einem zweitklassigen Klamottenladen, der regelmäßig seine Minderwertigkeits-komplexe an den Geräten eines Fitnessschuppens abarbeitet und sich dabei irgendwelche Ratgeberelukubrate als Hörbuch reinsaugt. Hart sein kann zart sein. 7 Wege zur Selbstliebe. Das innere Team in Aktion. Solche Sachen. Bestimmt zieht er sich bei jeder sich bietenden Gelegenheit die Nase voll Koks und steckt sich Aufputscheier in den Arsch, um wenigstens noch eine Weile mithalten zu können. Hat ja selbst erzählt, wie er in Paris – seine Storys spielen sich meist in Paris oder New York ab – auf einer Party bei Diane Kruger – wer zum Teufel ist Diane Kruger? – und völlig zugeknallt, in einer Art ekstatischem Rausch, eine Erleuchtung, nein DIE Erleuchtung gehabt hat, die ihn sein Leben ändern ließ, ihn wegbrachte von den zwar sehr einträglichen, aber entgegen allem Anschein wenig befrie-digenden Amateurfilmereien, hin zum Studium der Ekonomie an einer Grande École, wo er als Außenseiter aufgenommen wurde und als bester seines Jahrgangs herausgekommen sein soll. Und mit all diesem Erlebten fuchtelt er dann so lange vor der Koenig rum, bis sie ihn mag. Sie hatte wohl schon immer ein Faible für das Abstoßende. Und jetzt suhlt sich dieser Emporkömmling in seiner boshaften Überheblichkeit und denkt, dass es immer so weitergehen wird und er bei *Gus Clinton* einmal ganz oben stehen wird. Und dann, mein lieber Wagner, wird der nette Py dich über die Klinge springen lassen.

Hier, die Nummer, sagt Jumpy und reicht Jean-Pierre das Handy.

Jean-Pierre ruft an, gibt Bescheid und entschuldigt sich.

Das trifft sich gut, sagt die Sekretärin am andern Ende, der Minister hat auch Verspätung.

Ein kurzes Gespräch, das Jean-Pierre genießt. Zum einen gefällt ihm die leicht erotisierte Stimme der Sekretärin, zum andern sieht er sich durch die Verbindung mit dem Wirtschaftsministerium in der führenden Rolle; Py ist bloß sein Chauffeur. Eigentlich müsste Jean-Pierre hinten im Wagen sitzen.

Und?, fragt Jumpy.

Der Minister hat auch Verspätung, sagt Jean-Pierre und reicht Jumpy das Handy zurück.

Ich wäre trotzdem froh, wenn's ein Stück schneller ginge, nuschelt Jumpy und gibt Zwischengas. Er merkt, dass er überreizt ist und jeden Augenblick explodieren kann. Je länger der Stau dauert, desto mehr stört ihn Jean-Pierres selbstverliebte Anwesenheit als Beifahrer. Jumpy denkt an einen Schleudersitz. Dann sind die Albtraumszenen wieder da. Die Privatmaschine – ein Learjet? – ist am Abstürzen, Fallschirme werden angeschnallt. Koenig ist nicht dabei, aber Back und Jacky Unterheuser. Keine Zeit, lange zu überlegen, er wirft sich hinaus. Der Wind peitscht ihm ins Gesicht. Am Hals ein Druck, als sei jemand dabei, ihn zu würgen. Dann, als er die Schnur ziehen will, merkt er, dass er den Fallschirm gar nicht angelegt hat. Er fällt einfach so, ganz ohne, wird irgendwann ohnmächtig werden und hat eine Wahnsinnsangst vor dem Tod, ganz auf einmal den barbarischsten Druck in der Magengrube, den er je kannte. Blut in der Gurgel und Blut in den Augen. Der Druck im Leib so stark, dass er jeden Augenblick platzen kann. Jetzt möchte er ohnmächtig werden, aber es geschieht nicht. Er weiß, dass er bis zum Schluss voll da sein wird und bei vollem Bewusstsein in die Erde krachen wird. Wie ein Geschütz wird er den Boden aufreißen und bersten lassen. Und gleichzeitig selbst in Stücke fahren. Wie Nägel werden die geschleuderten Knochensplitter Passanten treffen und zu Boden gehen lassen, wahllos.

Sei doch nicht so genervt, fährt Jean-Pierre dazwischen, das bringt doch nichts!

Jumpy hat nochmal gehupt. Jean-Pierres dämlichen Ratschlag empfindet er als Beleidigung. Er hätte Lust, ihm eine zu knallen, als dieser plötzlich fragt: Hast du eine Freundin?

Was soll das denn jetzt?, schreit Jumpy.

Stell dir einfach vor, sie bläst dir gerade einen, das beruhigt, sagt Jean-Pierre zufrieden.

Ich stelle mir jetzt vor, wie du aus dem Wagen steigst, erwidert Jumpy trocken.

Nimm's nicht so, sagt Jean-Pierre, wir sind ein Team.

Jumpy atmet tief durch und fragt: Und du?

Ich, sagt Jean Pierre, was ist mit mir?

Ob du eine Freundin hast?

Ja.

Dann stell dir vor, du leckst ihr Loch und halt den Mund!

Ein Stück weit fahren sie, ohne zu reden. Es geht jetzt wieder etwas schneller.

Ich kann mir gut vorstellen, sagt Jean-Pierre, dass das nicht einfach für dich war, als deine Rebecca auf einmal nicht mehr da war.

Jumpy versucht herauszufinden, wie die Frage gemeint sein könnte und worauf Jean-Pierre hinauswill.

Und bei dir, kontert er, mit dieser *Marathon-des-Sables*-Frau?

Na ja, sagt Jean-Pierre, das war nicht so eng. Obwohl wir eine Weile eine wirklich gute Beziehung hatten.

Jumpy merkt, dass er einen wunden Punkt getroffen hat und ist zufrieden.

In Paris?, fragt er.

Ja, sagt Jean-Pierre, wir lernten uns bei einem Westinder kennen, ein Lokal in der Rue des Rosiers. Ich wohnte im Marais, aber nicht lange.

Ist doch ein gutes Viertel, oder?

Ja, aber völlig verschwult.

Du magst Schwule nicht?

Hab nichts dagegen. Jedem das Seine. Aber wenn ganze Viertel verschwulen, dann entsteht so ne Art Kulturkampf. Damit möcht ich mich nicht auseinandersetzen müssen. Ich bin dann in die Gegend der Bastille umgezogen. Aber mit Nathalie – so hieß sie – ging ich immer noch in das Lokal in der Rue des Rosiers, die hatten da den besten *boudin antillais* der Welt.

Du bist auch ein *boudin-antillais*-Spezialist?, fragt Jumpy genüsslich.

Vergiss nicht, auf die Bremse zu treten, sagt Jean-Pierre und macht eine Geste in Richtung des Wagens vor ihnen.

Und du, entgegnet Jumpy, vergiss nicht den Kaugummi aus dem Mund zu nehmen, wenn wir beim Minister sind!

Wetten, dass ich ihn im Mund behalte, sagt Jean-Pierre und steckt sich einen zweiten hinzu.

# 27

## Be(r)ichte/Ge-dicht-schichten

Während des Studiums in Nancy entdeckte ich nicht nur mein Faible für Mathematik, sondern auch die Fähigkeiten, die ich hatte, in diesem Fach zu bestehen. Zu Gymnasiumszeiten hatte mich das Fach gelangweilt, bedingt durch schlechte Lehrer und wohl auch durch Unterforderung. In Nancy gab es einen Professor, der sehr bewandert im Bereich Spieltheorie war und mir sogar einmal John Nash vorstellte.

Da ich die Erfahrung gemacht habe, dass viele Menschen, wenn ich diesen Namen nenne, an den kürzlich verstorbenen Sänger Johnny Nash denken, sei hier nochmal darauf hingewiesen, dass es sich nicht um diesen äußerst sympathischen und talentierten Künstler handelt. Ich erinnere mich, wie ich mit meiner damaligen Freundin Nancy – sie hieß Nancy wie die Stadt, in der ich studierte – auf einer Terrasse der Place Stanislas saß, wo der Kaffee sehr teuer war und wir deshalb sehr lange bei einer Tasse verweilten – um ehrlich zu sein, es war nicht nur der Preis des Kaffees, der uns verweilen ließ –, und ich ihr von der Begegnung mit John Nash erzählte, sie gleich anfing, das Lied *I can see clearly now* zu summen.

Nein, sagte ich zu ihr, so ganz klar siehst du nicht, es geht nicht um diesen Nash!

Ebenso reagierte mein damaliger Freund Guy – er studierte in Paris und besuchte mich ab und zu –, der sich als *cinéphile* auch mit älteren Werken auskannte und bei John Nash sogleich auf Filme wie *Take a Giant Step* (deutsch *Spring über deinen Schatten*) und *Key Witness* (deutsch *Die Wölfe von Los Angeles*) zu sprechen kam.

Ich war, ehrlich gesagt, so ziemlich enttäuscht darüber, dass niemand meinen Mann kannte, nicht einmal der sehr belesene Freund Guy.

Ab da ging ich vorsichtiger mit meinen Mitteilungen um, da ich den Eindruck gewann, die Menschen um mich glaubten mir nicht. Als hätte ich John Nash erfunden.

Bist du sicher, dass der auch so heißt?, fragte mich Nancy auf der Place.

Du denkst doch nicht etwa, ich erzähle Geschichten, sagte ich.

Bei dir weiß man nie, sagte sie und lächelte.

Das hat mich damals getroffen. Sie, Nancy with the laughing face, wie wir sagten, *she takes the winter and makes it summer*, die liebste und zärtlichste Frau, die ich kannte, *summer could take some lessons from her*, kein Engel hätte sie ersetzen können, sie misstraut mir plötzlich und rührt verlegen in der fast leeren Kaffeetasse.

So beschloss ich, ab da die Bekanntschaft mit Herrn Nash für mich zu behalten und flog nach Iowa.

Vom Flugzeug aus – einer schmalen Propellermaschine – sah ich die Felder als HEX-Brett, rhombenförmig. Ich fragte den übergewichtigen Reisenden neben mir – wenn ich meinen Arm auf die Lehne zwischen uns legen wollte, lag er sogleich auf dem in ein gelbes Nylonhemd gepackten Fettwulst der Hüfte dieses dicken Mannes aus Iowa –, ob er gegen mich antreten wollte, und er sagte ja. Noch bevor die Maschine zur Landung ansetzte, hatte ich ihn 3 Mal besiegt. Er war Sergeant Major in der Armee gewesen, hatte von Strategie wenig Ahnung. Gab auch zu, bis dahin nicht sehr oft HEX gespielt zu haben. Ich bedankte mich bei ihm, und er gab mir seine Karte und lud mich zu sich ein. Er hieß Hemingway, wie der Schriftsteller, Charles Hemingway und führte einen Liquorshop in der Clinton Street in Iowa City. In der Gegend, sagte er mir, gäbe es ziemlich viele Hemingways.

Bei der *Gus Clinton Consulting* gibt es zwar keinen Tag der offenen Tür, aber ich könnte als Sprachrohr dienen – Rohr im Wind auf höchster Ebene – ohne gleich als Whistleblower geoutet zu werden.

Einige von uns trauen sich gar nicht mehr, der Koenig die volle Wahrheit zu sagen, da sie um Ihren Kopf fürchten. Nicht ganz zu verstehen, da sie sich sowieso um Kopf und Kragen bemühen bis zum Ausgebranntsein.

Aus Angst vor CEO-Desease bleibt die Chefin äußerst wachsam und schläft auch nicht, wenn sie schläft. Sie hat diesen Zustand patentieren lassen und reagiert extrem negativ, wenn jemand ihre Träume in Frage stellt. Dann werden Projekte sowie Mitarbeiter in ihren Augen, in ihrem Mund, in ihrem tiefsten Inneren zu WOMBATs. WOMBAT, WOMBAT, WOMBAT!, schreit sie dann und verlangt Erklärungen, die wiederum niemand liefern kann oder zu liefern bereit ist.

Letzte Warnung FOAD. Was so viel heißt wie: Geh sterben!

Ganz plötzlich, wenn jemand gar nicht auf einen Kontakt gefasst ist – schon gar nicht auf eine solche Schreckschussbevormundung –, zur kleinen Pause am Kaffeeautomaten steht und den dünnen schwarzen Strahl betrachtet, der die Mitte des blassweißen Pappbechers trifft, ist sie da, die herzlose Stimme mit dem Schießbefehl. FOAD, WOMBAT!

Jacky Unterheuser verklebte sich die Augen mit lyonerwurstfarbenen Heftpflasterstückchen, um nicht mehr weinen zu müssen.

FUBAR, FUBAR! So heißt es dann, hätten ein paar Mitarbeiter die Firma in Gefahr gebracht, nicht wiedergutzumachende Irrplanung.

Nachts ruft sie an – wie gesagt, sie schläft nicht – und verlangt einen Be®icht über laufende Projekte. Jacky Unterheuser liegt schon im Bett, schlaflos, weil der Tag an ihr zehrt, hat Wein getrunken und dazu ein Schälchen Antidepressiva zu sich genommen. Sie hat keine Lust, ans Telefon zu gehen, tut es trotzdem, denn sie weiß, dass Koenig es so lange klingeln lassen wird, bis sie rangeht.

Mitternacht, sagt die Koenig, ein neuer Tag beginnt!

Jacky Unterheuser denkt an ihre Freundin Jana, die sich vor 3 Monaten umbrachte. Das wirst du nicht tun, sagt sie sich. Aber allein schon die Tatsache, dass sie sich das sagen muss, macht ihr Angst.

Tut mir leid, wenn Sie schon geschlafen haben, sagt Koenig, aber es ist wichtig.

Ich habe noch nicht geschlafen, sagt Jacky.

Gut, sagt Koenig, dann tun Sie das gleich, denn morgen brauche ich Sie schon um 6. Ich möchte, dass die Unterredung mit denen von der *HouseCoopers & Sells* noch vor 8 abgeschlossen ist.

Um 6?, sagt Jacky etwas zu erstaunt.

Wenn's geht, können Sie auch früher da sein, sagt Koenig, dann gehn wir vorher nochmal die Akte durch. Vielen Dank und gute Nacht!

Ich hatte Gelegenheit, Jacky beim Schlafen zu beobachten. Von Zeit zu Zeit lief ihr sehr schönes Gesicht blau an und verwandelte sich in das eines wild schnappenden Geckos.

# 28

# Felix

Ich war auf dem Weg ins *Unfiltered*, nachts, zu Fuß, ich kam aus'm *Pitcher*, das gerade geschlossen hatte, und dann seh ich auf dem Schulhof – die Antoine-Meyer-Schule liegt auf halbem Weg zwischen *Pitcher* und *Unfiltered*, was immer wieder zu Diskussionen führt, da es besonders im *Unfiltered* ziemlich viele Junkies gibt, die sich dann auch mal auf den Schulhof verirren, was die Eltern der dort eingeschulten Kinder nicht gerade gern sehen, versteht sich –, also im Schulhof seh ich diese Beule, ich sag Beule, weil dies das erste Wort ist, das mir einfiel, der Boden des Schulhofs hat eine Beule, so ein dunkler Haufen, vielleicht einen halben Meter hoch, ein Mensch war das nicht, obwohl, ich war mir meiner Sache nicht so sicher. Ein paar Tage vorher war ich ja auch dort vorbeigekommen und da hatte ich neben der Schule, also nicht im Hof, sondern in der schmalen Gasse, die runter zum Hauptplatz führt, da hatte ich dann die Prügelei gesehn. Ich wusste nicht, was ich tun sollte. Waren 3 oder 4 die auf einen vierten oder fünften einschlugen, es war dunkel, und nicht genau zu erkennen, wie viele es wirklich waren. Und einer sah mich dann und schrie: Mach, dass du wegkommst, sonst knallt's! Oder was in dem Sinn. Also bin ich weitergegangen. Und dachte dabei: Du kannst doch jetzt nicht einfach so weitergehen. Und dann machte ich etwas, was ich sonst nie gemacht hätte. Ich rief die Bullen an. Kam mir ganz komisch dabei vor. Felix Krull ruft die Bullen an. Das kann nichts anderes bedeuten, als dass die Welt Kopf steht. Ich meine, ich habe ja lange Zeit für die *Hinz und Kunst* geschrieben und den *Stachel* und *Abgefakt* und später für *Quantum* und *Morgen stirbt nie*, all die alternativen Magazine, in denen die Bullen immer nur als Feinde oder gar Schweine vorkamen.

Und noch während ich da stehe und warte, dass jemand abhebt, steht plötzlich einer der Schläger vor mir und sagt: Wen rufst du da an? Und ich antworte: Meine Freundin! Das kommt mir dann auch seltsam vor, dass ich die Polizei als meine Freundin ausgebe. Zeig mal her, sagt er und reißt mir das Handy aus der Hand, schmeißt es zu Boden und tritt mit dem Springerstiefel an seinem Fuß drauf. Und nun verschwinde, sagt er. Der Typ ist gut einen Kopf größer als ich, seine Schultern sind 2 Mal so breit wie meine. Wenn der jetzt zuschlägt, denke ich, dann riskierst du eine lebenslängliche Lähmung. Also gehe ich wortlos weiter, hundsgemein ängstlich und stinksauer. Und frage mich, wieso ich nicht wie Miss Touch immer ein bisschen Pfefferspray dabei habe.

Und dann sage ich mir, wie wär's, wenn du einfach deine Pistole wieder auspacken würdest. Auch das eine Idee, die mich gedanklich ins Stottern bringt. Ja, ich habe früher mal dem Schießsport gehuldigt, war so ne Idee. Hat mir auch gefallen. Ursprünglich eigentlich die Idee meines Hausarztes. Also nicht das Pistolenschießen, sondern Bogenschießen. Wir waren darauf gekommen, weil ich immer so unruhig und nervös gewesen war. Da hatte der Arzt gesagt, Bogenschießen wär eigentlich für Leute wie mich eine ganz gute Sache. Auf ein Ziel zu loslassen, sagte er, auf ein Ziel zu loslassen. Hab ich mir gemerkt. Ruhig atmen und auf ein Ziel zu loslassen. Das Bogenschießen kam mir aber irgendwie mittelalterlich vor, und so habe ich die Pistole vorgezogen. Das habe ich all den Alternativen um mich rum nicht gleich gesagt. Ich meine, es war schon so, dass in dem Schießverein die meisten Leute eher konservativ oder rechts waren. Und auch, wenn sie liberaler waren, hatten sie irgendeine Schußwaffenmacke oder wie mein ehemaliger Biologielehrer Pletsch, der ein ausgezeichneter Schütze war, eine Schwäche für nostalgischen Country-Kram. Hätten die Leute von der *Abgefakt* gewusst, wo ich mich herumtrieb, sie hätten mich keinen einzigen Artikel mehr schreiben lassen. Was ja auch nicht gerade von Weltoffenheit zeugt. Später handhabte ich das lockerer und gab, wenn es darauf ankam, offenherzig zu, dass ich im Schützenverein war. Das führte dann immer zu langen Diskussionen, weil es eben nicht ins Weltbild vieler Alternativer passte. Da wurden Joints geraucht, rauchende Colts waren tabu. Dann entblödete ich mich halt wieder und sagte: Ging der Che etwa mit einem Joint nach Bolivien? Na ja, da war es dann meistens schon spät, Duftkerzen brannten und Räucherstäbchen, und eine liebe Kamilla nahm mich in den Arm.

Im Ernst, nach dem nächtliche Vorfall mit den Schlägern habe ich die Pistole gesäubert und bereitgelegt und nehme sie auch gelegentlich mit nach draußen. Auf einen Menschen schießen würde ich nie, aber eine gute Warnung ist es schon.

Und so hielt ich sie auch in der Hand, als ich den Schulhof betrat, um mir die Beule genauer anzusehen. Es war ja durchaus möglich, dass irgendein Junkie plötzlich aus der Dunkelheit sprang und mich mit der Schärfe eines Flaschenhalses bedrohte.

Ich näherte mich langsam der Beule, die, je näher ich kam, mehr und mehr wie ein Haufen dunkler Federn aussah. Mit einer Blutlache daneben. Ich drehte mich kurz um, um zu sehen, ob mir niemand folgte und machte mich dann an das seltsame Wesen heran.

Es war ein Schwan, ein schwarzer Schwan. Mitten im Schulhof. Ich fragte mich unweigerlich, ob sich da nicht Kinder wieder einmal als Tierquäler gezeigt hatten und diesmal nicht eine

Ameisenstraße ausgerottet, Ratten in Brand gesetzt oder Kätzchen ertränkt, sondern einen majestätischen Schwan zu Tode gequält hatten.

Was konnte ich machen? Der Schwan war tot. Immerhin war ich nicht einfach vorbeigegangen. Ich muss sagen, der Augenblick berührte mich. Und ich verstand auch, warum Miss Touch bei einem Lied wie *Schwanenkönig* Tränen in die Augen bekommen konnte. War ebenso wenig ihre Musik wie meine, aber wir hatten uns einmal über Musik und Emotionen unterhalten und dann hatte sie zugegeben, dass sie manchmal bei auch aus ihrer Sicht im Grunde grässlichen Songs ebenso wie bei aussichtslos kitschigen Filmen nicht zu kontrollierende Gefühle ereilten, die sie sich dann auch frei entwickeln ließ.

Ich sagte mir, dass die Kinder morgens den Schwan entdecken würden, und dass es wohl Gespräche und auch Emotionen in den Klassen geben würde, und dass dann die Feuerwehr oder sonst ein Dienst das verendete Tier abholen würde, und die eine oder andere Lehrerin vielleicht einen Fantasieaufsatz über den schwarzen Schwan im Schulhof schreiben ließe.

Ich steckte die Pistole wieder ein, verließ den Hof in Gedanken an das tote Tier und ging weiter. Das *Unfiltered* war gerammelt voll. Wäre ich nicht Stammgast, man hätte mich überhaupt nicht eingelassen. Den toten Schwan erwähnte ich die ganze Nacht nicht.

# 29

## Be(r)ichte/Ge-dicht-schichten

Man sieht sich auf den Überwachungskameras das Haus betreten und verlassen. Man sieht sich beim durch die Gänge oder ins Parkhaus gehen. Im vergrauten Schwarzweiß sehen sich alle Mitarbeiter und Mitarbeiterinnen ähnlich. Man muss schon genau hinschauen.

Voriges Jahr hatten Mitglieder einer Bewegung, die sich *Luxdatawatch* nannte – sie ist mittlerweile aufgelöst worden –, versucht, in das Gebäude einzudringen. Leute von der Polizei haben sich danach tagelang Überwachungsaufnahmen angesehen und versucht, die Eindringlinge – waren sie ja nicht wirklich, da sie nur bis auf den Parkplatz und zu den verschlossenen Seiteneingängen vorgedrungen waren – zu identifizieren, was, da alle Masken und Kapuzen trugen, nur sehr schwer möglich war.

Ich sollte es nicht sagen, sage es nur Ihnen, Herr Dr. Walser, aber diese Aktion, auch wenn sie zu nichts führte, hatte ihr Gutes, da verschiedene Tätigkeiten der *Gus Clinton* in den Medien zur Sprache kamen. Nichts wirklich Wichtiges, aber immerhin wurden verschiedene unserer Praktiken – ich muss ja *unserer* sagen, weil ich dazugehöre, auch wenn es mir von Tag zu Tag schwerer fällt – öffentlich hinterfragt.

Wir beraten auch Staat und Gemeinden, die dann – meistens – unseren Vorschlägen und Analysen folgen – sie zahlen ja genug dafür – und die öffentlichen Gelder in einer Weise nutzen, wie wir es für richtig halten, will sagen, wie es auch uns nützlich ist. Diese zugegeben unsägliche Vermischung von Öffentlichem und Privatem ist ja manchem Bürger ein

Dorn im Auge und muss bei allem Nepotismus vorsichtig gehandhabt werden.

Ich weiß nicht, ob ich mich richtig erinnere, aber ich glaube, dieser Job war mir von Anfang an verdächtig. Obwohl ich nicht unglücklich darüber war, nach meiner Rückkehr so schnell eine Arbeit gefunden zu haben, versuchte ich mich nicht zu sehr mit meiner Tätigkeit zu identifizieren, wie es allgemein gewünscht zu sein schien.

Ich hielt Abstand zu der Straße, die ein Raunen war, direkt unter meinem Fenster, und nachts Röhren. Eine Helligkeit kroch stundenweise zu mir, so dass mir vorgeworfen wurde, über Farbabstufungen zu berichten, die es für andere nicht gab. Wiederum Distanz. Ein geometrisches Grundproblem und eines der Herzen, wie ich leichtherzig einmal sagte.

Vor uns lag die Schlittschuhpiste als gefährlicher See.

Schmolz zurück zu Kindheitserinnerungen.

Jemand fuhr unablässig eine Acht.

Die Bahn bot mir Gleichungen an, die ich in mein System übertrug.

Als Kind hatte ich viel Zeit hinter einer Schulbank verbracht, ohne mir Fragen über diesen Aufenthalt zu stellen. Die Tafel war ein auf- bzw. zuklappbares Triptychon, das aus sich beständig verändernden Zeichen bestand. Ein Schwamm diente dem Vergessen. Auch nachdem die Zeichen verschwunden waren, konnte ich sie jederzeit abrufen. Sie waren in mich übertragen worden, so wie die Orte, von denen Mutter mir erzählt hatte. Ich nehme an, dass dieser Austausch bei meiner späteren Erkrankung eine Rolle spielte. Auch die Gefahr, die von der Straße ausgeht, hängt mit dem ungenauen Damals zusammen.

Mein Vater schlägt zu, noch bevor der Lastwagen mich erreicht. Die Wucht seiner Hand ist die Wucht des Lastwagens. Aber man darf nicht sagen: von Schlägen überrollt. Oder doch. Wenn es rollende Schläge sind. Rollende Schläge und Steine, wie Augen so hart. Sind Augen hart? Der Straßenbelag im Auge ist hart, der Blick ist zart. Bei Nancy denke ich zuerst an die Frau, dann an die Stadt.

Nancy
Carte d'étudiant
Cinéma
Économie
Ofup
Amour
Monsieur Nash

## Ofup (Office Universitaire de Presse)

Ich wusste genau, wie es am besten funktioniert, trotzdem verkaufte ich nicht wirklich viel. Nicht genug, um gut davon zu leben. Ich musste arbeiten, um mein Studium zu finanzieren, ließ mich also von der Ofup anheuern und verkaufte den andern Studenten Zeitungsabos. Unsere Gruppe bestand aus 5 Personen, 3 Männern und 2 Frauen. Morgens fingen wir die Studenten am Eingang zur Fakultät ab. Kaum jemand kam an uns vorbei, wir waren die Verkaufspolizei. Redeten auf die Jungen und Mädchen ein, bis sie zu verbilligtem Preis irgendein Abo nahmen. Das Ansprechen hatten wir geprobt. Jeder begann immer mit der Frage: *Connaissez-vous l'Ofup ?* Und dann ging *le baratin* los. Wir bequatschten den zukünftigen Kunden, die zukünftige Kundin, so lange, bis er oder sie nachgab. Wir hatten einen Katalog dabei, in dem alle Zeitungen und Zeitschriften aufgeführt waren, die man abonnieren konnte. Soundsoviel für ein halbes Jahr, soundsoviel für ein ganzes Jahr, noch günstiger! Sagte jemand zu, wurden sogleich Name, Adresse, Telefonnummer usw. auf die dafür vorgesehenen Papiere notiert. Es gab kein Entkommen. Selbstverständlich hatten die Studenten die Möglichkeit, nachträglich ihre Meinung zu ändern und wieder abzubestellen, aber die wenigsten taten es. Wir wurden für die Arbeit schlecht bezahlt, bekamen aber Prämien für die verkauften Abos, die mit der Zahl des Umsatzes immer größer wurden. Bei 200 verkauften Abos war die Prämie doppelt so hoch wie bei 100. Jeder hatte also Interesse, so viel wie möglich abzusetzen. Wir standen in einer Reihe, um die Studenten abzufangen, waren aber auch Konkurrenten. Jedes Abo, das der andere verkaufte, war ein Verlust für dich. Nancy war am Anfang auch dabei gewesen, hatte aber schnell aufgehört. Es gab in ihrer Gruppe Leute, die den ganzen Tag über am Eingang standen. Die studierten nicht, wollten bloß verkaufen. Bei mir war es eine Béatrice, die das größte Durchhaltevermögen hatte. Sie beschwatzte vor allem die Typen. Oder die Typen gingen am liebsten zu ihr, weil sie was von einem Model hatte, schlank und schön, große graue Augen, aschblondes Haar, sexy Stimme. Die andere Frau, Francine, verkaufte deutlich weniger. Ich lag mit meinem Absatz nicht schlecht, bremste mich aber ab und zu selber, leider, denkt da das Geschäft, aber ich kam mir gemein vor, wie ein erbärmlicher Schwätzer, der jede Schwäche der ohnehin Schwächeren ausnutzte. Viele der Studierenden waren jünger als ich – die Franzosen machen ihren *Bac* früher als wir – und leicht zu beeindrucken. Einer Geografiestudentin, die nur *Le Monde* abonnieren wollte, schwatzte ich zusätzlich *Figaro Madame*, *Science & Vie* und ein Blatt über Pferdesport auf. Ein Anfänger in Anglistik, der sich nach *The Guardian* erkundigt hatte, abonnierte schließlich *The Economist, Business Spotlight* und *The English Garden*. Ich kam mir vor wie ein Betrüger und träumte schlecht.

André, verantwortlicher Leiter und Coach unserer Gruppe, sagte, negative Gedanken den Job betreffend sollten wir gar nicht erst aufkommen lassen. Wenn die Leute kaufen wollen, lasst sie nicht nur kaufen, sondern sorgt dafür, dass sie MEHR kaufen! André war ein taff geschulter Mann, der einem beißwütigen Bullterrier glich, kräftig gebaut, muskulös, mit durchdringendem und entschlossenem Ausdruck, und hatte den dazu passenden Ramskopf. Seine Schulung muss sehr militärisch gewesen sein. Ein Mitarbeiter der Ofup, sagte er, hat keine Bedenken zu haben und kennt kein Zögern! Wer Skrupel zulässt, hat schon verloren. Er hatte wohl in seiner Anfangszeit ein paar 1 000 Abos verkauft, wir alle waren bei ein paar 100. Außer Béatrice, die mit fast 700 einen deutlichen Vorsprung hatte. Ihr alle könnt mehr!, sagte André. Man sah ihm, trotz aller – gespielten? – Selbstsicherheit an, dass er unter dem Druck der Oberen stand. Er sagte dann auch, dass er, wenn wir nicht genug verkauften, seinen Posten riskiere. Er sei schon mal ins oberste Stockwerk beordert worden.

# 30

## Liliane M

Morgens rief Maude an, lud sie zu ihrer Geburtstagsfeier ein. Maude hatte ihr geholfen, als sie von Bergen nach Luxemburg zurückgekehrt war, und während der ersten Wochen hatte sie bei ihr gewohnt.

Sie wollte Maude Musik schenken.

Die Verkäuferin im CD-Laden konnte ihr keine Auskunft geben. Sie stand Kaugummi kauend hinter der Theke und füllte einen Bestellzettel aus. Sie hatte große, karminrote Fingernägel. Über ihr gab es eine flackernde Lichtquelle, deren Ursprung nicht auszumachen war.

Tut mir leid, sagte die Verkäuferin.

Für sie klang der Satz nicht nach Entschuldigung, sondern nach Schadenfreude. Sie verließ den Laden und fragte sich, ob sie sich vielleicht falsch ausgedrückt hatte. Die eigenen Sätze waren ihr manchmal fremd auf der Zunge, wie von einer Anderen durch sie gesprochen. Sie hörte sich Aussagen machen, über die sie erstaunt war. Aber eben hatte sie doch nur nach Scarlatti gefragt. Scarlatti müsste in einem Musikladen doch ein bekannter Name sein. Nun wusste sie nicht, wo sie hingehen sollte. Sie kannte in der Stadt nur 2 CD-Läden, und der andere hatte noch weniger Auswahl als der, den sie eben verlassen hatte. Sie dachte daran, nach Metz zu fahren und dort einzukaufen, ging dann aber zum Laden zurück.

Die Verkäuferin lächelte überheblich. Sie hörte sie das Wort *emmerdeuse* aussprechen. Von einem Cover mit weißen Flämmchen fühlte sie sich angezogen. Schumann, *Papillons*, *Carnaval* und *Kinderszenen* auf einer Billig-CD aus der

Sonderangebotskiste in der Ecke. Sie kaufte sie aus Verlegenheit. Der Interpret war ihr unbekannt. Die Flämmchen waren Kirschblüten.

Diese Aufnahme konnte sie unmöglich Maude schenken. Draußen bot sie sie einer Frau an, die – nachdenklich, wie ihr schien – vor einem Restaurant stand. Die Frau lehnte ab, wollte offensichtlich in ihren Gedanken nicht gestört werden. Auch ein junger Mann lehnte ab, obwohl er einen Instrumentenkasten mit sich trug. Es gelang ihr an diesem Nachmittag nicht, die CD zu verschenken. Die Leute misstrauten ihr, witterten eine Falle, gingen ihr aus dem Weg, sobald sie auf sie zuging. Sie selbst war über ihre Kühnheit überrascht. So viele Leute hatte sie in ihrem ganzen Leben noch nicht angesprochen wie an diesem Nachmittag.

Erst bei Einbruch der Dunkelheit fühlte ein Mann sich sicher genug, ihr die CD abzunehmen. Er wollte ihr Geld dafür geben, aber sie lief davon.

Tags darauf fuhr sie nach Metz. Nicht mit dem Wagen, da die lange Autobahnfahrt ihr Angst machte, sondern mit dem Zug. Im Abteil saß ihr ein Mann gegenüber, den sie aus Bergen zu kennen glaubte. Sie wollte ihn daraufhin ansprechen, hatte aber die Leichtigkeit vom Vortag verloren. Er war es, der zu reden begann, ein Angestellter eines Bauunternehmens aus Châlons-en-Champagne, dem seine Firma, wie er sagte, nicht mal ein Ticket erster Klasse gönnen wollte und der auch noch nie in Bergen gewesen war, obwohl er schon von den Hurtigruten gehört hatte. Der Mann begann auf seinen Chef zu schimpfen, sprach immer lauter. Sie spürte seine Stimme im Bauch, Schläge wie die von aufdringlichen Bässen, und war froh, als näselnder Lautsprechersingsang Metz ankündigte.

Vor dem Bahnhof roch es nach Popcorn; in ihr stieg eine Unruhe auf, die sie hektisch werden ließ. Den Geruch von Popcorn hatte sie als Kind sehr gemocht, aber seit Bergen war dieser Geruch ihr zuwider, eine künstliche, verlogene Süße, die mit Fäulnis zu tun hatte. Sie sah einen alten Mann hinter einer Glasvitrine vor sich und erkannte ihn wieder. Es war der Popcornverkäufer, der damals bei jeder Kirmes dabei war. Er tröstete sie mit einem Lächeln.

Sie musste plötzlich vor einem Geschäft Schlange stehen. Jemand befal ihr, nicht aus der Reihe zu tanzen. Sie stellte fest, dass sie dabei war, Parfüm zu kaufen. Sie ließ sich etwas auf den Handrücken geben und roch. Dann die andere Hand. Aber sie kaufte nichts. Sie hatte es plötzlich eilig und verließ mit schnellen Schritten das Geschäft.

Draußen roch sie weiter abwechselnd an der linken und an der rechten Hand. Die Linke war stärker, orientalischer. Verschiedene Teppichmuster zogen vorbei. Mit Øyvind war sie in die Türkei gereist. In einem abgelegenen Hotel in Izmir hatte sie große Angst gehabt. Um nicht schreien zu müssen, hatte sie dem tropfenden Hahn zugehört und die halbe Nacht hindurch Tropfen gezählt. Die rechte Hand war sanfter, ohne Erinnerung. Sie ging mehrere 100 Meter mit der rechten Hand vorm Mund.

Beim Betreten des Musikladens schlug ihr eine unangenehme Wärme entgegen und sie musste heftig husten. Mehrere Menschen starrten sie an. Sie hatte das Gefühl, man wolle sie gleich wieder hinausdrängen. Augenblicklich bekam sie rasendes Herzklopfen und hatte Lust zu schreien. Aber die Blicke ließen von ihr ab und sie wagte sich hinein. Sie fand 21 späte Sonaten von Domenico Scarlatti, die Reise hatte sich gelohnt. Vorhin hatte sie überlegt, was sie tun würde, wenn sie auch hier nicht fündig würde. Ob sie in den Zug Richtung Paris steigen sollte.

Dem Kassierer hing eine weißgelbe Haarsträhne vorm Gesicht, und sie dachte: Er hält sich seine private Sternschnuppe.

Sie dachte an Thomas Roseingrave, der, nachdem er Scarlatti spielen gehört hatte, kein Klavier mehr anzurühren vermochte. Der Name Roseingrave gefiel ihr. Er erinnerte sie an das Grab mit der großen Rose, ein paar Reihen vor dem Wünschelrutengänger. Es war angenehm, diesen Sog in den Fingerspitzen zu spüren. So würde sie auf die Quelle der Musik stoßen.

Auf dem Rückweg war ihr zum Feiern zumute. Da sie keine Kerze dabei hatte, zündete sie ein Papiertaschentuch an, dann ein zweites. Sie war allein im Abteil und niemand nahm Anstoß daran. Das Taschentuch hinterließ ein paar schwarze Blüten auf dem Boden. Erst als sie das surrende Licht über dem Gepäckträger an die Mansarde erinnerte, erschrak sie leicht.

In Luxemburg angekommen hatte sie keine Lust, aus dem Zug zu steigen. Es fiel ihr schwer, von dem Gesicht auf Reisen, das ihr aus der Dunkelheit des Zugfensters so lange zugelächelt hatte, Abschied zu nehmen.

31 ◁          ▶ 27

# 31

## Be(r)ichte/Ge-dicht-schichten

Die erste Morgenröte heißt Zahnfleischbluten, die Drohne
überfliegt das Herz.

Das Kind
stört mich bei der Arbeit, es muss weg.

Dann fallen mir, auf dem Weg von Schreibtisch zu Schreibtisch,
ein paar Judenwitze ein, wie sie mein verstorbener Lehrer,
Professor Friedmann, gern erzählte. Sie heitern mich nicht auf.
Stärken mich aber insofern, wie sie vor allem vom Lachen über
sich selbst in schwierigster Lage erzählen.

Kommt der jüdische Popstar (aus Tel Aviv?) zum Schneider
und sagt: Ich will eine enge Hose, eine ganz, ganz enge Hose.
Eine, die sich wirklich an mich anschmiegt.

Gut, sagt der Schneider, wird gemacht.

Bei der Anprobe sagt der Sänger: Ich will sie enger. Ich will
sie so eng, dass man sieht, WAS FÜR EIN Geschlecht ich habe!

Ja, sagt der Schneider, wenn wir sie dann noch enger machen,
sieht man auch, was für eine Religion du hast!

So, der Neue ist Antisemit. Sagt zwar, er sei es nicht, dies mit
so viel Schärfe und Nachdruck, dass einem angst und bange
werden kann. Solange er nicht ganz oben ist, wird er sagen, der
Reichtum sei schlecht verteilt. Er arbeitet körperbetont. Ihm geht
es mehr um emotionale Herausforderung als um intellektuell
begründeten Positionsbezug (vgl. Duss/Schmidt/Spitzer), es
ginge, so sagt er, um ältere Gehirnbereiche, um Sprachen des
limbischen Systems. Der Bürger macht mit, solange du ihn
einlullst. Sind alle Borderline-Patienten, die beruhigt wer-
den wollen. So funktioniert die Stadt, die wir beraten und

weiterbringen. Er heißt Wagner, Jean-Pierre, ein Mann für jede Jahreszeit, sitzt manchmal schon früh um 6 im Jogging-anzug da (mal blau, mal grün) und begrüßt jeden, der später kommt, mit einem hämischen Spruch. Er hat sehr breite Handgelenke, mit links einer teuren Sportuhr, rechts einem Armreifen über einem Tattoo.

Ich bin Kalifornien, sagt er, wo du nur Iowa bist. Also sag ich ihm, dass er vielleicht ein sportlicher Mitarbeiter ist, der gerne Stirnband trägt und joggt und Tennis spielt, der aber in seiner Anschauung sehr oberflächlich bleibt, wenn es um über den Job hinausgehende Kulturbetrachtungen geht (vgl. Lincoln/ Richter & Nazareth). Iowa ist nämlich stets ein Vorreiter bei der Gewährung von Bürgerrechten gewesen. Der Iowa Supreme Court, das höchste Gericht im Staat, erklärte bereits 1839 die Sklaverei für ungesetzlich und 1868 entschied das Gericht, dass Formen der Segregation wie zum Beispiel die Rassentrennung in Schulen unzulässig sind, während der Oberste Gerichtshof der USA erst 1954 ein entsprechendes Urteil fällte, fast 100 Jahre später also. Also, Mister J. P. Wagner, bleiben sie ein fairer Geschäftsführer, auch wenn hier beständig die Hunde losgelassen werden (vgl. Koenig/Freckeisen/Holtz).

Dann Intervention Unterheuser und die Szene in der Kantine mit Jacky, Py und JPW, Campus Koenig mit gierigen Studenten, die sich festbeißen, abends, vor der zweiten Konferenz zum Thema Fragen der Stadtsicherheit unter besonderer Berück-sichtigung erkenntnistheoretischer imaginativer Beratungs-technik auf Basis sich wandelnder Demokratieverständnisse (vgl. Schinker/Hydre). In andern Worten: Schmutz und Schutz-kleidung. Wir sitzen nicht zur schönen Aussicht hier, Sie brauchen keinen Anzug und keine Krawatte, nicht mal ein Hemd brauchen Sie, aber der nackte Oberkörper ist dann doch eine Übertretung, wenigstens ein T-Shirt, bitte, und Jacky, jetzt fast schon mit Trillerpfeifenstimme, ist sehr laut gegen diese Verschwiegenheitsklauseln, die die Mitarbeiter in die Enge treiben, aber, sagt Py, die Cum-Ex-Gebiete, wenn ich das so nennen darf, die einen Teil der städtischen Geldgeber bewohnt, sind nicht unser Benzedrin, also, bitte, schreit Jacky, wobei ihre entzündungshemmenden Medikamente sich als rote Flecken im Gesicht zeigen, und JPW, den jetzt seine Gelassenheit ein Stück weit verlässt – erstaunlicherweise ganz auf ihrer Seite –, wie nebenbei zu Py sagt, der sei ein waschechter Quallenficker (vgl. Wallace/Blumenbach/K&W), was Py wiederum als Schwäche deutet, ein zielgerichtetes Dazwischentreten, das mehr aus der Ecke eines schmierigen Schaustellers kommt, als dass es etwas von der Überzeugungskraft eines talentierten Anwaltes hätte, denn nicht durch das Aufkommen eines bestimmbaren Leidens, eines Mangels oder einer Erkrankung werden wir an unsere Unzulänglichkeit erinnert (vgl. Cioran/Celan/Klett), wir werden durch Zeichen, die weit weniger deutlich, aber umso besorgniserregender sind, an unseren bevorstehenden, äußerst banalen Hinauswurf aus dem Schoß des Zeitlichen gemahnt, so, Frau Unterheuser, die Statuslage, die Wände sind frisch gestrichen, aber Sie wissen nicht einmal, welchen Namen Sie der Farbe geben sollen, weil alles so durchsichtig ist, dass es noch ein paar Schichten und Streicheinheiten braucht, bis hier Klarheit in puncto Farbe geschaffen ist, soweit dies überhaupt jemals eintreten wird, was ich bezweifle, Dividendenstripping und Cum-Cum-Geschäfte beschäftigen uns schließlich nur am Rande, ja, genau, am Rande dieses Feldes, Kornfeld, sagte der Bürgermeister mal in heiterem Zustand, also, wenn ihr so wollt, am Rande dieses Kornfeldes, ha, die Cum-Ex-Geliebte des stadthausstädtischen Meisters in seiner glatten Latexhaut, ein glit-

schiger Gletscher, von 100 Girouettchen geschult, muss
uns trotz unserer Allgegenwart nicht betreffen, und Back, ja, der
die Schnauze von all den Widerlichkeiten voll hat, rotzt ein
Pfefferkorn auf den wie eine Bowlingbahn glänzenden und
knurrenden Kantinentisch und sagt, dass das ganze Papier in-
klusive Schreibfehler auf den Mist gehöre, so, weil das einfach
nur, mit winzigen Abstrichen, den Wünschen des Auftraggebers
entsprechend verfasst wurde, Honig ums Maul politischer
Niedertracht, sagt er, was wiederum von JPW als zu naiv, um
wahr zu sein abgetan wird, und Py, die Hand in Denkerpose zur
Faust geballt, seinen Goldring tätschelnd, meint lässig, Back den
Betrieb zu überlassen, hieße, ihn dem Ruin zu überlassen, denn
der Bürgermeister Schirach, Scharl Schirach, würde zwar Schischa
genannt, weil er eine Pfeife sei, aber so pfeifig sei er dennoch
nicht, um nicht bei jeder Verhandlung etwas Bauernschschläue
aufzutreiben und sie unter die Aufgeblasenheit seiner
Rauchzeichen zu mischen, was uns allen eigentlich, so Jacky,
doch egal sein könnte, und ohnehin sei das Progamm für die
Zuliefererkette Z.L.F.K.T. noch nicht fertiggestellt, aber damit,
so Py, habe er doch nichts zu tun, geht trotzdem bis in die Nacht,
so JPW, an die Nerven, natürlich auch, so müde, sagt Back, dass
ich gelesen habe Schlaffarm in Neuseeland statt Schaffarm, ab
mit ihm ins Segelland, kein Zeitverlust, bitte, mit bescheuerten
Kommentaren, und die Gedenkminute für Jana können wir uns
auch sparen, ich meine, das sieht doch aus wie dastehen und
stumm vor sich hin lügen, ehrlich, die war doch eine Schnecke,
brauchte gar nicht erst dazu gemacht zu werden, du bist einfach
ein pietätloses Arschloch, gerne, wir haben doch schon keine
Zeit für die Lebenden, wie sollen wir uns da um die Toten küm-
mern, come on, 3 Stunden im *Casta Diva* Austern schlürfen und
Perlwein süffeln, und dann auf einmal im Stress, wenn's um's

Gedenken geht, pass mal auf, das war *big business*, da waren die Austern Zugabe, mehr nicht, und die Zeit gutes Geld, wenn du mit dem brutalen geschäftlichen Ehrgeiz eines Psychopathen zu tun hast, muss dir jedes Mittel recht sein, was läuft denn hier, Schabernack der Selbstoptimierung, mit Wearables ausgestattete Meliorierungsfreaks, die verdammt nochmal wirklich alle ihr Bestes geben wollen, ihre Schrittzahl und ihren Kalorienverbrauch bei der Arbeit überwachen, Supernetzwerker und Profitmaxi-mierer, die wie ich gerade der Zeitschrift *Psychologie morgen* (oder ist es *Management der Zukunft*?) entnehme, als Fern-beziehungsopfer oder verspätete Mütter mit exakt geplanten Kaiserschnittterminen enden, ja, ja, Jana erschien trotz Essstörung pünktlich am Arbeitsplatz, mit ihrer Flasche Soda *saveur agrume zéro sucres*, und, mit Verlaub, nicht sie, ich war es, der die Zeitmessungs-Apps und Sensoren in Frage stellte, weil ich nicht denke, dass sich die Zeitwerte der einzelnen Mitarbeiter prob-lemlos mit solchen Durschnittswerten vergleichen lassen, da die Qualität außen vor bleibt, also, schon gut, Py,

> JPW Py Jacky Jana X Y Z,
> so sitzen sie,
> JPW Py Jacky Jana X Y Z und ich,

und während ich sitze und schreibe, wandert Spotify durch ein paar lahme Lieder, die einst einen Bezug zu dem hatten, was ich machte oder was mit mir passierte.

Ich fing bei der *Gus Clinton* an, nachdem ich eine Liebschaft in Des Moines zurückgelassen hatte, ohne zu wissen, was uns trennte. Und wenn ich den Namen nennen sollte, dann nur um mich zu erinnern, denn niemanden geht an, was wir fröhlich durchlebten und genossen.

Irgendwann begann meine Zuversicht sich zurückzuziehen, die Erklärung blieb aus. Ich war damals schon ein geschätzter Mann, der es zu Erfolgen gebracht hatte.

Auch hier war der Anfang ein Glücksfall.

Frau Koenig, sonst mit Lob eher sparsam, sagte mir, ich sei mit meinem Curriculum und meiner Erfahrung etwas wie das beste Pferd auf der Bahn.

Der Vergleich erinnerte mich an eine Fahrt durch die Maisfelder, während der plötzlich *John Wayne's Birthplace* angekündigt wurde.

Ich blieb nicht in Winterset.

Winterset ist für mich ein zu trauriges Wort.

Eine Erinnerung verfing sich in meinem Gedanken, die ich anfangs nicht ausmachen konnte. Ein seltsames Seufzen, die Art, sich das Leben anders vorzustellen, als es war.

Ich versuchte immer, die Hauptfigur zu sein, aber es wollte mir nicht gelingen. Ich verteilte mich. Erinnere mich an die Frau in der Klinik, die unter einem progredienten Verlust und einer Schrumpfung neuronaler Fortsätze – Axonkollateralen, Dendriten – im frontotemporalen Kortex und im limbischen System und an einer gestörten Dopamin-Transmission litt.

Sie sagte, sie sei eine Tausendfüßlerin.

Sie schlich und huschte und war in ihrem Wesen gleichzeitig hier und dort.

Auch ich denke manchmal, ich bin ein Tausendfüßler, und jedes paar Füße gehört zu einer meiner Hauptfiguren. Einer für alle. Alle für einen. Die Übergänge können fließend sein wie die Schrift.

# 32

## Heftroman

Tomas Bjørnstads Roman *Die Tanzenden* war ohne Zweifel ein Erfolg. Die Kritiker überschütteten ihn auf eine überschwängliche, also mit Vorsicht zu genießende Art mit Lob. Es sei ein herausragender Roman hieß es, von einer atmosphärischen Dichte, der man sich als Leser nur schwer zu entziehen vermöge, sprachlich virtuos, unverschämt gut, Bjørnstad besitze eine herausragende Beobachtungsgabe, schreibe großartige präzise Sätze usw. Einzig die dem Roman eingegliederte Graphic Novel *Ryder Nightwood*, in der die Ausbreitung eines Virus vorausgesagt wird, welches das ganze Land in Gefahr bringe und zu Unruhen führe, wurde mit etwas Skepsis aufgenommen; das sei der Dystopie dann doch etwas zu viel, hieß es.

Tomas Bjørnstad wurde mit dem Servais-Preisträger Malkowitsch verglichen, mit Robert Rodriguez und Quentin Tarantino. Journalisten, Verleger, Zeitungsleute und Schriftstellerkollegen, die er kaum kannte, meldeten sich bei ihm, längst verschollene Bekannte riefen an, der Filmproduzent Waringo bat ihn um ein Gespräch und sein Verleger bereitete für ihn einen Auftritt auf der Frankfurter Buchmesse vor.

Auf all das war er nicht gefasst gewesen und so wurde es ihm auch schnell zu viel. Er liebte die Literatur und war so einfältig gewesen zu glauben, das Buch genüge, die Öffentlichkeit brauchte nicht auch noch seine Person. Aber gerade auf die hatte es die Öffentlichkeit abgesehen. Tausende Menschen, die das Buch nicht gelesen hatten, wollten wissen, wer dieser Tomas Bjørnstad sei, was er zum Frühstück zu sich nahm, welche Schuhgröße er hatte, wie er mit Frauen umging, ob er die Petition für das Ausländerwahlrecht unterschrieben hatte, wo er sich sein Kokain beschaffte usw. Noch bevor er nach Frankfurt fuhr, hatte er den Rummel satt, hatte keine Lust zur Buchmesse anzutreten, tat es aber, weil es in seinem Vertrag stand und er fairerweise den Verleger, der eine gute Arbeit geleistet hatte, nicht hängen lassen wollte.

Zu der Zeit hatte er gerade angefangen, über die *Gus Clinton* zu recherchieren. Die Nachricht vom Freitod eines Mitarbeiters der Consulting war durch die ganze Presse gegangen. Da er sich aus einem Fenster im obersten Stockwerk gestürzt hatte, waren Vergleiche mit der französischen Télécom gezogen worden, wo es innerhalb von knapp 2 Jahren fast 40 Suizide gegeben hatte. Tomas hätte es vorgezogen, seine Arbeit ohne die Frankfurter Unterbrechung weiterzuführen. Er wusste nicht genau, wieso ihn die Nachricht vom Freitod dieses Mannes derart beschäftigte, aber er wusste, dass er sein Thema gefunden hatte.

Dann kam Frankfurt. Schon als er im Hauptbahnhof aus dem Zug stieg, hatte er das Gefühl, den Fuß auf ein ihm feindlich gesinntes Stück Erde zu setzen. In Frankfurt war er noch nie gewesen – im Allgemeinen mied er deutsche Städte – und hatte auch nicht im Geringsten das Bedürfnis, hier irgendetwas entdecken zu müssen. Er hatte sich im Netz ein bisschen schlaumachen wollen, um in Frankfurt von andern Messebesuchern, die die Stadt ja sicher schon länger kannten, nicht als Volltrottel abgestempelt zu werden, war dabei aber nicht wirklich fündig geworden. In der ersten Zeile des Wikipedia-Eintrags über Frankfurt war zu lesen, die Stadt sei *kreisfrei*. Da er sich nichts darunter vorstellen konnte, suchte er weiter und erfuhr, dass eine kreisfreie Stadt eine kommunale Gebietskörperschaft sei, welche neben dem eigenen und übertragenen Wirkungskreis einer Gemeinde und eines Landkreises auch die Aufgaben der unteren staatlichen Verwaltungsbehörde namens des Staates in eigener Zuständigkeit erledige. Damit hatte es sich auch schon mit den Nachforschungen. Er guckte nur noch, wo das Hotel lag, das sein Verleger für ihn reserviert hatte, sah, dass es zwischen Messe und Bahnhof lag, was ihm sehr entgegenkam.

Das Hotel Schellenberger Metropolitan, so der Name, war ein 4-Sterne-Hotel, sein Zimmer ein Superior Single Room, etwas eng (269 sq feet der Beschreibung nach), aber ganz in Ordnung.

Noch am Tag der Ankunft war ein Treffen am Luxemburger Stand vorgesehen, eine Art Einweihung, zu der auch die zuständige Ministerin angereist war. Als Tomas am Stand ankam, war sie gerade dabei, eine Rede zu halten, von der er aber nicht viel mitbekam. Es gab sehr viele Zuhörer und Tomas stand gut 10 Meter von der Rednerin entfernt, auf dem Gang, wo das Interview eines *Arte*-Gastes – der Stand des Senders lag schräg gegenüber – weit besser zu hören war als die Frau Ministerin. Tomas überlegte, ob er nicht eine kleine Runde drehen sollte, erspähte dann seinen Verleger unter den Zuhörern und beschloss das Ende der Rede abzuwarten und dann Marc, so heißt der Verleger, die beiden duzen sich, zu grüßen. Ihm war flau im Magen, er wusste nicht wieso, fühlte aber, dass etwas nicht stimmte. Er hatte im Schellenberger ein Glas Chardonnay getrunken und ein paar Nüsse dazu gegessen. War dann, in der Halle auf dem Weg zum Stand, bei Suhrkamp stehen geblieben, wo es Sekt gab. Den hatte er ebenfalls getrunken, obwohl er normalerweise Sekt ablehnt. Eine Frau hatte ihn für jemand anders gehalten und ihn als Sascha angesprochen. Sie hatte eine Weile auf ihn eingeredet, und als er ihr sagte, er sei gar nicht Sascha, eine fürchterliche Grimasse gezogen, in der sich Abscheu und Wut mit einer gehörigen Portion scheinheiliger

Freundlichkeit und Verachtung mischten. Das war so eine Art Fanal, sagte er sich später.

Marc stellte ihm eine Menge Leute vor, deren Namen er nicht behalten konnte, Schriftsteller, Übersetzer, Politiker, Filmleute, Agenten, Verleger usw. Er versuchte konzentriert zu bleiben und sich auf das eine oder andere Gespräch einzulassen, aß *Paté au Riesling* und trank Weißwein, den es zum Glück neben dem sehr angesagten Crémant auch gab. Die Menschen am Stand benahmen sich fast alle etwas eigenartig, als sei ihnen etwas zu Kopf gestiegen, was sie wohl selber nicht hätten benennen können. Vielleicht war es das Gefühl einer besonderen Zugehörigkeit, das sie sich auszeichnen ließ, vielleicht auch bloß das einem Tinnitus verwandte Hintergrundgeräusch der Halle, das mit sich brachte, dass jeder Gedanke von einem irritierenden Dröhnen im Kopf begleitet war.

Ein großgewachsener Mann mit Proletenmütze und Holzfälleralüren trat auf Tomas zu und sagte mit tiefer Stimme: Na, dann sind wir jetzt Konkurrenten!

Tomas wusste nicht, wer er war und was er meinte. Er war wohl sehr bekannt und brauchte sich niemandem vorzustellen. Überhaupt sah es aus, als ob jeder jeden kenne würde und der Empfang nur die Fortsetzung eines anderen Empfangs sei, der am Vortag oder auch in der vorigen Woche irgendwo stattgefunden hatte und der wiederum die Fortsetzung eines anderen Empfangs mit den gleichen Leuten gewesen war.

Tomas fühlte sich unwohl in dem Trubel, machte sich diskret aus dem Staub und ging zum Pavillon der Norweger – Norwegen war in dem Jahr Gastland in Frankfurt – wo auch seine beiden Bücher *Fjorde* und *Die Tanzenden* auslagen.

Er kam ins Gespräch mit Lotta und Helga, 2 norwegischen Schriftstellerinnen, die ebenfalls neue Bücher veröffentlicht hatten. Sie tranken Aquavit zusammen, und Tomas fühlte sich einen Augenblick lang wirklich gut auf der Messe. Die beiden Frauen luden ihn zu einer Party am Abend ein und er sagte zu. Ging dann zurück zu den Luxemburgern, da er Marc versprochen hatte, am Stand zu sein.

Dort war immer noch Empfang. Der Holzfäller mit der Proletenmütze redete sehr laut. Er war im Gespräch mit einem Mann vom Focuna (Fonds culturel national) und einem beständig grinsenden Verleger, der wohl bereits sehr gute Geschäfte gemacht oder aber zu viele Joints geraucht hatte.

Dann hatte Tomas plötzlich einen Typen an seiner Seite, der ihn zu kennen schien, ihn zu seinem Buch beglückwünschte und gleich darauf anfing, über den brambarsierenden Holzfäller herzuziehen. Der sei völlig überschätzt, es sei völlig rätselhaft, wieso der es überhaupt auf die Shortlist geschafft habe.

Dann mischte sich eine Frau ein, fand, dass der andere übertreibe und kam auf ihr Kinderbuch zu sprechen, das doch, bei aller Bescheidenheit, weit besser sei als das von der Tussi aus dem Luxlait-Verlag, die nun schon ihr drittes drittklassiges Kinderbuch vorlege. Unterbrochen wurde sie von einem Kritiker – er stellte sich als ein solcher vor –, der die Schriftsteller davor warnte, sich gegenseitig fertigzumachen, das Fertigmachen stünde allein ihm zu. Er gab sich dabei derart ironisch, dass die Ironie dadurch aufgehoben und in todernstes Abstechen verwandelt ward. Und so ging es dann weiter. Und Tomas lernte die Literaturszene kennen. Als Ansammlung rücksichtslos narzistischer Selbstbeweihräucherer, anmaßender Klugscheißer, doppelzüngiger Nutznießer, liebevoller Hardliner (mit Dolch im Gewande), arglistiger Strategen, biederer Egomanen, hinterfotziger Hate-Speech-Verfasser, anbiederungswilliger Blender, karrieresüchtiger

Speichellecker, windiger Mystifizierungsexperten und zentro-
vertierter Psychopathen (darf jeweils gegendert gelesen werden,
also mit der Endung *innen).

# 33

# Tomas B

Bei meinen Recherchen über Gysin Kuttup stieß ich auf ein Typoskript, das im Besitz eines belgischen Sammlers war, eines alten Freundes von Kuttup. Es handelt sich dabei um einen nicht abgeschlossenen Roman mit dem Arbeitstitel *Turm und Springer*. Es geht in dem Text um Schach, aber eben auch um Menschen, die sich von einem Turm herabstürzen. Ich war verblüfft, gerade in dem Augenblick, da ich mich intensiv mit der *Gus Clinton* beschäftigt hatte, auf dieses Schriftstück zu stoßen. Als ich Guy davon erzählte, fragte er sogleich, ob ich nicht vielleicht vorher schon das Skript kannte und mich bei meiner *Gus-Clinton*-Arbeit daran orientierte. Die Parallelen waren in der Tat erstaunlich. In *Turm und Springer* geht es um Korruption in Grizzville, einer heruntergekommenen mittelgroßen Ortschaft, deren kranker und unfähiger Bürgermeister Chabriant, genannt der Herzog oder auch der Nassauer, sich vom Geschäftsmann Nucks kaufen ließ, der nun nach Gutdünken investieren und Geld machen kann. Er hat leichtes Spiel, da er die Brüder Grün auf seiner Seite hat. Der eine, Joe Grün, ist die rechte Hand des Bürgermeisters, der andere, Max Grün als hoher Beamter im Bautenministerium tätig. Ein Journalist, der dabei war, Unregelmäßigkeiten aufzudecken, verschwindet spurlos. Detektiv Harry Jickson ermittelt. Das Besondere am Text ist nicht nur Kuttups eigenwilliger Stil, sondern ebenso der einer Schachpartie nachempfundene Aufbau wie auch der auf Kuttups Mehrsprachigkeit basierende Umgang mit Begriffen. Kuttup, dessen Eltern aus Russland eingewandert waren, lebte lange Zeit in Gent, Belgien, bevor es ihn nach Paris und dann nach New York zog. Er spricht sowohl Niederländisch als auch Französisch und Englisch und auch etwas Russisch. Allein der Umgang mit den Namen der Schachfiguren in den verschiedenen Sprachen (z.B. Springer = knight = cavalier oder Turm = rook, wobei auf to rook = betrügen angespielt wird oder auch Läufer = fou = bishop) macht den Text lesenswert.

Joannes de Coster, so der Name des Sammlers und Freundes von Kuttup, den ich in Namur besuchte – übrigens ist er ein entfernter Verwandter von Félicien Rops – empfing mich freundlich, schien glücklich darüber, dass sich jemand wieder mit dem Werk Kuttups beschäftigte, das, seiner Ansicht nach doch etwas in Vergessenheit geraten sei. So ließ er auch bereitwillig für mich eine Kopie des Typoskripts anfertigen und verheimlichte nicht seinen Wunsch, das unvollendete Werk gedruckt und auch übersetzt zu sehen. Er musste wohl schon vorher versucht haben, einen Verleger zu finden, aber niemand hatte Interesse an dem nur halb fertigen Werk gezeigt.

**106** ◁          ▶ **98**

# 34

## Liliane M

Der Angestellte hielt sich hinter einem metallenen Sprechkreis versteckt, als sie ihn um einen Platz Richtung Belval bat. Er schob ihr eine Fahrkarte zu. Er hatte einen ganzen Stapel solcher Karten dort bereitliegen, als wisse er, wie viele Leute heute noch fahren müssten.

Elisabeth wird sie fragen, ob sie eine gute Fahrt gehabt habe und wie es ihr denn so gehe. Wie eine Schwester halt so fragt.

Sie waren zu dritt im geschlossenen Abteil: eine junge, ansehnliche Frau, die von Zeit zu Zeit angestrengt husten musste, und ein Mann, der ein Gespräch über Kräutertees anfing, indem er 2 Mal hintereinander Gesundheit rief. Obwohl die Frau ja nicht geniest hatte. Die Verlegenheit war es, die den Mann höflich stimmte. Der Mann wusste vieles über die Tugenden der Bierhefe, die ihm half, einen Hautausschlag zu bekämpfen, was Rötelnähnliches, das er aus irgendeinem Krieg mitgebracht habe. Das Fenster führte Kuhherden und rosa Obstbäume vor, Kirchtürme, 2 gelbe Traktoren und, ganz nahe am Gleis, einen mobilen Hühnerstall, alles in schönstem Sonnenlicht wie die Auslage eines blühenden Geschäfts.

Dem Mann, der das Abteil plötzlich betrat, zeigte sie höflich die Karte. Er nahm sie, prüfte sie ob ihrer Gültigkeit und durchlöcherte sie mit einer unerhört groben Zange, die ihr, gemessen am Zweck, immer schon lächerlich wuchtig vorgekommen war. Sie betrachtete das wertlos gewordene Kärtchen und durchs Lochoval den Kopf der Frau, ihre Sommersprossen und die Mundwölbung beim Satz: Meine Mutter ist im Krankenhaus.

Sie wagte nicht, nach der Krankheit zu fragen, da sie Bösartiges ahnte. Der Mann tat es für sie.

Die Niere, sagte die Frau.

Ach, sagte der Mann, deutete mit der Handbewegung an, dass er die Geschichte zur Genüge kannte: seinem Freund Emil, Granatenemil genannt, hätten sie eine zersplitterte Niere aus dem Leib gefischt.

Der Zug lief pünktlich ein. Da kam sie auf den Gedanken, dass dieser Ausdruck was mit Schrumpfen zu tun hat. Im Bahnhof war es ihr tatsächlich ameisenartig: Alle Menschen liefen auf 6 Beinen jeweils einem der Ausgänge zu und jeder der Ausgänge leuchtete wie eine Feuersbrunst, die es aufzuhalten gilt. Als ein Mann vor seinem Rucksack niederkniete, merkte sie, wie sehr der Bahnhof einer Kathedrale ähnelt.

Sie hatte ganz vergessen, sich von der Frau zu verabschieden; plötzlich war die mit ihrer Tasche von der Menge geschluckt. Sie hätte sich manierlicher verhalten können; auch hätte es ihr sicher gutgetan, ihr nochmal in die Augen zu sehen.

Es war wohl die Kathedrale, die sie auf den Gedanken brachte, aus ihren Sommersprossen einen Rosenkranz zu formen.

Sie stand eine Weile auf der Brücke und sah sich das glänzende Schienengewirr an.

Dann flog ihr ein Fetzen Papier ins Gesicht und sie schnappte nach Luft; es war die Erinnerung an eine Ohrfeige, bedruckt mit der Adresse einer Bäckerei aus dem Bahnhofsviertel.

Sie wollte ihrer Schwester Blumen mitnehmen.

Also, sagte sie sich, Mut fassen, ins Geschäft treten und knallhart nach Blumen fragen.

Welche mögen sie denn?

Für meine Schwester.

Welche mag denn ihre Schwester?

Vielleicht die großen Margeriten dort, haben was Sonnenhaftes und doch sehr Bescheidenes.

Nein, sie wird es nicht schaffen.

Die Namen, es sind die Namen, die sie erschrecken. Sie hätte sie nicht lesen dürfen. Standen geschrieben auf Schildchen, in die Erde gesteckt, wie die Namen von Toten: Opuntia Leucotricha, Mammillaria Rhodantha, Lobivia Cinnabarina, Cereus Peruvianis, Dolicothele Longimamma.

Auf Gräber setzt man doch keine Kakteen!

Sie schämte sich.

Und Mutter, wie sie das Grab schrubbte, Seifenlauge und Schwamm und die gelben Gummihandschuhe auf dem Friedhof!

Da lag der Rangiermeister mittendrin, konnte beim besten Willen keine Auskunft mehr geben, aber sie putzte, dass es schäumte, und mehr und mehr glich ihre Arbeit einem unerhörten Tanz. Sogar die Katzen hielten sich fern.

Als der Friedhofswächter einen Jungen vom Fahrrad pfiff, versteckte sie sich hinter dem Grabstein Helene Koenig 1889 – 1953.

Elisabeth wird sich über die Margeriten freuen.

Ein Strauß Margeriten, bitte, mit Grün dazwischen.

Sie traut sich nicht hinein.

Ja, der bedrückende Geruch in den Blumenläden, ja, Atemnot, weil die Blumen mit all ihren Farben um Hilfe rufen. Verständlich, wollen der Fäulnis der Vasengewässer entkommen.

Aber, wird die Verkäuferin sagen, sie bekommen täglich frisches Wasser und ein spezielles Pülverchen, welches langes Leben garantiert.

Abgeschnitten, abgeschnitten und immer noch zu kurz, sagte die Frau des Rangiermeisters.

Wir, liebe Schwester, wollen uns nicht im Gedankenwald verirren, sondern klar berichten: Im Zug hat einer gesessen, dem ging es nicht gut. Ein Mann, der seit vielen Jahren unaufhörlich Kriegsgefangener ist. Um ihn zwitschern die Kugeln und krachen Geschütze. Was sollte er anfangen mit der Leichtlebigkeit der jungen Frau, die sich trotz Husten kerngesund nannte und als Beweis dafür einen Tanzabend erwähnte. Sie hatte Zeitschriften dabei, die wie 3 Märchenschwestern hießen: Burda, Biba und Vita.

Wir zogen durch die Gegend wie die Gegend durch uns. Da stieß unsere Stirn gegen den Himmel und die Schweißtropfen waren wie Regen, der überraschend aus heiterem Blau niederging. Unsere Lippen sahen wir wie Riesenvögel über den Apfelblüten. Bis uns eine Straße durchs Gesicht stach, es grau färbte bis in Augenhöhe, mittelstreifengestrichelt unter der Nase: Der Bauer fuhr mit seinem Spritzfahrzeug drüber wie Mutters Rädchen übers Frühlingsrockmuster. Und stellten fest, die Frau macht mit! Wiesengrün sitzt sie uns gegenüber und aus ihren Augen winken Kinder, mit Maiglöckchen wohl.

Und von ihr zu uns zogen Dörfer, und sie lebte in allen. Und wir sagten uns: Jeder Kopf ist ein sich wandelndes Dorf.

Dass sie ihr keine Blumen mitgebracht hat!

Sie wird ihren aussichtslosen Versuch andeuten müssen: Liliane belagerte das Geschäft, fand jedoch keinen Zugang. Die Straße überquerte sie schnell und schräg in Richtung Schaufenster, wurde aber von einer bösartigen Strömung erwischt und überraschend weit nach links getrieben, so dass sie ein gutes Stück zurücklaufen musste. Als sie in den Blumengarben ihr Glasgesicht erspähte, viel düsterer als im Zug, hielt sie kurz den Atem an, sprach dann zu sich selber:

Guten Tag, ich möchte einen Strauß Blumen, bitte.

3 Mal sagte sie es, ging dann schnell weiter, denn eine der Verkäuferinnen war bereits ins Fenster gestiegen, wo sie Andeutungen machte.

Liliane wechselte ein weiteres Mal die Straßenseite, behielt die *Fleurs Marianne* im Auge, indem sie sich auf die Unterlippe biss.

Ein weiteres Mal überquerte sie die Straße, nochmal trieb sie ab.

Straßenschlacht, möchten wir's nennen. Kindisch, nicht wahr. Aber hatten dem Mann im Zug nicht auch so kindische Tränen die Stimme wässerig gemacht und erhellt? Wie Vogelpiepsen war sie mitten in den Granaten.

Die junge Frau konnte nicht mit ihm weinen, saß gelangweilt wie beim Geschichtsunterricht in der Schule, wagte aber nicht, eine ihrer Zeitschriften aufzuschlagen. Als auf dem Nebengleis ein Güterzug auftauchte, fing das Abteil an zu rasen. Wie jetzt die Straße. Und sie quer über. Nochmal. Die Blumeninsel weit, ein nicht erreichbares Glimmen am Horizont.

Um weinen zu können, hätte die Frau an einen Abschied denken müssen, an einen verehrten Freund, der ihr Adieu sagt.

Wir, Schwester, gehn mit unsern paar Wörtern, die auch nicht helfen wollen, im Gegenteil, Verwirrung stiften sie und Bedrängnis.

Schweigen sollten wir, auch in Gedanken. Aber dann sind es Fremde, die uns sagen, was wir zu tun haben. Ja, manchmal lachen unsere Gedanken über uns.

Der Laden ist verwachsen wie ein Bild vom Zöllner Rousseau.

Rien à déclarer ?, fragt er.

Und sie sagt: Un bouquet de folie. Dann lachen sie. Ihre Gedanken, sie hat sie fröhlich gestimmt.

Die Straße ist ein mörderischer Grenzfluss.

Der Rangiermeister brachte Deserteure über die Grenze, in Kisten verpackt Richtung freies Frankreich. Sie schämt sich für ihre Angst, machtlos. Watet auf der Stelle. Träumt von einem Margeritenfeld, das ihre Hüften liebkost.

Im Laden recken sie die Köpfe.

Für ihre Schwester, Elisabeth, eine Königin.

Ihr Mann war ein amerikanischer Frosch.

Bei der sich Hochzeit hob er seinen Froschbauch auf den Tisch und hielt sich beim Rülpsen Schwesters teuer erstandenen Hochzeitsschuh vors Gesicht. Die Gesellschaft war bereits zu müde, um gutes und schlechtes Benehmen zu unterscheiden.

Das Ladenfenster buckelt leicht, so dass die vorbeiziehenden Gesichter kläglich lang und dünn werden.

Wie die Brücke zum japanischen Garten ist der Zebrastreifen.

Die Besucher drängen hinüber mit Tüten bepackt, mit Taschen und Beuteln, Luft schnappend wie Schwerverletzte.

Sie wünscht sich die Welt langsamer.

Manchmal erzählen ihr die Ärztekapseln lange, ruhige Märchen. Dann geht sie übers Wasser.

Jetzt hämmert sich der Verkehr in ihren Kopf. Sie sitzt immer noch im Zug und der Laden zieht vorbei. Kann nicht hinaus. Kann nicht hinein.

Jetzt denkt sie, dass die Erinnerung ihr den Weg versperrt.

Sie will tapfer sein und die liebe Liliane stracks aufs Geschäft zulaufen lassen, denken: Über ihrem Kopf klingelte die Tür. Sie trug den fertigen Satz vorsichtig auf der Zunge. Das Preisschild zwischen den Margeriten sah aus wie eine Fliegenklatsche; an der Hand der Verkäuferin summte eine goldne Schnur, den Strauß zu binden.

Aber nein! Es sind gewaltige Windhiebe, die sie zurücktreiben. Am liebsten hätte sie sich jetzt versteckt.

Stell dir vor, Schwester, wir stehen nackt auf dem Gehsteig und die Splitter der Nacktheit ritzen uns die Haut blutig. Da möchten wir uns doch in eine Hülle retten! Ziehen uns in den Eingang eines Uhrengeschäftes zurück, zählen die Sekunden. 20 vor 12 bereits. Sie wird zu spät kommen, Liliane, und ohne Blumen.

Elisabeth wird es ihr nicht übelnehmen, aber ihre leeren Hände werden verräterisch vor ihr her zappeln.

Im Fenster tut das Uhrengold so richtig blinzeln, und, seltsam, die, welche nicht gehen, zeigen alle 10 nach 10. Wie so ein Plattfüßer beim Hochzeitstanz.

Vater hatte Elisabeth in die Kirche geführt; so Arm in Arm hatten sie sie noch nie angesehen. Vertrug die Orgel schlecht und das Kragensteif ihres Kleides scheuerte ihren Hals wund.

Die Klingel des Messdieners erinnerte sie an Vaters Schlüsselbund.

Er hatte eine Art mit den Schlüsseln zu lärmen, dass einem der Atem stockte. Ja, fast möchten wir denken, Lilianes Haupteigenschaft sei das Stocken.

Zähnemalmend stockt sie vor dem Laden hin und her.

Sie wird erst aufatmen, wenn sie die Tür verschließen.

Oder sollte, müsste sie jetzt nicht hinein, und Guten Tag und da sind doch diese schönen Margeriten, bitte, und der warme Duft des alten Sommergartens und die Blütenpracht, und die Frau nimmt sie in ihre hellen Augen, und sie lächelt, ja, so ein Strauß und die Frau hebt freundlich und sorgsam Blume für Blume aus der Urne, verdammt, Urne, denkt sie, warum denkt sie Urne, warum Urne, warum?

**35** ◁  ▶ **37**

# 35

## Halil

Ich war unterwegs. Weil ich nichts zu tun hatte. Auch damit nichts. Es waren Aufgebrachte, die mit ihrer Beute aus den zerschlagenen Scheiben stiegen. Sehr junge Menschen waren dabei, fast Kinder noch, die vor grauem Rauch ihr Glück in die geraubte Ware hineintelefonierten. Ein zu Werbezwecken realistisch inszeniertes Geschehen, hätte man meinen können. Die kleinen Kameras gehörten aber der Polizei. Die plündernden Kapuzenmänner könnten auch Kapuzenpolizisten sein. Ich kenne das aus meinem Land. Die Provokateure liefern den Vorwand, der Staat schafft Ordnung. Mehr sage ich nicht, sage ich. Schon gar nicht, wenn man mich fragt. Ich höre die Polizistenhufe und sehe das Schlittern des Lichts, ein blaues Licht an einem graublau glühenden Abend. Ich seh's mit Augen, die mir fremd sind, mit Anpassungsaugen, mit Wegguckaugen, und deute das Geschehen in einer Sprache, die ich kaum beherrsche. Das habe ich gelernt, ich bin ein Wegbegleiter der Schläue. Sonst kommst du nicht durch, sagt Abdel, der nicht Abdel heißt. Ich bin ihm dankbar dafür, dass er sich schon eine Weile hier auskennt. In Kaffstadt oder Murksemburg oder Bjørnstadt. Ich werfe verdammt all diese Wörter durcheinander. Dann sagen sie: Dieses angeschwemmte Drecksstück weiß nicht einmal, was ein Alphabet ist, dieser Allahbebeter, dieser Buschanalphabet, dieser Koranprophet. Ich lasse sie ihr Vorurteil aussprechen und weiß ganz genau, wer der Schlauere ist. Ich gehe wie ein argloses Kind und lerne von ihrer Hinterlist. Letztes Mal hast du eine andere Geschichte erzählt, sagen sie, obwohl sie wissen, dass es dieselbe war.

Sie wollen, dass ich mir widerspreche. Ich bleibe bei der Wahrheit, die ich für diese Gelegenheit erfunden habe. Abdel, der nicht Abdel heißt, sagt: Not macht erfinderisch. Also erfinden wir uns neu. In unzähligen Sprachen, in Ausreden, in Verrückungen. Im Schaufenster spiegelt sich unsere Haut als Festtag, als Wunsch und Beute, im Heim liegt sie matt und fiebernd in Tagträumen. Wer lange hier lebt und keine Auskunft bekommt, dreht durch. Einer sagt, er besuche seine Familie. Er liegt aber nur und redet mit sich selbst. Ritzt sich die Haut, auf der Suche nach Heimat. Ich bin nah dran an ihrer Sprache, sagt er, bald werde ich sie verstehen. Und wissen, warum sie draußen die Bäume fällen und sie im Innern der Bankhäuser wachsen lassen. Alles werde ich verstehen, das Schweinische wie das Käufliche, die Begrüßungsformeln, die Formulare auf den Ämtern und die trügerische Ordnung der Müllbeutel.

# 36

## Liliane M

Als sie vorhin durch dieses Wohnviertel ging, dachte sie: Da ist niemand. Nichts als ein gespenstischer Sonnenuntergang. Obwohl sich Gardinen bewegten und Stimmen zu hören waren und jemand an ihr vorbeihuschte, in eins der Häuser hinein.

Alles leblos, dachte sie. Und diese flüchtigen Momente der Bewegung nichts als Trugschlüsse, Luftspiegelungen, als amüsierte sich der Tod selbst mit kleinen Gaukeleien, zeigte sich kurz als Grimassen schneidendes Kind am Fenster oder als Pärchen im Gras.

Blitzartiges Aufblühen undeutlicher Traumreste, hin gezauberter Schein. Aber nichts dergleichen! Alle waren am Leben und wie besessen damit beschäftigt, es zu genießen.

Es war ihre eigene erbärmliche Angst, die ihr diese Sicht aufgezwungen hatte; das Gefühl, nicht dazuzugehören, das sie so oft hatte auskosten können, war augenblicklich in eine panische Angst vorm Ausgeschlossensein umgeschlagen.

Im Café vorhin saß dieser Mann ihr gegenüber, nicht direkt gegenüber, sondern einen Tisch weiter, aber sie konnte die ganze Zeit über sein Gesicht sehen.

Man sagt, dass vor der Erfindung der Omnibusse, Eisen- und Straßenbahnen die Leute nie in die Lage gekommen waren, sich lange Minuten oder gar Stunden gegenseitig ansehen zu müssen, ohne miteinander zu reden. Sie waren in einer solche Lage, und so wie das Café aussah, war nicht ganz klar, ob ihr Dasitzen vor oder nach der Erfindung der Eisenbahn stattfand.

Der Mann starrte sie mit einem Blick an, den sie nicht bloß beharrlich, sondern geradezu zerstörerisch nennen mochte.

Seinem Gesicht las sie ab: Ich sitze hier und höre das Gras wachsen. Und ich werde noch hier sitzen, wenn du längst in Grund und Boden bist.

Kein Grund zur Aufregung, sagte sie.

Aber genau das war es, was ihn in Rage brachte. Die Aufregung saß wie ein Nager in ihm, und kaum noch ertrug er die eigene Empörung. Bald würde die gefräßige Stille in Handgreiflichkeit umschlagen, soweit ihn nicht die mit seinem Dahocken einhergehende Feigheit lähmte. Allein würde er nichts wagen. Er würde warten, auf die andern. Immer zahlreicher würden sie, bis eine richtige Meute entstünde.

37 ◁          ▶ 116

# 37

## Frau Back und ein Mann namens Xaver

Ich bin hingefallen. Vorhin.

Keiner kommt genau dahin, wo er hinwill.

Ich habe um Hilfe gerufen. Fast eine halbe Stunde lang taten sie, als hörten sie mich nicht.

Du hättest dich verletzen können, Xaver. Es ist zum Aufstehn noch zu früh.

Um 4 stand ich auf, als ich noch mit dem Milchwagen fuhr.

Du brauchst nirgendwohin. Heute kommt Matthias.

Nicht schon wieder.

5 Wochen war er nicht hier.

Wir treffen ihn jeden zweiten Tag am Flughafen.

Er muss unheimlich viel arbeiten.

Die Milch, das war Arbeit. Damals, die schweren Kannen. Ich stemmte Tonnen am Tag.

Die Karriere in Amerika hat ihn geprägt.

2 Jahre, das ist keine große Karriere.

In 2 Jahren kann man sehr reich werden.

Kann man. War aber nicht.

Woher willst du das wissen?

Du hast es mir gesagt. Dass er nach Florida wollte oder Kalifornien zu so einem Krakenunternehmen, das seine Arme überallhin ausstreckt, und wenn man gut ist, wird man selber zu so einem Kraken, der seine Arme überallhin ausstreckt, aber da wollten sie ihn nicht und schickten ihn in die Maisfelder, wo er für sein Versagen büßen musste. Wäre er sonst überhaupt zurückgekommen?

Ich war glücklich, als er zurückkam.

Du weintest.

Ja.

Wir standen bis zum Kinn in Salzwasser.

Du wirst immer böser mit der Zeit. Matthias war nie in den Maisfeldern.

In Iowa.

Nicht in den Maisfeldern.

Ganz Iowa ist ein einziges Maisfeld. Ich hab Fotos gesehn.

Ist doch keine Schande! Da gibt es viele schöne Schmetterlinge und Käfer, die er auf Latein grüßen kann.

Er hatte sein Büro im achtzehnten Stock, in Des Moines, nicht in einem Maisfeld.

Achtzehnstöckige Maisfelder sind ja auch eher selten. Ich hätte verdursten können, vorhin.

Du hättest dir vor allem was brechen können.

Sie lassen dich liegen, um dir zu zeigen, was für ein wertloses Geschöpf du bist.

Ich geh an die Börse. Mit meinen Jahren. Unaufhaltsam aufsteigender Kurs. Das ist die einzige Revanche, die uns bleibt. Je älter du wirst, desto kostbarer. Die müssen unsere Rente bezahlen. Endlos lang. Das macht sie mürbe. Das Altwerden ist ein subversiver Akt.

Deine Selbsttröstungsversuche sind einer pathetischer als der andere. Die Revanche ist eine einzige Ansammlung an Veralzheimerten, Thrombosen und Prostatakrebsen, Ersatzorganen und künstlichen Darmausgängen, die sich gegenseitig Trost spenden. Sobald es geht, bin ich weg. Zu meinen Töchtern.

Warum sieht man sie denn nie, deine Töchter?

Sie müssen unheimlich viel arbeiten.

Doch nicht mehr als Matthias! So wenig Zeit hat er, dass er bisher nicht mal Kinder zeugen konnte. Ich hab's ihm gesagt:

Ich werde nicht sterben, wenn ich nicht vorher Großmutter bin.

Du bist nicht Großmutter?

Nein.

So wie du aussiehst, glaubt dir das kein Mensch. Alle denken, du bist Urgroßmutter.

Da sieht man, dass Milchkannenstemmen nicht gescheit macht.

Nicrophorus humator. Hab ich mir gemerkt. Sie sind Räuber und nutzen für die Versorgung ihrer Brut das Aas. Werden vom Aasgeruch kleiner Tierleichen angelockt. Treffen mehrere Käfer gleichzeitig am Kadaver ein, kommt es zu Kämpfen, bei denen der unterlegene Käfer das Feld räumt.

Ich erinnere mich noch gut, wie ich Matthias Geschichten vorlas, am Bett. Er war schon als Kind ein sehr kritischer Zuhörer und stellte unaufhörlich Fragen. Ich hatte gedacht, er schläft besser ein, aber nein, es wurde jedes Mal spät. So, dass ich irgendwann mit dem Vorlesen aufhören musste.

Du hörst mir nicht zu. Bin ich dir nichts mehr wert? Ich gebe zu, ich habe einiges falsch gemacht. Aber ich habe daraus gelernt und neu angefangen. Wie ich damals mit den Milchfahrten aufhören musste weil das alles anders organisiert wurde, dachte ich, das sei das Ende. Aber dann gab's die Möglichkeit, statt mit dem Milchwagen mit der Bibliothek in die Dörfer zu fahren. War ganz neu damals, der sogenannte Bibliobus. Ich brachte die Bücher in die Dörfer und fing an zu lesen. Da war ich kurz vor dem Ruhestand. Stell dir vor, so ein alter Esel fängt plötzlich an zu lesen!

**38** ◁          ▶ **35**

# 38

## Heftroman

Lola hat es eilig. Obwohl die Pressekonferenz zur *kulturellen Neuausrichtung* der Stadt sie nicht besonders interessiert, möchte sie nicht zu spät kommen wie beim letzten Mal, als die neue Direktorin von *BjørnBling22* vorgestellt wurde. Sie hatte sich dafür sogar eine Rüge seitens des zuständigen Chefredakteurs eingehandelt. Fast jedes Mal, wenn sie unterwegs zu solchen Konferenzen war, ärgerte sie sich darüber, diesen Freelancejob beim *Bjørnstädter Blatt* angenommen zu haben.

Sie hat Verspätung, weil sie lange beim Arzt warten musste. Und der hat ihr dann noch den Verdacht auf Hashimoto bestätigt. Er hat sie zwar beruhigt, aber sie fühlt sich aufgekratzt. Antikörper gegen Eiweiße der Schilddrüse. Autoimmunbedingt. Verspricht nichts Gutes. Ist sowieso ein Drunter-und-drüber-Tag heute. Morgens die Nachricht, dass sie die Stelle beim *Mudam* nicht bekommt – Samantha hatte bei einem Verantwortlichen für sie geworben, was ihrer Meinung nach nicht die beste Idee war, doch als sie dies Samantha sagte, gab es Knatsch –, dann der Gerichtsvollzieher im Auftrag der *Sécurité Sociale*, weil sie anscheinend mit den Zahlungen in Verzug ist – machen die Leute mürbe mit ihrem erbarmungslosen Druck! – und gleich darauf Jumpy am Telefon, der wohl eifersüchtig auf Samantha ist und – völlig bescheuert! – erneut Kontakt sucht. Am meisten macht ihr aber das Wissen um diese Hashimoto-Schilddrüsenentzündung zu schaffen. Sind ihre Konzentrationsprobleme darauf zurückzuführen? Dann hat sie's schon lange. Unerkannt. Andererseits: Gewichtszunahme und Zyklusstörungen hat sie nicht zu vermelden. Ist vielleicht doch nicht so schlimm.

Zum Rathaus, wo die Pressekonferenz stattfindet, geht sie durch die Fußgängerzone, der direkteste Weg, aber nicht der schnellste, wie sie feststellen muss. Alle Einwohner der Stadt scheinen sich bei dem guten Wetter hier verabredet zu haben, schlendern von Schaufenster zu Schaufenster – soweit es diese noch gibt, viele Geschäfte haben ob der mangelnden Kaufkraft geschlossen –, stehen in kleinen Gruppen zum Tratschen zusammen oder trödeln herum, direkt vor ihr, auf ihrem geraden Weg, gehen noch langsamer, sobald sie sich ihnen nähert, und wenn sie links vorbei will, scheren sie auch nach links aus, und dann dasselbe nach rechts.

Lola ärgert sich und ärgert sich darüber, sich zu ärgern, als sie plötzlich ihren Namen hört, laut gerufen von links her, dreht automatisch den Kopf und sieht auf der Terrasse vom *Casablanca* den Typen, der im gleichen Haus wohnt wie sie, ein alter Bekannter von Samantha, der sie, nachdem er beim Chinesen plötzlich an ihrem Tisch gestanden hatte, ganz plötzlich sehr zu mögen scheint.

Komm, setz dich zu uns!, ruft er jetzt, und sie sieht sich gezwungen kurz innezuhalten und ein paar Schritte in seine Richtung zu machen. Aber nur, um ihm zu sagen, dass sie es eilig hat und dann schnell weiterzugehen. Der Typ – er heißt Guy, soweit sie sich erinnert – benimmt sich irgendwie seltsam, freundlich ja, aber zu kumpelhaft, wirkt abgedreht, hat etwas Bizarres, einen befremdlichen Blick. Nach dem, was Samantha sagte, schreibt er, Literatur und Musik. Vielleicht geht er gerade mit einem neuen Werk schwanger, das könnte dieses wunderliche Benehmen erklären. Schwangere Frauen sind ja auch gelegentlich unfassbar überkandidelt.

Lola hat gerade wieder Tempo drauf, als anderthalb Meter vor ihr eine Frau mit Kinderwagen und einem Jungen an der Hand plötzlich stehen bleibt. Lola will rechts vorbei, aber der Junge macht einen Schlenker, zieht die Frau mit, und Lola entscheidet blitzschnell, auf der anderen Seite vorbeizugehen. Aber die Frau hat schon reagiert, den Jungen zu sich gezogen und gleichzeitig dabei den Kinderwagen nach links geschoben, der jetzt Lola dort als Hürde im Weg steht. Sie atmet durch, bleibt stehen, versucht es ein zweites Mal rechts, wo dann wieder der Junge vorprescht. Lola bleibt stehen, presst die Zähne zusammen und gibt ein tierisches Knurren von sich, gereizt, aber nicht allzu laut und mit der nötigen Selbstironie.

Als sie endlich vorbei ist, sieht sie auf die Uhr. Noch 5 Minuten bis zum Beginn der Konferenz. Das schafft sie, die fangen ohnehin nicht pünktlich an. Dann, 8 oder 10 Schritte weiter dieses dumpfe, gleichzeitig heftige Geräusch hinter ihr – sie denkt an einen schweren, platzenden Müllbeutel –, verbunden mit lautem Geschrei. Fürchterlich kreischende Stimmen. Sie bleibt stehen und dreht sich um. Mehrere Menschen liegen am Boden, darunter die Frau mit dem Kinderwagen, die Hand zur Seite ausgestreckt. Was Lola dann sieht, kommt ihr unweigerlich wie eine Halluzination vor. Zwischen den Menschen liegt ein dicker weißer Schwan mit zerissenem Körper, die Füße weit auseinander, den Hals unwirklich gekrümmt. Der Kopf geht noch einmal hoch, und ein markerschütternder Schrei erklingt. Dann nichts mehr. Nur Blut, das in die Federn steigt. Dann sieht Lola unter dem Schwanenkörper das zuckende Bein des Jungen.

**90** ◁       ▶ **96**

# 39

## Annick B

Dass dieser Halil plötzlich hier arbeiten darf, ist einzig auf den Einfluss eines Gutmenschen im Verwaltungsrat des *Bellagio* zurückzuführen. Andere warten Jahre auf Aufenthalts- und Arbeitsgenehmigung und gehn dann doch leer aus. Na ja, vielleicht ist er auch schon länger im Land. Jedenfalls ist es unruhiger hier, seit er in der Küche tätig ist. Er macht einen anständigen Job, das ja, hat sogar schon mal irgendwelche orientalischen Süßigkeiten für alle zubereitet. Ein paar der Alten fanden das gut, fremde Kulturen durch Nahrung integrieren und so, die meisten griffen nur zögerlich zu. In dem Alter was Neues ist immer schwierig. Ich kenne solche Sachen aus Paris und bin nicht abgeneigt.

Am Anfang war er etwas zurückhaltend. Oder gab sich zurückhaltend, um danach, sobald er Lage und Leute einschätzen konnte, besser in den Mittelpunkt zu rücken. Maya ist völlig hingerissen von ihm, spricht beständig darüber, wie kreativ er doch sei, und zuvorkommend und kultiviert. Ihr ganzes Geschwätz läuft darauf hinaus, sich an ihn ranzumachen. Sie sagte mir, dass sie es toll finde, wie er sich bewege. Und ich hab sie beobachtet, wie sie in der Küche hinter ihm stand, unter dem Vorwand, ihm irgendwelche Anweisungen zu geben. In Wirklichkeit roch sie an seiner Schulter. Er stand da im Unterhemd – was er den Hygienevorschriften nach eigentlich nicht dürfte, aber in der Küche war es wohl etwas warm –, und sie bewunderte seinen kräftigen Nacken und die muskulösen Schultern und die sehnigen Arme. Sie gibt sich cool und tolerant und verständnisvoll, tatsächlich ist sie aber bloß geil, scharf auf diesen Typen, der ganz aus Exotik besteht. Trotz ihrem respektvollen Getue und ihrem Jeder-verdient-eine-Chance-Firlefanz lässt sich ihre exzessive Gier nicht verbergen. Maya ist von einer beachtenswert rassistischen Geilheit.

Noch schlimmer als sie ist Francine, die Dampfnudel aus Mercy-le-Bas, die mit ihrer aufdringlichen guten Laune die Alten immer wieder zum Weinen bringt. Versucht mit Zirkusnummern ihre traumatisierende Fettleibigkeit und ihre abstoßende Hässlichkeit wettzumachen. Auch den besten Schönheitssalons konnte es nicht gelingen, mehr aus ihr zu machen als eine armselige Tuntenparodie. Bei jeder Transvestitenshow würde sie mit faulen Eiern und Tomaten beworfen. Und dann kommt sie, steht mit sabberndem Mund da, Halil anzuglotzen und sagt: Wenn ich nicht verheiratet wäre, würd ich mir den nehmen! Francine, guck doch einfach einmal in den Spiegel und halt die Klappe! Mit deiner überschminkten Visage und deiner bärenhaften Breitschulterigkeit siehst du aus wie ein besoffener Grubenarbeiter beim Karneval, kurz vorm ethylischen Koma. Mag sein, dass die Menschen bei euch in Mercy-le-Bas das anders sehen, weil sie alle so ziemlich bekloppt dort sind, aber hier, Francine, hier geht das nicht, nicht mal in einem Heim, wo die Bewohner aus Kranken und Krüppeln bestehen und längst nicht mehr zwischen Hund und Knochen unterscheiden können. Ich weiß, dass es furchtbar ist, so auszusehen wie du, Francine, aber du kannst dann doch nicht auch noch damit werben!

Maya ist zufrieden mit ihr, da sie gut arbeitet und Ideen einbringt, wie Maya sagt. Will heißen, Maya braucht sich weniger zu kümmern. Aber dass sie jetzt Ideen hat, was Halil anbelangt, ist des Guten dann doch zu viel. So Maya, nicht ganz ernst. Mich wundert, dass Francine überhaupt jemanden finden konnte. Welcher Mann will denn sowas flachlegen? Den stell ich mir lieber nicht vor. Obwohl, ich erinnere mich an die Rue Blondel in Paris. Da warteten ganz normale Männer, alles eher unauffällige Typen, also keineswegs Quasimodos, aber die Nutten, die dort abhingen, mein Gott, da wäre Francine nicht mal die schlimmste in der Reihe gewesen. Sowas hab ich nie verstehen können, dieses Faible für das Abstoßende, diesen perversen Hang zur Hässlichkeit.

Vielleicht bin ich ungerecht, weil ich übermüdet bin und der alltägliche Katzenjammer im Heim mir voll auf die Socken geht. Noch 2 Monate und ich bin raus. Vielleicht kann ich mich auch schon früher verdrücken. Jean-Pierre soll irgendwann nach Dubai, wegen der Arbeit. Wir haben daran gedacht, das mit ein paar Tagen Urlaub zu verbinden. In Dubai war ich noch nie. Wär schön, wenn das klappen würde. Aber bei seinem Job ist das gar nicht so selbstverständlich. Zur Zeit ist er krank. Erkältung, Grippe, Magen- und Darmentzündung, irgendsowas, jedenfalls ziemlich heftig, muss trotzdem arbeiten, also schluckt er alle möglichen Medikamente, Magnesiumchlorid, Motilium, Antibiotika selbstverständlich, und Fenetyllin, um wach zu bleiben. Frage mich, wie lange er das durchhält. Ich meine jetzt nicht die Krankheit, sondern die *Gus Clinton*. Klar, er ist von unbändiger Energie, aber wenn er nicht schnell genug ganz oben ist, droht er auszuflippen. Er braucht Spielraum, sonst kracht es. Schwäche duldet er nicht, schon gar nicht die eigene. Ich hab ihn mal erlebt, wie er keinen hochkriegte und daraufhin das halbe Schlafzimmer zertrümmerte. Nun ja, war nicht nur wegen der Flaute. Die Szene hat eine Vorgeschichte. Ich hatte einen alten Freund getroffen und war kurz mit dem verschwunden. Auf einer Party im Marais. Jean-Pierre war von Anfang an genervt, weil ihm zu viele Schwule dort waren. Auch mein alter Freund war schwul, also bi. Ich hab mich immer gut mit ihm verstanden und hab ihm dann halt im Bad einen geblasen, nichts Besonderes. Aber Jean-Pierre stellte sich die unmöglichsten Nummern vor und geriet außer Rand und Band. Er exte mehrere Johnny Walker Double Black und schrie: Unfassbar! Ich bin mit einer Frau zusammen, die mit Schwulen pennt! Da ich wütend war, entgegnete ich: Dann weißt du ja, was du jetzt zu tun hast! Und da hat er halt das Schlafzimmer zertrümmert. Ich weiß nicht, ob es durch die Krankheit ist, aber in letzter Zeit hat er sich verändert. Ist grüblerischer geworden. Als beschäftige ihn etwas, von dem er mir nichts sagen will oder kann. Ich weiß, dass er Schulden hat. Nichts Genaues. Hat wohl eine Zeit lang gespielt. Das regele er ohne mich, sagt er immer. Sogar wenn ich ihm helfen könnte, würde er es nicht zulassen, da hat er seinen Stolz. Wollte ja auch nicht zu mir in die Wohnung ziehen. Hätte ihm die Miete erspart. Macht er aber nicht. Er verdiene jetzt gut, sagt er, das sei alles bald geregelt, dann kaufe er ein Haus.

# 40

## Felix

Ich habe den Vorfall dann doch gemeldet. Ich meine, das kaputte Handy. Wieso ich so spät erscheine, fragte der Polizist. Das wusste ich eigentlich auch nicht. Oder doch. Ich hatte den Typen mit den Springerstiefeln wiedergesehen. Auf einem Film auf Youtube. Eine Demo gegen das geplante Flüchtlingsheim. War zweifellos ein Rechter, dem Aussehen nach aus dem Nazibereich. Er war zwar teilweise vermummt, Mund und Nase waren nicht zu sehen, aber ich erkannte ihn am Oberkopf und an den Augen. Und an seiner Statur. Da war die hundsgemeine Angst jener Nacht wieder da, und auch die Wut.

Das ist wochenlang her, sagte der Polizist, das macht uns die Sache nicht leichter!

Er schien keine große Lust zu haben, sich mit meinem Fall zu beschäftigen. Er tippte sehr langsam, nahm zwischendurch seine große Hornbrille ab, um sich zwischen den Augen zu kratzen.

Sie würden der Sache nachgehen, sagte er dann, gab mir meinen Ausweis zurück und forderte mich mit einem Auf Wiedersehen im Befehlston auf, den Raum zu verlassen.

Da man auf Befehle nichts antwortet, verließ ich wortlos das Kommissariat.

Draußen herrschte Nebel, und es war wieder einmal nicht klar, ob das nur wetterbedingt war. Die meisten Menschen, denen ich begegnete, wirkten schlecht gelaunt. So auch Annick, die ich im *Ei* kennengelernt hatte, ja, ich glaube, es war im *Ei*, und die ich seither des Öfteren treffe, wenn sie mit einem oder einer der Alten unterwegs ist, die sie im Rollstuhl spazieren fährt. Diesmal war es eine sehr hagere Frau, nur Haut und

Knochen, mit einem zugeklebten Auge. Ihr Mund war weit geöffnet, als warte sie darauf gefüttert zu werden.

Sie sagt nie was, sagte Annick, das ist mir lieber. Es gibt welche, die wollen beständig dies und das und dann fangen sie an zu plärren, wenn ihr Wunsch nicht erfüllt wird, wollen auf den Arm genommen werden wie kleine Kinder.

Ich bewundere dich, sagte ich zu Annick, ich würde das nicht aushalten.

Ich halte das auch nicht aus, sagte Annick motzig und ging weiter.

Allgemein bemühe ich mich, mich von der giftigen Stimmung nicht anstecken zu lassen. Wenn ich das Gefühl habe, meine Gemütslage verschlechtere sich, unternehme ich was.

Ich war auch wieder auf dem Schießstand.

Klar, wo ich die Pistole mit mir rumtrage, muss ich auch die dazugehörige Praxis haben. Pletsch war da und erzählte, dass er einen der Typen, die sich der Reihe nach vom Dach der *Gus Clinton* stürzten, in der Klasse hatte. Ein sehr intelligenter Schüler, Matthias Back, er erinnere sich noch an den Namen, sehr begabt, in fast allen Fächern, sowas habe man selten. Aber es sei ja auch kein Einzelfall. Hochbegabte, die sich nicht zurechtfänden, gäbe es bekanntlich ziemlich viele.

Mir war eher mulmig, als er auf den Toten zu sprechen kam. Ich sagte ihm nicht, dass ich ihn gesehen hatte, nachdem er gesprungen war.

Du warst ja auch kein schlechter Schüler, sagte er, aber etwas unruhig.

Also ein guter Schüler war ich nicht, antwortete ich.

Naja, sagte er, du hattest vielleicht nicht immer die besten Noten, aber ich merkte schon, welcher Schüler Potential hatte und welcher nicht.

Das Gespräch über die Schulzeit war mir peinlich, aber Pletsch schien es Freude zu bereiten und nach der Schießübung lud er mich zu sich ein. Ich war so überrascht, dass ich nicht gleich eine Ausrede fand und zusagte.

Pletsch wohnt auf dem Lande.

Weit genug draußen, sagte er, so dass ich Bjørnstadt nicht mehr riechen muss.

Seine Ranch – sein Ausdruck – ist ein Anwesen mit einem alten Bauernhaus, das er umbauen ließ. Ein Teil des Hauses ist aus Holz. Wenn man den großen Aufenthaltsraum betritt, hat man den Eindruck, inmitten einer Saloon-Kulisse eines klassischen Western zu stehen, ein riesiger Raum, gut zehn Meter hoch, offen bis unter das Dach, mit Bar und Kamin und verzierter Holztreppe zu den Zimmern des ersten Stockwerkes, wo eigentlich, so meine Erwartung, ein paar Can-Can-Tänzerinnen auftreten müssten. Das Ganze wirkt unglaublich echt und unglaublich kitschig. Wenn ich nicht wüsste, dass ich eben vom Schießen komme und vor dem Schießen nie etwas einwerfe, würde ich denken, ich sei auf dem Weg in eine für mich sehr ungewöhnliche Halluzination.

Pletsch erzählt mir, dass er schon als Kind Farmer werden wollte, sein Vater, ein Anwalt, ihn wegen dieses Wunsches zum Psychiater geschleppt hatte. Schließlich studierte er Biologie und wurde Lehrer an einem Bjørnstädtischen Gymnasium, hatte ein bequemes und sehr unerfülltes Leben.

Seine Bekenntnisse empfinde ich einerseits als peinlich, auch, weil ich mir wieder einmal sage, dass ich etwas erleben muss, was ich keineswegs angestrebt habe. Andererseits hat der Mann auch etwas Rührendes, dem ich mich nicht wirklich entziehen kann. Ich erinnere mich daran, dass er selten schlechte Noten gab. Und wenn ein Schüler wirklich gar nichts tat, rief er ihn zu sich – er hatte einen kleinen Büroraum neben dem Biologie-saal – und redete ihm ins Gewissen. Bekannt war auch, dass er in seinem Büro stets die eine oder andere Flasche Whisky bereit hatte. Betrunken wirkte er aber – im Gegensatz zu einzelnen Kollegen – nie. Höchstens der wässerige Blick – hochprozentig wässerig, wie manche Schüler sagten – zeugte von seinem Konsum.

Seit dem Tod seiner Frau lebt er allein auf seiner Ranch, das heißt mit Hund, Katzen, Hühnern, Ziegen und einem Esel. Die Tiere hielten ihn am Leben, sagt er. Bis jetzt.

Wie ich ihn so mir gegenüber sitzen sehe, zusammengekrümmt im breiten Ledersessel, das Glas in der Hand, und hinter ihm das Gewehr an der Wand, gerate ich auf einmal in Panik. Ich habe Angst, in der nächsten Stunde Zeuge eines weiteren Unglücks zu werden.

Pletsch hat das so geplant, sage ich mir, er brauchte jemanden, der ihm eine letzte Beichte abnimmt. Und sobald er alles gesagt hat, was er sagen wollte, wird er zum Gewehr greifen, es sich ans Kinn halten und abdrücken. Und aus seinem aufgeplatzten Kopf wird eine Blutfontäne hochschießen, mitten im Saloon, und an die Wände Teile der unglücklichen Geschichte des Mannes Pletsch, der Farmer sein wollte und es bloß zum Biologielehrer brachte, schreiben.

**41** ◁            ▶ **41**

# 41

## Heftroman

Wie ein Schuss hörte sich das Knallen der Tür hinter ihr an. Lola wusste, dass Dickmann schon bald hinter ihr her sein und sie – erneut – zur Rede stellen würde. So verlässt man nicht das Büro eines Chefredakteurs. Aber sie hatte die Nase voll, es war ihr egal, welche Konsequenzen sie zu tragen hätte, der Mann war einfach ein Arschloch. Falls er sie rausschmeißen sollte, auch gut, sie hatte nicht die geringste Lust, noch länger diese Scheißartikel für das *Bjørnstädter Blatt* zu schreiben und dann immer wieder von einem inkompetenten Chef auf irgendwelche Mängel hingewiesen zu werden. Seit sie ihm deutlich gemacht hatte, dass er bei ihr nicht die geringste Chance hatte – wieso hatte er sich das überhaupt einbilden können? –, war er auf Revanche aus und ließ mal penetrant paternalistisch, mal im Ton eines perversen Mentors den Chef raushängen.

Dass sie damals mit ihm nach Brüssel gefahren war, verzieh sie sich nicht. Gut, sie kannte Dickmann noch nicht und es war einfach Teil ihres Jobs gewesen. Oder war ihr zumindest so dargestellt worden. Sie durfte ein Interview mit Jean-Claude Juncker machen, ansonsten nicht viel. Die ganze Reise lief darauf hinaus, dass Ralph Dickmann mit ihr zu Abend essen und sie anschließend aufs Zimmer begleiten durfte. Da war aber auch Schluss. Er war durchaus charmant gewesen, hatte ihr gute Tipps gegeben und sie bei der Vorbereitung zum Interview unterstützt. Natürlich merkte sie, dass in ihm ein Playboy schlummerte, aber solange er den nicht wachrüttelte, konnte sie gut mit ihm umgehen. Zu dem Zeitpunkt wusste sie ja noch nicht, dass er ein regelrechter Fließbandbumser ist. Abends im

Hotelzimmer gab es dann aber den brenzligen Augenblick, wo es hieß: Bis hierhin und nicht weiter. Er machte keine Geste zu viel, und doch fühlte sie sich überrumpelt. Sie wusste, dass er sich augenblicklich auf sie stürzen könnte. Etwas war in ihm vorgegangen, das ihn anders aussehen ließ. Das lag nicht am Alkohol, den sie beide getrunken hatten. Durch seine Coolness schimmerte die Gier hindurch, in seinem Blick lauerte das Tier (etwas zwischen hitziger Tüpfelhyäne und schielendem Löwen). Sie hörte es in ihm keuchen und schnauben, schüttelte den Kopf und streckte beide Hände aus, Puffer der Ablehnung. Er wankte, als habe sie ihm einen Schlag verpasst. Sein Gesicht war zu einer Grimasse der Enttäuschung verzogen. Er versuchte es dann mit einem Lächeln. Sie lächelte nicht zurück, verharrte in Abweisung. Bis er sagte: O. k., ich habe verstanden. Es klang bedrohlich und sie verriegelte schnell die Tür, als er wieder draußen war.

Diese Niederlage hat er weder sich noch Lola verziehen und nutzt jede Gelegenheit, ihre Arbeit und ihr Können kleinzureden und sie mit peniblen Verbesserungsvorschlägen zu drangsalieren. Ebenso hartnäckig schreibt Lola gegen verschiedene seiner Auffassungen an, nie direkt – das würde nicht durchgehen –, sondern in Anspielungen, in ironischen Nebensätzen, in zwischen den Zeilen versteckten Kommentaren. Er ist mit dem Bürgermeister befreundet und unterstützt dessen Politik, und Felix Kroip, der andere Freund des Bürgermeisters, gibt ganzseitige Anzeigen für seine Firmen auf, eine nicht zu unterschätzende Stütze für die Zeitung in Zeiten, in denen kaum noch auf Papier gelesen wird.

Felix Kroip hat es fertiggebracht, sich als Promoter das ganze Thomas-Viertel unter den Nagel zu reißen, hat entgegen aller Erwartung die einflussreichen Unternehmer – Alfi Beccavo,

Etto Grigi, Gigi Retto und wie sie alle heißen – kaltblütig aus-
zutricksen gewusst. Wobei gesagt sei, dass der eine oder andere
sich selbst ausgetrickst hat, dadurch dass er in zwielichtige
Geschäfte verwickelt war, in dubiose Handelsverträge oder in
eine sogenannte Uhrenaffäre, nicht wie der ehemalige Premier,
der sich von seinem Geheimdienstchef mit Hilfe einer
Armbanduhr aushorchen ließ, sondern dadurch, dass er Luxus-
uhren im Wert von 20 Millionen Euro kaufte, die, der Anklage
nach, dem Zweck der Geldwäsche dienten. Kroip konnten sol-
che Fehler bis jetzt nicht nachgewiesen werden und so darf er
sich nun für die Stadt noch reicher bauen. Viele sagen ohnehin,
er sei das eigentliche Oberhaupt der Stadt und nicht Scharl
Schirach, genannt Schischa, der nur von Kroips Gnaden auf
dem Bürgermeisterstuhl verweilen dürfe.

Dickmann ist ihr, entgegen ihrer Erwartung, nicht nachgeeilt,
um sie wegen ihres Benehmens zur Rede zu stellen. Seit wann
duldet er denn, dass eine das Gespräch mit ihm abbricht und
die Tür seines Oberlehrertabernakels von außen zuknallt?
Vielleicht ist er dabei, ihre Entlassung zu unterschreiben. Was
wird sie dann tun? Die Arbeit beim *Bjørnstädter Blatt* zu ver-
lieren ist nicht schlimm, ist ja ohnehin kein fester Job, das
Dumme bei der Sache sind Dickmanns gute Connections. Er
wird jedem erzählen, was für eine Schlampe diese Lola Tasch
doch ist. Dann wird sie es schwer haben. Selbstverständlich wird
sie darüber berichten können, wie er sie zensierte, wenn ihre
Artikel die Machenschaften seiner Kumpel Schischa und Kroip
zu sehr hinterfragten oder das Geschehen bei der *Gus Clinton*
zu sehr in den Vordergrund rückten. Aber sie wird sich kaum
das Gehör verschaffen können, das ihren Ansichten Gewicht
geben könnte. Der Klüngel, den er unterstützt, ist einfach zu
mächtig und legt sich auch schlau an, das muss sie zugeben.

Sie war so ziemlich erschrocken, als sie hörte, dass Kroip Samanthas Galerie mitfinanziert hatte.

Was die *Gus Clinton* anbelangte, so gab es Gerüchte, die besagten, dass es nicht nur die 3 Tote gegeben hatte, die sich vom Gebäude herabgestürzt hatten, sondern zusätzliche Opfer, die sich, die eine an ihrem Arbeitsplatz erhängt, nachts, der andere sich im Büro der Chefin Elisabeth Koenig vor deren Augen erschossen hatte. Lola hatte Jumpy darauf angesprochen, aber der hatte nichts sagen wollen, unterlag wohl einer Schweigepflicht.

# 42

## Tomas B

*Frankfurter Tagebuch (Auszüge)*

19.10 PM Ein zweifellos bekannter Dichter erzählt mir von seinem Können, wie er es geschafft hat, 4 Bücher gleichzeitig herauszubringen, eins in jede Himmelsrichtung. Er kommt aus einer sehr begabten Familie, sein Vater war Philosoph, seine Mutter Bildhauerin. Er selbst hat einen Sohn und eine Tochter, die beide künstlerisch tätig sind, der Sohn hat einen Bestseller geschrieben, die Tochter macht Filme und startet gerade eine Weltkarriere. Seine Frau war Tänzerin und ist jetzt Choreografin. Er selbst ist dabei, eine neue Sprache zu erfinden, die ganz auf Telepathie beruht und die in ein paar Jahren wohl jedem Menschen zugänglich sein wird. Er hat vor, die Bibel in diese neue Sprache zu übersetzen, und auch Homer und James Joyce und das *Gilgamesch-Epos* und Kafka und Becket und Virginia Woolf und Gertrude Stein und, falls Zeit genug bleibt, Agatha Christie und Gysin Kuttup. Mit 72 ist er allerdings nicht mehr der Jüngste und muss sich beeilen. Schönen Tag noch!

15.40 PM Von Halle 3.2 zu Halle 4.1 sind es 7 Mails, ein Anruf von Unbekannt, einer von Ian de Toffoli, ob ich abends zum Essen ins *Würschtl*, ein kurzes Gespräch zwischen 2 Rolltreppen mit Becker vom Literarischen Colloquium, ein Wink rüber zu Frau Berg, die mich nicht erkennt, Senfgeruch, Leonard Cohens *Hallelujah* aus einem Kopfhörer oder Kaffeeautomaten, CREATE YOUR REVOLUTION auf grauem Hintergrund, ein Blick nach draußen, wo es aufgehört hat zu regnen, eine Frau, die eine Umfrage macht und sagt, es dauere nur 3 Minuten, der ich aber absage, ein fluchender Tontechniker mit einem Gerät, das einem tragbaren Wäschetrockner ähnelt, Hallo Tomas, Hallo Susanne, hast du Guy gesehn, Guy ist dieses Jahr nicht hier, eine Glastür, die mir fast auf die Nase schlägt, 2 Kofferträger, die wie Agenten aussehen und wohl auch Agenten sind, ein kurzer Zwischenfall in einer Warteschlange (bestes Ciabatta, Becher und Besteck sind aus pflanzlichen Rohstoffen), wo eine Frau zu Boden geht, gleich aber wieder aufsteht, lauter werdendes Hallengedröhn, und Tomas, der plötzlich sagt: Ich habe in Kohlensäure gebadet.

Mitteilung: Die Norweger sind angekommen. Mit dem Zug. Inklusive Prinzessin. Das macht dem diesjährigen Ehrengast der Frankfurter Buchmesse so schnell keiner nach. Am Dienstag rollte am Frankfurter Hauptbahnhof der „Literaturzug" ein. An Bord: Kronprinzessin Mette-Marit und 2 Dutzend der bekanntesten Autoren ihres Landes.

Ich exe 2 Aquavit und beobachte die plötzliche Invasion der Rollkoffer.

Das Hintergrundgeräusch ist jetzt kein Dröhnen mehr, mehr ein Meeresrauschen.

Ich stehe am Messeufer und muss an Jean Ray denken, der mir das Schreiben beibrachte. Ich glaube, ich war sehr einsam als Kind.

13.30 PM Heiko Josef Maas, mittlerweile nicht mehr Minister für Verbraucherschutz, sondern Außenminister, hat eine Rede zur Eröffnung gehalten. Dabei bat er um Erlaubnis, den Außenminister für 10 Minuten ablegen zu dürfen.

Auch ohne seinen Mantel fiel ihm auf, wie modern die Königlichen Hoheiten des Norwegischen Königshauses doch sind, da sie in der ersten Reihe bei einer Veranstaltung saßen, bei der in großen Lettern CREATE YOUR REVOLUTION an der Wand stand.

12.20 PM Ebbelwoi, Geschäfte und Glamour, Bookfest, Kaufrausch und Kostümierungswahn.

Aktivistin Luisa Neubauer debattierte am Vormittag mit Nordrhein-Westfalens Ministerpräsident Armin Laschet (CDU) über die Klimakrise.

Samuel Hamen zitiert Rousseau (wer hätte das gedacht): Je sais bien que le lecteur n'a pas grand besoin de savoir tout cela, mais j'ai besoin, moi, de le dire.

15.15 PM Ich nehme nicht an der Podiumsdiskussion teil, weil ich gerade nichts zu sagen habe, sage ich. Augenblicklich bestehe ich ganz aus Leere, was möglicherweise eine Halluzination ist. Die andern Teilnehmer sind alle gut vorbereitet, was jeder zu schätzen weiß. Vielleicht erfährt man ja was.

Komm, sagt Lambert Schlechter, ich zeige dir den Stand von Francis van Maele.

Ich habe mittlerweile ein paar Menschen besser kennengelernt. Oder bilde mir ein, sie besser kennengelernt zu haben, Menschen, die in diesem Gedränge mehr sind als nur Gedränge. Das macht Hoffnung.

20.22 PM Noch bevor wir einkehren, weiß ich, dass der Wein in dem Lokal schlecht ist. Nachmittags gab es ein gutes Tröpfchen am Stand eines französischen Verlags, wo ich mit Ian, Inge und Jeff hin war. Eine Frau erzählte mir, während sie Petits-Fours aß, dass ihr Jean d'Ormesson erschienen war. Gleich nach seinem Tod, das heißt, sie wusste nicht, dass er gerade gestorben war, sie hörte es eine Stunde später in den Nachrichten. Er hatte auf dem Weg ins Jenseits kurz bei ihr Halt gemacht, um sie zu grüßen. Sie hatte ihn ja auch gut gekannt im Leben.

Sind Sie vielleicht auch tot?, fragte ich die Frau.

Wer weiß, sagte sie.

Ich hatte einen plötzlichen Schweißausbruch, was ich als Kommentar meines Körpers verstand, der mir andeutete, die Krankheit sei nicht tödlich.

Die zweite Podiumsdiskussion war eine schleierhafte Veranstaltung. Auch diese Teilnehmer waren sehr gut vorbereitet, kamen aber über ein Schattendasein nicht hinaus. Es fehlten die Untertitel.

Ist der Handke jetzt super oder ist er ein Würschtl?, fragte Angela Lehner.

Ich hatte sie 2 Wochen vorher kennengelernt, als sie zusammen mit Jeff Schinker bei der Crémant-Melange-Matinée in Luxemburg gelesen hatte. Aus *Vater unser*. Ihre Erzählung *Der Bär* muss ich noch lesen.

22.45 PM Tramadol. Gesprächsfetzen. Handke, Hamsun und Hitler. Ich bin völlig überfordert. Wir essen in einer Gruft. Ich bin mir sicher, dass das Lokal einem Paten der Mafia gehört. *Mittel der Selbstzerstörung* geht mir durch den Kopf, Passagen wie: Alles nimmt uns diese Welt mit ihren Zwängen und ihrer verpesteten Luft, außer der Freiheit, uns auszulöschen. Und diese Freiheit gibt uns die nötige Kraft und die Würde, dem Joch, unter dem wir leiden, letzten Endes Herr zu werden.

01.10 AM Ketamin, Skyline & Sterne.

Eines der Gebäude gehört der *Gus Clinton*.

Im Spiegel Weite suggerieren (norwegischer Pavillon), viel Raum für den *Traum in uns*.

Ich bin eine schlechte Fiktionsmaschine.

Treffe einen estnischen Schriftsteller auf einer Fete. Er war noch nicht auf der Messe. Will auch nicht hin. Ist in Frankfurt, um Wein zu kaufen. Die Reise hat ihm ein Kulturverein bezahlt. Er ist sehr trinkfest und hellsichtig. Innerhalb von 10 Minuten freunde ich mich mit ihm an und lade ihn zu mir ein. Er heißt Mart Kivastik und schreibt auch Theater. Ein großartiger Mann.

Messeabendzeitung: Als Publikumsmagnet fanden neben vielen Workshops heute die Cosplay-Meisterschaften statt.

Dann Lotta und Helga.

Das Motto der Norweger *Der Traum in uns* ist einem Gedicht von Olav H. Hauge entlehnt.

Auf der Party der Norweger stelle ich fest, dass ich weniger trinkfest bin als angenommen. Wegen der Medikamente wohl. Lotta bietet mir nochmal Aquavit an und wir unterhalten uns über das Schreiben. Ich notiere mir die Titel *En Såkalt drittjobb* und *Jeg nekter å tenke*. Ein älterer Herr, der aussieht wie ein verwahrloster Dandy und Lotta mit Komplimenten zuschüttet, geht mir dermaßen auf den Sack, dass ich mich plötzlich wie Lottas intimster Begleiter aufführe und ihn auffordere, sich zu mäßigen. Da er irgendwas von Liv Ullman erzählt hatte, sage ich zu ihm, er soll doch zu der, die sei im richtigen Alter für ihn, was weder bei ihm noch bei Lotta gut ankommt. Der Messestress hat mich total aggressiv gemacht und ich weiß, dass ich an dem Abend nicht mehr runterkommen werde.

03.30 AM Christo hat die Messe eingehüllt. Sie ist jetzt Kunst. Bis ein fürchterlicher Windstoß die Verkleidung zerreißt. Ich stehe mitten im Getümmel. Ein Mann vom Börsenverein des Deutschen Buchhandels erklärt mir, dass er das Ganze organisiert hat. Und mit „das Ganze" meine er das Ganze. Es ist jetzt lauter als vorhin. Menschentrauben an Ständen, bewacht von Uniformierten mit Schnellfeuerwaffen.

Ideen bewegen die Welt, sagt die Begleiterin des Mannes vom Börsenverein des Deutschen Buchhandels. Sie ist sehr lässig

gekleidet und trägt eine aparte Retrobrille mit Fischgräten-
verzierung. Um sie herum bewegen sich die Menschen wie
in einem Whirlpool. Es schäumt und spritzt, und die Halle
schlägt Wellen. Jetzt schnell noch zum Trüffelschweinverlag!
2 Verlagswesen in Mormonenkleidung führen sich gegenseitig
ihr Hamsterknabbern vor, der eine ist Lektor, der andere auch
und nebenbei Gagschreiber für eine Comedyshow. Es muss jetzt
schnell gehen. Der Autor hat unbedingt Priorität und muss
durchgeboxt werden, die *Süddeutsche* haben wir schon, auch
die *Rundschau* und die *Zeit*, dann den *Tagesspiegel*, *Freitag* ist
etwas schwieriger, die *Jüdische Allgemeine* zu orientiert, verstehst
du, aber der Mann ist doch Jude, das soll keine Rolle spielen,
das heben wir nicht hervor, macht sich nicht, die *Welt* müsste
eigentlich, tut es aber nicht, *Spiegel* vielleicht, also Druck ma-
chen, Druck, Druck, Druck, aber freundlich bitte! Quietschende
Lachgasstimmen und bedeutungsschwangere Sprechpausen bei
Gesprächsrunden, die sich von Stand zu Stand gegenseitig über-
trumpfen. Überrumpeln, ja, stellt einen wesentlichen Beitrag
zum Gelingen einer demokratischen Gesellschaft dar. Reiz ist
geil. Eine Frau mit Blitzen in den Augen, arrogant wie ein
Mannequin von Saint-Laurent, umringt von extrem aufmerk-
samen Literaturtrabanten mit von Bewunderung zerschmetter-
ten Gesichtern, spricht – fairerweise, sagt ein Kommentator
neben mir – die Worte *Ich brauche diese Bühne* aus und erhält
Applaus. Das Gedränge sieht jetzt nach Gruppensex mit ein-
gefügtem Brutalismus aus. Coffeeshop und Kindl treffen auf
kantige Knackis. Wenn der mich anspricht, werde ich feucht,
sagt eine Autorin, die im Hauptberuf Übersetzerin ist und
eben den einem französischen Bestseller entnommenen Satz
für ihren Gesprächspartner übersetzt hat, der einen modischen
und wohl teuren Anzug zu Sneakers trägt. Er hat riesige

Nasenlöcher, wie die eines Pferdes, und sagt: Wenn ich richtig was verdienen wollte, wäre ich ein Pharmakonzern. Die Gespräche werden immer hektischer, die Bewegungen auch. Ein Lebenshilfeadjudant auf Elektropop tut, als müsste er kotzen, um sich den Weg frei zu machen. Dabei fuchtelt er mit einem Buch über kranke Konsolenkinder in ehemaligen englischen Kolonien. Knappe Sätze und immer mehr Ellbogen. Zum höchstens Preis werden die Rechte für das Buch *Etagenverkehr* ersteigert. Der Mann hat genug einen an der Waffel, um als Genie durchzugehen. Dann aus teurer Schminke heraus der massenverachtende Blick eines alternden Reptils in modischen Halbschuhen. Kurze Haare und Augen in der Farbe von Erbsensuppe. Wer bestehen will, muss wenigstens 24 Stunden ohne Sauerstoff überleben können. Ich weiß jetzt, wo ich bin. Die Messe ist die *Gus Clinton*. Der Dschungel im schönen Tal. Bereits auf dem Weg dorthin riskierst du deinen Verstand. Ankommen wirst du nie ganz. Das Ziel wird stets ein Stück weit entfernt bleiben. Und du dich stets von Körperteilen trennen müssen. Wer diese Kaputtheit nicht zu genießen weiß, wird es schwer haben. Die Stimme kommt aus einem Smartphone, eine Direktübertragung aus dem Kopf einer Schriftstellerin, die über ihr Leben als Messehostesse schreibt. Die Rolltreppen werden immer schneller und wirken für die oben ankommenden wie Abschussrampen. Ein paar Meter flattern die Menschen durch die stickige Luft des oberen Stockwerks und plumpsen dann irgendwo hin.

# 43

## Heftroman

Wann kommt Ben denn?, fragte Lola, überprüfte mit einem kurzen Blick die Zeit auf ihrem Handy und die auf der Wanduhr, unter der *Luxemburg* stand, die dritte in einer Reihe von 6 (links daneben wurden New York und London angezeigt, rechts Moskau, Tokio und Sydney).

Da sieht man, dass du ihn nicht kennst, entgegnete Guy, sonst hättest du dir die Frage jetzt erspart.

Er ist wohl noch unverlässlicher als Guy, spottete Tomas.

Vielleicht können wir doch schon über die Lesung reden, sagte Samantha und schenkte ihren Gästen Burgunder ein.

Sie saßen in ihrer Galerie, im Empfangsraum. Samantha hatte das Treffen organisiert, um die Möglichkeiten einer Zusammenarbeit zwischen Guy und Ben Martin Rewing, der demnächst bei ihr ausstellen sollte, durchzudiskutieren. Guy und Ben kannten sich schon lange, hatten sich aber aus den Augen verloren, und es war Ben gewesen, der Samantha nach ihm gefragt hatte. So war die Idee entstanden, im Rahmen der Ausstellung eine Lesung zu planen. Guy hatte gleich zugesagt, wohl auch, weil es Lola war, die ihn als erste darauf angesprochen hatte, ganz unvermittelt, am Eingang, als er, in Gedanken noch bei Bjørnstad, in ein Selbstgespräch vertieft, das Haus verlassen wollte.

**Guy H**

Ben hatte ich gut ein Jahr lang nicht gesehen. Ich schätzte ihn als Künstler, aber sein besserwisserisches Gehabe und seine cholerischen Anfälle waren mir seit jeher zuwider. Deswegen wohl hatte ich ihn, bei allem Interesse an seinem Werk, auch gemieden. Dass er es war, der mich für eine Lesung vorgeschlagen haben soll, wie Lola mir mitgeteilt hatte, klang für mich überraschend. Der Abend bei Samantha zeigte dann auch, dass er weder an der Lesung noch an der Ausstellung interessiert war. Er fühlte sich mehr als wohl in der Rolle des Stars, ließ Samantha alles vorbereiten, um dann als zerstörerisches Genie aufzukreuzen, dem sowieso keiner der Anwesenden das Wasser reichen konnte. Von Anfang an hatte er es aufs Niedermachen abgesehen, tat einen Augenblick, als interessierte ihn die Runde (die immerhin ihm zu Ehren organisiert worden war), um dann, erst mit zynischen Kommentaren, später mit unverhohlener Aggressivität die Runde niederzumachen.

Ben hatte Kunst studiert in Saarbrücken, danach in Münster, wo er Meisterschüler des großen Daniele Buetti gewesen war, und hatte schon zu Studienzeiten ein paar Preise eingeheimst und auch an bedeutenden Ausstellungen teilnehmen können. Gleichzeitig hatte er sich mit vielen Künstlern der hiesigen Szene verkracht. Er hielt die meisten für Dilettanten, die nichts zu sagen hatten und ihm den Erfolg nicht gönnten. Er selbst konnte nur schlecht mit seinem Erfolg und der frühen Anerkennung umgehen, versuchte sich dem damit einhergehenden Rummel zu entziehen, aber je mehr er unternahm, aus der Öffentlichkeit zu verschwinden, desto größer wurde sein Bekanntheitsgrad. So hieß es bald schon, er wolle mit seiner Zurückgezogenheit den eigenen Seltenheitswert steigern, seine Diskretion sei nichts als schlau berechnete Selbstinszenierung.

### Tomas B

Ben Martin Rewing ist einer jener Künstler, die man sich besser vom Leib hält. Das war jedenfalls mein Eindruck an dem

Abend bei Samantha. Guy wollte mich dabeihaben, weil er vorhatte, Texte von mir, die er überarbeitet hatte, in die Lesung mit einzubeziehen. Ich sage mir jetzt, dass ich besser daran getan hätte, diesem Treffen fernzubleiben.

Ein paar Werke von Rewing kannte ich, und seine Arbeit interessierte mich durchaus. Allerdings gerieten in meinen Augen seine Kompositionen, die Elemente aus dem Alltag, der Popkultur, der Politik und der Mythologie verbanden, in die Nähe eines verspäteten Surrealismus – er würde das bestreiten, aber auf mich wirkten sie so –, was ihnen etwas Epigonenhaftes gab (und gibt). Würde ich ihm das sagen, rückte er sicher mit de Chirico an, der mal gesagt haben soll, er sei ein Epigone, das habe er den andern voraus.

Im Gespräch war Rewing in letzter Zeit wegen eines Bildes – genauer gesagt wegen des Titels des Bildes –, das außer einem Journalisten, der sich wohl mit viel Mühe bis in Rewings Atelier vorgearbeitet hatte, niemand gesehen hatte und das Rewings Aussagen nach auch nicht fertig war. Allein der im Artikel genannte Bildtitel brachte Rewing eine Menge Kaufangebote. In einer Gegendarstellung zum veröffentlichten Artikel, in dem Rewing drohte, den Journalisten vor Gericht zu verklagen, behauptete er, dass erstens abgemacht gewesen war, im Artikel das Bild nicht zu erwähnen und dass er zweitens nach dem *widersinnigen Geschreibsel* und den *widrigen Angeboten* das Bild komplett zerstört hätte. Das Bild sollte übrigens *Falling man, standing ovation* heißen.

Als Rewing eintrudelte, hatten wir bereits ein paar Flaschen Wein geleert. Ich hatte wohl zu schnell getrunken (und Samantha die Pizza zu spät bestellt), so dass bei Rewings Eintreffen meine gute Laune längst ihren Höhepunkt überschritten hatte und ich nur darauf wartete, etwas Dampf abzulassen.

**Heftroman**

Ben kam gut 2 Stunden zu spät. Er entschuldigte seine Verspätung damit, dass er noch an einem Bild gearbeitet habe und nicht hätte aufhören können. Wer konnte ihm da böse sein? Obwohl seine Erklärung ebenso viel von einer Provokation wie von einer Entschuldigung hatte, stellte sie erst einmal niemand in Frage. Später, als die Diskussion etwas ausartete, gab es dann doch den einen oder anderen hämischen Kommentar dazu.

**Tomas B**

Ben war betrunken, als er ankam, und so dauerte es auch nicht lange, bis er zur Provokation überging. Er ließ sich von Samantha noch einmal ihre Vorstellung des Events – sie gebrauchte tatsächlich dieses Wort – mitteilen, um dann unverzüglich dagegenzuhalten.

Seit wann bin ich ein Event?, fragte er böse.

Ich rede von der Ausstellung, antwortete Samantha immer noch freundlich und vom Wein beschwingt.

Seit wann stellt ein Künstler denn aus?, ärgerte sich Ben daraufhin.

Einen Augenblick lang war Ruhe. Samantha sah Guy an, dann mich, wir sahen Samantha an, alle wussten, das Gespräch würde scheiße enden.

**Heftroman**

Und schon ging Ben Martin Rewings Publikumsbeschimpfung los.

Dass ihr das nicht begreifen wollt, rief er, ich bin Künstler!

Aber das wissen wir doch, versuchte Lola etwas naiv ihn zu beruhigen.

Ausgerechnet du musst das sagen, entgegnete er, wo du mich eben als *Kulturschaffenden* bezeichnet hast.

Hab ich das?, fragte sie.

Du weißt nicht einmal, was du sagst, er schüttelte den Kopf, und schreibst großartig Artikel darüber!

Jetzt mach sie nicht an, fuhr Samantha dazwischen.

Ich mach sie nicht an, sagte er, aber wenn sich jemand schwachsinnige Artikel im *Bjørnstädter Blatt* erlaubt, darf er schon mal Kritik riskieren!

Sie hat über *BjørnBling22* geschrieben, nicht über dich.

Ausgerechnet *BjørnBling22!*, Ben lachte und klatschte in die Hände.

Ich bin damit nicht einverstanden, rechtfertigte sich Lola, ich habe nur darüber berichtet.

Über sowas berichtet man nicht, sagte Ben kurz gebunden, ich habe den Eindruck, hier wird das Ende der Kunst gefeiert und alle sind zufrieden!

Lasst uns beim Thema bleiben, versuchte Samantha die Unterredung zu retten.

Wir sind beim Thema, sagte Ben, aber genau das stört euch. Weil ihr anscheinend ebenso wenig Ahnung habt wie die ganze Bande von neoliberalen Hohlköpfen, die mit ihren turbokapitalistischen Ansprüchen und ihren Effizienzgespenstern die Kunst zugrunde richten. Habt ihr vergessen, dass Vergangenheit die bedeutendste Komponente ist, für die es zu handeln gilt? Wo bleibt das apokalyptische Denken? Warum nutzt ihr nicht eure Fähigkeit zu antizipieren, um das, was im Bereich des Möglichen liegt, in seiner Wirkung auf das Reale zu bewerten?

**Tomas B**

Damit war er bei Brock\* angekommen, mit dem Guy ja auch gelegentlich telefoniert und den Ben bereits des Öfteren in seinen Werken zitiert hat, sei es nur durch die Titel der Bilder.

**Guy H**

Ich telefoniere gelegentlich mit Brock\*, was aber nicht heißen will, dass ich in allem mit ihm einverstanden bin. Obwohl, das muss ich zugeben, ich sein Werk *Kritik der kabarettistischen Vernunft* mit großem Interesse und mit viel Vergnügen gelesen habe. Ob Gerhard Richter allerdings wirklich so dumm ist, wie Brock\* mal gesagt haben soll, so abgrundtief dumm, dass er überhaupt nicht verantwortlich sein kann für das, was er macht, wage ich zu bezweifeln.

**Heftroman**

Ihr funktioniert doch nach der gleichen Unternehmenskultur und der üblichen Marktperversion, zischte Ben und fuchtelte mit seinem Glas wie mit einem Taktstock vor den andern, wenn ihr das Wort Künstler hört, denkt ihr an all diese Kriecher, die ihre Autorität aufgeben und sich reuevoll in den Schoß der Kirche zurückschleimen wie etwa Gerhard Richter ...

**Guy H**

Da war er, der Richter, wie gehabt ...

**Heftroman**

Ihr macht die Kunst kaputt, indem ihr den Markt als einziges Zeichen des Erfolgs annehmt, nörgelte Ben, es geht euch nur noch ums Kaufen! Klar, Kaufen ist die passende Tätigkeit, wenn man nichts begreift. Wer kauft, braucht keine Argumente!

**Guy H**

Ich hatte seine Zitatensammlung satt und sagte: Ben, tu doch nicht so, als seist du der Einzige, der sich mit Kunst auseinandersetzt!

Das war dann zu viel für ihn. Er fühlte sich beleidigt, herabgesetzt und zog durch, was er wohl von Anfang an geplant hatte, falls die versammelte Mannschaft ihm nicht den roten Teppich der Ehrerbietung ausbreiten sollte. Mit herablassendem Blick ging er die Runde an, hob schwankend das Glas und schmiss es, bevor Samantha, die ihn kannte und seine Geste voraussah, dazwischenkommen konnte, mit Schwung gegen die Wand.

Scheiß Galerie, sagte er noch und verschwand. Und aus war es mit Diskussion, Ausstellung und Lesung.

*Siehe Band 10 *Lichtung*

# 44

## Halil

Schon seltsam, wie die Dinge sich fügen. Seit ein paar Wochen arbeite ich in der Küche. In einem Altenheim namens *Bellagio*. Ein Mann war an mich herangetreten und hatte gesagt, er könne mir helfen. Zuerst misstraute ich ihm, aber er konnte sich als Ehrenmann ausweisen. Man wird Sie nicht zurückschicken, sagte er, im Gegenteil, man wird Sie brauchen. Ich bekam den Job. Aber, sagte der Mann, Sie werden sich bewähren müssen.

Was heißt bewähren?, fragte ich.

Ist ganz was Einfaches, sagte der Mann, wenn's an der Zeit ist, kriegen Sie Bescheid.

Ich willigte ein, weil mir nicht viel anderes übrigblieb. Ein Zurück gab es für mich nicht. Und falls es mir zu viel werden sollte, könnte ich immer noch untertauchen. Abdel weiß da gute Möglichkeiten.

Gestern nun meldete sich der Mann bei mir und sagte: Freitag ist doch Ihr freier Tag?

Ja, sagte ich, Freitag habe ich frei.

Gut, sagte er, dann werden Sie am Nachmittag einen Spaziergang machen.

Weiß ich noch nicht, sagte ich.

Doch, sagte er freundlich, Sie werden einen Spaziergang machen. Auf den Galgenberg hinauf.

Einen Spaziergang auf den Galgenberg?

Ja. Sie werden dort einen Mann treffen.

Einen Mann treffen?

Es liegt ein Foto von ihm in Ihrem Schließfach im Foyer. Sehen Sie es sich genau an und verbrennen Sie es!

Entschuldigen Sie, aber worum geht es?

Sie haben versprochen, keine Fragen zu stellen. Ich garantiere Ihnen, dass Ihnen nichts passieren wird.

So wie Sie das betonen, scheint mir eher das Gegenteil der Fall zu sein.

Nein. Ich lege meine Hand für Sie ins Feuer. Sie werden weiter im *Bellagio* arbeiten. Und aufsteigen. Es wird nichts Besonderes geschehen sein.

Und wenn ich nicht mitmache?

Dann wäre das sehr zu Ihren Ungunsten. Sie sind ein intelligenter Mann, das weiß ich. Und Sie wissen, dass es von Vorteil für Sie ist, uns diese kleine Gefälligkeit zu erweisen.

Geht es ein bisschen genauer?

Auf dem Galgenberg, in der Nähe des Belvedere werden Sie gegen 4 Uhr auf den Mann treffen und ihn um Feuer bitten. Sie rauchen doch?

Ja, ich rauche. Aber weniger als früher.

Er wird wissen, dass ihn ein Farbiger ansprechen wird. Wenn Sie ihn um Feuer bitten werden, wird er sie fragen, ob Sie die Hyäne sind.

Die Hyäne?

Daraufhin werden Sie antworten, nein, ich bin nicht die Hyäne, ich bin der Waschbär.

Ich bin nicht die Hyäne, ich bin der Waschbär. Machen Sie sich über mich lustig?

Keineswegs. Eine Frage der Sicherheit. Nachdem Sie ihm geantwortet haben, wird er Ihnen Feuer geben und noch was dazu.

Was dazu?

Ja.

Was genau?

Eine Kleinigkeit. Die werden Sie nehmen und sie an der Stelle des Fotos hinterlegen in Ihrem Schließfach im Foyer. Verstanden?

Den Ablauf ja, den Rest weniger.

Seien Sie froh, dass der Rest Sie nicht zu interessieren braucht. Also: Sie bitten den Mann um Feuer ...

... und er fragt, ob ich die Hyäne sei, worauf ich antworte: Nein, ich bin der Waschbär. Und dann gibt er mir Feuer und was dazu.

Genau. Ich zähle auf Sie. Und versuchen Sie nicht, das Päckchen zu öffnen.

Es geht um ein Paket?

Ein Päckchen, sagte ich, vielleicht auch nur ein Umschlag. Für Sie ganz ungefährlich.

Das heißt, Sie haben Zugang zu meinem Schließfach?

Wir haben Zugang zu noch ganz anderen Fächern, wenn Sie so fragen.

Muss ich mich beobachtet fühlen?

Nicht mehr als andere. Jeder Bürger muss sich beobachtet fühlen. Das ist doch nicht neu für Sie?

Nee, ist nicht neu.

Ansonsten, wie fühlen Sie sich im *Bellagio*?

Eigentlich ganz gut.

Freut mich für Sie. Weiterhin alles Gute!

# 45

## Be(r)ichte/Ge-dicht-schichten

Dr. Walser hat gefragt, ob er meine Texte zwecks Forschung weiterreichen oder auch veröffentlichen dürfte. Ich hatte keine Einwände. Ich sehe mich nicht, wie ich lesen musste, von vergammelten Genen zurückgeworfen. Erinnerung bedeutet Widerstand, dort, wo alles auf Vergessen angelegt ist.

Nehmen wir einen Herrn wie den Unternehmer Felix Kroip (wir haben mehrfach seine Buchführung überprüft und ihn beraten), der gewissermaßen der Inbegriff des vermeintlich schlauen – mit allen Wassern gewaschenen –, erfolgreichen und Neuem aufgeschlossenen Bürgers ist. Seine Biografie ist von lähmender Langweile. Sein Vater, Besitzer eines kleinen Unternehmens, heiratete die Tochter eines Bauherrn und übernahm irgendwann dessen Betrieb, in den Felix sozusagen hineingeboren wurde. Die Firma war da, das Geld war da, er brauchte nur nicht allzu viele Fehler zu machen, was ihm, von ein paar Schnitzern abgesehen, dann auch gelang. Der Mann ist von mittelmäßiger Begabung, robust und verschlagen, schlau genug, sich anständige Berater zu leisten, berechnend und geldorientiert, ansonsten eher stumpfsinnig und völlig ungebildet. Ähnliches ließe sich von seinem Freund, dem Bürgermeister Schirach, sagen, auch wenn in dessen Biografie das Geld eine weniger wichtige Rolle spielte. Diesen Mangel machte er durch sportliche Leistungen in seinen jungen Jahren wett, die ihm die zur Politkarriere nötige Beliebtheit einbrachten. Typen wie die beiden sind durch ihre geistige Schlichtheit und ihren an Geld und Karriere orientierten Anpassungswillen leicht für Projekte zu haben, denen sie im Grunde nicht gewachsen sind, die sie aber, da sie ihnen als solche angeboten wurden, als bahnbrechend und zukunftsweisend verstehen und die ihnen somit ermöglichen, sich selbst als die großen Erneuerer darzustellen.

Felix Kroip ist so etwas wie der Portier der neuen smarten Welt, als deren Initiator er sich ansieht. Mit der Neugestaltung der Thomas-Brachen wird einer der Grundsteine zur posthumanen Gesellschaft gelegt, die paradoxerweise – so ihre Aussagen – weder Kroip noch Schirach anstreben.

Der Anfang ist längst gemacht: Mit dem Eifer der Bilderstürmer wurde niedergerissen und zerstört, die Spur verwischt, die Vergangenheit ausgelöscht ...

Montags sitzt Nelly V plötzlich am Eingang der *Gus Clinton* und grüßt mich, als hätten wir einmal ein Verhältnis gehabt. Sie trägt einen grünen Zweiteiler, der sie sommerlich aussehen lässt, wozu auch ihr Ephelidengesicht sehr gut passt. Ich habe sie wohl ein halbes Jahr nicht mehr gesehen, und vielleicht freut sie sich wirklich. Vielleicht waren wir auch mal zusammen essen, ja, wir waren zusammen essen, zum Chinesen am Prinzenring, im Winter, erinnere ich mich, als dünner Schnee fiel, und er, der Chinese, der übrigens sehr gut Luxemburgisch spricht, uns sagte, dass er die Geschichte vom chinesischen Amt für Wetterbeeinflussung, das Peking mit Hilfe von Silberjodid künstlich unter Schnee gesetzt haben sollte, nicht glaube. Mit seinen Ausführungen und den dazu gehörenden Grimassen brachte er Nelly zum Lachen. Das war gut, denn sie war depressiv. Und ich hatte – ich weiß nicht, ob ich das so sagen kann – Mitleid mit ihr, weil sie sich ausgerechnet in mich verliebt hatte oder auch nur versucht hatte, sich in mich zu verlieben. Ich musste ihr an dem Abend vieles ausreden.

So verlief damals unser Gespräch, mit Ausreden jeder Art.

Angefangen hatte es, als ich einen Vortrag über meine Arbeit in Des Moines gehalten hatte, der zu angeregten Diskussionen geführt hatte. Nelly hatte Partei für mich ergriffen, als ein Jemand aus der dritten Reihe sich über meine Ausdrucksweise, genauer über die meinen Sätze innewohnende Logik, beklagt hatte. *À prendre ou à laisser*, hatte ich geantwortet. Meine Recherchen entsprächen nun mal nicht gängigen Mustern. Wenn ihm die Konvention näher sei und er sich an der Schönschreibeschrift eines Zweitklässlers orientieren wolle, bitte, aber ich verlangte dem Gedachten dann doch etwas mehr Kühnheit ab.

Ich muss auch zugeben, dass Nelly mich, als ich sie das erste Mal sah, an Ava erinnerte, die in Iowa meine Freundin gewesen war. Diese Beziehung hatte, offen gesagt, sehr schlecht geendet. Und so hatte ich von Anfang an äußerst zwiespältige Gefühle gegenüber Nelly.

Ava stammte aus Montezuma, und auf dem Weg von Iowa City nach Des Moines bogen wir manchmal ab und sonnten uns am Diamond Lake.

Einmal nahm uns die Polizei auch wegen Nacktbadens fest, was aber keine nennenswerten Folgen hatte.

Durch Ava lernte ich auch Kary kennen, eine Bekanntschaft, die mir von Nutzen sein sollte, als ich hierher zurükkehrte und bei der *Gus Clinton* anheuerte.

Ava kannte Kary aus ihrer Studienzeit in Berkeley. Er war, zumindest auf der Party von Frau Spiegel, die verschiedene Forschungsprogramme der Universität unterstützte, ein aussergewöhnlich talentierter Entertainer, der viel jünger wirkte, als er tatsächlich war. Er erzählte uns, wie er mit 13 oder 14, zur Zeit des kalten Krieges, sagte er, unter Zuhilfenahme von Zucker und Kaliumchlorat Raketen baute und lange daran arbeitete, sie in die Höhe zu jagen, geradeaus, betonte er, am Anfang hätten sie immer Purzelbäume geschlagen. Er und sein Freund sammelten kleine Frösche, die sich zum Ziel gesetzt hatten, ins All zu fliegen, und setzten sie in die Raketen. Das war der Anfang seines Chemiestudiums. Mit der Arbeit *Schizokinen: structure and synthetic work* wurde er zum Ph.D. Er wurde so bekannt, dass ihn eines Nachts auf der Landstraße ein leuchtender Waschbär mit den Worten Hallo, Herr Doktor! begrüßte. Über all das hat er in seiner Autobiografie *Dancing Naked in the Mind Field* geschrieben, die ich zu lesen bisher keine Gelegenheit hatte, die uns aber damals auf der Party bei Frau Spiegel in gemeinsames Gelächter ausbrechen ließ wegen des *Dancing Naked* im Titel und Avas Erzählung von unserer Festnahme durch die Polizei am Diamond Lake. Kary, der mit Nachnamen Mullis hieß – er ist letztes Jahr leider verstorben – erhielt den Nobelpreis ein Jahr vor John Nash, was ich damals auf der Party gar nicht wusste.

Als ich Frau Koenig von meiner Bekanntschaft mit Kary Mullis erzählte, stellte sie mich ohne Zögern ein. Sie hat ja mal Biologie studiert und gehörte zur ersten Generation Studierender, welche die von Mullis entwickelte Polymerase-Kettenreaktion, kurz PCR, zur Anwendung bringen konnten. Ein Meilenstein nicht nur der modernen Molekularbiologie, sagte sie. (Unverzichtbar für die Erkennung von Virusinfektionen, Erbkrankheiten, für die Erstellung genetischer Fingerabdrücke und das Klonen von Genen, las ich in einem Nachschlagewerk.) Kurz: Kary Mullis war meine Eintrittskarte bei der *Gus Clinton* (oder zumindest ein wichtiger Teil davon).

Später, als Frau Koenig angefangen hatte, mir gegenüber ein feiges Misstrauen zu entwickeln, entdeckte ich eine Akte über mich, die ich entschlüsseln konnte: Dort war zu lesen, Back leide an den Verletzungen seines Bewusstseins. Übererregte Amygdala, blockierter Hippocampus. Die Rückmeldung des Mandelkerns, Teil des limbischen Systems, gehe über die verträgliche Grenze hinaus, wodurch Panik und Hilflosigkeit aufträten und die Psyche nur im Notprogramm überlebte. Die Akte hatte sehr unterschiedliches Material über mich gesammelt und bot dem Leser mehrere Matthias-Back-Biografien an, die aber oft nur sehr wenig brauchbares Material enthielten. Oder aber es war mir doch nicht gelungen, die Infos gänzlich zu entschlüsseln.

**Back in the USA**
Wenn ein Clinton-Algorithmus genügend Daten von mir besitzt und die nötige Rechenleistung erbringt, versteht er mich besser, als ich mich verstehe. Somit ist ihm die Möglichkeit gegeben, Entscheidungen zu fällen, was meine Person betrifft.

Von wem aber wurde mir meine Person überreicht?

Geboren aus sehr großen Datenmengen, aber mit fahrlässigen Quellenangaben, spiegelt der Stoff – hier meine Person genannt – gut 90 Prozent ältere Arbeiten wider. Die Frage nach einer eigenen Moral der KI bleibt offen.

Es werden jetzt zusätzliche Agenten entwickelt, die Erweiterung der Reichweite des Entwicklers in unbekannte Umgebungen zu betreiben, so der sich auf Russel & Norvig beziehende Kommentar.

**Back in Des Moines**
Mit Ava fuhr ich zu einem Konzert von *Asleep at the Wheel*. Normalerweise nahm die Strecke von Iowa City nach Des Moines

1 Stunde und 40 Minuten in Anspruch. Mit Zwischenstopp
4 oder 5 Stunden. Mit auf der Strecke mehrere Schilder:

SPEED LIMIT 45.

$$45 = 0+1+2+3+4+5+6+7+8+9$$

Eigentlich hat es keinen Sinn, sagte Ava, älter als 45 zu werden.

## Back in Nancy
John Nash saß in der Cafeteria und wartete auf seinen Kaffee.
Die Blicke der Studenten machten ihn zu einem Heiligen. Ein
sehnsuchtsfreies Warten, sagte ich mir, ohne den Ausdruck
deuten zu können, mit dem Nash den Becher empfing, der
ihm von einer mir unbekannten Person überreicht wurde.
   Ich erzählte Nancy von ihm. Wir saßen am Ufer der Meurthe.
Von irgendwo her war *La beauté d'Ava Gardner* von Alain
Souchon zu hören.
   Später übersetzte ich diesen Text für Ava.

## Back in Montezuma
Ava hieß mit Nachnamen Cutts. Wie Cutts the butcher, sagte
sie. Was ich nicht verstand. Sie wiederum verstand nicht, dass
ich nicht verstand. Weil ich ihr doch mein Faible für Comics
gestanden hatte. Ich erfuhr, dass Cutts the butcher der engli-
sche Name von Henri Sanzot ist, einer Figur aus Hergés *Tintin*,
der Metzger aus Moulinsart nämlich, der auch der Dirigent
der Fanfare ist. So fiel ich augenblicklich in Montezuma zu-
rück in die Kindheit.

**Back in Belval**

MITarbeiter leben vom Konzentrat, nehmen Strahlung in Form von Tabletten in sich auf.

Ich bin gehackt worden, sagt Y, wir rutschen in den Ausnahmezustand, ohne es richtig wahrzunehmen.

Ja, sagt Z, der Alltag lässt sich nur bewältigen, wenn es einem gelingt, ihn zu seinen Gunsten zu verändern.

Aber, sagt X, wird hier den Menschen nicht suggeriert, etwas anzustreben, was sie gar nicht anstreben wollen?

Y trägt Schwarz, was bedeutet, er trägt Trauer für seine Gegner.

Ganz heftige Bandagen, die sich hier abwickeln.

Ein Neuer stellt sich vor:

Ich bin ein Datenhaufen.

Es ist ein Glück, Millionen virtueller Umgebungen direkt erfahren zu können. Oder anders formuliert: Was kann ich durch die Konfrontation mit künstlicher Intelligenz über die menschliche Intelligenz erfahren?

**Back in Santa Monica**

Zu Besuch bei ██████ Erzählung in Zwischensätzen und Verästelungen. Der chronische Schmerz der Erinnerung, Nash

████████████████████████████████████████

████████████████████████████████████████

██████████████████████████ die Frage: Gibt es ein Leben jenseits des Marktes? Gelächter und Gewusel. ██████

██████████ und ████████████ verschwanden, ohne ██████

████████████████████████████████████.

████████████████████████████████████████

sowie Künstliche Intelligenz, aber auch soziale Themen wie die

Fettleibigkeit an amerikanischen High Schools. Die RAND ███

███████████████████████████████████████████

██████████████████████████████████████████.

████████████████████████████████████████████

███████████████████████████████████████████████

██████████████ sagte: Aus meiner Person ist etwas herausge-
brochen worden.

## Back in Bjørnstadt

Ein Mann, der Wagner, den alle JPW nennen, sehr ähnlich sah,
war hinter mir her. Ich hatte ihn nicht gleich wiedererkannt,
da er anders gekleidet war als üblich und sich wohl auch etwas
anders bewegte, schwebender, möchte ich sagen. Ich war zu
Fuß unterwegs in der Stadt, und er blieb immer so zwischen
5 und 10 Metern hinter mir. Ich wusste, dass es nicht einfach
war, ihn abzuschütteln, betrat einen Zeitungsladen, um zu se-
hen, ob er mir folgen würde.

Drinnen stand der sardische Verkäufer mir gegenüber, bei
dem ich mal eine Zeitschrift hatte kaufen wollen, die es nicht
gab. Das jedenfalls hatte er behauptet, nachdem er sich eine Zeit
lang mit einem Programm auf seinem Computer beschäftigt
hatte. Dass er aus Sardinien stammte, hatte seine Frau mir
bei einer andern Gelegenheit erzählt. Er war ein etwas naiver,
aber recht fröhlicher Verkäufer, der sich keine Sorgen und
Urlaub auf der Insel machte.

Etwas kaufen, das es nicht gibt, hatte er gesagt, sei doch wohl
eher schwierig. Und ich hatte ihm, wenn ich mich recht erinnere,
geantwortet, das sei im modernen Kapitalismus, wenn nicht die
Regel, so doch nichts Ungewöhnliches.

Ich kaufte mir, um den wahren Grund meines Besuchs im
Zeitungsladen zu verbergen, irgendeine Tageszeitung, zahlte

und ging wieder hinaus. JPW hatte vor dem Laden einen Fuß auf den Fahrradständer gestellt und war mit einem Schnürsenkel beschäftigt. Er tat, als bemerkte er mich nicht, war aber an der nächsten Ecke schon wieder hinter mir her (bevor ich abgebogen war, hatte ich einen kurzen Blick nach hinten geworfen). Eine Ecke weiter verschwand ich blitzschnell in einem Supermarkt. Dort gab es zwischen Eingangstür und Ausgangstür und vor dem hinter den Kassen liegenden Einkaufsgelände eine Sitzreihe für Kunden, die sich müde gekauft hatten. Ich setzte mich hin und fing an, Zeitung zu lesen, das heißt ich tat als ob und schielte zum Eingang hinüber. Richtig lesen war ohnehin nicht möglich, da ich den *Corriere della Sera* gekauft hatte, des Italienischen aber nicht mächtig bin.

Ganz auf einmal fragte mich ein Sicherheitsmann, ob ich Hilfe benötigte. Ich antwortete nein, beschloss dann doch, um nicht weiter aufzufallen, mich zu den Regalen zu begeben. Ich war unschlüssig, wusste nicht, ob ich etwas anschaffen sollte oder nicht. In der Teigwarenabteilung stand JPW plötzlich wieder neben mir und hielt eine Packung Breitbandnudeln in der Hand. Er las eine Weile am Kleingedruckten der Packung rum, blickte dann zu mir herüber. Er hatte sein Gesicht verändert, sah sich überhaupt nicht mehr ähnlich. Und tat, als würde er mich nicht kennen. Ich wollte ihn zur Rede stellen, entschied mich dann aber anders.

Wenn es so ist, sagte ich mir, dann kenne ich dich auch nicht, du Arsch!

### Back = Back ≠ Back = Back

Es war Leopold Bloom, glaube ich, der sagte: Leben, wie man Zeitung liest. Die erscheint jeden Tag aufs Neue.

Aber heute wird keine Zeitung mehr gelesen.

Bald werden wir im Online-Paradies mit unverkörpertem Geist sein.

Oder wie Jacky es ausdrückte: Wir sehen das Windrad, aber nicht die 2 000 Tonnen Stahlbeton des Sockels.

Einzelne MITarbeiter sitzen dort wie Scharfrichter. Vor Augen die Ziele, die immer absurder werden, je genauer sie formuliert sind.

Es gibt Arbeitsbedingungen, die Menschen in Alligatore verwandeln.

# 46

## Felix

Ich sage nicht, dass das Leben damals besser war, sagt Pletsch, aber die Leute hatten ein Ziel, etwas, das ihrem Leben Sinn gab und Erfüllung bringen konnte. Das war natürlich alles sehr bodenständig, wohlstandsorientiert, wenn du so willst, Felix – ich darf dich ja duzen? –, aber es gab noch nicht dieses Streben nach dem absoluten Verbrauch, dieses Konsumieren bis zur Selbstaufgabe. Ich glaube nicht, dass meine Skepsis dem Alter geschuldet ist, ich war damals schon sehr kritisch im Umgang mit zeitgeistigen Modeentwicklungen.

Pletsch redet langsam, sucht nach Worten, woran der Whisky wohl nicht ganz unschuldig ist. Ich selbst bin nach dem ersten Glas auf Wasser umgestiegen, habe die Tatsache angeführt, dass ich noch fahren muss.

Im Notfall könnte ich bei ihm übernachten, sagt er, was ich auf jeden Fall vermeiden möchte.

Wenn ich gerade von einem Ziel sprach, fährt er fort, so muss ich dazu sagen, dass mein Vater ja eigentlich schon alles erreicht hatte, was ihm vorgeschwebt hatte. Jetzt war ich an der Reihe. Und tanzte eben raus aus der Reihe, wenn du so willst, aber das passte nicht in sein Schema. Ich sollte wie er das Leben auf der Siegesseite verbringen, und dazu gehörte nicht ein Dasein als Farmer oder etwas in dem Sinn. Aussteiger waren ihm immer verdächtig gewesen. Er hat ja noch zu seinen alten Tagen den jungen Kroip verteidigt, den er für talentiert hielt. In dessen Unternehmen sah er eine Zukunft, auch wenn der damals schon ein Faible für zwielichtige Geschäfte hatte. Mein Vater holte ihn da raus, der Prozess endete mit einem Freispruch für Kroip.

Ich hatte mir ein anderes Urteil erhofft. Für mich war Kroip damals schon, wie soll ich sagen, ein Gauner, und das ist ja noch ein harmloses Wort. Und zu allem Überfluss arbeitet jetzt auch noch meine Tochter Sylvia für ihn. Als hätte sich die ganze Familie gegen mich verschworen!

Pletsch lacht kurz auf, nimmt einen weiteren Schluck und sagt teils resigniert, teils erheitert: Was solls!

Ich denke mittlerweile nicht mehr, dass er sich umbringen könnte. Dazu zelebriert er seine Resignation und seine Nostalgie zu sehr. Ich denke einfach nur daran, mir einen schnellen Abgang zu verschaffen, ohne dabei unhöflich zu wirken.

Du bist ja im Bild von dem, was auf dem Thomas-Areal geplant ist, sagt er dann, das ist für mich der Inbegriff einer aberranten Entwicklung. Da verbinden sich Korruption und Fortschritt auf anstößigste Weise, aber den Bürgern, den meisten jedenfalls, scheint das gleichgültig zu sein. Verstehst du, dass ich mit dieser Stadt nichts mehr zu tun haben will und hier draußen lebe? Das alles geht in eine Richtung, die ich für mehr als bedenklich halte, Entbiologisierung, Entsexualisierung, Roboterisierung, und dann redet man vom Anthropozän! Anthropozän, dass ich nicht lache! Als könne man so ohne Weiteres Naturgesetze außer Kraft setzen. Du weißt vielleicht, dass es wachsende Anzeichen dafür gibt, dass sich die magnetische Polarität unseres Planeten auf eine Umkehr vorbereitet, was es zum letzten Mal vor über 700 000 Jahren gegeben hat. Wissenschaftler mutmaßen, dass im Laufe des Prozesses, wenn das schützende Magnetfeld der Erde für viele Jahrhunderte unter 10 Prozent seiner normalen Stärke fällt, nichts die tödliche Strahlung aufhalten kann, die auf die Erdoberfläche trifft, was verheerende Folgen für das Leben haben wird!

Pletsch wirkt bei seinen Ausführungen zu einem bevorstehenden Armageddon geradezu entzückt. Ich entscheide, ihn seiner Begeisterung zu überlassen und sage kurz und bündig: Polumkehr hin, Polumkehr her, es ist jetzt Zeit für mich zu gehn.

Dir gefällt nicht, was ich sage, raunt er, in der Stimme viel Pure Malt und etwas vom Oberlehrerton, den er in der Klasse manchmal draufhatte.

Doch, sage ich, aber es ist spät. Und dieses Treffen hatte ich nicht eingeplant. Ich möchte mich für den Empfang bedanken. Und das Gespräch. Und den Whisky.

Nichts zu danken, war mir ein Vergnügen. Seh ich dich demnächst auf dem Schießstand?

Ja, sicher, sage ich, überlege gleichzeitig, ob ich in nächster Zeit dorthin gehen soll. Die Vorstellung, mich weiter von diesem verhinderten Farmer, so sympathisch er auch ist, belehren lassen zu müssen, lässt mich eher zum Gegenteil tendieren.

Warte, ich begleite dich, sagt er, stemmt sich aus dem Sessel und wankt neben mir her bis zur Tür.

# 47

## Annick B

Am Faschingssonntag gab es nachmittags ein Fest, das mich ein wenig mit dem *Bellagio* versöhnte. Ich war erstaunt darüber, wie sehr diese alles in allem sehr künstlich geschaffene Fastnachtsatmosphäre einige der Alten belebte, ja, sie zu einer Ausgelassenheit animierte, die ich nicht erwartet hatte. Anfangs kam mir die Veranstaltung völlig lächerlich vor. Die spitzen Hütchen – fast alle waren rosa, ein Restbestand wohl, den das *Bellagio* aufgekauft hatte – auf den grauen und kahlen Köpfen konnte ich nur als Verhöhnung der Heimbewohner deuten. Nach und nach aber, als ich merkte, wie die meisten – nicht alle – durch Kostümierung, Musik und Geschunkel zu einer Lebensfreude fanden, wie ich sie bis dahin im Heim nicht erlebt hatte, ließen meine Bedenken nach und ich gestand mir ein, dass ich zu streng in meiner Beurteilung des *Bellagio* gewesen war, wohl aus Widerwillen gegen die mir auferlegte Arbeit heraus.

Ich ließ Frau Sablon sich mit ihrem Rollstuhl drehen, tanzte mit Frau Parini, die ohne Zweifel und trotz beeindruckender Körperfülle die eleganteste Tänzerin war und drehte sogar ein paar Runden mit dem gebrechlichen Kneip zu *Zwou Bulle Mokka*.

Höhepunkt war dann der Auftritt Halils, der, bevor er seinen Küchendienst antrat, es sich nicht nehmen ließ, mit ein paar Luftschlangen im Haar die eine oder andere Heimbewohnerin zum Tanz aufzufordern.

Was Sie doch für ein Glück haben!, sagte Francine zu Frau Feller, der sie aus dem Sessel half, als Halil sich vor ihr verbeugte.

Später tanzte Halil allein, bot dem Publikum eine überzeugende Show, wobei mir nicht klar war, ob er sich nicht doch ein wenig über diese möglicherweise ziemlich rassistischen Alten, für die er normalerweise kochte und die jetzt fasziniert die geschmeidige und etwas arrogante Art seiner Bewegungen verfolgten, lustig machte, bezaubernde Exotik zu Karnevalsmusik.

Ich machte ein paar Tanzschritte auf ihn zu, was von Maya argwöhnisch beobachtet und mit der Aufforderung, mich doch um Frau Sablon zu kümmern, quittiert wurde.

In dem Augenblick hatte ich eine Art Déjà-vu-Erlebnis; ich hatte diese Szene schon einmal erlebt – was eigentlich unmöglich war – und wusste, wie es weitergehen würde. Halil würde mir zuvorkommen und sich Frau Sablon zuwenden, mir dabei zuzwinkern und klar zu verstehen geben, dass er Maya ärgern wollte. Maya müsste, falls sie ihre Autorität nicht in Frage gestellt sehen wollte, darauf bestehen, dass ich mich um die Sablon kümmern sollte und Halil in die Küche schicken. Das würde zu einem kurzen Wortwechsel zwischen Halil und Maya führen, in den ich mich einmischen und Partei für Halil ergreifen würde. Dies wäre der Augenblick, in dem wir uns näherkommen würden.

Genau so geschah es.

Gleichzeitig fühlte ich mich – durch den Tanz? – an Paris erinnert, sah mich auf dem Fest, wo ich Diego kennenlernte. Das mit der Erinnerung verbundene Gefühl war sehr intensiv, ohne dass ich mir klarmachen konnte, warum. Es war, als wäre in mir ganz plötzlich ein Wesen voller Nostalgie aufgewacht, eine Frau mit einer unstillbaren Sehnsucht nach dem Vergangenen und die sich jetzt dabei überraschte, zu Halil zu sagen: Wir müssen unbedingt nach Paris.

Ich war, seit ich mit Jean-Pierre nach Luxemburg zurückgekehrt war, des Öfteren in Paris gewesen, ohne dass diese Besuche irgendwelche besonderen Emotionen ausgelöst hätten. Für mich war das Kapitel Paris abgeschlossen. Es war sicher eine gute Zeit gewesen, aber bei allen Eskapaden und aller Leichtlebigkeit hatte sich auf Dauer doch die Routine eingeschlichen und der Kleinkram des Alltags zu einem gewissen Überdruss geführt. Die Rückkehr nach Luxemburg erlebte ich – so seltsam das dem einen oder anderen vorkommen mag – als befreienden Aufbruch.

**48** ◁      ▶ **102**

# 48

## Felix

Am Schießstand habe ich einen Typen getroffen, der ein paar Möbelstücke und eine Kücheneinrichtung zu verkaufen hat. Er hatte im Clubhaus eine Anzeige ans Brett geheftet, die mir aufgefallen war – dort geht es meist um Waffen, in diesem Fall aber war das Foto eines Sofas zu sehen – und ich hatte ihn, da ich meine durchgesessene Couch endlich ersetzen wollte, auf die Sache angesprochen, zumal es sich allem Anschein nach um ein besonderes Stück handelte. Er erzählte mir, dass er die Wohnung auflösen wolle, da er zu seiner Freundin ziehen würde. Während des Gesprächs stellte sich dann heraus, dass er der Freund von Annick war.

Ihr zieht zusammen?, fragte ich nach.

Er war überrascht, auf jemanden gestoßen zu sein, der Annick kannte.

Vielleicht, sagte er dann, ist noch nicht sicher. Vielleicht kaufen wir uns auch was Neues.

Der Typ, Jean-Pierre, war mir schon aufgefallen, weil er in einem Luxuswagen vorfuhr, eine Chevrolet Corvette glaube ich, und auch sonst ziemlich gestylt und sportlich wirkte. Er war bis dahin eher distanziert mir gegenüber gewesen, aber durch die Crust Couch – so die Annonce – kamen wir uns näher. Die Couch sei eine Sonderanfertigung, sagte er, die er aus Paris mitgebracht habe, also schon ein teures Stück. Aber über den Preis ließe er mit sich reden. Ich fragte ihn, ob ich mir sie einmal vor Ort ansehen könnte.

Selbstverständlich, sagte er, und wir machten ein Treffen aus, das er aber schon tags darauf absagte. Er habe zu viel Arbeit, säße bis nachts im Büro. Er würde sich wieder melden, wenn's etwas ruhiger zuginge. Vielleicht in der darauffolgenden Woche. Da mir der Aufschub etwas seltsam vorkam, fragte ich nach, ob es vielleicht einen andern Käufer gäbe.

Nein, sagte er, und wenn sich jemand melden sollte, du bleibst der Erste!

# 49

## Heftroman

Jumpy hatte keine Lust, sich eine Fete bei Kroip anzutun, aber Sylvia, die er ein paar Wochen vorher bei einer geschäftlichen Begegnung kennengelernt hatte, ließ nicht locker, und so sagte er schließlich zu. Sylvia war Chefsekretärin – oder was in der Art – bei Kroip und eine der Kontaktpersonen der *Gus Clinton*. Bevor Jumpy sie traf, hatte er schon ein paarmal mit ihr telefoniert, ihre Stimme hatte ihm gefallen. Und als sie bei dem Treffen plötzlich vor ihm gestanden hatte, hatte er sich gesagt, dass die Stimme keineswegs zu viel versprochen hatte. Sie hatten sich zum Essen verabredet und waren dann irgendwann in seinem Bett gelandet, die übliche Nummer. Vielleicht auch etwas mehr, Jumpy fühlte sich in ihrer Gegenwart wohl, hatte aber Angst, dass sie ihn zu sehr einnehmen könnte. Sylvia hatte freimütig, wenn auch mit einer gewissen Ironie, zugegeben, sie sei sehr besitzergreifend, und so erzählte er ihr von Lola und ließ durchschimmern, dass diese Beziehung möglicherweise noch nicht ganz zu Ende wäre. Lola erzählte er von Sylvia in der Hoffnung, bei ihr wenigstens eine kleine Spur von Eifersucht entdecken zu können.

Kroip, das wusste er, war ein Großkotz und Wichtigtuer, der sich für unumgänglich hielt und sich gerne mit Prominenz ablichten ließ. Überall, wo der Name der Gesellschaft *Kroip & Associés* zu lesen war, stand in breiten Lettern darunter *Luxemburg – Paris – London – Tokyo*, um das doch sehr lokale Unternehmen ganz schön hochstaplerisch als Global Player zu verkaufen oder ihm zumindest etwas von dem internationalen Flair zu verleihen, den Felix Kroip ihm wünschte. Die *Associés* in London und Tokio waren Briefkastenfirmen, in Paris hielt eine Schwester von Kroip das Bild einer international gefragten Gesellschaft aufrecht, indem sie von der Adresse ihrer Zweizimmerwohnung aus eventuelle Anfragen – es gab nur wenige – per Mail und Telefon nach Luxemburg weiterleitete. Aber im kleinen Luxemburg hatte Kroip wirklich Gewicht. Er hatte ein altes Bauerngut aus dem 17. Jahrhundert erstanden und Haus, Hof, Ställe und Scheunen von einem Spitzenarchitekten umbauen und zu einer exquisiten Adresse von *Kroip & Associés* werden lassen. Ein angenehmer Arbeitsplatz, wie Sylvia sagte.

Auf dem Weg dorthin war Jumpy so genervt, dass er fast einen Unfall verursachte. Das lag aber auch an seinem Mustang, den er nur selten aus der Garage holte, und den er dementsprechend ungeschickt fuhr. Längere Strecken riskierte er nicht mit ihm, da ab einer bestimmten Kilometerzahl die Pannen vorprogrammiert schienen. Er hatte sich den Karren von seinem Schwager aufschwatzen lassen, obwohl er nicht wirklich ein Oldtimer-Fan war, und nutzte ihn einzig zu kleineren Spritztouren. Sylvia hingegen mochte das Sechzigerjahredesign und hatte ein dazu passendes Kleid angezogen. Mit ihrem Barett auf dem Kopf erinnerte sie Jumpy an Faye Dunaway in *Bonnie and Clyde*. Er bekam in der Tat Lust loszuballern, als die unzähligen Plakate entlang der Straßen auf sie zuflitzten, Werbung für Politiker, die ihnen ihre gephotoshopten Physiognomien entgegenhielten und vierfarbig eine Größe vorgaukelten, die sie selbst nie erreichen würden.

Kroip begrüßte Jumpy wie ein Schlossherr, umgeben von seinem Gefolge, einer bunt zusammengewürfelten Schar aus Neidern und Bewunderern, Männern und Frauen, die von seiner vermeintlichen Größe was abzubekommen hofften oder ihn vielleicht auch wirklich verehrten. Er versuchte souverän und locker zu wirken, aber seine ganze Pose hatte etwas Verkrampftes; es war keine natürliche Freundlichkeit, mit der er empfing, sondern berechnende Höflichkeit. Sein Gesicht war besorgniserregend glatt, und bei jedem sich selbst aufgezwungenen Lächeln blitzte Gerissenheit in den Augen auf. Ein übler Zwerg, der den Erfolg als Wachstumshormon nutzte, in dem aber immer noch ein aus Minderwertigkeitsgefühlen zusammengesetzter gehässiger Rumpelstilz tobte. Gut 200 Gäste hatte er sich eingeladen, aus den unterschiedlichsten Bereichen, Politik, Wirtschaft, Finanzen, Kommunikation, Kultur, darunter Parlamentarier, mehrere Bürgermeister und Generaldirektoren, aber auch jede Menge neureicher Geschäftsleute wie er, die für solches Protzgehabe besonders gerne zur Verfügung stehen.

Jumpy, an sich solchen Partys nicht abgeneigt, fühlte sich unwohl. Vielleicht, weil er spürte, dass ihm als Begleiter einer Kroip-Sekretärin nicht die Achtung entgegengebracht wurde, die er eigentlich verdiente.

Mit dem ersten Cocktail nahm er eine Dosis Tramadol zu sich. Später könnte er immer noch zum Koks greifen, wenn nötig.

Der Cocktail war süffig und machte ihm die Gesellschaft der Schwätzer und Schaumschläger erträglicher. Er redete mit dem einen über Banken, mit einem andern über Kunst, mit einer Abgeordneten sogar über Koloratur-Gesang, trank zwischendurch einen weiteren Cocktail und landete schließlich auf der Terrasse bei einer hübschen Philippinin, deren Mann ihn aber keine 2 Minuten mit ihr allein ließ. Er war ein grobschlächtiges Wesen mit leicht schweinischem Einschlag, blasshäutig mit rot angelaufenen Wangen, stellte sich süffisant nuschelnd als Alexander Nucks oder Fucks vor und nahm demonstrativ seine teuer erstandene Philippinin in den Arm. Jumpy hielt Ausschau nach Sylvia, sah sie aber nicht und drückte sich zwischen den Gästen Richtung Bar durch. Irgendein Typ mit Schal um den Hals und Sonnenbrille auf dem Kopf glaubte, ihn als Manager einer schwedischen Treuhandfirma zu kennen und stieß mit ihm an, neben ihm stakste auf Metallstilettos ein schmales weibliches Wesen mit verkokstem Blick, dahinter gluckerte in festlichem Trauerschwarz eine angesäuselte Handtasche; ihr Gelächter hatte was vom Pfeifen übermütiger Meerschweinchen. Das Gespräch ging über irgendeinen Fatzke, der in einer Vorstadt, bei Pirmasens oder so, einen Puff betrieb, einen Tierpuff, und zu dem eben die Leute kamen, die Lust auf eine Ziege oder einen Hund hatten.

Also ich bin auf dem Gebiet ja einiges gewohnt, und auch tolerant, und jeder soll halt nach seiner Façon selig werden, aber mit Tieren, nee, rülpste ein Typ, der Jumpy vorher als Mitarbeiter des *Bjørnstädter Blatt* vorgestellt worden war. Hinter ihm Kroip im Gespräch mit 2 hageren Typen, die beide im Endstadium einer Krankheit namens Gier zu sein schienen, ein paar ausgelassene Schnepfen, die sich den Barkeeper ansahen, als hätten sie vor, ihn sich gleich zu teilen und ein gelangweilter Ökonom, der im Takt irgendwelcher kaum hörbarer Partymusik mit dem Kopf nickte. Zwischendurch wurde ihm eine Halbadelige mit Nuttenvisage vorgestellt, die in ihrer Freizeit, das heißt aus Langeweile, Kurse für gutes Benehmen gab, und eine Kunsthändlerin, die offensichtlich dabei war, sich selbst von einem Schönheitschirurgen in ein Kunstwerk verwandeln zu lassen.

Sie arbeiten also für die *Gus Clinton*?

Bei näherem Betrachten sah man die Risse in ihrer Barbie-Schnauze, das unter dem Fresco arbeitende Alter. Jumpy hörte nicht zu, tat nicht einmal, als hörte er zu, ging weiter durch das

Geschnatter dieser sich selbst beweihräuchernden Meute, eine Ansammlung bemitleidenswerter Selbstdarsteller in fickrig-fröhlicher Aufgekraztheit, und dann sah er inmitten dieser Ensor-Masken und Bacon-Fratzen ihr Gesicht, nicht zu fassen, sie war da, die Anmut in Person, die hin gezauberte Venus, Rebecca! Ihre vollen und schön geschwungenen Lippen, Blüten aus purer Sinnlichkeit, die wohlgeformten Wangen, die in hellem Blau blitzenden Augen, er war ihr ausgeliefert, völlig ausgeliefert, wie'n pubertierender Knabe, richtig unanständig ging es in seinen Vorstellungen zu, während sie ihm Unverständliches zuflüsterte. Er genoss ihre Stimme, jede ihrer Bewegungen, die strahlende Sanftheit ihrer Haut, die herausfordernde Herzlichkeit ihres Blickes, den Lidschlag, die zarten Hände am Glas und die Art, mit der sie sich mit der Zunge über die Lippen fuhr.

Bis dann der Hausherr mit einem albernen Toast dazwischenfuhr.

Völlig aufgekratzt sah Jumpy sich nach Sylvia um, entdeckte sie im Gespräch mit einer Frau, deren Gesicht ihm bekannt vorkam, auf das er aber keinen Namen zu setzen vermochte. Er spürte eine seltsame Ungeduld in sich, eine Mischung aus Erregung und Wut, und sagte zu Sylvia: Wolltest du mir nicht was zeigen?

Sie verstand nicht gleich, machte ein verdutztes Gesicht und stellte ihm ihre Gesprächspartnerin als Tina irgendwas vor, die er kurz grüßte, um dann Sylvia bei der Hand zu nehmen.

Ich entführe sie kurz, sagte er mit gespanntem Lächeln.

Was hast du?, fragte Sylvia.

Komm einfach mit!, sagte er.

Sie drückten sich durch die Menschenmenge – es schienen jetzt noch mehr Leute da zu sein als am Anfang –, verließen die zum Foyer umgebaute Scheune und stiegen die Treppe hoch zur ersten Etage des Wohnhauses. Auch im loftähnlichen Wohnzimmer wimmelte es von vergnügten Partygästen. Am Ende des Ganges das Bad. Jetzt begriff Sylvia, was er vorhatte und gab einen leisen Seufzer von sich; sie wollte damit wohl ausdrücken, dass ihr sein Vorhaben etwas peinlich schien, aber er hörte aus ihrem Wimmern nichts als eine Vorstufe der Lust heraus.

Immerhin das Bad meines Chefs, sagte sie, als sie hinter sich abgeschlossen hatten.

Stört dich das?, fragte er.

Bevor sie etwas sagen konnte, küsste er sie, nahm sie bei den Schultern, drehte sie mit leichtem Schwung, so dass sie ihm den Rücken zukehrte und sie ihre Gesichter im Spiegel sehen konnten. Er hob ihren farbenfrohen Sechzigerjahrerock hoch, sie bückte sich leicht nach vorne. Beim Anblick ihres wunderbar glatten, glänzenden Arsches vergaß er für einen Moment Rebeccas Zauberblick, genoss Sylvias Pobacken mit den zarten Lendengrübchen, drang, nachdem er die Prallheit ihrer Backen in einer Mischung aus Bewunderung und Gier kurz getätschelt hatte, genussvoll, etwas überstürzt sogar, in sie ein und nahm sie recht heftig, eine Angelegenheit von nicht ganz langer Dauer.

Na, na, schüttelte sie danach schmunzelnd den Kopf, ganz schön geladen!

Ein bisschen hörte sich das für ihn wie eine Frage nach der Ursache dieses plötzlichen Zwischenspiels an, und war wohl auch so gemeint.

Na ja, sagte er, vielleicht macht das dieser Kroip-Cocktail!

Jemand versuchte ins Bad zu kommen, drückte mehrfach die Klinke; Jumpy rief ihm ein fröhliches „Besetzt" zu, küsste ein weiteres Mal Sylvias zarten Hintern, wollte seine Hose hochziehen, als er merkte, dass Sylvia sich ganz auszog.

Ich bin völlig verschwitzt, sagte sie.

Gute Idee, sagte er, duschen wir zusammen!

Unter der Dusche befummelten sie sich ein wenig, aber Jumpy bekam keine zweite Erektion. Sylvia hingegen schien auf den Geschmack gekommen, küsste und drückte ihn recht leidenschaftlich und wies ihn an, sie zu lecken, was er dann auch tat. Den Rest gab er ihr mit der Brause. Sylvia entwickelte in der Wanne eine ganz schöne Wucht und konnte ein paar tief herausgekeuchte Schreie nicht unterdrücken.

Schon wieder rüttelte jemand an der Tür. Entweder hatte es da einer eilig oder es waren mehrere, die sich die Klinke in die Hand gaben. Vielleicht wollte die ganze Gesellschaft ihnen auch zusehen.

Als sie sich abtrockneten, merkten sie, dass ihre Kleider durch das Geplantsche zum Teil richtig durchnässt waren. Der Fön war da auch nur von begrenztem Nutzen und sie verließen das Bad, zwar mit getrocknetem Haar, aber mit feuchten Klamotten, was ihnen eine Menge erstaunter und schräger Blicke einbrachte. Da Jumpy ohnehin keine Lust auf den Abend gehabt hatte, beschloss er gleich nach Hause zu fahren, war froh, als Sylvia sagte, sie könnte nicht jetzt schon gehen.

Bleib ruhig da, sagte er, war froh alleine fahren zu können.

# 50

## Annick B

Ich tanzte tagsüber, beruflich, im *Club 99*, abends ging ich tanzen, also aus, meist bis spät in die Nacht. Der *99* öffnete morgens erst um 10, ich trat nie vor 11 an. Tagsüber war ziemlich viel los, abends nicht. Die Männer, die hereinkamen, waren Geschäftsleute, Angestellte, Beamte, alles gutbürgerlicher Durchschnitt, sehr viele zur Mittagsstunde, vor dem Essen oder danach, schauten kurz herein und erleichterten sich. Dann wurde es ruhiger bis so gegen 5. Ab 7 dann tote Hose. Da fuhren sie nach Hause zu Frau und Kind, nahmen den RER nach draußen.

Unsere Bühne war eine kleine Arena mit Drehboden, umgeben von Spiegeln, hinter denen sich die Männer in ihren Kabinen versteckten. Dort warfen sie ihr Geld ein und der Vorhang ging hoch. Später konnte nur noch mit Karte bezahlt werden. An der Kasse konnte man sie kaufen und aufladen lassen, für eine Dauer von, je nach Preis, zwischen 10 Minuten und 10 Stunden. Die *habitués*, die ein paarmal pro Woche hereinkamen, bekamen, wenn sie die 10 Stunden abgearbeitet hatten, eine halbe Stunde gratis. Von der Arena aus waren die Männer nicht zu sehen. Nur wenn ich sehr nah an den Spiegel ranging und mit den Händen wie Scheuklappen um die Augen das Bühnenlicht ausblendete, konnte ich in eine Kabine blicken und den Kunden sehen. In jeder Kabine gab es einen bequemen Sessel, aber die meisten Kunden standen, nahe am Glas, einige drückten ihren Schwanz dagegen, wenn ich mich näherte. Es gab 2 Putzmänner, Amadou und Bébert, die sich abwechselten, um die Kabinen zu reinigen. Es war vorgesehen zu wischen, sobald ein Mann die Kabine verlassen hatte, aber während der Rush-hours gaben sich die Männer derart die Klinke in die Hand, dass kein Putzdienst dazwischen kommen konnte. Am späten Nachmittag stank es trotz Duftspray in einigen Kabinen fürchterlich.

*Amadou, le torchon!*, rief dann Patrick, der Statthalter des Tunesiers, der den Laden führte, und Amadou rückte mit Eimer und Schrubber an.

Während der Hauptgeschäftszeiten wurde auch auf der zweiten Bühne weiter hinten im Laden getanzt und wir wechselten von einer zur andern. Eigentlich war mir die zweite lieber, denn dort gab es in der Mitte eine Stange, an der sich die Tänzerin bewegen sollte, die mir aber hauptsächlich dazu diente, mich festzuhalten. Ich brauchte mich dort weniger zu bewegen, ein bisschen das Bein heben genügte. Jedes Mädchen hatte je nach Schicht 4 bis 7 Auftritte pro Stunde. An einem Nachmittag konnte eine Tänzerin also gut 30 Mal an der Stange hängen, was dann doch zu einer gewissen Langeweile führte. Patrick konnte von seinem Büro oder auch von der Kasse aus über einen Monitor die tanzenden Mädchen beobachten. Wenn er den Eindruck hatte, der einen oder anderen fehle es an Verführungskunst, wurde sie zu ihm gerufen, bekam eine Verwarnung, später einen Abzug vom Gehalt.

Die Kunden konnten auch Spezialkabinen oder die sehr teuren Kontaktkabinen mieten. In der Spezialkabine war einfaches Glas zwischen Kunde und Tänzerin und es gab eine Sprechanlage, durch die der Kunde seine besonderen Wünsche durchgeben konnte. In der Kontaktkabine fehlte das Glas zwischen Tänzerin und Kunde, allerdings gab es einen Alarm. Wenn der Kunde sich ohne die Einwilligung der Tänzerin zu weit nach vorne bewegte, wurde der Alarm ausgelöst. Wenn die Tänzerin – gegen gutes Geld – bereit war, sich vom Kunden berühren zu lassen, konnte sie den Alarm ausschalten. Prostitution war – entgegen der Meinung verschiedener Kunden – nicht erlaubt. Das führte gelegentlich zu Unmut bei Männern, die mehr erwartet hatten. Tatsächlich hätten sie für den Preis der Kontaktkabine gut eine halbe Stunde bei einer Nutte haben können. Wir aber waren Tänzerinnen, und der Tunesier achtete darauf, dass in seinem Geschäft nichts aus dem Ruder lief.

Ein halbes Jahr, nachdem ich dort angefangen hatte, wurde auch der Auftritt der Paare eingeführt. Am Anfang waren es 2 Paare, die im 99 auftraten, Régine und Maurice und Marthe und Junis, später kamen wegen des großen Erfolgs neue Paare hinzu. Das Paar trat nur einmal pro Stunde auf und wurde jedes Mal groß angekündigt, so dass die Männer schon lange vorher Schlange standen. Besonders beliebt waren Marthe und Junis, die beide ausgesprochen gut aussahen. Zudem hatte Junis einen besonders dicken und vor allem breiten Schwanz, der offensichtlich die Männer anlockte. Der Auftritt des Paares dauerte etwas länger als der der Tänzerin. Zuerst schmusten sie ein wenig, dann kam Blasen und schließlich Ficken. Selbstverständlich immer ohne Ejakulation. Patrick hatte mich auch mal auf den Paarauftritt angesprochen. Er kannte Sascha – ich war da noch mit Sascha zusammen –, weil der mich regelmäßig im Club abholte, und meinte, wir seien doch ein tolles Paar. Aber ein solcher Auftritt kam für uns nicht in Frage. Ich war Tänzerin, keine Pornodarstellerin. Auch in der Kontaktkabine blieb ich auf Distanz. Ich hatte ein paar Kunden, die mich regelmäßig mieteten, jedem sagte ich gleich, bis wohin er gehen konnte, und die waren damit auch einverstanden, auch wenn der eine oder andere gelegentlich versuchte, etwas mehr zu erreichen. Das gehörte zum Spiel. Ich war die Unerreichbare, mit der sie sich abzuquälen hatten.

49 ◁

▶ 93

# 51

## Liliane M

Im Park saß jemand mit seinem Laptop neben ihr und sie durfte mitlesen. Womöglich hatte er sie gar nicht bemerkt. Er war damit beschäftigt, ein neues Konzept zu entwickeln, so viel konnte sie verstehen. Welches Konzept wofür blieb ihr allerdings unklar. Einige Worte standen ganz groß auf dem Schirm: AKTIVPOSTENSTEIGERUNGSEFFIZIENZ zum Beispiel, oder DOWNSIZING-SCHNITTSTELLENBEREICHE, darunter der Vermerk: Weiche Fähigkeiten berücksichtigen! Gelegentlich bewegte er die Lippen, als übe er stumm das Artikulieren seines Plans. Ein Mann und eine Frau, beide mit Handy am Ohr, kamen aus entgegengesetzten Richtungen und kreuzten sich genau vor dem Schreibenden, ein Schauspiel von sanfter Ironie, geschickt vom Zufall inszeniert.

Sie spürte die Hektik des Mannes neben ihr und beschloss weiterzugehen.

Das Gelb einer Forsythienhecke stimmte sie fröhlich und melancholisch zugleich. Und plötzlich hörte sie ihr Lied. Eines der Mignon-Lieder aus Goethes *Wilhelm Meister*: *So laßt mich scheinen*. Sie kannte die Vertonungen von Schubert, Schumann und Wolf. Schumann war ihr Lieblingskomponist, aber jetzt hatte sie die schubertsche Melodie im Kopf, die weniger beunruhigend für sie war.

Sie setzte sich wieder, auf eine etwas höher gelegene Bank und sang leise (*mit unglaublicher Anmut*, heißt es bei Goethe):

> So laßt mich scheinen, bis ich werde,
> Zieht mir das weiße Kleid nicht aus!

Ich eile von der schönen Erde
Hinab in jenes feste Haus.

Als plötzlich ein Sturzregen niedergeht – es ist bereits Abend,
wo war sie die ganze Zeit über? –, hat sie die Idee, sich in ein
geparktes Auto zu setzen, um sich vor den Wassermassen – ja,
sie denkt das Wort Sintflut – zu schützen. Dass der Wagen,
den sie anpeilt, nicht verschlossen ist, wundert sie nicht, sie
hat damit gerechnet. Der Besitzer würde sie sicher verstehen,
falls er sie entdecken sollte. Beim Öffnen der Tür geschieht ihr
ein Missgeschick; sie rutscht auf nassem Blattwerk aus und
fällt hin. Sie tut sich nicht weh, erschrickt aber so heftig, dass
ihre Nase anfängt zu bluten. Mit Nasenbluten und nassem,
verdrecktem Mantel setzt sie sich auf den Beifahrersitz und
wartet. Hofft, dass der Schauer bald zu Ende sein wird.

# 52

## Annick B

Einer meiner Stammkunden in der Spezial-, später in der Kontaktkabine war Luxemburger, ich hörte es an seinem Akzent und hatte Angst, er könnte bei mir ebenfalls einen Akzent heraushören und auf die blöde Idee kommen, mir durch diese Gemeinsamkeit näher kommen zu müssen. Solche Treffen unter Landsleuten in der Fremde habe ich immer gehasst. Zum Glück identifizierte er meinen Akzent nicht – war wohl auf anderes konzentriert, vielleicht hatte ich mir auch für die Gespräche mit ihm einen spanischen oder rumänischen Akzent zugelegt – und blieb auf der von mir gewünschten Distanz. Er nannte sich Louis, vielleicht hieß er auch so, und machte eine schwere Phase durch, seit seine Frau bei einem Verkehrsunfall ums Leben gekommen war. Am Anfang wirkte er eher schüchtern, vielleicht war es auch bloß Niedergeschlagenheit, aber mit der Zeit wurde er freimütiger, versuchte es sogar mit Zudringlichkeit, blieb aber Gentleman, wenn ich ihm sagte, dass ich nicht weiterzugehen bereit war. Wie alle andern Kunden machte er mir Komplimente, sagte, ich sei unwiderstehlich, fragte, ob ich nicht doch mit ihm ausgehen wollte. Er tat es mit einem Charme, den die meisten andern nicht besaßen, versuchte auch in der albernen Situation, die ein solcher Kontakt nun mal darstellt, nicht ganz der Lächerlichkeit zu verfallen wie verschiedene andere, die auf einmal zu merken schienen, dass sie sich selbst erniedrigten und überheblich oder aggressiv wurden. Oder eben auch nur die Sau rausließen, wie sie sich es schon immer gewünscht hatten und sonst wo nicht trauten. Für solche Typen gab es bei mir allerdings kein zweites Mal. Die wechselten dann zu Yasmin, die viel toleranter war und wohl auch etwas mehr verdiente als ich.

Louis buchte mich einmal pro Woche. Anfangs sagte er nicht viel, machte ein paar Komplimente und konzentrierte sich dann aufs Masturbieren. Er zog sich nie ganz aus – die meisten Männer taten es nicht, und die, die es taten, hätten es meiner Ansicht nach besser sein lassen –, legte seine Weste über den Sesselrücken, lockerte die Krawatte und öffnete die oberen Knöpfe des Hemdes. Die meisten Kunden hatten ganz bestimmte Rituale, die sie mehr oder weniger jedes Mal durchzogen. Ein fetter Mann aus dem Périgord – *que voulez-vous*, sagte er, *c'est le foie gras* – keuchte bereits beim Ausziehen dermaßen, dass ich befürchtete, er erleide einen Infarkt, noch bevor er einen Ständer hatte. Dabei streichelte und glättete er jedes Kleidungsstück einzeln, bevor er es wie in die untere Schublade eines imaginären Schranks neben sich auf den Boden legte. Im Allgemeinen versuchte ich, solche Typen nicht zu beurteilen, weil ich mich so wenig wie möglich auf sie einlassen wollte. Hätte ich angefangen, mich auf Körper und Geist all meiner wichsenden Besucher einzulassen, ich wäre verrückt geworden. Trotzdem überkam mich ab und zu etwas wie Ekel, Ekel vor dem sabbernden Haufen Fleisch in der Kabine und Ekel vor mir selber, weil ich ihm Modell stand. Monsieur Périgord versuchte mit der Linken seinen Fettbauch hochzuheben und fummelte mit der Rechten drunter in den Speckfalten, bis es ihm kam. Einer von vielen, die, wie ich sagte, besser daran getan hätten, ihren Exhibitionismus nicht ganz so weit zu treiben. Natürlich gab es auch Männer, die schön anzusehen waren, durchtrainierte Körper, die auf Chippendale machten und sich irgendwann wohl fragten, warum eigentlich sie für die Vorstellung zahlen mussten und nicht ich.

Louis wichste gediegener – soweit es sich auf diese Weise ausdrücken lässt –, blieb eigentlich recht höflich während des Aufenthalts in der Kabine. Einmal, als er im Sommer ohne Krawatte und mit Freizeithemd auftauchte, rutschte ihm dieses von den Schultern und ich sah, dass er auf der linken Brustseite über dem Herzen eine eigenartige Schwellung hatte, eine längliche Narbe, die wie eine sehr dicke Ader aussah oder – das dachte ich in dem Augenblick – wie eine schmale Erektion des Herzens. Ich sprach ihn nicht darauf an, aber er hatte gemerkt, dass mein Blick an seiner Brust hängengeblieben war. Er legte die linke Hand darauf, und ich dachte, er möchte diese Narbe vor mir verstecken. Nachdem er abgespritzt hatte, sagte er, er habe nicht darüber reden wollen, habe aber meinen irritierten Blick bemerkt und falls ich mehr wissen wollte, würde er mir beim nächsten Mal eventuell Bescheid geben.

Das tat er dann auch. Ich muss zugeben, dass dieser seltsame Auswuchs auf seiner Brust meine Neugier geweckt hatte und ich gespannt auf seine Erklärung wartete.

Im schwachen Licht der Kabine hatte ich es beim ersten Mal nicht richtig sehen können. Jetzt, wo er näher an mich herantrat, war es deutlich als subdermales Implantat zu erkennen.

Ja, sagte er, es ist der Ringfinger meiner verunglückten Frau.

Er hatte ihn von ihr abgetrennt, bevor sie eingeäschert wurde, hatte ihn zubereiten – mumifizieren oder plastifizieren – und ihn sich dann unter die Haut pflanzen lassen. Mitsamt dem Ehering, wie er sagte. Dieses Andenken würde er immer mit sich tragen.

# 53

## Heftroman

5 Schwäne waren mittlerweile abgestürzt. Die Stadtverwaltung rief die Menschen zur Vorsicht auf. Halten Sie den Himmel im Blick, hieß es. Eine eindeutige Erklärung für die seltsamen Vorkommnisse wurde nicht gegeben. Selbstverständlich wurde die Luftverschmutzung angeführt, aber insgesamt blieben die Informationen widersprüchlich. Auf die Frage, warum ausgerechnet die Schwäne abstürzten und nicht zum Beispiel die Kraniche, die seit kurzem wieder Einzug hielten, gab es keine Antwort. Es seien auch schon kleinere Vögel abgestürzt, hieß es, Krähen und Tauben, aber das sei weniger auffällig. Möglicherweise seien die Schwäne auch empfindlicher oder schwerfälliger, so dass sie dem verseuchten Luftbereich nicht rechtzeitig entkommen könnten.

In der Zeitung waren die verschiedenen Absturzstellen beschrieben, die, obwohl die Schwäne anscheinend zusammen geflogen waren, recht weit auseinanderlagen. 2 Schwäne, ein schwarzer und ein weißer, waren im Zentrum niedergegangen, der eine im Hof einer Schule, zum Glück abends, als keine Kinder mehr dort waren, der andere leider mitten in der Fußgängerzone, wo er einen dreieinhalbjährigen Jungen traf und so schwer verletzte, dass der Kleine immer noch in komatösem Zustand im Krankenhaus liege.

Ein dritter Schwan fiel auf das Dach eines Vorstadthauses, das durch die Wucht des Aufpralls zerstört wurde; der Schwan landete im Schlafzimmer auf dem Bett. Als die Einwohner ihn entdeckten, lebte er noch, wälzte sich anscheinend in den Daunen der aufgeplatzten Bettdecke, konnte letztlich aber nicht gerettet werden. Die beiden letzten waren außerhalb der Wohngebiete niedergegangen, einer in den Schlamm des Thomas-Areals gestürzt, allerdings unweit eines geparkten Raupenbaggers, der letzte war an der französischen Grenze direkt neben einer – von der Stadt nicht gebilligten – Schuttablage liegengeblieben.

# 54

## JPW

Ich habe dem Treffen zugestimmt, das Geld wird pünktlich auf meinem Konto sein, hoffe ich, so dass ich umdenken kann. Alles ist leichter als erwartet. Ich bewege mich wie immer, unauffällig, auch wenn der eine oder andere sich von meinem Elan provoziert fühlt. Wer ich bin, geht niemanden was an. Wer zu viel von sich preisgibt, ist verloren. Die Klaviaturen der Etagen sind ein rauer Feldlärm, die Gänge voller Missgestalten, und die grimmigsten Kriege in all der Mitarbeiter Köpfe geben sie gerne als muntere Feste aus. Ich bin für diese Possenspiele nicht gemacht. Wo sie mit verliebten Spiegeln buhlen, zeig ich meine roh geprägten Handgelenke und greife zu. Eine schlaffe Friedenszeit ist es ohnehin, hier geheime Konten, dort betrogene Öffentlichkeit, *Openlux* and shut up! Wie halunkisch ein Herr Kroip mit seinem teuren Panama auf Reisen, wie dämlich ein Herr Schirach im Amt für Brot und Spiele. Und hier sitzen sie, teuer an Ort und Stelle, superfein und schwuchtelig, und tun, als täten sie ihre Pflicht, im Glanz des Erfolgs, völlig bescheuert. Blitzartig werden Unsummen verschoben und kübelweise Dreck wird ohne Wimperzucken gebongt, zwischendurch jemand gelyncht, ein Goldrausch aus Accounts, IP-Adressen und Servern, ein Supergroove ausgefallenster Begabungen, optimistisch, als würde gerade die Erde saniert, smarte Kollegen aus dem Management-Bilderbuch, Mitarbeiterinnen von toxischer Weiblichkeit, Stockwerke üppigster Gefälligkeiten und freundlichster Verlogenheiten, in jedem röchelt das Ende der Geselligkeit, smart und sauber vor sabberverklebten Schirmen, entstellt und verwahrlost.

*Gus Clinton*, sagt Annick, und spricht ein doppeltes s, also Guss Clinton – da zischen die Schlangen – wie Guss oder Giss, was auf Luxemburgisch Schwein bedeutet, aber, sag ich zu Annick, du tust den Schweinen Unrecht! So lachen wir und gehen abends zusammen Austern essen und dann ins Bett.

# 55

## Tomas B

E.T. versucht immer noch, mich zu bequatschen. Sie macht auf großzügig, lässt mir – aus ihrer Sicht – dies und jenes durchgehen, um dann umso bestimmter auf Mängel meiner Arbeit hinzuweisen. Sie war beim Friseur. Um strenger zu wirken, nehme ich an. Auf jeden Fall sieht sie älter aus mit der neuen Frisur (was wohl nicht ihre Absicht war). Mit den Haaren hat sie sich offensichtlich auch die Nägel machen lassen. Sie blättert durch das Skript mit einer Art blassblauer Kunstkrallen. Ich höre, dass sie spricht, verstehe aber nicht, was sie sagt. Mister Schub ist da und teilt mir mit, dass ich diese Situation unmöglich länger ertragen kann. Ich sehe, wie ihr die Haare ausfallen. Ich nehme an, sie will auf die Liste der 12 Frauen, die auch mit Glatze großartig aussehen. Geht aber nicht. Sie sieht nicht großartig aus, eher wie ein zu groß geratener Danny DeVito. Sie lächelt beharrlich, scheint ihren Haarausfall nicht zu bemerken. Bis ich mich dafür entschuldige.

Wofür?

Für Ihren Haarausfall.

Sie ist geschockt, nimmt meine Bemerkung sehr persönlich.

Ein frisch gefärbtes, dunkles Haar hat sich ganz unauffällig auf die Textseite fallen lassen. Ich puste es weg. Es bleibt und zittert, scheint an einem Ende festgeklebt.

Ich entschuldige mich ein zweites Mal. E.T. weiß nicht, was sie sagen soll. Sie versucht, ruhig zu bleiben, sieht mir in die Augen, panisch auf der Suche nach einer Erklärung.

Ich weiß, dass sie Kuttup nicht mag. Wieso sitzt sie also hier?

Bei Kuttup stürzen sich die Menschen vom Turm, so wie sie sich hier, in Belval, in Wirklichkeit, im Morgengrau, im sonnigen und vernebelten Tag oder mitten in der Nacht vom *Clinton*-Hochhaus stürzen. Das scheint Sie nichts anzugehen, Frau Lektorin! Sie bekommen Ihren Lohn, wenn Sie nur mit frisch geföhntem Haar und schlechter Laune hier ein paar Texte auf ihren Gebrauchswert hin überlesen. Tut mir leid, Frau Lektorin, meine Texte sind nicht zum Verbrauch gedacht. Wir denken nicht in den gleichen Kategorien. Ihr Lektorat wird mir zunehmend unverständlicher. Überhaupt kommt mir in letzter Zeit die ganze literarische Besorgnis wie eine ebenso verkrampfte wie verlogene Selbstrechtfertigung vor. Sie dürfen mich ruhig unter –

Ich bitte Sie, Tomas, was ist bloß mit Ihnen los?

brechen, wenn Ihnen danach ist. Aber ich möchte Ihnen sagen, wie sehr Sie mich an eine Schauspielerin erinnern, die seit Jahren in jedem Film die gleiche Rolle spielt, in der Hoffnung, dass Rolle und Film irgendwann einmal zusammenpassen werden. Als ob jemals irgendetwas zusammenpassen könnte in einem solch kläglichen Lebensentwurf. Sie wollen eine Erklärung. Kann ich verstehen, aber ich habe selbst keine. Außer Mister Schub. Das können Sie nicht nachvollziehen. Auch das verstehe ich. Das möchte ich Ihnen ja mitteilen. Ich bin nicht nachzuvollziehen. Und Ihr sehr literarisches Gehabe – jawohl – stößt mich eher ab, als dass ich, wie Sie es vielleicht erhoffen, mich Ihnen mit meinen Sätzen anvertraute. Das ist nicht gegen Sie als Person gerichtet, aber Sie spielen nun mal eine Rolle, die so angelegt ist, dass ich sie als gegen mich gerichtet betrachten muss. Die ganze Szene ist verseucht und will von der sie durchdringenden Ahnungslosigkeit nichts wissen. Jeder sitzt auf seinem Thron und schreibt sich ein Königreich zurecht. Ich frage Sie, Frau Lektorin, was sollen wir mit diesem ganzen korrupten Adel denn anfangen? Ich persönlich reagiere allergisch. Auch gegenüber Lesefutterknechten der höheren Art. Sogar Dichter und Dichterinnen können mich in die Flucht treiben. Ich möchte sie nicht erleben, ich möchte nicht ihr dreckiges Fleisch und Blut. Die Texte genügen mir. Aber da sitzen wir dann auf einmal gemeinsam am Tisch und sind gezwungen, uns zu unterhalten. Wer hat uns in diese Bredouille gebracht? Leute wie Sie, Frau Lektorin, die davon leben, dass andere schreiben. Feuilletonisten, Blogger und Bücherkastenbastler, Agenten, Verkaufszahlenmesser, Preisgeldrichter und Jurymitglieder, Kritiker, Messeorganisatoren, Reisegeldverrechner und Ministerialbeamte im Dienst der Kultur, Literaturhausdirektoren, Nachlassverwalter, Festivalorganisatoren und Institutsleiter, sie alle freuen sich, wenn sie ein paar von unserer Sorte zusammenbringen und sich so beweisen können, dass sie zu etwas gut sind. Gut zu den Autoren und gut zu sich selbst. Neulich noch saß ich zusammen mit Guy und Navid und Matthias in einem Restaurant, das sich *L'Annexe* nennt, ein durchaus angenehmes Treffen, hätten nicht all die Kulturbeutel mit uns zusammen am Tisch gesessen, Leute von verschiedenen Botschaften und unterschiedlichen Kulturhäusern, die sich alle für sehr redegewandt hielten. Ein dicker Präsident (geschätzte 140 Kilo) war auch dabei und erwähnte mir gegenüber, dass er mal mit Onkel Ted* auf die Jagd gegangen war. Ich sagte ihm, dass mir das völlig egal sei, ob er mit Onkel Ted auf die Jagd oder nicht, da ich mich mit Onkel Ted verkracht hätte, und es möglich wäre, dass ich mich, wenn er

weiter seine Hallodrigeschichten erzählte, auch mit ihm ver-
krachen würde, auch wenn er Präsident des weltgrößten
Deutsch-Französisch-Luxemburgischen Kulturinstituts sei.
Die Dame vom Goethe-Institut, die sich zufällig neben mich
gesetzt hatte und meine Antwort an den dicken Präsidenten
nicht richtig verstanden, wohl aber gemerkt hatte, wie aufge-
bracht ich war, flüsterte mir beruhigend ins Ohr, der Mann sei
der Präsident des Institutes, wo wir eben gewesen waren, was
ich ja bereits wusste und was mich nicht davon abgehalten
hatte, ihm meine Meinung zu sagen. Immerhin hätte er uns
eingeladen, sagte sie noch. Das ist es ja, Frau Lektorin, was
mich irritiert, die wollen uns alle kaufen, in den Sack stecken,
so wie Sie sich das auch wünschen …

So können wir nicht arbeiten, Tomas …

Ich bin noch nicht fertig …

Aber ich. Ich habe keine Lust, mich noch länger mit Ihren
Hirngespinsten auseinanderzusetzen. Gehn Sie doch einfach
zum Arzt!

Das ist jetzt aber nicht sehr freundlich von Ihnen, E.T., auch
wenn Sie gerade eine Geduldskrise durchmachen, sollten
Sie höflich bleiben. Ich fahre fort: Auch meine Geduld ist
am Ende. Wenn Sie denken, dass weder Kuttups Stil noch
mein eigener, soweit ich einen habe, was mich wundern
würde, da ich Stil für Betrug halte, in der gegenwärtigen
Zeitgeistigkeit geeignet seien auf die in Ihren Augen uner-
lässliche Zustimmung zu stoßen und Sie sich damit eine
marktgerechte Argumentation zusammenbasteln, so haben

Sie dabei vielleicht einige Kommentatoren auf Ihrer Seite, die in ihrem gesitteten Deutschlehrerdeutsch zu verkünden wissen, was Literatur ist und wie sie geht und Preis wird und Werbung, denn darum geht's Ihnen ja, Sie wollen, dass ich so gut ich kann für mich werbe und überall als Abziehbild und Pixelposter erscheine, als Lichtgestalt modischer Denk- und Schreibart, als großgeschriebener NAME, Merchandiser und Musterautor in einem, aber mich ziehn Sie nicht da hinein, das sag ich Ihnen, eher noch schreib ich ab jetzt, ja, das mache ich, Fanzine, selbstgemachte EGOZINE, und pfeife auf Ihre literarischen Jahrmarktsveranstaltungen und die Preisrichter, die ähnlich wie die Bewerter bei Wettbewerben für RASSEHUNDE nach Zuchtkriterien Autoren und Werke begutachten und furzfeierlich grunzend Ihre Begründungen verkünden, immer mit den gleichen Worten, nur die Reihenfolge ändert, so dass mit den Jahren die zu erziehende Masse versteht, worum es geht, damit noch mehr solcher ZEITGEISTIGER Druckkunst unter die Menschen, und sie, wie vor der Gioconda – ich zitiere jetzt Gombrowicz, werte Lektorin – im Louvre, einem der dümmsten Orte der Welt, sich eine idiotische Maulsperre der Begeisterung holen können, bezirzt und verwandelt, nicht in Schweine zwar, aber in Dummköpfe, und das, Frau Lektorin, inmitten literarischer Hochämter ...

* Siehe Band 2 *Die Tanzenden*

**56** ◁      ▶ **104**

## 56

# Frau Back und ein Mann namens Xaver

Ich verlasse dich jetzt.

Wir gehn alle hier raus, ins Neue.

Das Neue sieht mich nicht!

Du kommst nicht weit, Xaver. Es ist bereits dunkel draußen.

Ich gehe gerne in der Dunkelheit.

Matthias kommt.

Er kommt überhaupt nicht. Ich habe lange genug mitgespielt.

Kaum kannst du wieder stehen, schon willst du ausfliegen. Du mutest dir zu viel zu.

Schumann ist tot.

Wer sagt das?

Hab's geträumt. Er war bei meiner Tochter, jetzt trauert sie um ihn. Ich will sie sehn. Im Dorf gab es einen Verrückten, er hieß Yvo, der lieh sich stapelweise Bücher aus, obwohl er nicht lesen konnte. Er konnte nicht lesen und lieh sich mit Begeisterung Bücher aus. Und las sie. Er las sie auf seine Weise und erzählte die Geschichten weiter. Ich glaube nicht, dass er es tat, um sich hervorzutun. Um den Anschein zu erwecken, er sei wie die andern. Vielleicht spielte das mit, war aber nebensächlich. Ich glaube, dass er seine wahre Freude hatte an der ganz persönlichen Deutung dieser Zeichen. Sie schenkten ihm neue Geschichten. Er las auf seine Weise, ein Lesen, das mit unserm nichts gemein hatte. Soll ich dir das Gedicht jetzt vorlesen?

Später.

Dann geh ich. In den Garten.

Begonien, Rosen, Buchsbäume.

Wir haben doch schon gegessen.

Buchsbäume, Rosen, Begonien.

Nein. Ich trete keinen Rückweg mehr an.

Ach! Frau Meunier sagte, vor den Buchsbäumen seien es Palmen gewesen, die dort standen.

8 Milligramm Haldol pro Tag, da sieht man den Garten anders.

Frau Meunier hat eine krankhafte Südsee-Sehnsucht. Daher ist ihr immer kalt.

Die seien vertrocknet, daher habe man sie entfernt.

Nun ja, das passt zu diesem Haus.

Wird bald geräumt sein.

Ja.

Näher am Zentrum. Da hat Matthias es nicht mehr so weit. Er ist immer so außer Atem. Weil das alles viel zu schnell geht, da draußen. Da ist so eine verrückte Hast. Freust du dich?

Auf Matthias?

Auf das neue Heim.

Frau Meunier freut sich auf die Fußbodenheizung. Ich gehe.

Und das Fest? Das Abschiedsfest?

Ein Totentanz.

Ein Veitstanz, das hab ich mal gedacht. Die Alten hier, ja, vor allem aber da draußen. Eine ganz beschissene Tanzwut. Früher tanzten sie, weil sie vom religiösen Wahn ergriffen waren. Bis ihnen Schaum aus dem Mund quoll und Wunden auftraten. Bis sie in Ekstase fielen. Jetzt treibt sie ein neuer Glaube, ein Glaube, dessen Ursprung ich nicht so richtig ausmachen kann, der sie zu Ungeheuerlichem befähigt und gleichzeitig verschleißt, ohne Engelstrompeten, ohne Mutterkorn, aber mit viel Verzweiflung, ein zwanghafter Erfolgswahn, der sie antreibt und ihnen den Atem nimmt und letztlich den

Verstand. Bei diesem verzweifelten Tanz, sich selbst zu finden, tanzen sie an sich vorbei.

57 ◁

▶ 115

# 57

## Tomas B

Nichts mehr auf seinem Platz in mir.

Die Stadt stürzt sich auf diesen abergläubischen Tomas wie ein Raubtier, die Geschäftsstraße ein Rachen aus verdorbenem Fleisch, das Fletschen der Auslagen bei D&H, die rollenden Augen der Versicherungsgesellschaft Ecke Wassergraben- und Turmstraße, das Aufblitzen der Krallen am Gemeindehausplatz, sowohl die der Anwaltskanzlei Schutz & Schutz wie die der Fürst-Fuckler-Sparkassenbank, die Tatzen der DEBI-Supermarktfiliale, die Rotze der Lautsprecheranlage, die den Ausverkauf des letzten Haushaltswarengeschäfts ankündigt, der grunzende Sound des verstaubten LP-Ladens, das bedrohlich einlullende Modehaus Falck mit den hautfressenden Zusätzen im Hemdstoff, die verödete Galerie Merkur mit ihrem groß aufgerissenen Maul voller Zahnstein und Kebabkotzresten, die heimtückisch kichernde Wollstube mit ihrem dekadenten Räucherstäbchencharme, die vollgefurzten Glamouropolis-Lichtspiele mit ihrem einschüchternden, ohrenbetäubenden Gebrüll, alles nagt und frisst an mir, so dass ich fürchten muss, als zerfetztes Wesen anzukommen bei der lieben Lektorin, die, obwohl sie eingelenkt hat, immer noch auf einzelne Änderungen besteht, die ich für absurd halte, so dass ich wieder mal nicht die geringste Lust habe, sie zu treffen und mit ihr zu verhandeln, hole mir daher erst mal ein Bier an der Ecke und dann ein paar Kopfhörer, neue, die alten sind hin, bei Jupiter, diesem scheißgroßen Allesverkäufer, vom Smartphone über den Multifunktionsdrucker bis zur Waschmaschine und dem Full-HD-Monitor mit einer Bilddiagonale von 262 Zoll, damit ja niemand das letzte Interview bei Anne Mill oder Samantha Weischberger verpasst, alle auf dem Laufenden, klar, und mit den neuesten Errungenschaften der Verkaufskette vertraut – Wir haben sogar Streaming-Boothes für euch, aus denen ihr live auf Twitch streamen könnt –, hinein ins Gewusel, auf der Suche nach Kopfhörern, damit der Tomas all die ätzenden Laute da draußen nicht mehr ganz so grell hören muss und, wer weiß, vielleicht behält er auch bei der E.T. die Ohren bedeckt, also zu den Tagesangeboten auf Jupiter, her damit, bis dann, gleich hinter der Kasse diese 3 Trolle auftauchen, Männer in Schwarz, die sich auf mich stürzen, Sicherheitsagenten, die aufpassen, dass bei Jupiter alles seine ORDNUNG behält, und einer von denen mich anfaucht: Sie haben da was ausgepackt!

Bitte?

Sie haben da was AUSGEPACKT!

Der Mann, ein kleines, gedrungenes Wesen, das sich extrem unruhig bewegt, als sei es voller Gewürm, hält mir irgendeine Klarsichtfolie vor die Nase und sieht mich mit Scharfschützenaugen an.

Ich habe mir Kopfhörer geholt, sage ich, und die habe ich eben auch bezahlt.

Die Tüte!, sagt der Mann und greift nach dem Scheißplastiksack in meiner Hand, der mir von der Verkäuferin überreicht wurde.

Der zweite Ordnungshüter, ein dürrer, hochgewachsener Mann mit hohlen Wangen und derselben Glatze wie das gedrungene Wesen, rückt sehr nahe an mich heran, um mir anzudeuten, dass jeder Fluchtversuch sinnlos sei.

Der dritte Schwarze steht Kaugummi kauend daneben, die Hände an den Hüften, als sei er bereit, die Waffe zu ziehen, die er zum Glück nicht bei sich trägt. Er ist dick und hat ein rundes, rot angelaufenes Gesicht, ein Aussehen wie das eines verängstigten heimlichen Säufers.

Den 3 Crétins, die wirken wie eben einer misslungenen Karikatursammlung entstiegen, ist die Freude anzusehen, endlich jemanden ins Verhör nehmen zu können, eine Freude, die allerdings von kurzer Dauer ist, da ich nichts Unrechtes getan habe.

Der Gedrungene hält die Tüte auf und der Dürre steckt seine Nase hinein, sagt dabei auf Französisch mit belgischem Akzent: Rien.

Aber Sie haben doch da hinten etwas ausgepackt, wiederholt der Gedrungene. Aus seinem Tonfall ist Frustration herauszuhören.

Nee, sage ich, ist ein Irrtum. Und ich muss Sie nun leider bitten, sich bei mir zu entschuldigen!

Wir haben gesehen, dass Sie was AUSGEPACKT haben, sagt nun der heimliche Säufer.

Wenn Sie das gesehen habe, sage ich, dann leiden Sie unter Wahnvorstellungen und müssen zum Arzt.

Und das hier!, schreit der Gedrungene und hält mir nochmal die Klarsichtfolie vor die Nase.

Keine Beleidigungen!, sagt der Säufer.

Wenn jemand sich hier beleidigt fühlen kann, dann bin ich es, sage ich, Sie halten mich fest, wegen rein gar nichts, stehlen mir meine Zeit und spucken mir dazu ins Gesicht.

Wer soll Ihnen ins Gesicht gespuckt haben?

Na, Sie! Und eben ein zweites Mal.

Was sagen Sie da? Wiederholen Sie das!

Sie spucken mir ins Gesicht!

Nein, das andere.

Was das andere?

Sei haben Nazi zu mir gesagt!

Ich habe doch nicht Nazi gesagt.

Doch, Sie sagten NAZI!

Habe ich vielleicht gedacht, aber nicht gesagt.

Ich spüre die Lust der 3 Crétins, mir auf die Schnauze zu schlagen. Bestimmt tut es ihnen leid, dass so viele Kunden an den Kassen sind und noch nicht Feierabend ist und sie mich nicht in eine Ecke schleppen und verdreschen können. Die 3 sind dermaßen erbärmlich, dass man glatt Mitleid mit ihnen haben könnte. Aber draußen möchte ich diesen frustgeschädigten Arschlöchern nicht begegnen.

Bevor sie weitermachen können mit ihrem Verhör, erscheint irgendein Abteilungsleiter, der den kleinen Zwischenfall wohl als geschäftsschädigend einschätzt und fragt, was denn los sei. Nach einer kurzen Erklärung entschuldigt er sich bei mir und ich darf gehen.

Ich kann es natürlich nicht lassen, mich beim Abgang umzudrehen und den Dreien einen kleinen Fingerzeig samt gehässigem Grinsen zu widmen.

# 58

## Felix

Gegen 7 fuhr ich los. Jean-Pierre wohnte in einem Mietshaus in der Nähe des Bahnhofs, was mich dann doch etwas wunderte. Ein Typ wie er in einer solchen Gegend. Aber vielleicht gab es irgendeinen Spleen bei ihm, der ihn diese Umgebung schätzen ließ.

Am Rond-Point Belval geriet ich in einen Stau. Das Übliche! Ich konnte nur hoffen, dass es nicht zu lange dauerte. Wie im September anlässlich des sogenannten Kulturlaufs der Stadt. Damals hatte es einen stundenlangen Stau gegeben, so dass die Sportler, die am Lauf teilnehmen wollten, es gar nicht bis an den Start schaffen konnten, jedenfalls nicht rechtzeitig, weil sie ja am Eingang der Stadt in ihren Wagen festsaßen. Viele ließen also einfach den Wagen am Straßenrand stehen und liefen zum Startort, kamen also schon außer Atem und völlig erschöpft dort an, wo sie eigentlich voll konzentriert und in Höchstform den Lauf starten sollten. Zu Wagner laufen, das würde ich mir aber nicht antun! Bei diesem Gedanken musste ich grinsen. Die Frau im Wagen neben mir nahm meinen Gesichtsausdruck etwas persönlich und wandte sich ab. Dann ging es auf meiner Spur ein Stück voran. Als 2 Minuten später die Frau mit ihrem Wagen wieder an meiner Seite stand, vermied sie angestrengt jeglichen Blickkontakt. In der Ferne hob sich in schwachem Licht die Belval-Skyline aus der Dunkelheit, Hochofenreste, Kräne, die Gebäude der Banken und der Universitätsturm, der sie überragte, als wollte man zeigen, dass Wissen doch höher geschätzt werde als Geld. Noch höher allerdings das *Gus-Clinton*-Gebäude.

Eine gute Viertelstunde stand ich im Stau, nicht länger, was mich dann doch wunderte; ich hatte mich auf langes Warten eingestellt und fuhr erleichtert Richtung Bahnhof, fand dort jedoch keinen Parkplatz und peilte, nachdem ich nochmal eine Viertelstunde herumgefahren war, das Parkhaus am Marktplatz an.

Die paar Minuten zu Fuß zu Wagners Wohnung hatten es in sich: An der Baustelle auf einer Straßeninsel randalierte ein Betrunkener und versuchte, ein Warnlicht kaputtzuschlagen, etwas weiter schrien sich vor einem Dönerladen 2 Türken – oder was auch immer sie waren – in ungeheurer Lautstärke an, es stank nach Benzin – einer der beiden trug einen Kanister bei sich – und nach ranzigem Schafbockfett, an der Ecke ging der Geruch in eine Mischung aus nassem Hund und Kacke über, in einer Garageneinfahrt lag ein Penner mit seinem Mischling, der sich die Flöhe aus dem Pelz kratzte, 10 Meter weiter mitten auf dem Bürgersteig der Körper eines Mannes, leblos, schien es. Als ich näherkam, hörte ich, dass er röchelte, und war beruhigt. Er versuchte aufzustehen und fiel gleich wieder hin. Dann kam mir auch schon das Blaulicht eines Polizei- oder Krankenwagens entgegen. Ich war vor Wagners Haus angekommen und irgendwie glücklich darüber, dass der Weg nicht weiter gewesen war. Ich wollte klingeln, sah dann aber, dass die Haustür offenstand und ging hinein. Wagner wohnte im sechsten und letzten Stock. Ich betrat den Aufzug, sogleich schlug mir Pissegestank entgegen und ein in Großbuchstaben auf den Liftspiegel geschmiertes FICK DICH! Mehrmals drückte ich den Knopf, aber der Lift setzte sich nicht in Bewegung. So stieg ich die Treppen hoch. Auch hier ein unangenehmer Geruch, jede zweite Lampe kaputt. Vor Wagners Wohnung war ich völlig außer Atem und sagte mir: Du musst wieder mehr trainieren! Ich klingelte. Nichts rührte sich. Die Klingel ist wohl auch kaputt, dachte ich, probierte ein zweites Mal und hörte dann auch den surrenden Ton. Wartete. Wieder nichts. Rief ihn dann auf dem Handy an. Er meldete sich nicht. Nochmal drückte ich die Klingel. Dann öffnete sich die Tür der Wohnung nebenan und eine ältere Dame streckte den Kopf heraus, neugierig und auch ein bisschen ängstlich, schien mir.

Guten Abend, sagte ich.

Die Frau nickte, schickte sich an, die Tür wieder zu schließen.

Entschuldigung, sagte ich, Sie haben nicht zufällig Herrn Wagner weggehen sehen?

Die Frau schüttelte den Kopf. Ich war zu dem Augenblick bereits ziemlich unruhig. Ich wusste genau, dass Jean-Pierre mich nicht hierher bestellen würde, um vorher abzuhauen. Und wenn ihm etwas dazwischengekommen wäre, hätte er mir Bescheid gegeben.

Ich bin ein Freund von ihm, sagte ich, wir sind hier verabredet wegen einer Couch und jetzt macht er nicht auf.

Sind Sie von der Zeitung?, fragte die Frau.

Nein, sagte ich.

Vorhin, sagte die Frau, vorhin war schon jemand bei ihm. Ich habe sie gehört.

Wann?

Vorhin.

Die Frau öffnete die Tür jetzt etwas weiter, schien bereit, sich auf ein Gespräch einzulassen.

Was genau meinen Sie mit „vorhin"?

Eine Stunde vielleicht. Ich habe sie gehört. Ich glaube, sie haben sich gestritten. Oder bedroht. Und einen Schatten habe ich gesehen ...

Einen Schatten gesehen?

Ja. Vom Balkon aus. Vom Balkon aus kann man das Fenster sehn. Es brennt dort immer noch Licht.

Licht? Dürfte ich …

Die Frau schien die Tür wieder schließen zu wollen. Ich setzte die freundlichste Miene auf, die mir in dem Augenblick zur Verfügung stand, und sagte höflich: Es könnte sein, dass er meine Hilfe braucht, Frau …

Sie sah mir misstrauisch ins Gesicht, ich entnahm dem Schild an der Tür ihren Namen: … Frau Fonck. Es ist ganz ungewöhnlich, dass er nicht aufmacht …

Was wollen Sie machen?, fragte sie laut. Es klang jetzt eher verschmitzt.

Wenn ich zu Ihnen rein könnte, sagte ich, und einen Blick auf das Fenster werfen … ich weise mich auch aus, wenn Sie wollen, nicht dass Sie denken …

Ach, was soll mir schon passieren, sagte sie jetzt belustigt und öffnete groß die Tür, kommen Sie doch herein!

Danke.

Frau Foncks Wohnung stand in völligem Kontrast zum Treppenhaus: Hier war alles sauber und liebevoll gepflegt, ein Wohnzimmer im alten Stil, leichter Lavendelgeruch, Eichenholzschrank, handbemalte Teller in der Vitrine, Stehlampe und ein paar sehr schöne Vasen, ohne Blumen allerdings. Frau Fonck öffnete die Tür zum Balkon, ich trat hinaus und konnte, ans Geländer gelehnt, von der Ecke aus Wagners Balkontür sehen, die leicht geöffnet zu sein schien. Zwischen den beiden Balkonen gab es einen Abstand von ungefähr anderthalb Metern, etwas weniger sogar, keine wirkliche Distanz, aber doch zu weit, um einfach hinüberzusteigen, jedenfalls für mich. Ein sportlicher Typ hätte vielleicht den Sprung gewagt oder sich mit einem

kunstvollen Spagat hinübergearbeitet, mir schien das zu gefähr-
lich. Ich überlegte, wie ich die Kluft am besten überbrücken
könnte und fragte Frau Fonck nach einer Leiter.

Eine Leiter? Nein. Habe ich leider nicht. Wollen Sie vielleicht
einen Kaffee?

Sie beobachtete mich mit einer gewissen Spannung, aber
auch mit unverhüllter Heiterkeit. Es schien, als ergötze sie sich
an dem Typen, der offensichtlich Ungewöhnliches vorhatte,
wie an einem Spielfilmhelden, der zu ihrer Überraschung eben
in ihre Wohnung gelangt war. Ich sah mich nach einem
Gegenstand um, der mir als Steg von Balkon zu Balkon nützlich
sein könnte: An einem Besenstiel wollte ich mich nicht hin-
überhangeln, ein Stuhl war ungeeignet, der Tisch zu schwer.
So sah ich mir die Türen an: Nicht in Frage kam die zum
Wohnzimmer, da sie zum großen Teil aus eingelegten farbigen
Glasscheiben bestand, besser war die Küchentür aus solidem
Holz oder aber die Klotür. Ich fragte also Frau Fonck, ob ich
ihre Klotür benutzen könnte.

Die Tür?, fragte sie misstrauisch, da sie nicht begriffen hatte,
was ich vorhatte.

Meiner Ansicht nach ist es die Tür in Ihrer Wohnung, die
sich am leichtesten aus den Angeln heben lässt.

Sie wollen meine Klotür aus den Angeln heben?!

Ich setze sie Ihnen nachher selbstverständlich wieder ein.

Frau Fonck schwieg eine Weile, machte einen spitzen Mund,
schob die Lippen nach links, dann nach rechts, ein paar Mal
hin und her. Ihre Neugier war stärker als ihre Skepsis und sie
sagte: Na, gut! Ich mach uns währenddessen einen Kaffee.

Die Tür saß fester, als ich dachte, und ich brauchte eine ganze
Weile, um sie herauszuheben. Frau Fonck stellte mir einen
kleinen Werkzeugkasten zur Verfügung, und ich konnte mit

Hilfe eines Schraubenziehers die Angelteile etwas lockern. Ich schwitzte mächtig bei der Arbeit und Frau Fonck fragte, ob sie vielleicht ihren Sohn anrufen sollte, der arbeite in einer Werkstatt ...

Obwohl ich, objektiv betrachtet, Hilfe gebraucht hätte, winkte ich ab. Sie war es dann, die mit anpackte und, als ich die Tür mit einem unmenschlichen Kraftakt – so kam es mir jedenfalls vor – herausgehoben hatte, mir half, sie zum Balkon zu tragen. Da ich in Wagners Wohnung keine unnötigen Spuren hinterlassen wollte, fragte ich sie nach Handschuhen. Sie gab mir die rosa Gummihandschuhe, die sie zum Abwaschen benutzte und ich zog sie über. Waren etwas eng, aber es ging. Dann legten wir die Tür aufs Geländer und schoben sie hinüber zu Wagner, bis sie als Brücke von Balkon zu Balkon bereitlag und ich – auf allen Vieren – darüber kriechen konnte ...

Ich stand einen Augenblick lang völlig erschöpft auf Wagners Balkon, als habe die kurze Überquerung mich die letzte Kraft gekostet. In Wirklichkeit war es wohl die Arbeit an der Tür, die mich derart auslaugte, oder auch die beklemmende Ahnung, die grässliche Befürchtung, was das mögliche Geschehen in Wagners Wohnung anbelangte ...

Ich drückte die angelehnte Balkontür auf und betrat vorsichtig den Wohnraum. Aufs Erste war nichts Ungewöhnliches zu sehen; das Licht kam aus einer Designerlampe, die einem altmodischen Filmscheinwerfer nachempfunden war, über dem hellen Sofa hing ein großes Mapplethorpe-Foto, auf dem kleinen Rauchertisch standen 2 Gläser und eine halbleere Flasche Johnny Walker Double Black. Obwohl ich keineswegs annahm, er könnte in der Wohnung sein, rief ich laut: Jean-Pierre?

Vor der Tür zum Schlafzimmer lag ein Bademantel auf dem Boden. Ich machte einen großen Schritt drüber weg und stieß die Tür auf. Trotz der Dunkelheit im Zimmer war mir sofort klar, dass etwas nicht stimmte. Ein eigentümlicher Geruch kam mir entgegen, eine Mischung aus herbem Aftershave, Schweiß oder sonst welchen menschlichen Ausdünstungen, Erbrochenem oder Scheiße. Ich knipste das Licht an und erschrak.

Jean-Pierre Wagner lag blutüberströmt auf dem Bett, nackt, ein misshandelter Körper, schräg, den Kopf an der Bettkante leicht nach unten, den linken Arm seitlich ausgestreckt, die Hand wie ins Kissen gekrallt, der rechte Arm lag angewinkelt wie gebrochen über dem Nachttisch. Bei genauerem Hinsehen merkte ich, dass die Hand am Holz des Tisches festgenagelt war. In den Achselhöhlen waren breite Schnitte, als hätte man versucht, ihn zu zerlegen, wie man Vieh zerlegt. Der Unterleib war eine einzige Blutlache, Wagner war entmannt worden. Ich machte einen zaghaften Schritt, um sein Gesicht besser sehen zu können. Seine Augen waren weit geöffnet, als blickten sie immer noch ins Entsetzen; in dem ebenfalls weit geöffneten Mund steckte blutiges Fleisch. Ein bisschen sah es aus, als sei er dabei, etwas herauszuwürgen. Dann merkte ich, dass es sein Glied und seine Hoden waren. Der Mörder hatte sie ihm in den Mund gepresst. Mich überkam eine seltsame Unruhe, eine Mischung aus Unwohlsein und Empörung. Für kurze Zeit stand ich wie gelähmt, machte dann einen Schritt zurück, dachte daran, mich weiter in der Wohnung umzusehen, beschloss jedoch, die Arbeit der Polizei zu überlassen. Ich ging zurück zum Balkon. Den Schock spürte ich im ganzen Körper; als ich zu Frau Fonck zurückkroch, hatte ich einen Augenblick panische Höhenangst, was mir noch nie vorgekommen war. Als ich in ihrer Wohnung stand, war mir leicht übel.

Und?, fragte sie.

Ich antwortete nicht gleich. Sie merkte, dass ich nicht in einer guten Verfassung war und wohl leicht zittrig wirkte.

Ist ihnen kalt?, fragte sie.

Es geht, sagte ich.

Ich habe uns Kaffee gemacht, sagte sie, und gleich darauf bis mit dahin unterdrückter Neugier: Ist er da, der Herr Wagner?

Ich nickte.

Er ist tot, sagte ich.

Mein Gott!, sagte sie.

Ich rufe jetzt die Polizei, sagte ich.

Die Polizei?

Ja, denn eines natürlichen Todes ist er nicht gestorben.

Wir schwiegen eine Weile, und sie schenkte uns Kaffee ein.

Vor einer Stunde, sagten Sie, war jemand bei ihm? Und es gab Streit?

Ich denke schon. Sie waren ziemlich laut.

Aber sie haben nicht gehört, worum es ging?

Ich hatte mein Hörgerät verlegt. Als ich es gefunden hatte, waren sie bereits still.

Dann müssen sie ziemlich laut gewesen sein!

So schlecht höre ich nun auch wieder nicht. Schmeckt Ihnen der Kaffee?

Die Polizei wird Ihnen die gleichen Fragen stellen. Und andere. Am besten, Sie sagen nicht, dass ich bereits drüben bei ihm war, das macht bloß alles komplizierter. Sie haben mich einfach, damit ich nicht draußen auf dem Flur warten muss, bis die Polizei ankommt, auf einen Kaffee eingeladen.

Er schmeckt Ihnen also!

Danke, tut gut.

Sie sah mich eine Weile mit trockener Trauermiene an und sagte dann: Und was ist mit meiner Tür?

Scheiße!, dachte ich, fragte dann freundlich: Fassen Sie nochmal mit an?

117 ◁

▶ 114

# 59

## Be(r)ichte/Ge-dicht-schichten

Und sie sagte noch: Jemand ist an deiner Stelle gestorben, sei ihm dankbar, du bist gerettet. Sprach mit sich selbst, glaube ich, sprach sich Trost zu. Und dann diese fürchterlichen Veranstaltungen, wo die Menschen sich zur Schau stellen, eine Art Training der Seele, hieß es, oder hatte sonst einen quirligen Namen. Da hat Jana sich einwickeln lassen und ist aufgetreten als Jana, der es mal nicht gut gegangen ist, und die, als es ihr nicht gut ging, sehr, sehr nahe daran war, sich für immer zu verabschieden. Solche Shows mögen die hier, weil sie immer auf ein Happy End hinauslaufen, denn alle, die auftreten, treten auf, um zu zeigen, dass sie es geschafft haben und es jedem möglich ist, es zu schaffen. Es, es, es. Heraus aus der Leere, hinein in die Berufung. Und so hat auch Jana sich ausgezogen und diese verlogene Selbstdarstellung durchgezogen, damit alle sich an ihrem Schicksal erfreuen konnten, an ihrem Down, am Kampf, den sie führen musste, als es sie runterzog und niemand da war, der sie unterstützte, bis … Damit hat sie Erfolg, sie führt vor, wie sie sich selbst gedemütigt hat, und im Saal sitzen die, die Bescheid wissen und sich ein zweites Mal ergötzen. Auch das wird sie verkraften, denkt sie, und schlägt den Bogen hin zum erwartbaren glücklichen Ende an dem Abend, lässt sich beglückwünschen und stürzt sich eine Woche später hinab ins schöne Tal.

Auf der Bühne stand sie und sagte: Ich träumte. Ich träumte, Scarlett Johansson spielte meine Rolle und erhielt einen Oscar dafür.

Tosender Applaus.

Und Frau Koenig tritt als Desaströsterin auf.

So tragen sie ihre Geschichten mit sich, gestrige, vorgestrige, vergessene, lassen manchmal etwas durchblicken, was auf Unüberwundenes schließen lässt, Verletzungen, Narben, aber solche Einblicke sind selten gestattet. Gelegentlich wird gelästert, weil etwas durchschimmert, das auf den Etagen nicht gern gesehen ist oder auch nur etwas zu viel über Personen verrät, die sich ansonsten nie zu nahe treten. Manchmal führt auch der eine oder die andere ganz unverhofft etwas an, das Anlass zu lautem Gelächter gibt. So hat sich X kurz vor Feierabend auf einmal zum chinesischen Horoskop geäußert und Y hat erzählt, dass er in jungen Jahren der Kinderlähmung entkommen sei. In der Kantine saß Jacky Unterheuser auf dem Platz, den Jana eine Zeitlang innehatte, was wiederum zu Gemunkel führte. Ebenso wie die Nachricht, dass sich Frau Kajal krankschreiben ließ, sie, die bisher nie gefehlt hatte. Und JPW sagte etwas von einem schrecklichen Angstgefühl und deutete an, der dumme Krebshase könnte sich da einen Bau scharren. Manchmal denke ich, das ganze Gebäude ist ein großer Medikamentenbaukasten.

JPW Py Jacky Jana X Y Z

Die Nacht hat 1 000 Augen, und ich habe 2 mehr.

Es gab zwecks Aufheiterung einen Bowlingabend, irgendwo draußen in einer Einkaufs- und Unterhaltungszone, wo die Autobahn das Rollen der Bowlingkugeln übertönte und die Leuchtschrift eines Nachtclubs als Menetekel aufblinkte, um dann als gelber Schlitten in Schmierfarbe in Nebelverwehungen zu verschwinden.

Zoé hielt einen Fächer, einen kostbaren, aus Sevilla mitgebracht, wo sie eine Zeitlang einen Liebhaber hatte, der sie auf Herz und Nieren durchatmen ließ. Alles war so sonnenaufgängig, sagte sie, dass der Nebel hier ihr zu schaffen machte. Sie brauchte sehr lange, bis sie sich an den Nebel gewöhnte und zu der schlauen und gerissenen Arbeiterin wurde, als die sie nun bekannt ist, eine Kriegerin, eine Amazonin.

Von JPW ist außerdem zu erfahren, dass er Paris sehr gut kennt und unsicher machte, sagt er, nistet sich sehr geschwätzig ein und macht auf Pfauenrad.

Und X fährt nach Südfrankreich in ein Dorf, das Mouton heißt, oder so ähnlich, nicht weit von Cannes La Croisette entfernt, eine Ortschaft, in der es sehr viele ausgezeichnete Restaurants gäbe, wo also die internationale Fress-Community sich einfände und nachdem die Behausungen von Christian Dior und Picasso besichtigt worden sind, es zu genüsslichem Austern-, Kaviar- und Champagnerplausch käme.

Möglicherweise sind wir auch von dem einen oder andern Dienst unterwandert. JPW könnte ein solcher Unterwanderer sein. Mir scheint, er stellt sich unwissender, als er ist.

Dienste beliefern Dienste, war schon dei der RAND so. Reichen weiter, wie es ihnen beliebt, mal das Wahre, mal das Falsche, alles auf Bewährung. Y alias Yorick bewährt sich mit seiner Einschätzung neuer Möglichkeiten des Thomas-Areals, denkt die KIDIGICITY* weiter. Bis 2064. Da wird Kroip wohl nicht mehr dabei sein, aber aus den Fundamenten werden Erkenntnisse gewachsen sein, die sich im Augenblick kaum hochrechnen lassen. Er denkt an die Zahl der Felder eines Schachbretts. Bringt aber auch, ganz nebenbei und wieder mal ausgehend vom chinesischen Horoskop, die 64 Hexagramme ins Spiel, die sich aus den Grundelementen des chinesischen Orakelbuchs

I Ging kombinieren lassen. Worauf Frau König, die mal angefangen hatte, Biologie zu studieren, das menschliche Genom ins Gespräch bringt.

Um mittels 4 verschiedener Basen 20 proteinogene Aminosäuren herstellen zu können, sagt sie, müssen sie in einem Code kombiniert werden: Immer 3 Basen bilden ein Basentriplett, das Codon. So gibt es $4^3 = 64$ Möglichkeiten, die 20 Aminosäuren zu enkodieren, und diese 64 Triplets bilden den genetischen Code.

*Siehe Band 9 *Kidigicity*

**97** ◁                    ▶ **49**

# 60

## Tomas B

Das war ungewöhnlich, Razzia in der Arztpraxis. Jedenfalls ging das Gerücht, bei Dr. Walser sei die Polizei erschienen.

Ich war von Dr Peters* zu Dr. Walser gewechselt, weil Peters, so schien es mir, seine Arbeit nicht mehr ernst nahm. Ich möchte nichts Schlechtes über ihn sagen, aber er war in letzter Zeit mehr beschäftigt mit seinen Vorlesungen, Vorträgen und öffentlichen Auftritten anderer Art – Kunst, Kultur, Philosophie, Literatur – als mit seinen Patienten in der Praxis. Als ich letztes Mal bei ihm war, sprachen wir über die Qualität verschiedener Havanna-Zigarren, die er raucht (nicht ich), und von denen ich auch wenig bis gar nichts verstehe. Er wollte mir sogar eine schenken, und ich hatte eher das Gefühl, bei Onkel Ted* im Büro als bei meinem Psychiater in der Praxis zu sitzen. So verabschiedete ich mich von ihm und wechselte eben zu Walser, der mir von Menschen empfohlen worden war, deren Meinung mir wichtig ist.

Und kaum bin ich dort, heißt es, mit dem stimme etwas nicht. Genaue Angaben wurden allerdings nicht gemacht, so dass es sich bei den Infos auch um Fake-Nachrichten handeln könnte. Es heißt, dass einige Mitarbeiter der *Gus Clinton* Patienten bei ihm sind und dass die Leitung der Consulting – Arztgeheimnis hin oder her –, Angst davor hätte, dass unlautere und rechts-verletzende Praktiken der Gesellschaft bekannt würden. Auch Matthias Back soll sein Patient gewesen sein.

* Siehe Band 2 *Die Tanzenden*

# 61

## Annick B

Dass er umgebracht werden könnte, daran habe ich nie gedacht. Er liebte die Gefahr, ja, er zockte, ja, es konnte etwas passieren, aber das! Jetzt heißt es, er habe Informationen weitergegeben. Höchstwahrscheinlich gegen Geld. Kein einfacher Whistleblower, ein bezahlter Spion. In einen trashigen Deal verwickelt. Was soll ich sagen? Ich habe ihm nie wirklich ganz geglaubt und bin doch ziemlich enttäuscht.

Ich könnte wieder zum Film.

Die von der Pflege haben mir angeboten, mit ins neue Heim zu kommen, obwohl ich meine Arbeit so schlecht machte wie möglich.

Es fehlt ihnen an Kräften, sagen sie.

Mir auch, sage ich.

Dann bin ich eben wieder die Mary Linn. Das ist schon o. k. Keine wirkliche Zukunft, aber das Beste, was ich im Augenblick tun kann, weil das Einzige. Ich gebe meinen Körper, solange er ein Wert ist. Ich lass mich in Limousinen kutschieren und trinke Champagner. Immer wieder muss ich keuchen, dass es ein Vergnügen für meine Bewunderer wird. Sie sitzen in seltsam lauernden Stellungen vor den Schirmen. Ich bin die Angebetete, eingebettet und vervielfältigt. Meine Möse ist ein ferngesteuertes Körperteil. Sie passt zu allen Gliedern und mein Kehlkopf hat die passenden Laute dazu. Mein Kopf steuert eine begehrte Körpermaschine, die Mary Linn heißt, der Arbeitsablauf ist ziemlich genau vorgegeben. Die Echtheit des Vergnügens bezeugt ein Schuss Sperma auf meiner Haut. Du musst deinen Erfolg richtig einsetzen, sagte Sascha, damit du später nicht als

Igitt-Luder in so ner Drecksshow im Fernsehen landest, wo du zur Belustigung der Zuschauer deinen schönen Körper in Schaben und Wanzen kleiden musst.

Im Traum sah ich meine Mutter als Larve. Eingeschweißt und ausgestellt, schwebend auf dem Schirm als Werbung für Kunst. In einen luftdichten Film gezerrt. Als Maske oder Gespenst. Ich erkannte sie trotzdem, weil sie unverkennbar verkommen war. Meine Mutter, die sich wickeln und ausstellen ließ als Traumprodukt einer lachhaften Kunst. Eingesponnen und verspottet. Vielleicht war's auch eine Fremde, die meiner Mutter ähnlich sah. Ein verendetes Haustier, das sich als meine Mutter ausgab. Eine Mode-Made in ihrem Werbeprospekt für Möglichkeiten der Verpuppung. Ich habe gehört, es gibt Insekten, die leben 5 Jahre als Larve und 14 Tage als Käfer. Eine Schnecke, ein Embryo, ein Fraß, was immer es ist, ich gehe daran vorbei. Ich fühle nichts, wenn ich nicht will. Ich schlüpfe in die Geilheit der Mary Linn, und keiner merkt, wenn ich ihn betrüge. Ich siege immer. Die Besiegten wähnen sich glücklich im Augenblick ihres Verendens. Die Welt ist ein einziges Stöhnen. Sobald einer versucht zu sprechen, muss er feststellen, dass sein Mund mit Erde gefüllt ist. Sogleich gibt er sich der Illusion hin, sich aus der Erde herausreden zu können. In diese Täuschung verliebt, vergisst er alles Wahre. Und nennt, um sich zu trösten, diesen Zustand Leben.

# 62

## Heftroman

Lola bleibt an dem Abend zu Hause. Sie fühlt sich nicht wirklich gut. Hormonschwankungen vielleicht, durch die Schilddrüse. Oder doch die Atemwege? Sie spürt einen unangenehmen Druck im Hals und auf der Brust. Samantha ist mit einem alten Freund unterwegs, auch das macht sie unruhig.

Beim Menschen, hat sie gelesen, hat die Schilddrüse die Form eines Schmetterlings. Lola lächelt bei dem Gedanken, einen Schmetterling im Hals zu haben, spürt deutlich das Flattern. Vom Hals aus in den ganzen Körper. Aber sie ist schwer, und es ist ein schweres Flattern in den Gliedern.

Sie öffnet das Fenster. Es ist erstaunlich warm draußen für die Jahreszeit. In der Luft immer noch der Geruch von faulen Eiern. Seit gestern soll die Luft wieder besser sein, hieß es in den Nachrichten. Aber zu merken ist davon nichts. Die Menschen auf der Straße tragen immer noch Atemschutzmasken. Ein paar Masken liegen auch auf dem Bürgersteig. Lola beobachtet, wie ein Mann den Kothaufen seines Hundes in einen Plastiksack packt und weitergeht. An der Ecke schmeißt er das grüne Scheißesäckchen in die Rinne.

Frau Musmann verlässt gerade das Haus, ohne Maske. Sie trägt einen auffällig roten Mantel und grüßt ein Fenster auf der gegenüberliegenden Seite.

### Tomas B

Auf der Party stehst du, als befändest du dich gerade in einer Telefonwarteschleife. Schlechte Musik, krächzende Menschen, aber tolle Wohnung. Sehr viel ausgestellter guter Geschmack.

Wem das wohl alles gehört? Und überall lungern Kreative herum. Sobald du ein paar Schritte machst, weil du Angst hast, sonst nicht mehr gehen zu können – du hast gerade mit deinem Knie gesprochen, damit es dich nicht im Stich lässt –, wachsen Hochhäuser am Fenster, ferne harmlose Türmchen. Und weil es dazu passt, fängt jemand an, über New York zu reden. Sobald der Name ausgesprochen ist, geht es den Leuten besser, sie wachsen augenblicklich über sich hinaus und erinnern sich an alles, was sie schon geleistet haben. Und das ist in jedem Fall nicht wenig.

Ein Herr Py, ein Kunstsammler, wie ich höre, hat sich mal mit Jeff Koons unterhalten und erzählt jetzt, in welcher Stimmlage sich Koons ihm damals genähert hat. Ganz sanft, wie warme Butter habe er geklungen – oh, wie ich meine klingende Butter mag! – und regelrecht betörend oder mehr noch einlullend, hypnotisch fast, sei die Stimme gewesen, geduldig und mit viel Überzeugungskraft, so wie vielleicht ein Polizeipsychologe einem Suizidgefährdeten zuredet, der hinunterspringen will.

Das ist gut, Jeff Koons gibt den Typen auf dem Dach der *Gus Clinton* ihr Vertrauen zurück, hüllt sie in Zuversicht und rettet letztlich die Menschheit vor dem Untergang. Dabei habe ich mal gelesen, Koons liebe es, Dinge mit Luft zu füllen, sie aufzublasen. Hier aber erzählt jemand, er verleihe den Menschen Unsterblichkeit.

### Be(r)ichte/ Ge-dicht-schichten

Manchmal frage ich mich, was von mir in ihren so verschiedenen Köpfen bleibt. Er war hier, wird jemand sagen. Genauere Auskunft wird es nicht geben. Ich werde in ihrer Erinnerung zerfallen sein. Hier eine Gesichtsfalte, dort ein verstaubtes

Auge. Ein Büschel Haare, ein Büschel Gras. Ein Ich verteilt auf unzählige unsinnige Sätze.

## Heftroman

Jumpy wird plötzlich von unerklärlicher Aufgeregtheit erfasst. Weiß nicht wieso. Hat er was genommen? Ja, höchstwahrscheinlich hat er was genommen, kann sich aber nicht erinnern. Diese Gesellschaft hätte er sonst wohl nicht ertragen. Und für solche Menschen arbeitest du, sagt er sich. Könnte dir egal sein. Aber er hat das Sterben in jedem Einzelnen erkannt. Wie sie sich aufspielten, verkleideten, sich gegenseitig Wünsche an den Hals warfen. Und Sylvia verteidigt sie alle, oder? Warum bringt sie ihn gegen sich auf, sogar wenn sie sich ihm wie eine Bedienstete unterwirft?

Er fährt schnell, ohne das Gefühl zu haben, schnell zu fahren. Immer wieder beschlägt die Scheibe, unerklärlicherweise. Seine Kleider sind noch etwas feucht, das Hemd zudem nassgeschwitzt. Er spürt einen Schmerz am Hals, hält die Hand drauf, fühlt sich an wie eine frische Wunde, lässt los und sieht in den Rückspiegel. Eine Bisswunde, könnte man meinen. Hat Sylvia ihn im Bad in den Hals gebissen? Er erinnert sich nicht. Er gibt Gas.

## Annick B

Sie sollten den Notruf nur betätigen, wenn was Ernstes ist, das wissen Sie doch! Sich bedienen lassen wie eine Königin und das Personal verarschen! Nächstes Mal kommt niemand mehr, höchstens um Ihnen eine runterzuhauen!

## Frau Back

Aber er ist weg! Xaver ist weg!

**Heftroman**

Samantha isst mit Louis Ballentini, mit dem sie vor Jahren ein Verhältnis hatte und der als Architekt die Umbauten der Galerie betreute, im *Espuma* zu Abend. Im *Espuma* essen sie Espumas. Espuma ist das spanische Wort für Schaum. Der Begriff wurde vor allem durch einen spanischen Spitzenkoch geprägt, einen Wegbereiter der Avantgarde- bzw. Molekularküche. So steht es auf der Karte. Daneben ist zu lesen: Interpretieren Sie den Geschmack der Lebensmittel neu. Dank der Espumatechnik kommt der reine, natürliche Geschmack eines jeden Lebensmittels zum Vorschein. Diese puren Aromen verleihen den Gerichten die beste Note – für unverfälschte Identität einer Kreation und harmonisches Mundgefühl oder wie Ferran Adrià sagt: Holen Sie die Seele Ihrer Kreationen hervor und machen Sie diese erlebbar.

Samantha möchte Louis fragen, ob er immer noch sein buckliges Herz – so nannte sie damals die auffällige Wölbung auf seiner Brust – habe, aber sie lässt es lieber, da er es falsch interpretieren und für ein Angebot ihrerseits halten könnte.

**Py**

Bei der Geschwindigkeit klingt meine Geschichte wie von einem Sägeblatt gesungen. Ich fahre und sehe, wie die Dunkelheit mich frisst, mein Gesicht, meine Gedanken. Im Spiegel seh ich die Wunde. Da ist plötzlich etwas auf der Straße. Ein Hund im Regenmantel? Ein Buckel an Fremdheit. Zu spät. Ich bin durch eine Pfütze gefahren. Sie hat gezischt und geschrien. Und ich bin von der Fahrbahn abgekommen und stehe am Rand, ganz am Rand.

**Xaver**

Ich bin hingefallen. Mich traf ein Lichtstrahl. Ein Licht, das mich niederrammte. Ich will zu meinen Töchtern, aber ich liege ganz komisch verkrampft und vermag kaum mich zu rühren. Mit zerschlagener Schläfe in einem pulsierenden Raum und fühle im Mund das Blut, das sich frei macht. Aus mir treibt es hinaus. Ich habe das Bedürfnis, ein paar Sätze zu sagen, oder auch nur zu denken, anzudenken. Der letzte Zustand, ein Vergehen mehr als ein Fortkommen. Kein Entkommen, ein Verwehen. Verwehen von Kirschblüten. Könnte es sein, dass so die Zeit vergeht? Eine Straße, denke ich, und ein Baum und ein Mensch.

**Py**

Liegt da jemand? Du Idiot! War ich zu schnell? Ist es etwa mein Wunsch gewesen, jemanden zu überrollen? Weil ich etwas genommen habe, das mich die Welt aushalten lässt. Sag, dass du nichts unter den Rädern meines Wagens verloren hast! Sag, dass es eine Gemeinheit deinerseits war! Du legtest dich umsonst quer, du Irrer! Sag, dass du nicht wahr bist! Dein Blut ist eine Lüge. Ich fahre weiter.

**Frau Koenig**

Habe ich jemanden in die Flucht geschlagen? Lächerlich, dieses jämmerliche Selbstmitleid. Der mickrigste Mitarbeiter stilisiert sich in Märtyrergefilde hoch, sobald er die Verwirklichung seines in Überempfindlichkeit gestalteten Lebensentwurfs in Frage gestellt sieht. Glaubt er tatsächlich, sich so einfach in den Garten Eden einmieten zu können? Aus welch kindischen Träumen nimmt dieser Traumtänzer sich das Recht auf so viel beifälliges Glück? Leider ist der Mensch so gemacht, dass er nach der Pfeife seiner doch sehr beschränkten Einbildungskraft tanzt. Und sich von ihr mit den tollsten Versprechen hereinlegen lässt. Ich erinnere mich sehr wohl an das Kind, das ich war. An das weiße Tuch, das uns beim Springen verband und das sich mit erstaunlicher Beständigkeit in meinen Träumen findet, das weiße Taschentuch der Pfingstdienstage. Ich, hüpfendes Kind, in den neuen Schuhen, die mir zum Fest geschenkt worden waren, zum Fest der Verständigung, wie Mutter sagte, Pfingsten, der Tag, an dem Feuerzungen es den Menschen erlaubten, sich in allen Sprachen auszudrücken und zu verstehn! Und ich hüpfte mit all den Tausenden, die teilnahmen am Tanzritual, Springprozession geheißen, in Schuhen voller Schmerz, ein Brennen, als wären die Feuerzungen des Verständigungsfestes um meine Füße, und je weiter es ging, desto heftiger wurden die Schmerzen, und ich fühlte die Nässe in den Schuhn, das Wasser und das Blut der Wunden. Später hielt ich mir ein Feuerzeug unter die Füße und brachte die Hornhaut zum Knistern. Das Brennen der Haut war nichts im Vergleich zum stundenlangen Tanz in den Blutschuhen. Im Traum kommt das Blut nicht vor, nur das weiße Tuch. In der Hand oder am Hals, manchmal als Möwe oder kleine zerknüllte Blüte, manchmal auch als Segel oder Fallschirmseide, und schlägt sich mir um den Kopf, hüllt meinen Körper ganz in weißes Linnen. Und?

**Liliane M**
Er ist tot. Vater ist tot.

**Gus Clinton**
We bring your story into life!

**Heftroman**

Nicht mehr viele Gäste im Espuma. Samantha und Louis sitzen sich stumm gegenüber. Sie haben über ihre Pläne gesprochen. Sie hat ihm gesagt, dass ihre Galerie bis 2024 ausgebucht sei, nur Ben Martin Rewing habe abgesagt.

Er hat ihr von seinen Bauplänen auf dem Thomas-Areal erzählt.

Und dann, als hätten sie Angst, sich weiter in die Zukunft vorzutasten, haben sie beide plötzlich geschwiegen.

Etwas später kehrt Louis zur Vergangenheit zurück, nimmt die Diskussion über Dr. Walsers Zulassung als Vorwand, um auf seine Frau zu sprechen zu kommen. Nach dem Unfall habe er daran gedacht, sich ebenfalls umzubringen. Dr. Walser habe ihm wirklich viel geholfen. Er verstehe nicht, wieso es ihm jetzt plötzlich nicht mehr erlaubt sein sollte zu praktizieren.

Keine Ahnung, sagt Samantha, ich habe ihn nur als First Lady Fabiola kennengelernt.

Soll ich dich nach Hause fahren?, fragt Louis.

Ich bestell mir ein Taxi, sagt Samantha.

## 63

# Gespräch im *Argosy*

Van Orman Quine.

Und?

Du kennst ihn?

Ja. Nicht richtig.

Nach ihm haben sie die benannt.

Die was?

Du hörst mir nicht zu.

Mein Kopf ist gerade auf Reisen.

Die Computerprogramme.

Können wir das nicht ein ander Mal?

Klar, können wir. Ich sag's dir nur.

O. k., sag's mir.

Programme, deren Aufgabe darin besteht, Kopien ihrer selbst herzustellen.

Gestern soll wieder eine oben gestanden haben.

Quine sind so etwas wie die Reproduktionsgene der KI. Oben?

Auf dem Dach der *Gus Clinton*. Eine Frau.

Nichts gehört.

Lola hat es mir gesagt.

Stand nichts in der Zeitung.

Nee, stand nichts in der Zeitung. Ist ja auch nichts passiert.

Sie ist nicht runter?

Nee. Jeff Koons hat ihr gut zugeredet.

Ach, Tomas …

Da hat sie es sein lassen.

… schlaf dich einfach mal aus!

Wie heißt es so schön: Des Daseins müde, von Geburt an des In-der-Welt-Seins müde.

Wenn das hier eine Therapiesitzung werden soll, bin ich weg.

Ach, bist du wieder empfindlich! Das stimmt, das mit der Frau. Polizei und Feuerwehr sind angerückt und haben sie gerettet. Diesmal.

Wir waren bei der KI.

Empathie gleich null!

Gut, lassen wir's! Ich kann deinen Frust verstehen. Du kommst mit dem Projekt nicht klar, was soll's! Weißt du, die 2, 3 Jahre, während derer ich als Schriftsteller Erfolg hatte, waren ein einziges Desaster. Ich wurde herumgereicht wie eine Pralinenschachtel. Ganz Paris liege mir zu Füßen, behauptete meine Verlegerin. Da lag ich schon längst im Gully der Depression. Wie ein Handlungsreisender fuhr ich von Veranstaltung zu Veranstaltung, wusste meist überhaupt nicht, wo ich war. Meine ganze Existenz bestand darin, in Hotels Minibars zu leeren.

Wenigstens das! In den Hotels der Smartcity wird das gar nicht mehr möglich sein, da wird die Minibar dir sagen, dass du genug hast und sich dir verweigern!

Endlich ein gesundes Leben!

Klar. Dafür werden Minibars dann das Wahlrecht bekommen.

Wunderbar, Wahlrecht für Minibars. Ich bin dafür.

Bekäme der Schischa dann mehr oder weniger Stimmen?

Keine Ahnung. Ist auch egal. Der ist, wie andere seiner Art, sowieso abhängig von dem ihm eingepflanzten Gehirnchip. Er weiß es nur nicht.

Kuck mal, was da los ist!

Oh, die Bullen rücken an.

Minibarrazzia.

Im Großformat!

Scheinen das gleiche Faible fürs *Argosy* zu haben wie wir.

Das wirst du ihnen doch nicht übelnehmen!

Ich habe keine Papiere dabei.

127 ◁

▶ 122

# 64

## Wer?

Ja, oft stürzt urplötzlich ein Mensch wie vom Blitz getroffen. Er selbst traf die Entscheidung, sagt er sich, obwohl er wenig weiß über dieses Selbst. Er fällt, und in ihm ist Fallen. Und all die Begriffe, die man ihm um die Ohren schlug, lösen sich im Heulen der Windstimmen auf. Vielleicht, sagt er, hab ich mich in allem geirrt. Aber manchmal, manchmal verspürte ich etwas, das über den Wunsch hinausging, ein kaum zu fassendes Wirken, in wenigen Augenblicken nur, das Erleben einer Einzigartigkeit, die mir sagte, dass es sich lohnte. Und schon setzt wieder die Verwirrung ein. Und gaukelt Wissen und Klarheit vor. Ein klarer Himmel und ein klarer Sturz. Wenn ich lange genug der Versuchung widerstehe, den rettenden Schirm zu öffnen, verliere ich das Bewusstsein. Bis dahin genieße ich meinen Fall und die Aussicht auf die dahinschwebende Erde. Staune und plumps und Schluss.

# II

## Zusätze
## (Dailies & Rushes)

# 65

## Vorspann (alternativ)

Luftaufnahme Belval.

Über Belval ein fallender Körper.

Schnitt.

Nahaufnahme der fallenden Person.

Fallschirmkleidung, Gesicht im Wind, verzerrt, Schutzbrille und Helm.

Auf den Ärmeln der ausgebreiteten Arme die Aufschrift *Gus Clinton Consulting*.

Über der Brusttasche der Name Elisabeth Koenig.

Stimme aus dem Off:

Von hier aus seh ich das Dorf, das kaum noch ein Dorf ist, fast schon zur Stadt gehört, so ist alles ineinander gewachsen. Meine Erinnerung liegt unterm Städtebau begraben. Ohne sie fliege ich ganz leicht. Nur die Wolken erzählen von damals, aber bald lösen auch sie sich auf. Die Wolken sind Schneetropfen, weiße Katzen, sprechende Schafe, die Wolken sind die weißen Taschentücher der Pfingstdienstage, die Wolken sind Kirschblüten wie die Kirschblüten am Mansardenfenster, die zur Erde fielen und Blut wurden. Die Wolken sind ungeheuer vergänglich. Ich mag diese Zeit wachsender Geschwindigkeit. Wenn ich nachher die baumelnde Stadt betrete, werde ich immer noch das Glücksgefühl des Sturzes in mir tragen und wieder einmal die Behäbigkeit der Schwerkraft bedauern müssen. Aber ich werde die Geschwindigkeit gewissermaßen als persönliche Errungenschaft in die zu sehr dahinplätschernde Betrieblichkeit mitnehmen. Ich mach mich gerne ein bisschen lustig über meine Ruderer. Dann sage ich: Führung bedeutet, den Mitarbeiter so über den Tisch zu ziehen, dass er die Reibung als Nestwärme empfindet. Dabei legen sie sich toll in die Riemen. Ein jeder hat das Wettrüsten verinnerlicht und ohne, dass ich einschreite, bringt manch einer es zu einem geradezu bestialischen Enthusiasmus. Manche Büros bestehen nur aus Männermundgeruch, aber die Resultate lassen sich sehen. Wir formen die Gesichtsausdrücke der Regierenden, wir bewaffnen das Auge mit teleoptischen Systemen, wir industrialisieren den Blick, wir automatisieren die Wahrnehmung, wir liefern der Wirtschaft Sätze, die unwahrscheinlich viel Zinsen einbringen. Kann der Flügelschlag eines Schmetterlings in Brasilien einen Tornado in Iowa auslösen? Er kann. Der Konsument ist uns für all diese Informationen dankbar und bestätigt dies mit der Geheimzahl seiner Kreditkarte. Er hat eine Meinung, die wir gemacht haben. Der Aufwand, den wir betreiben, zeigt sich als lohnende und legitime Angelegenheit. Worte sind korrumpierbar wie die Menschen, die sie aussprechen. Also aufgepasst, ihr Faselhasen und Googlemoogles, ich nähere mich den Schirmen. Wer von Ihnen jetzt nicht wie'n karibischer Sonnenaufgang auf mich wirkt, den werde ich endgültig im Regen stehen lassen. Vergessen Sie nicht, ich hatte angefangen Biologie zu studieren und dabei haufenweise kleine Frösche aufgeschlitzt. Passen Sie also auf, wenn Sie ihre Männerweisheiten in die Welt quaken; ich kann Sie zu Prinzen küssen oder Sie platt fahren.

# 66

## Gespräch im *Argosy*

Du könntest zum Beispiel anfangen wie, wie hieß er noch …
Wer?
Weiß ich eben nicht mehr, komm noch drauf. Und fragen:
Wann hat sich diese Stadt in die Scheiße gesetzt? Sowas viel-
leicht.
Nee, ich seh das anders, mir geht's um die Veränderung, auf
allen Ebenen, nicht nur das, was du meinst …
Was mein ich denn?
Sagtest du doch eben. Die Stadt hat sich in die Scheiße gesetzt.
Genau.
Ich möchte über das Vorher schreiben …
Nicht mehr über die *Gus Clinton*?
Die ist nur der Drehpunkt …
Endpunkt …
Keineswegs …
Für einige schon …
Was mir vorschwebt, ist eine Archäologie des Alltags.
Hast du wieder mit Brock* telefoniert?
Ich möchte mich auf Geschichte und Entwicklung der Indi-
viduen konzentrieren. Die *Gus Clinton* ist ohnehin nur die Spitze
des Eisbergs. Überall werden Strategien entwickelt, die Anliegen
einzelner oder verschiedener Gruppierungen bestmöglichst
durchzusetzen. Ein gemeinsames Ziel gibt es nicht.
Es gibt nicht einmal Luft zum Atmen!
Wem gelingt es, aus welchem Grunde welche Interessen
durchzusetzen, und mit welchem Ziel?
Als ich herkam …

Als gut gilt heute, was uns die Illusion gibt, dass es uns zu etwas bringen werde.

Das hast du jetzt von …

Dann rate mal!

Keine Ahnung.

Ich sag dir das dann später. Ich möchte die Erzählungen der Einzelnen in den Mittelpunkt stellen. Hab da was bekommen.

Von der *Gus Clinton*?

Notizen von einem der Mitarbeiter, die sich umbrachten.

Als ich herkam, fuhr der Blitz unter die Leute.

Der Blitz?

Ein Typ kam mir entgegen und wurde vom Blitz erschlagen.

Tomas, der Himmel ist strahlend blau!

Er wurde ja auch nicht erschlagen. Ich glaube, er merkte nicht mal was davon. Und die Frau dahinter auch nicht. Gingen einfach weiter.

Hast du Entzugserscheinungen?

Hör auf, mich zu belehren!

Ich belehre dich doch nicht. Wir arbeiten zusammen.

Wie'n Mündungsfeuer, so ne Flamme.

In deinem Kopf!

Und dann ein Zackenblitz!

Das ist das Auge, du solltest aufpassen!

Trinken wir noch was?

Ich muss gleich gehn.

So long, sucker!

*Siehe Band 10 *Lichtung*

# 67

## Selbstmort[*]

Wail ain Läben derart nich aushalden ist, kain Plaster hülft gegen solchene Druckställen, die sitzn do 15 Stundn pro Tach, aingekapselt und verkopft, aufgeknopft von Pixelstärn und Laistungsträckern, absolutt doitlich, immer schnäller, anschnallen bitte, und wo's zählt ist Gewinn, kaine Rucksicht auf persönl Befindichkaiten und bitte sähr mit Koerperainsatz, in ainer Kösmögönie der Begierde, niedergetaucht in die Roserai der Materie, gedämütigt von Unsummen an Verbrauch, Haifchen Asche und Drüsen, Apps und Algos in atemraubenden Schwall aus Zahlen und Zümütüngen, dann ist ain plotzliches Versagen im Kopf, das Wunden aufraicht und räuberisch melkt den Verstand, dass ain Koerper in sich stuerzt, auf immer, so der Beschaid aus voraufgegangener Kaelte.

[*] Das Wort findet sich in dieser Orthografie in der deutschen Übersetzung von Julio Cortázars Rayuela.

# 68

## Tomas B

Warum mich das Thema der Suizide bei der *Gus Clinton Consulting* nicht loslässt, wurde ich bereits des Öfteren gefragt. Meistens gebe ich ausweichende Antworten.

Ist doch einleuchtend, dass sich auf solche Vorfälle eine kritische Analyse der Praktiken dieses Unternehmen aufbauen lässt.

Ich weiß aber, dass es eine weit intimere Motivation gibt: den Tod meines Vaters.

Ein Sturz in die Bucht.

In Fjorde schreibe ich: Mein Vater lag tot / in der Bucht, von der man mir gesagt hatte, / sie berge alle Hoffnung.

Bis heute weiß ich trotz Nachforschungen nicht, was damals geschah.

Es gab Spekulationen, die es bis in die *Aftenposten* brachten.

Mein Vater arbeitete als Übersetzer für das norwegische Außenministerium, offiziell. Nach seinem Tod ging das Gerücht, der Job als Übersetzer sei bloß Tarnung für irgendwelche geheimen Aktivitäten gewesen.

Ich habe, wie gesagt, keine genauen Informationen, aber die Parallele zu Matthias Back drängt sich auf, da Back, verschiedenen Zeugenaussagen nach, des Öfteren darauf hingewiesen hatte, dass er observiert würde.

Guy hat mehrfach versucht, ein Treffen mit Frau Koenig zu arrangieren, was aber nicht geklappt hat. Daher fragte er mich jetzt, ob ich ihm nicht über Onkel Ted\* Zugang zu ihr verschaffen könnte. Sie war tatsächlich, ebenso wie Felix Kroip, auf der einen oder andern von Onkel Teds berüchtigten Partys, aber wirklich gut kennt er sie auch nicht. Er spielt nicht in der gleichen Liga. Außerdem habe ich kaum noch Kontakt zu ihm. Seit er endgültig begriffen hat, dass ich an seinem Betrieb nicht das geringste Interesse habe, lädt er mich nicht mehr ein. Und Guys Idee, mit der Koenig über die Selbsttötungen in ihrem Betrieb zu palavern, halte ich ohnehin für bescheuert. Was sollte sie ihm denn erzählen? Dass bei der *Gus Clinton* alles schiefläuft, weil die Leute derart unter Druck stehen, dass sie nicht mehr wissen, wer sie sind? Lächerlich. Koenig zeigt sich ohnehin sehr selten, mag keine Öffentlichkeit. Je weniger über sie bekannt ist, desto leichter kann sie die Fäden ziehen. Sie genießt die Zurückgezogenheit eines Geldadels, der so tut, als sei er am Aussterben, in Wirklichkeit aber seine Diskretion nutzt, um die eigene Macht weiter auszubauen.

* Siehe Band 2 *Die Tanzenden*

# 69

## Guy H

Frau Koenig wurde mir auf einer Wohltätigkeitsveranstaltung, vorgestellt wann genau weiß ich nicht mehr, aber ihr Mann Gus Clinton war schon tot und sie seit ein paar Jahren die Chefin des Unternehmens. Gus Clinton hatte ein Flugzeugunglück nicht überlebt, war geschäftlich in den USA unterwegs gewesen und dort mit der Privatmaschine eines Businessfreundes abgestürzt. Böse Zungen verbreiteten das Gerücht, sie sei am Absturz nicht ganz unbeteiligt gewesen. Später erfuhr man, dass es gar kein richtiger Absturz gewesen war. Die Maschine, ein Learjet 36A, war beim Start mit einem Elch kollidiert und hatte beim Startabbruch auf dem Astoria Regional Airport in Oregon das Ende der Start- und Landebahn überschossen.

Frau Koenig trauerte nicht lange, wie es hieß, nahm das Heft in die Hand und baute das Unternehmen aus. Ich erinnere mich daran, dass sie sich auf der Wohlstandsveranstaltung sehr gut mit dem damaligen Wirtschafts- und Außenhandelsminister verstand, der allerdings nach seinem Rücktritt aus der Politik nicht für die *Gus Clinton*, sondern für die Konkurrenzfirma *Ernst & Young* arbeitete.

Zum Arbeitsklima bei der *Gus Clinton* gibt es unterschiedliche Aussagen, wohl auch, weil viele Mitarbeiter aus Eigeninteresse bereit sind, die Lage zu beschönigen. Fest steht, dass sich vor kurzem wieder ein Mitarbeiter vom Dach des Unternehmens gestürzt hat. Das Gebäude hat 18 Stockwerke und eine Gesamthöhe von genau – soweit die offiziellen Angaben stimmen – 87,654 Metern. In der Zeitung war ein Foto zu sehen – stammte anscheinend aus der Handy-Aufnahme eines dänischen Universitätsmitarbeiters (auch die Universität ist in Belval), der mittlerweile wegen Fälschung entlassen worden ist –, das den Selbstmörder als fallende Schattengestalt vor der *Consulting*-Leuchtschrift zeigt, genau auf der Höhe des großen C, was wiederum aussieht, als sei das C ein Riesenmaul, das nach dem Menschen schnappe.

Bjørnstad wurde eine Tonaufnahme zugespielt, die in den Räumlichkeiten des Unternehmens gemacht wurde, die den Eindruck einer aufgekratzten, zum Teil zynischen Belegschaft vermittelt. Der Ton ist nicht besonders gut, das ganze ein schräges Stimmendurcheinander.

# 70

## Tomas B

*O-Ton Gus Clinton Consulting*: Sie kommt! (*Gemeint ist hier wohl Frau Koenig.*)

*Seltsam kichernde Stimme wie die eines pubertierenden Schülers*: Das riecht jetzt echt nach Orgie hier!

*Feste Stimme, unterbrochen*: Die Leistungssteigerung ...

Der beständige Aufputsch!

*Wieder der pubertierende Schüler*: Er verkehrt den ganzen Tag in Strapsnetzstrumpfhosen, das reibt auf!

*Höhnisch, mit Karneval in der Stimme*: Schwitzt sich die Hose voll und die Unterwäsche aus Zuckerguss zergeht!

Die Leistungssteigerung einer Art führt in der Regel zu Nachteilen für eine andere Art. (*Die feste Stimme von eben, klar und deutlich, erinnert an die Stimme von Guy Helminger*) Diese muss folglich ebenfalls eine evolutionäre Leistungssteigerung durchführen, um ihre Stellung behalten zu können. Diese Dynamik kann zu einem evolutionären Hochrüsten führen, aus dem keine Art einen Vorteil zieht. (*Ja, ganz wie Guy Helminger*)

Wiki-Wichser! (*Der Schüler kanns nicht lassen*)

Lässt sich doch einbauen! Schnell und effizient.

*Wieder Guy Helminger*: Und ich füge ein Beispiel hinzu: Ein Baum hat in einem Wald einen großen Vorteil, wenn er höher wächst, da er so mehr Sonnenstrahlen abbekommt. Gleichzeitig verdeckt er die Sonne für andere Bäume, die folglich selbst höher werden müssen. Dies kann zu einem Höhenwachstum von Bäumen führen, dass letztlich keiner Art einen Vorteil, eventuell sogar nur Nachteile verschafft.

Amen.

Nun, wenn ich ehrlich bin, das turnt schon an, dieser beständige Druck.

Jetzt spricht Burnout-Nicki! (*Undeutlich, vielleicht auch Burnout-Vicky*)

*Wie gesungen:* Man wird offen für Leistung. Erschließt sich gewissermaßen die Möglichkeiten für einen multiplen Organismus. Ich arbeite für zwei oder drei, ohne dass es mich stört. Im Gegenteil, indem ich Zwillinge oder Drillinge bin, bin ich umso reicher an Erfahrungen. (*Nicht auszumachen, wie ernst es gemeint ist*)

Ein jeder dopt sich mit sich selber, er jedoch mit seinem Drilling!

Auch dissoziative Identitätsstörungen werden hier positiv genutzt.

*Ohne Zweifel die Stimme von Frau Koenig:* Lassen Sie mich mitlachen! (*Es wird ruhig*)

Guten Tag, Frau Koenig.

Wo steckt Herr Py?

Er ist auf dem Weg nach Hause.

Rufen Sie ihn zurück!

Er hat eigentlich schon seit 2 Tagen frei.

Der Tag hat 48 Stunden, wenn das nicht reicht, nehmen wir noch die Nacht dazu! Ich habe Ihren Entwurf gelesen, Herr Back, sind Sie sicher, dass Sie bei uns bleiben wollen? Dann merken Sie sich endlich, dass Storytelling nichts mit Gute-Nacht-Geschichten zu tun hat.

Ich habe auf eine sanfte Rhetorik gesetzt, Frau Koenig, in der Hoffnung …

Hoffnung ist noch keine Strategie. Wenn Sie mir weiter mit billigen Ausreden kommen, lasse ich Ihre Zunge beschlagnahmen. Sie wissen doch, dass Macht und Wissen einander unmittelbar einschließen, dass es kein Wissen gibt, das nicht gleichzeitig Machtbeziehungen voraussetzt und konstituiert.

Danke, Frau Koenig.

Nichts zu danken. Machen Sie Ihre Zigarettenpause, wenn das Ihnen hilft, und dann die Sache neu!

8 ◁　　　　　▶ 67

# 71

## Guy H

Ich gebe zu, die Stimmen* in meinem Kopf machen mir zu schaffen.

Als ich gestern mit Schmidhuber telefonierte, verstand ich ihn kaum, musste immer wieder nachfragen, so dass er sich irgendwann nach meinem Wohlbefinden erkundigte. Er ist ein sehr aufmerksamer Mensch und ein guter Wissenschaftler. Und in Musik bewandert. Allerdings war er erstaunt, als ich ihm sagte, dass ich komponiere.

Ich dachte, du schreibst, sagte er.

Ja, sagte ich, beides, komponieren und schreiben. Wie Wagner. Das sagte ich so daher. War nicht ganz ernst gemeint.

Richard?, fragte er lästernd.

Sogleich schämte ich mich für den unangebrachten Vergleich. Hochtrabend und dumm. Und dann: Wie konnte ich auf die Idee kommen, mich mit einem eingefleischten Antisemiten zu vergleichen!

Ich war noch niemals in Bayreuth, sagte ich.

Da verpasst du was, entgegnete Schmidhuber, ich bin auch nicht wirklich Wagnerianer, aber die Show lohnt sich!

Ich wollte unbedingt vom Tannhäuser weg und sagte: Es gibt da noch andere Menschen, die Arzt sind und Schriftsteller und Musiker.

Klar, sagte Schmidhuber, Albert Schweitzer, der war noch Philosoph, Missionar und Minister dazu!

Schmidhubers Ironie fing an, mir auf den Geist zu gehen. Möglicherweise war ich auch bloß verärgert über mich selbst, weil ich nicht aus meinem blöden Vergleich herausfand.

Ich denke da an einen ganz andern, sagte ich tapfer und entschlossen, was unserem Gespräch dann auch die Wende brachte.

So?, sagte er erwartungsvoll.

Michel Clees, sagte ich.

Kenn ich nicht, sagte er.

Da verpasst du was!, entgegnete ich.

Du meinst das jetzt ernst?, hakte er nach.

Auf jeden Fall, sagte ich.

Ich werde mich erkundigen, sagte er, wirkte jetzt unsicher. Er mag es nicht, wenn jemand von ihm den Eindruck gewinnt, er sei nicht auf der Höhe. Gibt sich gelassen, ist im Kern aber furchtbar eitel.

Ich muss dich lassen, sagte ich, ich habe zu tun.

Das stimmte. Vor allem aber waren es die Stimmen, die mich das Gespräch abbrechen ließen. Sie stören einfach. Am Telefon ist es am schlimmsten, weil sie lauter sind als die Stimme im Apparat. Dann muss ich meinem Gehör absolute Konzentration abverlangen, um mich nicht auf eine falsche Stimmenpiste zu verirren. Das klingt jetzt wiederum schlimmer, als es ist. Ich habe eine gewisse Übung im Stimmensortieren. Und sie sind natürlich nicht beständig da, eher selten sogar. Das Phänomen fängt meist mit einem leichten, kaum wahrnehmbaren Ohrensausen an, so als sei ich unvermutet in einen neuen Frequenzbereich geraten. Etwas später geht dann das Geplapper los. Dutzende Fernsprechteilnehmer am Werk. Die bilden den sonoren Hintergrund, aus dem sich dann ab und zu festere Stimmen herausschälen. Deren Sätze sind deutlich zu verstehen, akustisch meine ich, was den Inhalt der gesprochenen Sätze anbelangt ist es manchmal schwieriger.

So sagte Großonkel Xaver letztlich zu mir: Wenn du weiter so schreibst, sind bald alle Hühner verbraucht.

Manche Stimmen erkenne ich wieder, andere nicht. Aber sie scheinen alle aus der Vergangenheit zu stammen. Es kommt mir vor, als stellten sie alle die gleiche Frage: Wie konnte es so weit kommen?

*Siehe Band 7 *Vivarium*

**9** ◁         ▶ **12**

# 72

## Be(r)ichte/Ge-dicht-schichten

Dann willst du niemanden an dich ranlassen, zu gefährlich, sie wollen dich ausnehmen. Sich nehmen, was nicht zu nehmen ist. Ein Beben ist in den Büros, auf den Tafeln und Schirmen. Jemand könnte auch mich anzeigen, aus mir eine Tafel machen und mich beschreiben. Als kreideweiß und verlorenes Wissen. Als Anzeige für die Wiederaufnahme vergangener Entwicklungen, als Andeutung möglicher Berechenbarkeit, als Wahl einer neuen Wahrscheinlichkeitsverteilung. Ich bin nicht unbeteiligt. Ich reise viel. Im letzten Hotel gab es leuchtenden Nachtjasmin und Tollkirschentupfer an der Decke, dazu WiFi-Fiktionen aus der Schattenwelt der Nachtgewächse. Von dort kam auch der Traum, der sich zu mir gesellte. Jacky Unterheuser trat herein und teilte mir mit, dass genug Bilsenkraut vorhanden sei, um im Bad die Freizügigkeit zu fördern. Mein Aufwachen entsprach einer Entscheidungssituation, in der mehrere Beteiligte miteinander interagierten.

Das Gebiet der *Gus Clinton* ist ein riesiges Feld mit unzähligen Unbekannten. Untersucht wird das Leben am Arbeitsplatz, Vor- und Nachteile einzelner Zopfgruppen, deren Existenz einzig durch die Verknüpfung mit der geleisteten (und möglichen) Arbeit definiert ist. Nehmen wir eine Mitarbeiterin X und einen Mitarbeiter Y. X ist gerade 32 geworden, hat ihren Geburtstag am Arbeitsplatz mit einmal 3, dann 2 Austern und einem Glas alkoholfreiem Schaumwein gefeiert. Während der ganzen Feier saß sie mit durchgedrücktem Rücken vor dem Schirm, überwachte und gab ein, korrigierte auch. Sie war hellauf von den Resultaten begeistert, zu denen sogar

Frau Koenig ihr gratulierte. Auch Y gratulierte, indem er eine kurze Message aus seinem Office schickte, das eine Etage tiefer liegt. Er feiere mit ihr, sagte er. Er hatte bereits 3 Überstunden gemacht und hatte noch 3 oder 4 vor sich. Er wechselte das Hemd, weil es trotz Klimaanlage nach Schweiß roch. Er hatte auch Sauvage dabei, womit er sich alle 2 Stunden erfrischte. Und ein Schächtelchen Testosteron, falls die Aggressivität vor dem Schirm nachlässt. Beschleunigt zwar seinen Haarausfall, macht ihn aber zu einem der besten Ober- und Unterkörper der *Gus Clinton*. Unter dem Hurwitz-Licht seiner *Consulting*-Bleibe ist das beständige Altern nicht zu sehen. Er kommt morgens um 7 und geht um Mitternacht nach Hause, wenn er denn geht. Meist übernachtet er auf der Couch im Büro und hat schon daran gedacht, sein Appartement aufzugeben. Dadurch würde allerdings das Feriengefühl wegbleiben, das er jedes Mal in seiner häuslichen Wohnung empfindet. So 2, 3 Mal im Monat ist das ein schönes Glück. Darauf will er dann doch nicht verzichten. Und finanziell könnte er sich sowieso 3 oder 4 Ferienwohnungen leisten. Essen tut er meist, während er geschäftlich telefoniert. Das ist einerseits Zeitgewinn, andererseits gibt das Kauen und Schmatzen seinem Tonfall etwas Verächtliches, das sein Gegenüber einschüchtert bzw. wütend macht. Umso leichter behält er die Oberhand. Das Menü besteht meist aus billigen Fertiggerichten, die er mitbringt oder sich liefern lässt.

Eine Zeitlang hatte er im Feinkostladen unweit seiner Wohnung eingekauft, da er aber immer weniger dort war, kam das nicht mehr in Frage. Sowieso sah er nicht ein, wieso er teure Biokost zu sich nehmen sollte, wo das gängige Essen aus *Swinys Futterkrippe* ihm viel besser schmeckte. Die snobbe Esskultur der meisten Mitarbeiter teilte er nicht. X zum Beispiel, die steht auf sowas, ausgefallene japanische Leckerlis, vegan zubereitete Haifischflossenkrümel und Algensuppe mit Shrimpsmägen. Gut, wenn es sein muss, führt er auch den Geschäftspartner in ein solches Restaurant, no problem, aber am Arbeitsplatz will er sich den Geschmack nicht verderben. X hat ihn schon ein paarmal zu überreden versucht, er würde auf Dauer seiner Gesundheit schaden, sagte sie, zu viel Fett sei ein Risiko. Dabei wiegt er gerade mal 70 Kilo bei 1,88 m. X ist in der Tat eine sehr besorgte Frau, die sich gerne in anderer Berater Leben einmischt. Vielleicht hat sie es ja auch auf ihn abgesehen. Das glaubt er nicht wirklich, sonst hätte sie dies sicher schon deutlicher zu verstehen gegeben. Er hat ein Verhältnis mit Z. Die jobbt auf der gleichen Etage, aber in einer andern Abteilung. Sie treffen sich ab un zu auf dem gemischten Klo (es gibt Herren, Damen und Gemischte), das ist gut für die Triebabfuhr. Erotik ist nicht so sehr sein Ding. Wieso sich stundenlang in schwülstigen Spielereien ergehen, wenn es letztlich doch mit dem gleichen primitiven Abspritzen endet? Die Z scheint da ganz seiner Meinung zu sein. Sie verliert keine Zeit und gibt sich den Orgasmus ohne allzu viele Umstände. Manchmal reibt oder leckt er sie ein wenig, und sie nimmt ihn mit dem Mund. Sie waren auch beide schon auf seiner Bürocouch, nachts, mit Blick auf die Ausläufer von Bjørnstadt und das düstere Stück Autobahn unterhalb Belvals.

# 73

## Guy H

Aber, lieber Schmidhuber, Sie werden mir doch nicht sagen, dass dies alles sich völlig problemlos entwickeln wird, es gibt doch jetzt schon jede Menge Kritik an diesem Unternehmen!

Keine Angst, Guy, es wird alles ganz toll!

Das sieht man jetzt schon an den Smartcities mit all ihren Überwachungsmöglichkeiten. Und wenn hier das Thomas-Areal zu einem solchen Experiment genutzt wird, gibt es für Bjørnstadt kein Entkommen.

Seien Sie doch nicht naiv, Guy, was möglich ist, wird auch irgendwann verwirklicht werden, ob bei Ihnen in Bjørnstadt oder sonst wo. Die Computer werden bald schon intelligenter sein als die Menschen und wir werden dadurch eben an Bedeutung verlieren. Die Menschen werden nicht untergehen wegen KI, sie werden nur nicht mehr so wichtig sein. Sehen Sie, die Flöhe sind wegen der höheren Intelligenz, dem Menschen, auch nicht verschwunden, ganz im Gegenteil, es gibt viel mehr Flöhe als Menschen.

Ich möchte definitiv keine Zukunft als Floh haben. Und auch nicht als Haustier, wie Sie letztes Mal sagten. Sie geben damit doch zu, dass Ihre Forschung ganz beträchtliche Gefahren birgt.

Wissen Sie, das ist wie mit der Entdeckung des Feuers. Es kommt immer auf den Gebrauch an, den man davon macht.

Genau. Und im Augenblick sieht das nicht sehr gut aus. Alles im Sinn des Verbrauchs, des Konsumerismus und der Kontrolle.

Sie sollten das nicht so pessimistisch sehen, Guy, eine neue Art von Leben ist durchaus denkbar. Der Mensch ist etwas, das überwunden werden soll. Den Satz kennen Sie doch sicher.

Wir entwickeln etwas, das über den Menschen hinausgeht. Die Ressourcen werden nicht mehr in der Biosphäre sein, sondern im Weltall. Unser Universum ist schließlich noch sehr jung, 13 Milliarden Jahre, das ist gar nichts. In nochmal 13 Milliarden Jahren wird man sagen, damals, 13 Milliarden Jahre nach dem Urknall, fing das Universum an, klug zu werden. Der Mensch wird nicht die Krone der Schöpfung sein, mehr ein Steigbügelhalter. Ist es denn nicht wunderbar zu erkennen, mein lieber Guy, dass man Teil eines größeren Prozesses ist, der das Universum von weniger zu mehr Komplexität hinführt?

Schmidhuber, Sie dürfen sich gerne als Geburtshelfer für etwas Größeres sehen, aber mir geht es tatsächlich immer noch um den Menschen. Ich denke auch, dass Sie in Ihrer Begeisterung vergessen, dass menschliches Denken nicht so einfach durch denkende Maschinen zu ersetzen ist.

Also Emotionen kennen meine Roboter schon. Sie besiegen Sie nicht nur beim Schach und beim Go-Spiel, sie gehen Ihnen auch aus dem Weg, wenn Sie Böses mit ihnen vorhaben. Das alles lernen sie.

Sie vergessen, dass der Mensch nur partiell mit dem Gehirn denkt. Wir sind im Gegensatz zu Ihrem in Silizium gepressten Wissen biologische Wesen, audiosensitive Systeme, die nicht sequentiell, sondern simultan agieren. Der menschliche Wille geht von seiner Leiblichkeit aus.

Ich möchte Sie nicht enttäuschen, Guy, aber Sie werden auch noch den Respekt vor der Intelligenz verlieren, wenn Sie erfassen werden, wie einfach es ist, Intelligenz nachzubauen.

Das wage ich zu bezweifeln, Schmidhuber, der Sinn des Lebens liegt doch nicht darin, Probleme zu lösen, wie Sie es voraussetzen. Ihre Prämisse ist einfach falsch.

Das wird sich ja dann herausstellen. Ich hoffe, ich habe Sie nicht um den Schlaf gebracht.

Keineswegs. Es ist mir immer ein Vergnügen, mich mit Ihnen zu unterhalten.

Na dann, gute Nacht, Guy.

Gute Nacht, Schmidhuber.

Hoffentlich träumen Sie was Schönes!

Ich denke nicht, dass Sie mir im Traum erscheinen werden.

Habe ich jedenfalls nicht vor. Tschüss.

Tschüss, Schmidhuber.

# 74

## First Lady Fabiola legt auf

Chorus XXII
Abagael fiftyfold rituals
Bulldogs fatality affaire
Galatia boastfully riffed
Absurdity falloff taillage
Falsifiable faulty Godart
Agata farts fluidly foible
Aligator difusely abaft

Chorus XXIII
Abagail adultary liftoffs
Buffalo flairs agitatedly
Friday fatigable fallouts
Fateful adorability flags
Draftable flagitious flay
Aglaia distortable fluffy
Febrifugal fatality loads

Chorus XXIV
Alba flirtatiously gaffed
Abdul glorifies lata taffy
Draftily fatiguable loafs
Alfy glatiatorial buffets
Flagstaff ability roulade
Abrogated Faisal fitfully
Adieu orbitally Flagstaff

15 ◁                    ▶ 11

# 75

## Guy H

Ich hatte gestern ein Gespräch mit Frau Musmann. Durch die Mauer hindurch. Sie tat, als sei niemand zu Hause, aber ich wusste, dass sie da war. Ich hörte das Pfeifen ihres altmodischen Wasserkochers. Sowas mag ich, sie trinkt Tee und tut, als gäbe es sie nicht. Für eine Nachbarin ist mir Frau Musmann einfach zu abwesend. Gut, ich lebe auch eher zurückgezogen, von meiner Tätigkeit als Arzt einmal abgesehen, aber gestern war doch Nachbarschaftsfest. Da hätte sie sich ein wenig kontaktfreudiger geben können. So wie der Chinese zum Beispiel.

Zum Chinesen am Prinzenring gehe ich nun schon seit Jahren, mindestens einmal die Woche. Seine Jiang-Bao-Froschschenkel (Nummer 86) und sein Yang-Zhou-Reis (Nummer 107) sind ausgezeichnet. Er hält stets ein freundliches Wort für einen bereit – er spricht fließend Luxemburgisch, eine Seltenheit bei Chinesen! –, schenkt großzügig Mei-Kwei-Lu ein und am Ende gibt's immer eine kleine Aufmerksamkeit. Ich habe mittlerweile ein ganzes Regal voll mit chinesischen Andenken, Buddhas, Vasen, Miniaturtempeln, Pagoden und Dschunken. Schon bevor ich Kunde bei ihm war, begegnete mir der Chinese außerordentlich freundlich, winkte vom gegenüberliegenden Bürgersteig zu mir herüber und rief laut Moien. Erst dachte ich an eine Verwechslung, musste dann aber feststellen, dass er mich meinte.

Sie gehen ja des Öfteren hier vorbei, sagte er.

Ab da bin ich halt nicht mehr vorbei-, sondern hineingegangen, und das tut mir überhaupt nicht leid.

Ich möchte mich nicht falsch verstanden wissen, ich will nichts von Frau Musmann. Im Grunde ist sie mir egal. Aber ihre Art an mir vorbeizugehen, stört mich einfach. Sie hat ihr Leben, gut, tut, was sie will, aber in Gesellschaft eines anderen Menschen muss ich mich doch zu benehmen wissen. Nicht so auf Blindschleiche machen und weg! Um mich dann am darauffolgenden Tag mit heimtückischem Anstand zu grüßen, so, als sei sie auf dem Weg zur Polizei.

Aber vielleicht bin ich zu empfindlich und schätze ihr Verhalten falsch ein.

Beim Schreiben bin ich immer in einem idiosynkratischen Zustand, mehr noch beim Komponieren. Da kommt es vor, dass ich überreizt reagiere.

Wenn Frau Musmann auf ihrem Balkon Rad fährt und ich bei geöffnetem Fenster das Scharren und vor allem das regelmäßige Knacken der Pedale höre – es ist wohl eine sehr alte Maschine –, würde ich sie am liebsten vom Rad holen.

Zudem hat mich die Frau im Parterre wieder mal mit ihrem Geschrei aus der Fassung gebracht.

Auf ihrer Klingel hat sie keinen Namen, weiß nicht warum. Denkt wohl, dass jeder sie kennt. Aber ich kann Ihnen sagen, liebe Frau, das Schreien allein macht eine noch nicht bekannt.

# 76

## Be(r)ichte/Ge-dicht-schichten

Wie es in der Mathematik heißt, genauer in der Knotentheorie: Indem man das obere Ende des Zopfes mit dem unteren Ende verbindet, erhält man eine Verschlingung. Verschlingungen gibt es bekanntlich bei der *Gus Clinton* auch in anderer Form. Kann gemäß der Knotentheorie jede Verschlingung durch isotope Umformung in die Form eines geschlossenen Zopfes gebracht werden (Satz von Alexander), so wird diese Aussage hinfällig, sobald sie auf andere *Clinton*-Gebiete angewendet wird. Am Ende der Vermittlungen, Informationsketten und Computerbögen lauert stets die Gefahr eines handfesten Betrugs.

In welchem Innern befinde ich mich?

Und wer schreibt diese Aufteilung vor in Ich und Mich?

Die *Gus Clinton*, die Supercity, das Weltgebäude, das niemals schläft, ewige Lichtchen unter ausgeleertem Himmel, zu jeder Zeit ist eine Bar geöffnet, die keine ist, aber wir tun als ob. Als ob ist die vertrauenswürdigste Info, die du hier haben kannst. Als ob Y nach Hause gegangen wäre, so zieht er die Strümpfe aus, gestreifte Socken, ganz viele Farben für einen trockenen Typen wie ihn, aber was weiß man schon, was sich alles in einem Mitarbeiter abspielt? Y sitzt mit einer Trauerrandbrille im nebligen Grau der Schirme und sucht in seinem Mund nach der Zahnspange der Kindheit, während Z kurz austritt und für die Vogue arbeitet, ja, im Flur geht sie durch die *Vogue*, frisch geschminkt, bearbeitet, gephotoshopt dann überm Desk, wo es jetzt auf alles ankommt, auf die Fingernägel wie auf die Philosophie des Unternehmens, auf die schlaflosen

Nächte wie auf die kalorienarmen Zubereitungen bei *Yamco*, nichts entgeht der Gegenseite, die sie wie eine bodenlose Augenhöhle anstarrt (enthält Spuren von Jean-Paul), und JPW, der ihr zur Seite agiert und Flüche mit dem Schall eines wiehernden Pferdes ausstößt, scheint augenblicklich ein völlig überdrüssiger Überprüfer, aus der Fassung, in letzter Zeit unkonzentriert und überreizt, Magnesiummangel vielleicht oder gar Liebeskummer (gibt es sowas hier?), oder doch das Geld, da er gerne spielt, wie er Jacky andeutete, und dabei manchmal etwas weit geht, in Biarritz, Monte-Carlo oder auch bloß Mondorf, während die Wohnung verwahrlost, was ein hartnäckiges Gerücht im reibenden Gedränge der Etage ist.

Ist das neben mir noch ein Mensch?

Ein sich selbst bei der Arbeit in Szene setzendes Notgerüst in hüstelnder Wendigkeit die ausgebreiteten Papiere überfliegend, so, aber ist da noch Blut und Verwandtschaft, ein Blinzeln mit lungernder Träne und Lungen voll giftiger Anlagenluft?

Er sitzt Herrn Job gegenüber und sieht ihm in den Rachen.

Speichelreste und Teile von Sätzen.

Herr Job leugnet seine Vergangenheit, er leugnet die schlechte Luft und die Schmerzen im linken Arm. Er leugnet auch die Medikamente.

Die blasse Zunge, sagt A und meint: Ich könnte mich krankschreiben lassen, aber dann wäre ich der Entlassung ein Stückchen näher.

Ich muss an die Familie denken, die weit entfernt ein Leben zu führen sucht. Ich glaube, ich schulde ihnen noch was.

Sollte ich vielleicht so tun, als gehörte die *Gus Clinton* mir und sie verkaufen?

Dann müsste ich mich mitverkaufen, wozu ich nicht den Mut habe.

Welches Ich könnte reich werden dadurch, dass es sich verkauft?

# 77

## Gehobene Ansprüche

Die gehobenen Ansprüche, weißt du, woraus sie bestehn? Aus Argwohn, Heimtücke, Missbilligungen und schlechtem Kaffee aus einem Automaten, der im Gegensatz zu der Belegschaft nur die halbe Zeit funktioniert. Da sitzt du manchmal bis zu 14 Stunden am Tag, hingeparkt in einen grauen Großraum, der einem durch Designer-Mätzchen aufgemotzten Kleinstadtbahnhof ähnelt, und trägst mit der eigenen grauen Substanz, konzentriert und unterwürfig, dazu bei, die Effizienz zu erhöhen. Du ringst nach Einfällen, brütest Raum und Zeit aus und sobald dir Zweifel kommen, sagst du dir: Ich erhöhe die Effizienz. Tagelang, jahrelang. Ich erhöhe die Effizienz. Du weißt nicht mehr, ob Tag oder Nacht ist, ob du'n Mitarbeiter vor dir hast oder ein Faxgerät. Alles ist Büroraum, die Welt besteht aus Überstunden und Kaffeeblitzen im Darmtrakt. Und manchmal etwas Stöckelwild zwischen den Schreibtischen. Aber du brauchst dein Auge für die Effizienz. Nicht nachlassen jetzt, das Konkurrenzdenken hier ist ausgeprägter als bei den Billignutten im Viertel. Und doch legen sich alle in Verbundenheit mit der Firma schlafen. Und sitzen morgens wieder voller Zuversicht an Ort und Stelle, um gruppendynamisch ihre Leidensfähigkeit zu testen. Du hast es zum Projektleiter gebracht und entwirfst ein Referat über das systemisch-narrative Organisationsverständnis gepaart mit Storytelling-Skills zur Erschließung wirkungsvoller Handlungsfelder für die Praxis der Personal- und Unternehmenskommunikation, insbesondere in den Anwendungsgebieten Visionsentwicklung und Wertekommunikation. Die

Klimaanlage ist ausgefallen, die Luft ist sauer, die Sonne in der Lamellenanlage eine Platzwunde. Nur die Chefin sieht aus wie frisch aus dem Bad und wundert sich darüber, dass leitende Führungskräfte derart empfindlich sein können. Tempo drosseln bei 40 Grad, wo gibt's denn sowas! Das ist das Wettrennen, das deinen gehobenen Ansprüchen entspricht. Und ich Idiot habe Philosophie studiert. Ich kaufe mir jetzt eine Waffe.

Guy H,
*Kahl und stumm und langsam im stillen Flusse abwärts*

18 ◁        ▶ 17

# 78

## Aus der Officesprache

HP beschreibt die sogenannten High Potentials, also den Führungskräftenachwuchs, von dem man sich Großes erhofft.

FUBAR bedeutet Fucked Up Beyond All Repair.

WOMBAT steht für Waste Of Money, Brains And Time.

FOAD bedeutet Fuck Off And Die.

79 ◁            ▶ 85

## Be(r)ichte/Ge-dicht-schichten

Als ich in Charles Hemingways Liquorshop auftauchte, war er
sichtlich erfreut. Er habe nicht damit gerechnet, dass ein
zufälliger Flugnachbar seine Einladung annehmen würde.
Ich sollte zum Abendessen bleiben, meinte er, und nachdem
er seinem Mitarbeiter ein paar Anweisungen gegeben hatte,
fuhren wir zu seinem Haus, einem alten Holzbau von über
100 Jahren. Mit Porch und Double-hung-windows, sagte er,
ganz wie ihr Europäer euch das vorstellt!

Ich habe mir gar nichts vorgestellt, sagte ich.

Er machte uns 2 Riesensteaks. Dazu gab es Bohnen und Brot.
Und eine Flasche Zinfandel.

Seit seine Frau an Leukämie gestorben war, lebte er allein.

Es war der Name Hemingway, der uns während des Essens
ein Gespräch über Suizid anfangen ließ.

Ich erinnerte mich daran, wie ich als Student einmal meinen
Freund Guy in Paris besucht hatte und wir vor dem *Ritz* gestan-
den und uns vorgestellt hatten, wie Ernest damals, am Ende des
Zweiten Weltkriegs, die Waffe hatte abgeben müssen, bevor er
zur Bar gelassen wurde. Ich war zu dem Zeitpunkt, trotz Studium
der Wirtschaftswissenschaften, mit dem Herzen noch bei der
Literatur.

Charles sagte mir, dass er höchstwahrscheinlich dadurch, dass
er in eine Hemingway-Familie hineingeboren war, angefangen
hatte, sich für Literatur zu interessieren. Einen andern Grund
würde er nicht kennen. Zum Studium hatte die Familie kein
Geld, also ging er zur Armee. Er erzählte mir von einem General,
der auch Charles mit Vornamen hieß, Charles T. Lanham,

bekannt auch als Buck Lanham, der Gedichte schrieb und ein guter Freund von Ernest war. Buck habe mal gesagt, dass er nie einen Mann getroffen habe, der seine Mutter so sehr hasste wie Ernest.

Du meinst, wenn sie ihn als Kind nicht gezwungen hätte, Mädchenkleider zu tragen, hätte Ernest sich nicht erschossen?

Kann sein. Obwohl, in der Familie hat der Suizid bekanntlich Tradition, wenn ich das so sagen darf. Alle haben Großes geleistet und sich trotzdem dann irgendwann umgebracht.

Charles erzählte mir die Geschichte von Ernests Bruder Leicester, der in Iowa begraben ist (Alden Cemetery in Alden, Hardin County, nördlich von Des Moines), zusammen mit seiner Frau, deren Familie von dort stammte. Leicester wurde 1953 als Schriftsteller bekannt mit *The Sound of the Trumpet*. In den sechziger Jahren dann gründete er die Mikronation New Atlantis. Er nahm, da er Vogelexkremente auf seinem Floß vorfand – es lag in internationalen Gewässern in der Karibik, etwa 15 Kilometer vor Jamaika – aufgrund des Guano Islands Act die Hälfte des Floßes für die USA in Besitz, den südlichen Teil beanspruchte er für sich selbst und machte daraus New Atlantis, dessen Präsident er wurde. Er entwarf eine Verfassung (angelehnt an die der USA), gab eine eigene Währung heraus, den New-Atlantis-Dollar, und druckte eigene Briefmarken.

Es ist schon rätselhaft, sagte Charles, wie ein Mann, der das Zeug zu einem Staatsgründer hat, sich auf einmal einfach erschießt.

Wie sein älterer Bruder?

Und wie der Vater!

Und New Atlantis? Gibt es das noch?

Leider nein. New Atlantis wurde 1966 durch einen Sturm zerstört.

Es ist der Sturm im Kopf, sagte ich.

Wie meinst du das?, fragte Charles.

Das Zerstörerische, dem du ausgeliefert bist. Plötzlich ist alles durcheinandergewirbelt. Du hast keinen Halt mehr, wirst weggeblasen. Kennst du das nicht?

Vielleicht, sagte er.

Er legte die Stirn in Falten und holte eine zweite Flasche Zinfandel.

Für einen Mann von seinem Gewicht hatte er eine erstaunlich kleine Schuhgröße.

# 80

## Pas même d'espérance

J'ai envie de me faire saltimbanque, disait Guy.

Autant être chiffonnier ! s'écriait Nicolas.

Guy attendait Maïwenn. Elle avait du retard, ce qui le rendait nerveux. Et les commentaires de Nicolas n'y étaient pas pour le calmer, au contraire.

Il avait chanté sur le parvis de Beaubourg comme tous les weekends, des chansons à lui, mais aussi celles de Ferré, Manset ou Gainsbourg, chansons que le public connaissait et aimait entendre. Ça lui faisait pas mal de sous dans sa casquette, et le soir Maïwenn et lui iront manger du couscous chez Omar, rue de Bretagne.

Nicolas, viré par sa copine Marylène, était de mauvaise humeur et buvait trop de pastis.

Quelle situation abominable !

Il faisait comme s'il jouait une scène de théâtre et renversait son verre en gesticulant.

Merde !

Un autre ? demanda le garçon en passant le chiffon sur la table.

Bien sûr !

Puis, se tournant de nouveau vers Guy : Et nul moyen d'en sortir !

Q'en est-il de ton roman ? demanda Guy pour changer de sujet.

Nicolas hocha les épaules.

Je ne sais plus. Deux gars qui se racontent des histoires. Des Bouvard et Pécuchet d'aujourd'hui qui finissent en Vladimir et Estragon, quelque chose comme ça.

Pas même d'espérance ! ajouta Guy avec ironie.

Tu sais bien qu'il n'y a pas d'espoir, dit Nicolas, nous sommes entrés dans une période de tuilage, comme dirait l'autre, avec une autre civilisation qui advient, la civilisation transhumaniste qui vise à tout instrumentaliser, à transformer tout en objet pour obtenir un grand marché planétaire.

Guy H,
*Les Mystères du Paradis*

52 ◁          ▶ 55

# 81

## Jean Ray

Den Biografen ist nicht immer klar, ob es sich bei dem Autor einzelner Texte wirklich um Jean Ray handelt, da er unzählige Pseudonyme benutzte – hier nur ein paar davon: Abrosius, Acker, Nestor Amundson, Don Armagged, Ben Bakker, Newton Baralong, B. Bachelor, Alix R. Bantam, Leslie Bram-Westlock, Pieter Beurre, Gérard Bryne, Groen Bosch, Philip Clayson Jr, Martin J. Cross, Ed Cox, Bettina Colkove, Henri Darmon, Willem De Jong, Cathy De Vries, Alphonse Denouwe, Reynold De Ruiter, Gilles Delamort, Germaine Destouches, Emily Everton, Victor Eustache, Rémy Epernay, Marcel Elmore, Sébastien Freud, Fernand Fort, Gilles Fontanelle, Bike Fontenbrink, Eustache Gill-Banks, Denis Gelatine, Bob Gainsbourg, Jimmy Gerritsen, Lizzie Hattle, Telka-G. Haigh, W. Morton Haigh, Larssen Hegel, Warton Hepburns, Benjamin Herscher, Fritz Ichauson, Sidney Irving, Lou Iggendorff, Bart Iomanci, David Jeleggen, Léandre Joule, Stan Jonker, W. W. Kolman, Ken Kendridge, Malcolm Katz, Jehan de Kooning, Gyslène Koyt-Tafler, K.I. Kuijpers, Ricky Leeuw, Ritchard Lower, Derek Loveborough, Fitz Longjohn, Jan Luppers, Melinda Lammermoor, John S. Meril, Marius Motin, Matt O'Monroy, Mathilde Molenaar, Hendrik Molters, Joris Mongen, Beryl Orths, Kelly Obstgarten, Petrarca Ovivir, Laurel Olman, William Preston, Werner Price, Polly Postman, Reno Parker, John M. Ray, John R. Ray, King Ray, Harold D. Raynes, Walt Reeves, Axel Reiss, Baldwin Ross-Marden, Alice Sauton, John Sailor, Sedgemoor, Richard Sherman-Wheel, Charles Smeets, Harry V. Smiles,

Vlado Schipper, J. White Stewart, R. M. Temple, S. Tombs, Reginald Turner, J. Terrence Vannes, Van Tooy, Evers Teller, Valère Upstaten, George Undermine, Herbert Vandoorn, Roy Vansteenkisten, Giulietta Verbeek, Becky Van der Horst, René de Vos, Gustave Vigoureux, Harry D. Whale, Philip Waters Jr, Pat Willemsen, Ethel M. Wright, Floyd Ypperton, Albin D. Young, Sarah Zemlovsky, Selma Zonk, Vincent Zippers ...

**33** ◁      ▶ **34**

# 82

## Tomas B

Unterwegs zum Amt für Lebewesen kommt mir ein Mann entgegen, der über Brust und Bauch ein Plakat mit der Aufschrift trägt: Vorsicht! Bewaffnet! Er geht leichten Schrittes, nicht zu schnell, bewegt sich durch die Fußgängerzone als einsamer Waldspaziergänger. Passanten reagieren verdutzt, schütteln die Köpfe, entfernen sich. Einer ruft die Polizei. Oder die Polizei war ohnehin schon am Platz, in der Zone, wo es regelmäßig Gerangel gibt. Sie stellen fest, dass die Beschriftung ein Fake ist, der Mann ist nicht bewaffnet. Was tun? Das Ding abnehmen, bitte! Der Mann dreht das Plakat, hängt es sich auf diese Weise um. Auf der Rückseite steht: Vorsicht! Unbewaffnet! Die beiden Polizisten lassen ihn gehen.

Das Amt für Lebewesen heißt anders, weiß nicht genau wie. Ich muss dorthin, weil ich ein Certificat de vie für eine Versicherung brauche (betrifft einen Unfall, den ich in Frankreich hatte, nahe Avignon, während des Urlaubs), die Leute wollen wissen, ob ich noch lebe, bevor sie das Geld auszahlen. Ich hoffe, dass es bei der Beweisführung keine Schwierigkeiten geben wird. Es gibt da den Fall einer Frau, die vor Jahren fälschlicherweise für tot erklärt wurde und seither vergebens zu beweisen versucht, dass sie lebt. Auch viele der Menschen, die mir entgegenkommen, scheinen gerade beweisen zu wollen, dass sie leben. Ein Typ mit tätowiertem Schädel, klobiger Sonnenbrille und blaugrüner Neonjacke schreit laut in sein Smartphone, das er wie'n Mikrofon vor sich trägt: Ja, ja, ja, ja und nochmal ja! Eine Frau wiegt würdevoll ihre gut gefüllte

Einkaufstasche vor sich, während sie mit einer andern spricht. Ihr Mund ist ein malvenfarbener Fischmund, der sich im Takt zur Einkaufstasche bewegt, aus der plötzlich eine Hundeschnauze hervorlugt. Neben den beiden verteilt ein junger Mann bunte Zettel und ruft dazu: Leben Sie gesünder! Passanten, die plötzlich einen dieser Zettel in der Hand haben und nicht wissen, wohin damit, sehen aus, als probten sie gerade einen Folkloretanz. Hinter ihnen der Plastikvorhang einer geschlossenen Drogeriefiliale. Auf der andern Seite eine bettelnde Frau mit Regenmantel und Kopftuch, die jeden Passanten annickt und Bonjour dazu sagt. Dann grüßt mich freundlich ein Mensch, den ich nicht kenne und der sich bald schon als netter Menschheitsretter zu erkennen gibt und eine Unterschrift und womöglich auch Geld von mir will. Ich sage ihm, dass mir im Augenblick keineswegs nach Rettung zumute ist und meinetwegen die Welt gut und sicher untergehen darf, setze mir daraufhin die Kopfhörer auf und höre *Dark City, Dead Man* von Cult of Luna. Der Typ wendet sich empört von mir ab.

Lächerlich, immer hat jemand Angst, dass es zu Ende geht. An jeder Ecke ein kosmogonischer Schwätzer, der um sein Weltbild kämpft. Und dann läuft mir auch noch der Herr Schischa über den Weg, der ausgegangen ist, um in der Fußgängerzone, der längsten des Landes, heißt es, seine Bürger zu grüßen und nach ihrem Wohlbefinden zu fragen. Er wird diese Stadt kaputt sanieren, das mögen die Bürger an ihm, zusammen mit seinem Freund Kroip dafür sorgen, dass Designerdumpfbacken und Städtebaucrétins sich des Schuttes und der Asche annehmen. Der Untergang der Stadt, das sind nicht, wie immer wieder beklagt, die alkoholisierten Penner und die von Kosmetik und Psychopharmaka entstellten Nutten im Stadtpark, nicht die alt gewordenen Schmuddelkinder in ihren verrauchten Kneipenhöhlen und nicht die zugewanderten verrohten Kämpfer, die in Lybien, Syrien oder sonst wo überlebt haben, nicht die Dreck fressenden Junkies und die illegalen Hurensöhne, die in leerstehenden Häusern ihre Geschäfte durchziehn, nicht die kranken Stricher und verwerflichen Kleinkriminellen, nein, die für den von aufgegeilten Redakteuren immer wieder heraufbeschworenen Untergang sorgen werden, das sind Leute wie Kroip und Schischa, denen als Ideal eine Wohlstandswüste vorschwebt, eine mit großem Invest betriebene Utopie der Sorglosigkeit, wo Simulation und Echtheit nicht mehr zu unterscheiden sein werden. Längst sind die Astrologen der Erneuerung, Tabula-rasa-Propheten und Tittytainment-Planer am Werk, gut beraten von *Gus Clinton* und andern Big-Data-Amazoniern, unterstützt von dynamischen und flexiblen Gehalts- und Befehlsempfängern, die sich alle selber mobben, um noch effizienter zu sein. Mit Blaulicht in die blutarme Zeit! Zur Entspannung gibt's KULTUR – definitiv die allergeilste Vokabel der Saison – in Hülle und Fülle in Form von *BjørnBling22*. Alles derart voll Glamour, dass sogar KULTURSCHAFFENDE – zweitgeilste etc. – ganz vergessen, was für eine Sklaventugend die Hoffnung ist (der Philosoph lässt grüßen) und sich einkarren und zulullen lassen.

**84** ◁      ▶ **22**

# 83

## From Red Earth to Grey Matter

Diese Veranstaltung wird ein Porträt des Mannes von Bjørnstadt skizzieren, um verschiedene Facetten seiner Identität aufzudecken. Von der Schwerindustrie zur Künstlichen Intelligenz. Wie die Stadt verwandelt sich auch der Mensch. Einige erinnern sich noch an die Stahlwerke, jetzt entsteht dort KIDIGICITY, die Neue Welt. Bist du bereit, das einzigartige Projekt als Freiwilliger zu unterstützen? Werde Teil unserer REMIX-Community und gestalte mit uns die Zukunft unserer Region.

Bjørnstädter Blatt, 22.2.2021

43 ◁ ▶ 95

# 84

## Dishonesty[*]

Nevertheless a certain class of dishonesty, dishonesty magnificent in its proportions, and climbing into high places, has become at the same time so rampant and so splendid that there seems to be reason for fearing that men and women will be taught to feel that dishonesty, if it can become splendid, will cease to be abominable. If dishonesty can live in a gorgeous palace with pictures on all its walls, and gems in all its cupboards, with marble and ivory in all its corners, and can give Apician dinners, and get into Parliament, and deal in millions, then dishonesty is not disgraceful, and the man dishonest after such a fashion is not a low scoundrel. Instigated, I say, by some such reflections as these, I sat down in my new house to write The Way We Live Now. And as I had ventured to take the whip of the satirist into my hand, I went beyond the iniquities of the great speculator who robs everybody, and made an onslaught also on other vices ...

Anthony Trollope,
*Autobiography of Anthony Trollope*

*Überschrift von Tomas B

# 85

## Fieber macht durstig

Heute vor genau 60 Jahren starb der große amerikanische Schriftsteller Ernest Hemingway, der während des 2. Weltkriegs (im Dezember 1944) auch eine Zeit lang in unserm Land weilte. Er war stark erkältet, als er im US-Hauptquartier in Luxemburg eintraf und verzichtete, so wie der Regimentsarzt es ihm geraten hatte, auf einen Frontbesuch. Stattdessen legte er sich ins Bett in der umgebauten ehemaligen Mühle in Rodenburg, wo er eine Unterkunft gefunden hatte. Fieber macht durstig, und so entdeckte er auf der Suche nach Getränken den Weinkeller. Während der einwöchigen Bettruhe leerte er etliche Flaschen Wein. Da er wegen der bitteren Kälte nicht die Latrine außerhalb des Hauses aufsuchen wollte, benutzte er die leeren Weinflaschen als Nachttopf. Er verkorkte sie wieder und beschriftete sie mit „Château Hemingstone", um Verwechslungen auszuschließen. Eines Nachts aber griff er in der Dunkelheit des Weinkellers versehentlich zu einer Flasche Hemingstone-Wein. Er soll, mündlichen Überlieferungen zufolge, nicht begeistert gewesen sein von dessen Geschmack.

Nach seiner Genesung geriet er bei einer Patrouillenfahrt an der Sauer in der Nähe von Dickweiler unter heftigen Wehrmachtsbeschuss und entkam nur mit knapper Not. Sein Artikel über die schweren Kämpfe in der luxemburgischen Ostregion erschien im Januar 1945 im Magazin *Time & Life*.

Seine damalige dritte Ehefrau Martha Gellhorn traf am 24. Dezember in Luxemburg ein und es kam zu heftigen Streitigkeiten zwischen den Eheleuten. Nach mehreren Partybesuchen am Heiligabend übernachteten die Hemingways in der

Mühle. Dies war wahrscheinlich ihre letzte gemeinsame Nacht. Hemingway reiste danach nach Paris. Seine Ehe mit Martha Gellhorn wurde ein Jahr nach dem Ehekrach in Luxemburg geschieden. Am 2. Juli 1961 erschoss er sich.

Bjørnstädter Bote, 2. Juli 2021

# 86

# Hex

Hex wird auf einem rhombenförmigen Brett mit sechseckigen Feldern gespielt. Ein Feld ist zu den 6 umgebenden Feldern benachbart (ein Feld am Brettrand hat 4 und ein Eckfeld 2 bzw. 3 Nachbarn). Die Zahl der Felder kann unterschiedlich sein. John Nash hielt 14 mal 14 für die beste Größe. 2 gegenüberliegende Seitenlinien sind rot, die beiden anderen blau. Die Parteien setzen abwechselnd einen Stein ihrer jeweiligen Farbe auf ein noch unbesetztes Feld, Rot beginnt. Die Eckfelder zählen zu beiden Farben. Jeder Spieler muss die Seiten seiner Farbe mit einer Kette seiner Steine verbinden, um zu gewinnen. Eine Kette besteht aus gleichfarbigen Steinen, die alle direkt oder indirekt zueinander benachbart sind. Um den Vorteil des ersten Zuges auszugleichen, verwendet man meist eine Tauschregel, laut der Blau nach dem ersten roten Zug die Farben tauschen kann. Das heißt, Blau übernimmt den Eröffnungszug von Rot und spielt mit den roten Steinen weiter. Rot dagegen bekommt die blauen Steine und muss gegen seinen eigenen Eröffnungszug spielen. Rot sollte somit seinen ersten Stein möglichst so setzen, dass weder Rot noch Blau einen erkennbaren Vorteil haben, denn Blau kann sich immer für die Seite entscheiden, die im Vorteil ist. Ein Spieler gewinnt, wenn er die Seiten seiner Farbe mit seinen Spielsteinen verbindet. Hex ist eng verwandt mit anderen Verbindungsspielen wie zum Beispiel TwixT.

# 87

# OFUP

L'Office universitaire de presse (plus connu sous l'acronyme OFUP) est une société, créée en 1972, vendant des abonnements à des magazines. Jusqu'en 2009, la vente se faisait essentiellement dans les locaux d'établissements d'enseignement. L'OFUP est depuis 2008 une filiale de ADLPartner.

L'OFUP fonctionnait principalement par démarchage au sein des lycées et des universités. La société employait chaque année des centaines d'étudiants à cette fin, à qui elle offrait une formation de base, et qui étaient rémunérés exclusivement par des commissions sur les abonnements vendus. Ils étaient liés à la société par un contrat de mandat qui n'était donc pas un contrat de travail.

Au début des années 1980, les lycées commencent à autoriser la présence des stands OFUP. Cette prospection auprès de clients mineurs est exceptionnelle : à part l'OFUP, aucune société commerciale n'est admise au sein d'établissements d'enseignement secondaire. Au début des années 1990, l'OFUP vend plus de 400 000 abonnements chaque année (pour un chiffre d'affaires de 20 millions d'euros). Les ventes directes sur le terrain (110 000 abonnements auprès des facultés/grandes écoles + 90 000 auprès des lycées) sont complétées par la vente par correspondance (200 000 abonnements, dont un quart réalisé grâce au partenariat avec la CAMIF).

28 ◁                              ▶ 78

# 88

A voice accosted me – a very quiet and very musical key of voice – in a language of which I could not understand a word, but it served to dispel my fear. I uncovered my face and looked up. The stranger (I could scarcely bring myself to call him man) surveyed me with an eye that seemed to read to the very depths of my heart. He then placed his left hand on my forehead, and with the staff in his right, gently touched my shoulder. The effect of this double contact was magical. In place of my former terror there passed into me a sense of contentment, of joy, of confidence in myself and in the being before me. I rose and spoke in my own language. He listened to me with apparent attention, but with a slight surprise in his looks; and shook his head, as if to signify that I was not understood. He then took me by the hand and led me in silence to the building. The entrance was open – indeed there was no door to it. We entered an immense hall, lighted by the same kind of lustre as in the scene without, but diffusing a fragrant odour. The floor was in large tesselated blocks of precious metals, and partly covered with a sort of matlike carpeting. A strain of low music, above and around, undulated as if from invisible instruments, seeming to belong naturally to the place, just as the sound of murmuring waters belongs to a rocky landscape, or the warble of birds to vernal groves.

Edward Bulwer-Lytton, *The Coming Race*

44 ◁                                    ▶ 75

# 89

## Guy H

Ich habe mich untersuchen lassen. Ich könnte auch sagen, ich habe mich untersucht. Oder ich habe mich unterlassen. Was mehr ist als eine Vernachlässigung. Was aber ist mehr? Die Fragen fallen uns zu wie unverhofft um die Ecke biegende Verwandte, um die wir einen Bogen machen wollen. Frau Musmann fragte mich neulich, ob wir nicht vielleicht miteinander verwandt seien. Wie kommt eine zufällige Nachbarin auf die Idee, zu meiner Familie zu gehören?

Und jetzt plötzlich diese Einladung von Tante Maude zu ihrem Geburtstag. Wusste gar nicht, dass sie noch lebt. Und wie kommt sie an meine Adresse? Kann ich mir nicht erklären, ebenso wenig wie ich die durch die Einladung ausgelöste Unruhe begreife.

Die Luft wird immer schlechter, meine Konzentrationsstörungen immer größer. Ob es einen Zusammenhang gibt, weiß ich nicht, muss aber feststellen, dass meine Arbeit mehr und mehr zu einer Dokumentation des Scheiterns wird.

Ständig komme ich vom Thema ab. Aber vielleicht sind die Abschweifungen der eigentliche Grund meines Schreibens. Oder das Schreiben ist stärker als ich und zwingt mir seine Geschichten auf. Erzählt von urkomischen Vergangenheiten, an die ich mich kaum erinnere.

Aber sie sind da. Im Geschriebenen. Dessen Anfang, soweit ich mich erinnere, der Buchstabe M ist.

Das kleine gewellte m, das handgeschriebene der Schule.

Auch das ist nicht ganz richtig. Ich schrieb ja schon, bevor ich zur Schule ging. Ich soll ein begabtes Kind gewesen sein.

Sogar Tante Vronny, die mich nicht wirklich leiden konnte, sagte so was manchmal.

M war der erste Buchstabe meines Kindheitsalphabets.

Das M von Mama und Musik. Und das M von Maude, Tante Maude, über die zu sprechen mir eine Weile untersagt worden war.

Ein Verbot, das wohl bis heute nachwirkt. Anders ist die durch die Einladung hervorgerufene Erregung nicht zu erklären.

Seit meine Eltern sich getrennt hatten, wohnte ich mit meiner Mutter im Haus ihrer Eltern. Es war ein altes, nach und nach ausgebautes, ungewöhnlich großes Bauernhaus, das mir lange Zeit wie ein Labyrinth vorgekommen war.

Neben meinen Großeltern lebten dort noch Tante Vronny mit ihrem Mann Demi und dem gemeinsamen Sohn Albert und ein unverheirateter Bruder meiner Mutter, Theo. Tante Maude lebte nicht dort, kam aber regelmäßig zu Besuch.

Alle in der Familie waren musikalisch begabt, mit Ausnahme von Tante Vronny und ihrem Sohn Albert. Onkel Theo brachte mir das Klavierspielen bei. Ich war 4 und die Tasten noch etwas zu groß für meine Finger.

Im ersten Schuljahr legte ich meine erste Komposition vor, ein Lied, das Schuberts Ave Maria nachempfunden war. Obwohl ich im Vergleich zu Mozart ein absoluter Spätentwickler war, verglichen mich alle mit ihm, was mich so sehr nervte, dass ich eine Zeitlang eine Fingerlähmung vortäuschte.

Da hatten plötzlich alle Angst um mich und meine Mutter riet Onkel Theo, mich doch nicht zu sehr zu fördern, worauf dieser verärgert meine Kompositionen beschlagnahmte. Viel später tauchte das eine oder andere Stück – leicht verändert, aber durchaus wiederzuerkennen – unter seinem Namen oder unter einem seiner Pseudonyme wieder auf. Er schrieb

Unterhaltungsmusik für kleine Ensembles und hatte sogar internationalen Erfolg mit ein paar Popsongs, zu denen ein Freund von ihm, ein Englischlehrer, die Texte beitrug. Während der Zeit meiner Kinderfingerlähmung beschäftigte ich mich – als Ausgleich für die fehlende musikalische Herausforderung – etwas mehr mit Literatur und erdachte mir Märchen.

Großmutter führte das Café, das im umgebauten Schweinestall des Hauses eingerichtet worden war und das der Familie eine für die damalige Zeit beachtliche Geldsumme einbrachte, dies nicht zuletzt durch Tante Maude, von der ich also doch jetzt mehr erzählen muss, als ich eigentlich wollte. Maude hatte eine einzigartige Ausstrahlung und zog damit alle Menschen, insbesondere natürlich die Männer, in ihren Bann. Obwohl wir Kinder damals Wörter wie Ausstrahlung oder Bann nicht kannten, oder falls wir sie bereits gehört hatten, nicht wussten, was sie bedeuteten, spürten und erfassten wir augenblicklich Maudes Besonderheit. Sie war ungewöhnlich schön, hatte große grüne Augen, auffällig geschwungene Wangenknochen und volle Lippen, jede Bewegung ihres Körpers schien grazil und lasziv zugleich, eine einladende Tänzerin mit vielversprechenden Hüftbewegungen.

Was ich als Fünfjähriger von dieser Erotik mitbekam, kann ich nicht sagen. Ob mein Empfinden überhaupt in irgendeiner Weise dem entsprach, was man mit Erotik in Zusammenhang bringt ebenso wenig. Sicher aber ist, dass wir Jungen, Albert, der anderthalb Jahre älter war als ich und ich selbst, auf unsere Art diese außergewöhnliche weibliche Schönheit wahrnahmen. Selbstverständlich vernahmen wir auch die Kommentare der Erwachsenen und merkten, wie die Männer auf Maudes Gegenwart reagierten. Wenn sie in Großmutters Café aushalf – das machte sie nach Lust und Laune, niemand konnte ihr etwas aufzwingen – kamen die Männer früher, blieben länger, tranken mehr. Soweit ich mich erinnere, wurde nie jemand richtig ausfallend; hätte sich das jemand erlaubt, die andern hätten auf Gentlemen gemacht und ihn durchgeprügelt. Maude war unberührbar, das machte alle verrückt. Fast jeder im Dorf versuchte, sich auf die eine oder andere Weise an sie heranzumachen; sie ließ alle abblitzen, sogar den begehrtesten aller Junggesellen, den Sohn des Fabrikbesitzers Poschmann, der im Sportwagen vorfuhr und vom Scheunendach 10 000 Rosen auf sie regnen ließ. Er war der Clark Gable des Kantons, charmant, gebildet, sportlich und steinreich, und galt als unwiderstehlicher Verführer. Wenn Maude nach ein paar Tagen zurück in die Stadt fuhr, hinterließ sie die Männer des Dorfes in Scherben. So jedenfalls hatte es Onkel Theo ausgedrückt, der wohl auch in sie verliebt gewesen war, rechtzeitig aber erkannt hatte, dass er chancenlos war und sich lieber wieder voll der Musik gewidmet hatte. Was mir dann wiederum zugutekam. Meine Kinderfingerlähmung war vorbei, und Theo schlug vor, Scarlattis 555 Sonaten in Angriff zu nehmen, ein Vorschlag, den ich gerne und mit größtem Vergnügen annahm. Leider zogen wir, meine Mutter und ich, bei Sonate K 519 (fa mineur) nach Bjørnstadt, wo meine Mutter eine Arbeit im Krankenhaus gefunden hatte und wo mir in der Musikschule dann leider ziemlich schnell die Freude am Musizieren ausgetrieben wurde.

Doch zurück zu Maude (Sie merken, ich drücke mich etwas, was sicher mit dem damaligen Verbot über sie zu sprechen zusammenhängt): Wie alt ich zum Zeitpunkt des Geschehens genau war, weiß ich nicht, jedenfalls alt genug, um mich zu erinnern, wenn auch nur andeutungsweise. Ich weiß auch nicht mehr, ob meine Bettlägerigkeit in Zusammenhang mit der Kinderfingerlähmung, die ja vorgetäuscht war, stand, oder ob sie auf ein echtes Leiden zurückzuführen war. Jedenfalls lag ich im Bett und plärrte. Meine Mutter war auf Arbeitssuche und Maude hatte sich bereit erklärt, sich um mich zu kümmern. Maude. Ich würde sie ganz für mich haben! Habe ich das damals gedacht oder interpretiere ich diesen Wunsch, dieses Verlangen nachträglich in mein Verhalten hinein? Sie saß am Bettrand und redete geduldig auf mich ein, was mich aber nicht wirklich beruhigen konnte. Möglicherweise hatte ich Angst, sie würde sich zu schnell von mir verabschieden und versuchte, sie auf meine Weise enger an mich zu binden. Was mir schließlich gelang, denn sie rückte mich etwas nach hinten, hob die Beine hoch und legte sich neben mich ins Bett. Dann küsste sie mich auf die Stirn, streichelte mir mit den Fingern einer Hand über den Mund und legte die zweite Hand auf den seidenglänzenden Stoff des Pyjamas. Zwischen meine Beine. Das erste Mal, dass eine Frau das tat. Später erfuhr ich, dass diese Geste nicht so ungewöhnlich war. Tante Vronny – ausgerechnet die strenge Tante Vronny – hatte den Frauen im Dorf den Rat gegeben, ihre Nesthäkchen auf diese besondere Weise zu beruhigen, falls es nicht anders ging. Wenn also das Söhnlein trotz Wiegen und Gutzureden nicht aufhören wollte zu plärren, dann sollte die Mutter ihm ans Glied gehen und es zwischen 2 Fingern ein bisschen reiben, schon wäre Ruhe. Eine Praxis, die nach heutigen Maßstäben selbstverständlich als unannehmbar, ja kriminell geahndet werden würde, die damals aber wohl im Dorf – und womöglich nicht nur dort – sehr verbreitet und geschätzt war. Wie auch immer, die wunderbare Maude trieb es mit mir; ich verstand wohl in dem Augenblick nicht, was mit mir geschah, aber ich weiß: Kein anderer Mann im Dorf, nicht einmal Clark Gable, hatte je Maudes Hand an seinem Körper gespürt und erfahren, dass das M von Maude auch das M der Meerwellen war.

Später erfuhr ich, dass der Buchstabe M in der protosinaitischen Schrift das Symbol für Wasser ist.

Meine Pariser Verlegerin hat mir mal erzählt, dass bei ihr ein Roman eingereicht worden war, in dem der Buchstabe M fehlte, geschrieben von einem in Paris lebenden amerikanischen Autor. Das Werk wurde nie veröffentlicht. Zum einen, so die Verlegerin, sei es eine schwache Parodie auf Georges Perecs *La Disparition* gewesen, zum andern habe der Autor eine etwas konfuse und kindische Theorie über die 13 entwickelt – M ist der 13. Buchstabe unseres Alphabets –, und ausschließlich paraskavedekatria-phobische Figuren in den Mittelpunkt gestellt. Dabei sei einzig die Darstellung des Dodekaphonikers Arnold Schönberg – ein bekennender Triskaidekaphobiker – von Interesse gewesen, ansonsten habe der Text eher auf billige Effekte gesetzt und sich gängiger Plattitüden bedient, was den Aberglauben um die 13 anbelangt.

Dass in amerikanischen Hochhäusern das 13. Stockwerk fehlt, ist ja keine Seltenheit, das heißt, es fehlt ja nicht, es darf nur nicht benannt werden.

Damit sei klar erwiesen, so Tomas neulich, dass Cancel Culture auf Aberglauben basiert.

91 ◁        ▶ 109

# 90

## Kind von herabstürzendem Schwan erschlagen

Bjørnstadt. Am gestrigen Nachmittag stürzte über dem Zentrum der Stadt ein Schwan ab, ging mitten in der Fußgängerzone nieder und erschlug mit seinem Gewicht dort einen dreijährigen Jungen. Krankenwagen und Polizei waren gleich zur Stelle. Der Junge wurde mit lebensgefährlichen Verletzungen in ein Krankenhaus gebracht. Über die Ursache des Absturzes ist noch nichts bekannt. Die zuständigen Behörden haben Untersuchungen eingeleitet.

Bjørnstädter Blatt

89 ◁ ▶ 40

# 91

## Guy H

*Stars à l'heure*-Filme der Woche

Zu kommentieren bis 26.2.:
Federico Fellini, 8 ½ (Otto e mezzo)
Peter Greenaway, Drowning by Numbers
Stanley Kramer, It's a Mad, Mad, Mad, Mad World
David Lynch, Lost Highway
Orson Welles, F for Fake
Ethan & Joel Coen, No Country for Old Men
Michelangelo Antonioni, Blow Up
Joseph Losey, Boom!

Zu kommentieren bis 5.3.:
John Waters, Polyester
Chantal Akerman, Jeanne Dielman, 23 quai du Commerce,
    1080 Bruxelles
Robert Altman, Short Cuts
Samuel Fuller, Shock Corridor
Harry Kümel, Malpertuis
Éric Rohmer, Ma nuit chez Maud
Fritz Lang, M
Alfred Hitchcock, Dial M for Murder

Zu kommentieren bis 12.3.:

William Klein, Who Are You, Polly Maggoo?

Robert Bresson, Le diable probablement

Elia Kazan, A Face in the Crowd

Ron Howard, A Beautiful Mind

Nicolas Roeg, The Man Who Fell To Earth

Ubaldo Ragona, Sidney Salkov, The Last Man On Earth

Roger Corman, Not of This Earth

Pier Paolo Pasolini, La Rabbia

Zu kommentieren bis 19.3.:

Stanley Kubrick, The Killing

Wim Wenders, Falsche Bewegung

Clive Donner, What's New Pussycat?

John Cassavetes, The Killing Of A Chinese Bookie

Russ Meyer, Faster, Pussycat! Kill! Kill!

Quentin Tarantino, Reservoir Dogs

Don Siegel, Invasion of the Body Snatchers

Paul Scheuer/ Maisy Hausemer, D'Symmetrie vum Päiperlek

Zu kommentieren bis 26.3.:

Christian Marquand, Candy

John Frankenheimer, The Manchurian Candidate

Jean-Luc Godard, Alphaville, une étrange aventure de
    Lemmy Caution

Akira Kurosawa, Rashomon

Dsiga Wertow, Человек с киноаппаратом (Der Mann mit
    der Kamera)

John Ford, The Searchers

Andy Bausch, L'homme au cigare

Agnes Varda, Les Cent et Une Nuits de Simon Cinéma

Zu kommentieren bis 2.4.:

Charles Chaplin, Modern Times

Paul Thomas Anderson, Magnolia

Terry Gilliam, Brazil

Rainer Werner Fassbinder, Welt am Draht

Lina Wertmüller, Notte d'estate con profilo greco, occhi a
mandorla e odore di basilico

Wolfgang Petersen, Schwarz und weiß wie Tage und Nächte

Alain Tanner, La Salamandre

François Truffaut, Fahrenheit 451


Zu kommentieren bis 9.4.:

Sam Peckinpah, Bring Me the Head of Alfredo Garcia

Glauber Rocha, Der Leone have sept cabeças

Roman Polanski, Cul-de-sac

Miloš Forman, Hoří, má panenko

Woody Allen, Hannah and Her Sisters

Ingmar Bergman, Persona

Francis Ford Coppola, Dementia 13

Giorgos Lanthimos, The Lobster


Zu kommentieren bis 16.4.:

Bård Breien, Kunsten å tenke negativt (Die Kunst des
negativen Denkens)

John De Bello, Attack of the Killer Tomatoes

George Lucas, THX 1138

Maurico Kagel, Ludwig van

Leo McCarey, Duck Soup

Alain Resnais, Mon oncle d'Amérique

Jacques Tati, Playtime

Howard Hawks, The Big Sleep

64 Filme in 8 Wochen, das ist ganz o.k. Es braucht für *Stars à l'heure* ja immer nur ein paar Zeilen zu jedem Film.

# 92

## Kunst nicht gefragt

Bei den Vorbereitungsarbeiten zum Festival *BjørnBling22*, das immerhin ein ganzes Jahr dauern soll, scheint es drunter und drüber zu gehen: Es gibt höchst widersprüchliche Informationen, was das Programm anbelangt, Mitarbeiter quittieren den Dienst oder werden entlassen, Künstler durch willkürliche Absagen vor den Kopf gestoßen. Es scheint, als ob niemand so richtig wisse, was da eigentlich organisiert werden soll. Klar, ein jeder versteht unter dem Begriff Kultur etwas anderes, aber müssen deswegen private Unternehmen, wie etwa die *Gus Clinton Consulting* einspringen, um zu sagen, wo es langgehen soll? Die Stadt hat diese Beratergesellschaft bereits zur Erneuerung des städtebaulichen Konzepts herangezogen, insbesondere zur Planung des Thomas-Areals. Mittlerweile ist es wohl üblich, öffentliche Bereiche an Private auszulagern (siehe Gesundheitswesen und *Price Waterhouse Coopers*), aber ist sich die Politik denn nicht der Folgen dieser Art von Privatisierungen bewusst? Oder aber sind die Gemeindeväter – Gemeindemütter gibt es auch, sind aber weniger – bereits derart von privaten Unternehmen abhängig, dass ihnen gar nichts anderes mehr übrigbleibt als – zum Wohl des Bürgers, wie sie sagen – die Interessen von Großunternehmen zu vertreten?

Im Rahmen der Vorbereitungen zum Kulturjahr hat diese eigentlich untolerierbare Zusammenarbeit jedenfalls zu heillosem Durcheinander geführt und das Vertrauen der Künstler in die Leitung des Festivals hat einen absoluten Tiefpunkt erreicht. Wie die Direktorin mitteilte, ist Kunst ohnehin nicht gefragt. Das Geld wird gebraucht, um immer neue Sprecher, Berater, Initiatoren, Vermittler und sonstige Kulturbetreuer einzustellen, Künstler gehen leer aus. Es sieht so aus, als werde die groß angekündigte Kulturveranstaltung aus nichts als einem monströsen Wasserkopf beflissener Kulturverwalter bestehen, die alle den aufgeblasenen Figuren eines Botero nacheifern und die eigene fröhlich fette Geschwollenheit für Kunst halten. *BjørnBling22* halt.

Lola Tasch

(Dieser Beitrag wurde vom Bjørnstädter Blatt nicht veröffentlicht.)

# 93

## Guy H

Nun, ich bin verschiedene Erklärungen schuldig, vor allem, was die Arztgeschichte anbelangt. Ich habe zwar Medizin studiert, aber ich bin kein Arzt, habe keine Zulassung, und eine solche ist auch nie mein Ziel gewesen. Ich habe auch nie versucht, aus meinem Studium Profit zu schlagen oder gar eine Praxis zu eröffnen. Ein solcher Schwindel lag mir immer fern. Obwohl, wie Tomas mal sagte, im Land der Köpenickiaden – Friedrich Wilhelm Voigt, bekannt als Hauptmann von Köpenick ist hier begraben – Hochstaplerkarrieren an der Tagesordnung sind, wäre es mir nie in den Sinn gekommen, irgendwelche Vorteile mit einem falschen Titel zu ergattern.

Während des Medizinstudiums in Paris hatte ich angefangen zu schreiben und war dann auch mit meinem ersten Roman *Les Porte-clefs de Paris* (ich schrieb damals noch auf Französisch) einigermaßen bekannt geworden, was dazu führte, dass ich mich mehr und mehr der Literatur zuwandte und das Studium sausen ließ. Medizin hatte ich ohnehin nur angefangen, weil meine Vorbilder Alfred Döblin, Gottfried Benn und Louis-Ferdinand Céline hießen. Für meinen zweiten Roman *Les Mystères du Paradis* kassierte ich einen soliden Vorschuss – meine Verlegerin hatte echt Vertrauen in mich –, aber der Erfolg blieb, obwohl das Buch meiner Ansicht besser war als das erste, leider aus.

Als ich nach Luxemburg zurückkehrte und den Leuten sagte, ich sei Schriftsteller, reagierten sie jedes Mal mit Vorbehalt und Skepsis. Den Satz, den ich auf die Angabe meines Berufs hin meist zu hören bekam, war: Schriftsteller, ja, aber was arbeitest du?

Um nicht jedesmal irgendwelche langwierigen Erklärungen abgeben zu müssen, entschied ich mich, einfach zu sagen, ich sei Arzt. Damit war alles klar. Keine dummen pedantischen Rückfragen, keine Infragestellung meiner Existenz, sondern Respekt und Hochachtung. Was ein Arzt war, wusste man, und dass er genug verdiente, um nicht einen zusätzlichen Job haben zu müssen auch.

Zwar war meine Antwort eine glatte Lüge, aber den Menschen war sie offensichtlich viel lieber, als dass sie sich mit einer Wahrheit herumschlagen mussten, die ihnen nicht einleuchten wollte.

# 94

## False Self

Die Grundfrage wäre: Inwiefern muss uns interessieren, was den Menschen ausmacht? Oder anders ausgedrückt: Welche Bedeutung hat, auf unsern Bereich angewendet, das wahre Selbst, wenn es sich ja ohnehin nur als Abgrenzung zum falschen Selbst verstehen und beschreiben lässt und wir womöglich nur über das falsche Selbst in Kontakt mit andern Menschen kommen? Müssen wir, von der Wettbewerbsposition aus gesehen, in der wir ja sind, werden, was wir wirklich sind? Ja, einige Menschen entfernen sich immer weiter von sich, um zu gefallen, bis sie sich fremd werden. Normalerweise aber, denke ich, erlaubt das falsche Selbst dem richtigen sein Leben zu leben; vor allem dann, wenn wenig Gefahr besteht, von andern ausgenutzt zu werden. Das Identifizieren mit Vorbildern, die seelische Mimikry, der Wettbewerb der Als-ob-Persönlichkeiten gehören zu unserm Alltag wie die Masken, die wir wegen der schlechten Luft da draußen gelegentlich zu tragen verpflichtet sind. Wirklich schwierig könnte es werden, wenn das soziozentrische Selbst nicht nur eine eigene Dynamik, sondern eine tatsächliche eigene Existenz entwickeln und somit das falsche Selbst die Stelle des richtigen einnehmen würde. Also: Das falsche Selbst hat die Persönlichkeit ergriffen und das wahre Selbst zum Verschwinden gebracht. Ergo wird das falsche Selbst als wahr interpretiert. Daraus ergibt sich für mich die Frage: Wem verkaufe ich was? Betonung, wie Sie hören, nicht auf *verkaufen* – verkaufen ist vorausgesetztes Grundprinzip –, sondern auf *wem*. Damit wären wir bei der Frage nach den

Verkaufsstrategien in Bezug auf einen kaum noch über-
schaubaren Markt.

Gus Clinton,
*False Self in Business*, Vortrag
(deutsche Fassung von Elisabeth Koenig)

# 95

## Liliane M

Wenn ich Blumen sehe, vergesse ich den Heimweg. Schreibt
Ryôkan.

Seine Hütte lag in einem Bambus-Hain, und einmal durch-
brach ein junger aufkeimender Schößling den Boden der
Hütte. Ryôkan verfolgte sein Wachstum mit liebevoller Anteil-
nahme. Zuletzt sah er, wie der Bambus zu hoch für den Raum
wurde, und beschloss, das Dach an der Stelle zu entfernen. Er
versuchte, mit einer Kerze ein Loch ins Dach zu brennen. Die
Folge war, dass die gesamte Hütte abbrannte.

Sie hatte nur ein bisschen den Boden unter den Füßen spüren
wollen.

Dann waren da auf einmal diese auf der Stelle drängelnden
Menschen, die wohl jemanden oder etwas erwarteten und
in ungezügelter Vorfreude in die Leere hinein jubelten. Man
hätte meinen können, sie bejubelten die Fassaden der gegen-
überliegenden Gebäude, ein älteres Gemäuer mit kleinen
turmartigen Auswüchsen und daran angebaut ein Glas- und
Metallkonstrukt, von der Form her mit einem überdimensio-
nalen Milchkarton vergleichbar. Sie wagte nicht, nach dem
Anlass ihrer freudigen Ungeduld zu fragen, merkte dann, dass
es nicht wirklich Freude war, was die Menschen antrieb. Eher
Angst, Anspannung und wohl auch Neugier.

Sie verließ den Ort, ohne Genaueres erfahren zu haben. Aber
etwas sagte ihr, dass ein Unglück bevorstehen musste.

Sie erinnerte sich an eine Geschichte, die sie als Kind
sehr beeindruckte. Ein Mädchen in ihrem Alter, 5 oder 6,

war getroffen worden, als ein Blitz in eine Starkstromleitung schlug. Das Kabel fiel nieder und erwischte das Mädchen am Oberschenkel. Es lag von Flammen umgeben, das Kabel jagte Strom in die Erde. Ein Bauer in Gummistiefeln schob das Kind mit einem Holz beiseite. Es war aber so gut wie tot. Ein Tierarzt nahm es auf einem Leiterwagen mit. In einen Bierkeller, wo es Eis gab. Damit kühlte er die Wunden des bewusstlosen Mädchens. Und renkte die durch den Stromschlag ausgerenkten Glieder wieder ein. Es blieb die Narbe einer Brandwunde am Bein. Und ein kleiner Finger, der nicht eingerenkt wurde und taub blieb.

Es war ihr, als hätte sie selbst diesen Stromschlag erlitten. Auch sie musste sehr nah am Tod gewesen sein, sagte sie sich. Und fragte sich, was hier Nähe bedeutet.

Ihre Sicht der Dinge ist nicht nur geprägt von jenem Ereignis, sie geht ganz darauf zurück oder davon aus, wie man will; in jeder Bewegung, in jedem Schritt die Überraschung und die Gelöstheit, das Wissen um Grenzen und Weg, ums Dazwischensein.

Der schreckliche Augenblick hatte nichts mit der gesprochenen Welt zu tun. Es war auch kein Augenblick, sie war ohne Sinne, brauchte sie nicht und erfasste doch. Die Zeit kam dabei nicht vor. Ein Zustand des Aufgehobenseins. Und gleichzeitig die Aufhebung dieses Zustandes. Ein Umfassen und Auflösen aller Gegensätze. Ein Erfassen, ohne zu deuten, das sich kaum in Worte oder Bilder übertragen lässt. So fand sie sich als hilflose Puppe wieder, geschrumpft und eingeknickt, mitten in einer ach so kleinen Lebendigkeit, mit eingerenkten Gliedern und voller Verlust.

# 96

## Guy H

Mit Bjørnstad habe ich mich mal länger über mögliche Vergangenheiten unterhalten, nachdem er mir in einem Buch, das er gerade las, einen Satz (auf Seite 218) gezeigt hatte, der da lautete: „dans une autre vie, elle avait été était danseuse".

Zuerst hatte Bjørnstad den Satz als Fehler abgetan, als Schlamperei des Lektorats, dann aber hatte er sich gesagt – das Buch war immerhin in einem Verlag mit einem anspruchsvollen literarischen Programm erschienen –, dass die 2 nebeneinander stehenden Vergangenheitsformen möglicherweise auf unterschiedliche Zeitebenen, wenn nicht gar verschiedene Zeitauffassungen hindeuten sollten, die im Narrativ die Parallelerlebnisse der Tänzerin beinhalteten. In andern Worten: Die Tänzerin erinnerte sich an ein anderes Leben (une autre vie), welches auch als Möglichkeitsform existierte, und sie somit als Tänzerin sowohl war (était) als auch gewesen war (avait été), wobei es durchaus möglich sein konnte, dass die Tänzerin, die war, ein Showgirl im Lido- oder Folies Bergère-Ensemble war, und die, die gewesen war, Ballerina an der *Opéra de Paris*. 2 Zeiten, 2 Orte, 2 Vergangenheiten, 1 Frau. Es ist durchaus möglich, dass

(hier bricht der Text ab)

93  ▶ 39

# 97

# Be(r)ichte/Ge-dicht-schichten

Wir sitzen und befassen uns mit Sitzen und Wählern. Also: 3 Wähler (X, Y und Z) und 3 Wahlmöglichkeiten (x, y, und z). Nehmen wir an, X zieht x dem y vor und y dem z, was wir als xyz notieren. Die Y-Präferenzreihe ist demnach yzx und die von Z ist zxy. Daraus ergibt sich das, was schon Condorcet als Paradox beschrieben hat: Obwohl eine Mehrheit von Wählern (X und Z) x dem y vorzieht, und eine Mehrheit (X und Y) y dem z vorzieht, zieht auch eine Mehrheit (Y und Z) z dem x vor.

Kroip ist, wenn ihr mich fragt, sagt Py, ein Croupier, mehr nicht.

Das geht uns nichts an, sagt JPW, und Z gibt ihm recht.

Z hat ihre Art, den Leuten recht oder unrecht zu geben bei Frau Koenig abgekupfert. Das soll sie souveräner erscheinen lassen. Aber ihre Geste ist längst durchschaut, auch wenn niemand sie darauf aufmerksam macht.

Wir lassen sie sich verrennen, sagte Py mal (wortwörtlich sagte er: Wir lassen sie beilaufen, was soviel bedeutet wie: Wir lassen sie gegen die Wand rennen).

Später sang sie – sie spielt Gitarre, hätte ich nicht gedacht, und sogar gut – ein altes Lied, das mir bekannt vorkam. Es war die Abschiedsfeier für Ronald Dolibois, den ich bei der Gelegenheit ein erstes Mal traf. Und obwohl Frau Koenig gemeint hatte, in Rente gehen, sowas sollte man eigentlich nicht feiern, war es ein lustiges Fest. Bis Dolibois, der von Anfang an etwas kränklich gewirkt hatte – er sah aus wie jemand, den man gezwungen hatte, sein ganzen Leben in einem dunklen Keller zu verbringen – dann zusammenklappte. Zum Glück war es nur ein leichter Infarkt, den er überlebte. (Ein zweiter Infarkt im darauffolgenden Jahr war allerdings tödlich.)

Das Lied, das mir bekannt vorkam, heißt *Wreck of the Old 97*. Ich kannte es aus Iowa, wo sich bei den langen Autofahrten immer ein Sender mit Country-Musik durchgesetzt hatte. Es geht da um den Eisenbahnunfall in Danville, Virginia. Da hatte ein Lokführer seine Verspätung gutmachen wollen und war mit zu hoher Geschwindigkeit aus einer Kurve heraus auf eine Brücke zu gerast, wobei der Zug aus den Schienen gesprungen und in die Tiefe gestürzt war (11 Tote).

Nachdem Dolibois – recht schnell – von einem Krankenwagen abtransportiert worden war, wurde fröhlich weitergetrunken. Old 97 sei schließlich eine fröhliche Primzahl, sagte Y. Was ja stimmt. Für Menschen, die weniger mit Mathematik zu tun haben, sei hier gesagt, dass eine fröhliche Zahl eine natürliche Zahl ist, die als Ausgangswert für eine bestimmte Iterationsvorschrift nach endlich vielen Iterationsschritten zu dem Zahlenwert 1 führt.

Beispiel:
$19 \to 1^2 + 9^2 = 82 \to 8^2 + 2^2 = 68 \to 6^2 + 8^2 = 100 \to 1^2 + 0^2 + 0^2 = 1$
Oder:
$97 \to 9^2 + 7^2 = 130 \to 1^2 + 3^2 + 0^2 = 10 \to 1^2 + 0^2 = 1$

(vor Freude gesungen)

Aber: Es gibt unendlich viele traurige Zahlen.
   (Alle in der Form $n = 2 \times 10^k$)

Dolibois' Herz war zerrissen. Zersprungen, sagten andere. Dabei hatte er gar nicht so viel gelebt, zu viel schon gar nicht.

Kann es das überhaupt geben, zu viel leben?

Nicht nur das Herz, auch die Lunge, wurde gesagt. Weil sich so etwas wie sehr schlechte Luft bei ihm eingeschlichen hatte. Wir alle kennen das. Draußen herrscht nebelige Dämmerung. Am besten das Büro nicht mehr verlassen. Im Gebäude bleiben wie im Bunker. Davon lebt die *Gus Clinton*.

Eine Art Gugging, sagte X, *Gus-Clinton*-Gugging.

Verrückte, ja, sagte Jacky, aber keine Heilanstalt!

Nee, die Anstalt ist weg, dafür gibt's jetzt dort das *Institute of Science and Technology*.

Das ist ein merkwürdig interessanter Punkt, sagte Y.

Psychiatrie und Künstliche Intelligenz.

Wollt ihr die Irren etwa abschaffen?

Fühlen Sie sich angesprochen, Dr. Back?

Nicht wirklich. Im Augenblick führt mich mein Lebenslauf in eine andere Haut. Sobald Haut und Hürde überwunden sind, steht das Siegertreppchen bereit. Herzklopfen wird als Leistung gewertet, herzzeitlos.

### Lebenslauf 97

Der Arzt sendete Strahlen in meinen Kopf. Die Bilder gibt es noch. Wie ich im Leib liege, verkehrt herum, hatte der Gynäkologe gemeint. War nicht ganz richtig. Ich hatte mich schon wieder gewendet, als die Klinik näherkam. Der Arzt war ein Pfuscher, der Geld mit Strahlen verdiente. Er ließ sie auf mich los, um meiner Mutter in den Bauch zu schauen. Eigenartiger Plot.

Er hörte auf den Namen Namen.

Namen stammte aus einem gehobenen Luxemburger Kreißsaal und gab sich berühmt. Er pfiff den Frauen in die Scheide. Er hatte bei Gott geschworen, der Menscheit so richtig zu helfen. Die Strahlen krochen wie Gewürm in mir herum, noch lange nach meiner Geburt.

Teile des Arztes drangen in mich hinein, kittelweiß, so wie sie in meine Mutter eingedrungen waren. Wuchsen in meinen Hals und in meinen Kopf hinein. Zeigten sich als Schluckauf in den Ohren und als Polypen in der Nase. Die Polypen waren dick wie Haselnüsse, die Mandeln waren dick wie Bratkartoffeln. Alles musste raus.

Man öffnete mich und trug hinaus, was es hinauszutragen gab.

Beim Essen aß sich mein Hals selber auf.

**Lebenslauf 101**
Wenn Matthias weint, statt lacht, er aus Wein oft Essig macht.

**Lebenslauf 1001**
Nach einer langen Reise kamen wir ins schöne Tal.

Dort oben hatte ich als Kind gesessen, im offenen Sessellift, wie in einer schwebenden Schulbank, aber mit Eisen vor dem Bauch, damit kein Unglück. Unter meinem Arsch zog die Welt vorbei. Niemand kümmerte sich.

**Zusatzlebenslauf**
Vater erzählte mir von seiner Kindheit und verglich sie mit einem verwundeten Knie. Eine rote Kindheit mit viel Gehölz, glänzenden Radspeichen und Gedächtnisverlust.

Wir konnten uns nicht einigen, weil er bereits einen großen Vorsprung hatte. Er war sehr viel Rad gefahren. Obwohl er sehr streng und brutal sein konnte, dachte ich manchmal: Vater ist ein Hamster.

Nicht alle Väter sehen sich ähnlich, wenn sie vor der Schule stehen und warten. Einige tragen Anzüge, andere Jacken oder halten Schirme.

Oben sitzen die Raben so lange, bis einer der Väter Abendscheiße (auch Rabenscheiße) auf der Schulter trägt. Damals noch Epaulette genannt. Gehalten werden diese durch je einen Schulterknopf und je eine Passante, welches ein quergesetzter Streifen aus farbigem Tuch ist. So der Lehrer, der ein glänzender Schuh war, aus dem Wissen herauswuchs, das uns fertigmachte. Wie ein Exekutionspeloton stand er vor der Tafel und zielte auf uns. Er wusste, dass man eine Zeitbombe in ihn eingebaut hatte und er jeden Augenblick explodieren konnte, aber er wusste nicht, wer John Forbes Nash war.

**Pareidolie**

Im Leiden die Seele

Ich habe solche Ideen, die ich niederschreibe, fast wie mathematische Formeln. Das hilft mir, das von mir zu verstehen, was brach liegt oder Brauch ist oder erst kommt.

Auf dem Weg ins Büro hatte ich eine sogenannte Halluzination, Grußkarten wie im 20. Jahrhundert, mit Stränden, Palmen und Lockenwicklern auf der Rock'n'Roll-Avenue, die aus feuchtem Krach war und Flugzeuge anbellte.

Am Eingang eines Lokals stand eine Serviererin mit etwas Tabak an den Lippen und sagte: In der Smart City brauche ich gar nicht mehr zu leben, um zu sein. Sie sei sehr gespannt darauf, wie der Lichtschalter auf ihre Belohnung reagieren würde.

Für sie war der Abend ein Eisbärfell.

**Back ist reich an Vorübergehen**

am Baugerüst sehr viele gelbe Helme
übergestülpte Eidotter als Versprechen
nur das Wepennest ist größer

**Jeder Schirm ist ein blauer Pool**

Am Ende des Lokals lauerte das Stadtgeschehen wie eine
Erblindung.
Schirme, Schirme, Schirme.
Die *Clinton*-MITarbeiter kommen herein mit Regen im Ge-
sicht, so als sammelten sie Wasser für ihr späteres Zähneputzen.
Beim Eintreten gibt es Magnetresonanzaufnahmen der
Gehirnfunktionen.
Massive Verbesserungen werden beim Betrachten eines
Weltflügels festgestellt.

**X = U**

Von Nix Olympica aus gesehen ist dieser Wettlauf ein
lächerliches Gewimmel. Früher sagte man Spießrutenlauf.
Jetzt ist Matthias der Schutzpatron der Buchhalter, Geld-
wechsler, und der Finanz- und Bankleute.
Die Luft ist voller Schnupfen.
Die Kantine ist geöffnet und blau wie Himmel.
Ich kehre ein und aus
der Spuk.

# 98

## Tomas B

Unterwegs hatte ich plötzlich Angst vor Kreditkarten. Nicht vor den Unsummen an Geld, die gerade irgendwo hin und her geschoben wurden, wie jetzt auch, wie beständig und überall, nein, die Karten, dachte ich, bedeuten dein Ende, wenn du sie noch länger mit dir trägst. Sie tun ihre Zermürbungsarbeit in deiner Hosentasche, empfangen und senden Botschaften. Wenn du das Relief der eingestanzten Zahlen abtastest, merkst du, dass sich unter der Schrift eine zweite Schrift verbirgt. GOOD THRU steht dort, und drunter dein Name TOMAS BJØRNSTAD, kleiner als die Zahlen. Zahlen sind immer größer als Buchstaben. Sie lassen eine Unendlichkeit zu, die die Schrift nicht erlaubt. NOT VALID UNLESS SIGNED, und du hast versucht, eine Unterschrift auf die rutschige Fläche zu zaubern, wie ein Miniatureiskunstläufer setztest du an und flogst von der Piste. Seit diesem Kontakt gibt's Bares. Und immer wieder die obszöne Geste, Geld aus dem Schlitz zu ziehen. IF FOUND PLEASE RETURN TO VISALUX. Wenn du sie zurückträgst, wissen sie alles über dich. Du solltest die Karte wegwerfen, jetzt, unter die Fußgänger der Zone. Aber dadurch würde jemand anders bestraft, der sich die Karte aneignen würde. Es wimmelt hier von gierigen Lumpen, die dich zu schröpfen gedenken. Sie würden sich als Tomas ausgeben, sich eine teure Armbanduhr kaufen oder ein paar Ohrringe für die Freundin und dann versuchen, sich ins Ausland abzusetzen. Nach Mexico, Guatemala oder Argentinien. Dort gäbe es dann, in einem unscheinbaren und so ziemlich verarmten Pennerdorf einen Tomas B, der es sich leisten könnte, jeden Tag 2 warme

Mahlzeiten zu sich zu nehmen, Range Rover zu fahren und von der Veranda aus Weinberge oder das Meer zu betrachten. Die Sonne stünde tief in seinem Gesicht, er rauchte eine Partagás und dächte an Heirat. Vielleicht wäre er auch bereits alkoholsüchtig und hinter ihm stapelten sich die Mezcal-Flaschen. Vielleicht würde er gesucht werden, und wenn die Polizei erschiene, müsste er ein Bündel Scheine zücken, um sie zu bestechen. Lange würde es nicht gut gehen, weil auf der Karte alles aufgezeichnet und vermerkt würde. Wie jetzt in der Zone mit den unzähligen Passanten, die alle ohne Ausnahme von ihren Karten überwacht werden. Jeder bewegt sich immer innerhalb seiner Karte, einen Ausgang gibt es nicht. Dafür wurde ihm GOOD THRU mit dem Erstehen der Karte die Illusion der Freiheit eingeimpft. So überrascht es nicht, dass Passanten sich als schwebende Wesen ausgeben und dabei lächeln, als habe eine fremdartige Glückseligkeit ihnen gerade den Verstand geraubt.

Guy hat bereits in einer Ecke des *Argosy* Platz genommen. Ich ziehe dieses Lokal dem etwas mondänen *Casablanca* vor, was Guy zu lästern veranlasste. Selbst unsere Treffen würde ich inszenieren. Das *Argosy* sieht in der Tat aus wie die Kulisse einer Billigproduktion, Ramsch und Plunder, den ein bankrotter Produzent sich vom Sondermüll geholt hat, um einen nicht zu finanzierenden Film trotzdem fertigzustellen. Was einst eine gediegene Bar war, ist jetzt eine dekadente Destille, Stehimbiss für Obdachlose und Süchtige, stinkende Porno-Pinte und Beisel für Gelegenheitshuren, hat somit etwas vom alten urbanen Flair der der Stadt ausgetrieben und durch ein durchkuratiertes Leben ersetzt werden soll.

Die erbärmliche Entwicklung der Stadt, der konzeptlose, auf windige Immobilienhändler zugeschnittene Allgemeine

Bebauungsplan, die kläglich spießigen Projektentwürfe und die damit verbundenen Mauscheleien waren dann auch unsere Gesprächsthemen im *Argosy*, wobei ein besonderes Augenmerk der Neugestaltung des Thomas-Areals galt. Guy hatte ein paarmal mit Schmidhuber telefoniert und schien mir, bei aller Kritik, vom Robotik-Projekt des KI-Instituts doch so ziemlich fasziniert zu sein. Ich hatte ihm schon geraten, sich von Schmidhuber nicht den Kopf verdrehen zu lassen, eine Anregung, die er schon fast als Fehdehandschuh aufgenommen hatte. Er sei sehr wohl im Stande, selbst zu entscheiden, welche mögliche Gefahren mit einem solchen Projekt verbunden seien.

Guy fand es an den Haaren herbeigezogen, als ich Schmidhubers Entwürfe mit Borges' *Tlön, Uqbar, Orbis Tertius* in Verbindung brachte. Dort ist der Lexikonartikel Uqbar die erste Spur von Orbis Tertius, einer massiven Verschwörung von Intellektuellen, die sich eine Welt namens Tlön ausdenken, und am Ende wird die Erde zu Tlön.

Bist du jetzt unter die Verschwörungstheoretiker gegangen?, fragte Guy mit gespielter Empörung.

Du wirst doch nicht die radikalen Veränderungen leugnen wollen, die Schmidhubers Recherchen mit sich bringen werden. Wenn es gelingt, den Computern Neugier beizubringen, dann ist es aus mit dem jetzigen Menschen, sagte ich.

Mit dem jetzigen Menschen ist es ohnehin

(Hier bricht der Text ab)

---

LA CULTURE C'EST LA CHASSE D'EAU

Thomas du Castel de Saintonge,
*Essai sur la bourrasque*

**100** ◁

▶ **103**

# 100

## BjørnBling22-Remix

Anstoßen mit den nationalen Biersorten Bofferding und
Battin ist zwar überall im Land möglich, aber hier, an der
Quelle, macht es besonders viel Spaß. Einmal den größten
Plasmaball der Welt anfassen? Zugriff bereitstellen. Mehr
laden. Die Bevölkerung stärken. Finden Sie heraus, warum
Sie jede Gemeinde mitsamt ihrer Geschichte in unserer viel-
seitigen Region besuchen sollten und entdecken Sie ungeahn-
te Sehenswürdigkeiten, neue Perspektiven in unser Leben zu
bringen, um dieses Gefühl der gemeinsamen Identität und des
Vertrauens zu stärken und so ein Erbe zu schaffen, um das
persönliche Wachstum zu fördern. Markieren Sie ihr Gebiet!
Mehr laden. Inspirieren Sie andere und lassen Sie sich von
anderen inspirieren. Mehr laden. Eine Führung ist von Montag
bis Samstag möglich – für Gruppen gibt es Ermäßigungen.
Zugriff bereitstellen. Diese Veranstaltung wird ein Porträt des
Mannes von Bjørnstadt skizzieren, um verschiedene Facetten
seiner Identität aufzudecken. Und erfahren, was das überhaupt
ist? Warum kann ein Flugzeug fliegen? Diese Treffen sind Teil
des Business for Culture Club (BFCC), der alle Unternehmen
zusammenbringt.

Der Begriff Zirkularität verweist hier im weiteren Sinne auf
die Idee einer resilienten Kultur. Und seinen 4 Unterkategorien.
Abfallwirtschaft, Zugänglichkeit und Mobilität, und schließlich
Kommunikation und Merchandising. Wir wollen die Welt der
Kultur und die Geschäftswelt zusammenbringen. Ziel ist es, die
Projektleiter zu begleiten, zu unterstützen und zu ermutigen,
aber auch mit gutem Beispiel voranzugehen. Zudem wird jedem

Partner eine Mitgliedschaft im Business for Culture Club angeboten. Dieser wird durch kontinuierliche und systematische Archivierung dokumentiert und über einen Blog öffentlich zugänglich gemacht. Während der Live-Diskussionen können Sie gerne Fragen per E-Mail senden. Die Bevölkerung stärken. Besonders viel Freude bereitet der Generaldirektorin, dass das Projekt aus verschiedenen Facetten besteht, die sie berühren kann. Das Projekt soll es somit ermöglichen, verschiedene Gemeinschaften zusammenzuführen, darunter Schüler, Lehrer und Forscher, aber auch lokale Nutzer, Organisationen, Unternehmer und viele andere Interessenten. Anschließend saß die Generaldirektorin dem Aufsichtsrat vor und war fast 6 Jahre Direktor der Verwaltungs- und Finanzabteilung der Luxemburger Anwaltskammer, bevor sie als Generalkoordinator der Demokratischen Partei Luxemburgs berufen wurde. Und natürlich ist auch intern sehr viel Präsenz und Input gefragt. Kultur ist wichtig für sie, weil sie etwas ist, was wir sind und wie wir leben. Und das ist genau das, was so spannend ist. Es geht um Menschen. Es ist ein riesiges Gewusel an Menschen verschiedenster Kulturen, die sich mit der Zeit weiterentwickeln werden. Das Terrain ist einfach so spannend, weil hier vieles entstehen kann, eine Art chinesisches Porträt oder Rebus mit zahlreichen Anhaltspunkten. Und seinen 4 Unterkategorien. Abfallwirtschaft, Zugänglichkeit und Mobilität. Mehr laden. Die Bevölkerung stärken. Belval, was der Region ihren einzigartigen Charme verleiht. Und wenn wir es fertigbringen, mit *BjørnBling22* einen solchen Remix herzustellen und die Leute wirklich zusammenzuführen, gemeinsam zu kreieren, zusammenzuarbeiten und nach vorne zu sehen, dann hat das sehr großes Potenzial für die Zukunft. Und das ist genau das, was so spannend ist. Es geht um Menschen. Zugriff bereitstellen.

Es ist ein riesiges Gewusel an Menschen verschiedenster Kulturen, die sich mit der Zeit weiterentwickeln werden. Zusätzlich gibt es große Firmen, die sich hier ansiedeln werden, weil einfach dezentral gedacht wird. Bei *BjørnBling22* kann jeder finden, was ihn anspricht. Zusätzlich gibt es große Firmen. Erst durch sie entsteht ein wirklich positives Bild der Region. Während der Live-Diskussionen können Sie gerne. Und Sie können es kaum erwarten, die unglaublichen Orte, die Geheimtipps oder Ihr Lieblingsrestaurant mit allen zu teilen? Mit *BjørnBling22* ist dies möglich. Zugriff bereitstellen. Die Bevölkerung stärken. Vertrauen schaffen. Perspektive wechseln. Sich der Innovation zuwenden. Glauben. Übernehmen Sie die Kontrolle über Ihr eigenes Schicksal und bauen Sie eine nachhaltige Zukunft auf. Auf die 4 Unterthemen angewandt, lassen sich diese Ziele wie folgt übersetzen: REMIXEN SIE SICH. Wir erstellen einen Reiseführer und ein Produkt für Radrundwege, und vermarkten Bjørnstadt und die Region im Ausland. Zudem arbeiten wir unter anderem im Rahmen unserer Eröffnungsfeier mit dem Berliner studio klv an einem ausgeklügelten Besucherleitsystem für Belval, was der Region ihren einzigartigen Charme verleiht. Wir wollen die Welt der Kultur und die Geschäftswelt zusammenbringen. Während der zweiten Sitzung am Mittwoch, dem 16. Dezember 2020, von 13 bis 14 Uhr, stellten 6 Projektentwickler ihre Projekte jeweils 3 Minuten lang vor, bevor sie Fragen interessierter Unternehmen beantworteten. Wie kann man teilnehmen? Eine zentrale Anlaufstelle sein, die du auch von außen durch die Fenster hindurch entdecken kannst. Markieren Sie Ihr Gebiet! Mehr laden. So werden mögliche Einschränkungen positiv nutzbar gemacht. Diese Veranstaltung wird ein Porträt des Mannes von Bjørnstadt skizzieren, um verschiedene Facetten seiner Identität aufzudecken, eine Art chinesisches Porträt oder Rebus mit zahlreichen Anhaltspunkten. Er ermöglicht es Unternehmen, anhand von Unterstützungsmaßnahmen (Mäzenatentum, Sponsoring, finanzielle oder Sachleistungen), ihre Sichtbarkeit zu fördern und privilegierte Kontakte zur Kulturszene zu pflegen. Wie kann man teilnehmen? Melden Sie sich über die Match-Making-Plattform an. Mehr laden. Markieren Sie ihr Gebiet! Einmal den größten Plasmaball der Welt anfassen? Zugriff bereitstellen. Mehr laden. Die Bevölkerung stärken. Anstoßen mit den nationalen Biersorten Bofferding und Battin ist zwar überall im Land möglich, aber hier, an der Quelle, es besonders viel Spaß.

Website *Bjørnbling22*

# 101

## Make your own Tomas B

58 ◁

▶ 107

# 102

## Liliane M

Sie saß im Zug Richtung Stadt und dachte an die Begegnung mit dem Mann. Vielleicht war es ihm unangenehm gewesen, dass sie gesagt hatte, sie habe was getrunken. Ihr gegenüber hielt eine Frau eine Zeitschrift in der Hand. Sie las die Überschrift „Abenteuer in Heuland" und fragte sich, ob sie richtig gelesen hatte. Ob vielleicht „Holland" dort gestanden hatte oder doch „Heulland".

Als der Zug langsamer fuhr, begann das Licht zu flackern. Am Hemdkragen des Kontrolleurs leuchteten 3 Buchstaben auf. Sie hörte, wie jemand sagte, die sind dem Wort „rattern" entfallen, und musste lächeln. Die Zeitschrift zeigte jetzt ein Foto mit dem Titel „Landmädchen auf frischem Heu", das sie als geschmacklos empfand.

**59** ◁　　　　　　　　▶ **48**

# Be(r)ichte/Ge-dicht-schichten

Frau Koenig ist leidenschaftliche Fallschirmspringerin und versucht als solche immer wieder, Mitarbeiter von den Vorteilen des Fallschirmspringens zu überzeugen (Beherrschung, Wagemut, Überwindung der Angst, Souveränität über Körper und Raum, Selbstfindung usw.). In ihrem Büro hängt ein großformatiges Bild, das sich mit Falschschirmspringen in Verbindung bringen lässt, obwohl es, wie ich mittlerweile weiß, den Titel NGC 1275 trägt. Es ist ein Bild des bekannten Malers Martin Rewing, den ich zufälligerweise in Iowa City kennenlernte.

In einer Shoppingmall hörte ich plötzlich hinter mir einen Mann und eine Frau Luxemburgisch reden. In ihrem Gespräch ging es um einen Teil ihres Gepäcks, das wohl beim Umsteigen am Chicagoer Flughafen verloren gegangen war. Ich wendete mich ihnen zu und fragte auf Luxemburgisch, ob ich ihnen vielleicht behilflich sein könnte. Wir schlossen Bekanntschaft, verstanden uns gut und gingen am darauffolgenden Abend zusammen essen.

Der Grund seines Besuchs in Iowa City war ein Bild, von dem ich selber – das muss ich jetzt zu meiner Beschämung eingestehen – bis dahin nichts gewusst hatte, nämlich Jackson Pollocks 1943 entstandenes Mural, das im University of Iowa Museum of Art zu sehen ist und mit dem Pollock, wie es heißt, ohne Zweifel Kunstgeschichte geschrieben hat.

Ich war Martin Rewing dankbar für die Entdeckung dieses Bildes, sah es mir während meiner Zeit in Iowa mehrmals an.

Rewing traf ich später in Luxemburg wieder, als ich schon bei der *Gus Clinton* angefangen hatte.

Er hatte sich sehr verändert – möglicherweise dachte er das gleiche von mir –, nicht nur äußerlich; er war mürrisch, fast abweisend, ließ sich aber auf ein Glas Wein einladen. Es schien ihn zu stören, dass er mittlerweile ein bekannter Künstler geworden war. Er erklärte mir, dass er sich nicht von dem Beziehungsgeflecht Kultur auffressen lassen wollte. Für ihn zähle immer noch die Frage, was der Einzelne in Konkurrenz zu Kulturen verwirklichen könne. Die oberflächliche Gegenwärtigkeit der meisten sogenannten Kunst sei zum Kotzen. Ohne die Vergangenheit als die bedeutendste Größe anzusehen, die es für Handeln gibt, sei eine Betrachtung nicht möglich. Niemand könne etwas Neues wirklich schätzen.

Als ich ihm sagte, dass sein Bild NGC 1275 mich sehr beeindruckt hatte, obwohl ich es mir nicht genau hatte ansehen können, da Frau Koenig davor gesessen hätte, bat er mich, dieses Bild doch bei der nächsten Gelegenheit zu zerstören.

Zerstören?

Ja, zerstören. Mein Bild gehört nicht dorthin. Und hat schon gar nichts mit den dort kultivierten Fallschirmfantasmen zu tun. Die haben mein Bild von meinem vorigen Galeristen, der ein einzigartiger Betrüger war. Er wusste, dass ich einer solchen Gesellschaft nie ein Bild verkauft hätte. Und machte den Deal dann doch, hinter meinem Rücken. Über einen sogenannten privaten Mäzen, den er mir als Käufer vorstellte. Also bitte, wenn du die Gelegenheit dazu haben solltest, zerstöre es!

Ich verstand, dass er es ernst meinte, sah mich aber keineswegs in der Rolle des Zerstörers eines Rewing-Bildes. Wenn ein Künstler ein eigenes Bild zerstören möchte, ist ja nichts dagegen einzuwenden, wenn er es aber vorher schon verkauft hat, scheint es mir eher problematisch.

Das sagte ich ihm dann auch, worauf er wütend wurde und schrie: Klar, wer kauft, hat immer recht, auch ohne Argumente! Damit war unser Gespräch beendet.

Obwohl ich wusste, dass ich niemals sein Bild zerstören würde, nicht mal, wenn ich mich einmal allein in Koenigs Büro befände, dachte ich darüber nach, auf welche Weise und mit welchen Mitteln ich das Werk von seinem Dasein an Koenigs Wand befreien könnte:

Eine Putzkraft könnte sich der Sache annehmen und kräftig drüber scheuern. Mit Fleckenentferner oder Teppichreiniger.

Säure geht auch.

Oder ein Junkie zieht sich die Farbe auf die Lunge.

Wie soll das gehen, Matthias?

Süchtige sind sehr kreativ, wenn es ums Überleben geht.

Oder jemand wie JPW, der gerne mal mit dem Kopf durch die Wand geht, steht in dem Moment genau vor dem Bild.

Genau. Kopfsprung durch NGC 1275.

Oder ein Arbeiter mit Schweißbrenner, wie der, der in Notre-Dame in der Nähe des Glöckners sein Flämmchen zu lange besah.

Oder Herr Schlingensief kommt wieder und inszeniert ein neues Kettensägenmassaker. Quer durch die Malerei.

Am besten wäre es, Frau Koenig dazu zu bringen, es in einem ihrer Wutanfälle selbst zu zerstören.

Hat sie Wutanfälle?

Mit Hilfe des nostalgischen Bunsenbrenners, den sie auf ihrem Schreibtisch hat.

Hat Rewing denn keinen genaueren Vorschlag gemacht?

Nee, er sagte nur kaputtmachen.

Kaputtmachen?

Oder zerstören. Wie auch immer. Fragen Sie den Todesalgorithmus.

Rewing sollte einfach bestreiten, dass das Werk von ihm ist.

Dann sagte er noch: Mit dem Gedachten umgehen, als wäre es vollzogen.

Der Künstler als Patient, als geduldiger Eindringling in die prinzipielle Endlosigkeit der Erforschung.

Ist Kunst den Menschen zumutbar?

Eine Zukunft aus Kunst wird es nicht geben.

Zu spät.

Ich bin ein Beauftragter jetzt.

Ein beauftragtes Jetzt.

Aus Fleisch und Geist, aus geschleudertem Wissen.

Halb Mensch, halb Knopfdruck.

Schon kommt es zum ferngelenkten Geschlechtsverkehr, von dem schon in der Bibel die Rede ist.

Danach übernehmen die Chips.

Wir arbeiten daran, uns selber aufzuessen.

Eine gute Lösung, wie ich finde.

**99** ◁          ▶ **105**

# 104

"Thus I relieve thee, my creator," he said, and placed his hated hands before my eyes, which I flung from me with violence; "thus I take from thee a sight which you abhor. Still thou canst listen to me and grant me thy compassion. By the virtues that I once possessed, I demand this from you. Hear my tale; it is long and strange, and the temperature of this place is not fitting to your fine sensations; come to the hut upon the mountain. The sun is yet high in the heavens; before it descends to hide itself behind your snowy precipices and illuminate another world, you will have heard my story and can decide. On you it rests, whether I quit for ever the neighbourhood of man and lead a harmless life, or become the scourge of your fellow creatures and the author of your own speedy ruin."

Mary Wollstonecraft Shelley,
*Frankenstein or The Modern Prometheus*

# 105

## Shakespeare verbieten?

In der gestrigen Gemeinderatssitzung wurde von Rat Kranefuß der Vorschlag gemacht, während des Kulturjahres 2022 im Rahmen des Festivals *BjørnBling22* die Werke William Shakespeares zu verbieten. Mit einem solchen Verbot, so hieß es, könnte sich die Stadt vorbildlich zeigen und ein Paradebeispiel dafür liefern, wie eine Kultur der Zukunft aussehen könnte, die für alle da sei und niemanden ausschließe. Shakespeare sei bekanntlich ein rassistischer, sexistischer, frauen-, schwulen- und transfeindlicher Autor, der zudem den Klimaleugnern zugerechnet werden müsste. Gelesen würde er ohnehin nur noch von reaktionären Humanisten, insofern würde kaum jemand seine Stücke und Gedichte vermissen. Und für die Stadt wäre eine solche Initiative eine gute Möglichkeit, sich als Speerspitze einer Politik der Toleranz, des Fortschritts, der Aufgeschlossenheit und der Gerechtigkeit zu profilieren.

Bürgermeister Schirach begrüßte den Vorschlag von Rat Kranefuß. Eine Diskussion darüber ist für Montag angesetzt. Abgestimmt werden soll am Dienstag.

Bjørnstädter Bote, 26. März 2021

92 ◁                    ▶ 100

# 106

## Dis ease de City Grizzville

Shlock bang grr ...
Duck, you sucker!
Du bist tot, Mann, hörst du!
Klklklklklklklklkllllll ...
Hier spricht Gläserner ...
Would you tell me the time?
Alors, Monsieur est venu voir le vieux Thomas...
Ich wiederhole: The winter of our discontent ...
Hier nochmal Gläserner ...
'til we cross that Mason Dixon Line?
Ech weess, wou et ass ...
Niongniongniongniong...
Pffffffffffffffffff...
Du hues net méi fir laang, Harry ...
Lass die Finger von Chantilly, hörst du?
Während der Fahrt hörte Harry Jickson den Anrufbeantworter
ab. Eine Frau, die ihren Namen nicht nennen wollte, sagte, dass
sie kurz vor seiner Ermordung mit Ray Porter zusammen ge-
wesen sei, dies der Polizei aber nicht mitteilen könne. Ray Porter
war in seinem Garten ermordet, von mehreren Männern mit
Baseballschlägern regelrecht weich geschlagen und völlig ent-
stellt worden. Von seinem Gesicht war nichts mehr übrig, der
Kopf glich einer aufgeplatzten Dose Tomatenmark. Am Körper
waren die letzten menschlichen Umrisse ausgetilgt.

Eine solche Tat passt zu dieser Stadt, sagte sich Jickson.

Grizzville war eine der hässlichsten Ortschaften, die er kannte,
dreckig, verkommen, ungemütlich und asozial, größtenteils

besiedelt von Underdogs und Junkies, mehr ein Vorort als eine Stadt, seit Jahrzehnten unter der Fuchtel der gleichen Partei, also notgedrungen korrupt regiert; wer die richtigen Leute kannte, bekam Posten und Vorteile, alle andern mussten sich mit dem zufriedengeben, was sie hatten, und die Belästigungen der Gemeindeführer und ihrer Angestellten über sich ergehen lassen. Dementsprechend herrschte in der Stadt eine gedrückte, von Verzweiflung und Bösartigkeit gezeichnete Stimmung. Überall stieß man auf die gleichen von Verbitterung gezeichneten Gesichter.

Die Grizzviller Misere hatte Jickson ein paar Jahre zuvor kennengelernt, als er ein Verhältnis mit der Frau eines dort ansässigen Geschäftsmannes angefangen hatte, Mara Recker, einem wunderbaren Wesen, das an der rauen Umgebung kaputtzugehen – ihr Ausdruck – drohte. Möglicherweise wünschte sie sich, von ihm gerettet zu werden, was aber weder seinen Möglichkeiten noch seinen Wünschen entsprach. Er holte sie das eine oder andere Mal in Grizzville ab – sie wohnte in einem Haus aus der Gründerzeit, das früher mal Wohnsitz der Industriekapitäne war –, aber sie blieben nie in der verdreckten Stadt, fuhren entweder in die Hauptstadt zu einer ihrer Freundinnen, die ihnen ihre Gemächer zur Verfügung stellten, oder bis in ihr Landhaus am Stausee. Nicht nur, weil sie ungestört sein wollten, sondern auch, weil es in Grizzville so gut wie keinen angenehmen Ort gab, nicht mal ein Café, in dem man gemütlich sitzen konnte, ohne von irgendwelchen betüterten Nachtgestalten angemacht zu werden. Kein Wunder, dass Ray Porter seinem Ärger Luft gemacht und von einer Ghettoisierung der Stadt geschrieben hatte. Den Artikel hatte er veröffentlicht, nachdem am Wochenende wieder mal ein paar Autos in Flammen aufgegangen waren, und hatte damit bei der Leserschaft ungeheuer viel Zustimmung geerntet. Grizzville war mal die wichtigste Industriestadt des Landes gewesen; jetzt schien es, als sei vom ehemaligen Reichtum nur noch der Abfall übrig. Überall lungerten Penner und bekiffte Arbeitslose, die aggressiv um eine Spende bettelten; nachts fuhren Schlägertrupps durch die Straßen, um Ordnung zu schaffen, behaupteten sie, aber in Wirklichkeit suchten sie nur nach Vorwänden, ihre aufgestaute Wut an irgendwelchen armseligen Habenichtsen auszulassen.

Jickson erinnerte sich an eine Szene am sogenannten Prinzenring – er hatte Mara nach Hause gebracht und war unterwegs Richtung Autobahn –, wo 2 Banden sich ein Stelldichein gegeben hatten, 20 Mann ungefähr, die aufeinander eindroschen, mit Fäusten und Eisenstangen, bis schließlich die Messer aufblitzten und einer sich auf dem Gehsteig krümmte.

Von einem Polizeibeamten, der ihn gelegentlich mit Infos versorgt – Jerry Klein hieß er, in Insiderkreisen als Leguan Zombie bekannt – erfuhr Jickson später, dass es 2 Tote bei dem Zusammenstoß gegeben hatte: Einer verblutete gleich am Tatort, ein zweiter starb später an seinen Verletzungen in der Klinik, wurde in der Öffentlichkeit aber nicht erwähnt, um die Stimmung nicht noch weiter aufzuheizen.

Über die meisten Vorfälle schweigt die Polizei sowieso: Kein Wort über João Gustavo, genannt die Brasilianerin, der in seinem Lokal bis in die späten Morgenstunden üble Ayahuasca-Partys durchzog, bei denen es gelegentlich zu gewalttätigen Übergriffen kam.

Regelrechte Vergewaltigungen, sagte Jerry Klein, also irgendwie religiös getarnte Bordellaktivitäten. Ganze Eimer voll mit dem faulig-bitterem Lianengesöff gab es da, und João, die Brasilianerin als Obergott, sang seine Alkaloid-Hymne, bis ihm der Samen als Kolibri aus dem Schwanz flatterte und milchige Gebete in die Gesichter der Jungfrauen sprach.

Wie viele waren es?

Keine Ahnung, da wird alles vertuscht, aber ein Dutzend dürften es alles in allem gewesen sein.

Und die eine erwischte es dann?

Ja, Selbsttötung, hieß es später, und ihre Familie war damit einverstanden. Ich nehme an, die Brasilianerin hat gezahlt. Das achte Sakrament der Santo Daime!

War er ein Spitzel?

Kann ich nicht sagen. Oder Pollo, die Matratze. Da lagen die Minderjährigen, bereit für die Herren der höheren Etagen, darunter ein Typ, der unter dem Decknamen Edmond verkehrte und aller Wahrscheinlichkeit nach einen der Jungen verschwinden ließ. Steckte ihn in einen Sofabezug und gab ihn in die Reinigung, auf Nimmerwiedersehen, aber bewiesen werden konnte nichts. Marcello, das Nudelholz, wollte aussagen, entschied sich dann aber für den Freitod.

Oder wurde freigetötet.

Wahrscheinlich, ja. Verarmte Portugiesen stellten ihre Kinder Pollo zur Verfügung. Einer der Jungen kam mit Darmriss in die Klinik. Die Spermaspuren an der Analkanalhaut hatte Marcello, das Nudelholz, zurückgelassen. Der Junge konnte nicht mehr sprechen, die Tortur hatte ihm die Sprache geraubt.

Und Edmond?

Da sind Akten verschwunden bei der Polizei. Ich selbst kenne seine Identität nicht, habe aber einen Verdacht, wer es sein könnte. Geht in Richtung Nucks.

Nucks?

Nicht er selber, aber einer aus seinem Bekanntenkreis.
Verdammt, wie kommen wir an den ran?

Gysin Kuttup,
*Turm und Springer*

**34** ◁          ▶ **36**

# 107

## Ein 40-jähriger Mann

Er ist Jurist, als Staatsanwalt tätig, erfolgreich und überdurchschnittlich gut beurteilt. So die eine Seite seines Lebens. Die andere: Am Wochenende kleidet er sich als Rockerbraut, fährt in eine Großstadt, trinkt viel, verbringt Nächte in Bars, wird in Drogenhandel verwickelt. In dieser Lebensweise fühlt er sich richtig wohl, wie er später berichtet. Dieses Doppelleben führt er längere Zeit, obwohl er durch Trunkenheit und einmal auch durch einen Wohnungsbrand aufgefallen ist. Seiner guten beruflichen Leistung und seines Ansehens im Amte wegen wurde das Disziplinarverfahren mehrere Male aufgeschoben, bis schließlich doch eine psychiatrische Untersuchung unvermeidlich erschien.

Ärztejournal.lu

101 ◁ ▶ 117

# 108

## Nächtliche Begegnung

Entschuldigen Sie. Sie sitzen in meinem Wagen. Warum sagen Sie nichts? Sie sitzen in meinem Wagen und sagen nichts.

Was soll ich sagen?

Dass Sie in meinem Wagen sitzen.

Ich sitze in Ihrem Wagen.

Und nass sind Sie auch, Herrgott, Sie sind ja völlig durchnässt! Es regnete.

Ja. Es regnete. Aber jetzt regnet es nicht mehr.

Nein. Jetzt regnet es nicht mehr. Würden Sie mich trotzdem mitnehmen?

Darf ich einsteigen? Ist ja Ihr Wagen.

Ja. Ist mein Wagen. Wohin wollen Sie denn? Wissen Sie nicht? Sie sitzen völlig durchnässt in meinem Wagen und wissen nicht wohin!

Und Sie?

Was ist denn mit Ihrem Mantel los? Ist ja völlig verdreckt. Hat es etwa Scheiße geregnet? Ja, höchstwahrscheinlich hat es Scheiße geregnet. Entschuldigen Sie. Ich habe getrunken. War alles nicht vorauszusehen.

In dem Zustand sollten Sie nicht fahren.

Eben wollten Sie mitfahren.

Ja.

Wohin? Ich kann es einfach nicht glauben!

Ich auch nicht.

Sie wissen doch gar nicht, wovon ich rede. Sagen Sie mir, wo sie hin wollen und ich fahre Sie. Sie riskieren nichts. Ich bin

Berufsfahrer. Das heißt, ich war's. Bis gestern. Bis gestern war ich Berufsfahrer. Aber jetzt fahre ich Sie ganz privat. Nach Hause oder wo immer Sie hin wollen. Aber das ist ja Blut. Sie bluten. Ich will keine Geschichten, hören Sie, keine Geschichten! Tut mir leid. Sie sind verletzt. Wenn Sie nichts sagen, können Sie auch nicht von mir verlangen, dass! Sind Sie überfallen worden? Oder einfach hingefallen?

Ich war wohl auch betrunken.

Aber jetzt geht es wieder?

Ja. Jetzt geht es wieder.

Wollen Sie nicht den Mantel ablegen?

Sie würden mir nicht glauben.

Was?

Wenn ich es Ihnen sagte.

Ich möchte mich bei Ihnen entschuldigen. Ich bin ein Trottel. Sie haben mir das Leben gerettet. Womöglich wär ich ohne Sie losgerast, direkt in einen Baum. Verstehn Sie? Von heute auf morgen ohne Job. Sie sind mein Schutzengel. Ich möchte Sie küssen. Man hat Sie doch nicht etwa vergewaltigt? Sie sind vergewaltigt worden? Dann sollten wir zur Polizei.

Nein.

Wissen Sie, im Grunde bin ich ein scheuer Mensch. Trotzdem, sich so zu einem Fremden in den Wagen zu setzen ...

Sie haben sich zu mir gesetzt.

In meinen Wagen. Da gehört doch unmäßiges Vertrauen dazu. Vielleicht wars das, was mich vorhin in Panik versetzt hat. Ihr Vertrauen. Außerdem habe ich eben festgestellt, dass Sie unter dem Mantel keine richtigen Kleider tragen. Sondern ein Nachthemd.

Ist es etwa nicht Nacht?

Doch, es ist Nacht.

Ich bin nicht überfallen worden. Ich bin auch nicht hingefallen. Ich habe mich fallen lassen.

Fallen lassen?

Von ganz oben.

Also gut, fahren wir in die Klinik.

Gesprungen bin ich.

Sie wollen sagen, Sie sind von da oben hinabgesprungen und haben sich zu mir in den Wagen gesetzt? Kann ich nicht glauben.

Sitz ich nicht hier?

Also doch ein Engel. Solche Stürze überleben einzig die Engel.

Wenn Sie meinen.

Unter uns gesagt, ich habe schon immer davon geträumt, einen Engel mit nach Hause zu nehmen.

Mit nach Hause nehmen?

Ich fahre jetzt nach Hause. Und da Sie mir bisher noch nicht gesagt haben, wo Sie hin wollen ... den Weg in den Himmel kenn ich nicht.

Abgesoffen, der Motor.

Keine Angst, ich bringe Sie nach Hause.

# 109

## Guy H

Aber die Frage ist doch, lieber Schmidhuber, was Bewusstsein überhaupt ist, und ob sich jenseits des menschlichen Körpers Bewusstsein überhaupt entwickeln kann.

Aber Guy, Sie erzählen doch gerne Geschichten, was, wie Sie wissen, möglich wurde, als die Sprache sich entwickelte. Ab einem gewissen Punkt, vielleicht schon früh in der Evolution – ich erlaube mir hier, Moravec zu zitieren – wendete sich der Mechanismus des Erzählens zurück auf den Erzähler und die Geschichte begann, einen Kommentar über den Geisteszustand des Erzählers und den von anderen einzuschließen. Es entwickelte sich eine Metaebene, die in der Lage war, die Informationsverarbeitungsvorgänge in den einzelnen Gehirnzentren zu betrachten und zu bewerten.

Sie zitieren Moravec, das wundert mich nicht. Zum einen hat er das Ende der Menschheit verkündet, zum andern, das möchte ich hier aber auch anmerken, ist er am Ursprung des Moravec'schen Paradoxes, das ja doch die Möglichkeiten der Lernfähigkeit von Maschinen relativiert. So sagt er, dass es vergleichsweise einfach sei, Computer dazu zu bringen, Leistungen auf Erwachsenenniveau bei Intelligenztests oder beim Damespielen zu erbringen, aber schwierig oder gar unmöglich, ihnen die Fähigkeiten eines Einjährigen in Bezug auf Wahrnehmung und Mobilität zu vermitteln.

Das stimmt nicht mehr so ganz. Es gibt mittlerweile neuronale Netzwerke, die Computer auf ihren Erkundungsgängen auch in diesem Bereich lernfähig machen. Chang und Lipson von der Columbia University haben ein neuronales Netz präsentiert, das sich selbst fortpflanzt und evolutionär weiterentwickelt, also sich selbst optimiert.

Entschuldigen Sie, Schmidhuber, aber das spielt sich auf einer andern Ebene ab. Ich spreche von individuellem Bewusstsein und auch von menschlichen Gefühlen. Rodney Brooks hat schließlich behauptet, dass sich ohne Körper keine Intelligenz entwickeln kann. Intelligenz sei nur dann nötig, wenn sich ein Wesen in seiner sich ständig verändernden Umwelt behaupten muss.

Wir versetzen unsere Roboter durchaus in vergleichbare Situationen. Die Bewusstseinsemergenz ist nur eine Frage der Zeit. Dabei entsteht das Bewusstsein nicht aus dem Nichts, sondern aus der Komplexität der Algorithmik oder der Anzahl der Speicherzellen und des Vernetztheitgrades.

Sie wollen mir doch nicht sagen, dass Ihre Roboter einmal aus ihrer Kindheit erzählen, wie wir das jetzt tun!

Es wird sicher eine andere Kindheit sein. Wir sollten dabei aber nicht aus dem Blick lassen, dass irgendwann auch Menschen ihren Geist in einen Roboterkörper beamen könnten. Die Chiptechnologie ist jetzt schon ein guter Schrittmacher dieser Entwicklung.

Ich glaube nicht, dass das, was den Menschen ausmacht, Bewusstsein, Kindheit, Bedürfnis nach Fiktion, so ohne weiteres auf Maschinen übertragen werden kann.

Sie fürchten da ein wenig um Ihre Position als Schriftsteller, nicht? Glauben Sie mir, wir werden unsere Roboterkinder gernhaben, denn sie werden, um noch einmal Moravec zu zitieren, angenehmer sein als Menschen. Wir werden sie problemlos als Kinder annehmen, als Kinder, die nicht durch unsere Gene geprägt sind, sondern die wir mit unseren Händen und mit unserem Geist gebaut haben.

Ist das nun Ihr Wort zum Sonntag, Schmidhuber?

Haben Sie keine Angst, Guy, schreiben Sie ruhig weiter! Möglicherweise wird der heutige Mensch in seiner Unzulänglichkeit mitsamt all der schrägen Kindheiten, die Ihnen so am Herzen zu liegen scheinen, auch den ein oder andern Zukünftigen interessieren.

Schmidhuber, Sie werden mehr und mehr zu meinem Albtraum.

Da räumen Sie mir doch zu viel Macht ein, Guy, seien Sie versichert, das Vergangene wird nicht vergessen, es wird als Simulation erhalten bleiben. So wie Ihnen auch niemand Ihre Seele rauben wird.

Dass Sie den Mut haben, von Seele zu reden!

Seien Sie doch nicht so kategorisch, Guy, Sie kennen mich doch gar nicht so gut!

Wollen Sie vielleicht andeuten, Sie seien ein Romantiker?

Wieso nicht? Kommen Sie doch mal bei mir auf ein Glas Wein vorbei.

Können wir machen. Und wenn sie in Bjørnstadt sind, lad ich Sie auf eine Bouneschlupp ein.

Bitte?

Bouneschlupp. Sagt Ihnen nichts?

Bunneschlopp?

Bou-ne-schlupp.

Nee. Da bin ich schon wieder dabei, etwas hinzuzulernen.

Gerne, Schmidhuber.

War mir ein Vergnügen, Guy.

Bis zum nächsten Mal.

Ja, bis zum nächsten Mal.

# 110

## Harry Jickson & Leguan Zombie

Der Nassauer? Schwach im Bett wie eine alte Aster! Was soll der denn mit Chantal, der abgeschmackte Scharlatan? Wir haben ihn auf Film, berberitzenrote Fresse, während der Prezioso ihm einen bläst.

Klar, verglichen mit dem, was sich sonst so tut, ist das Geschehen in der Stadt eigentlich harmlos. Obwohl wir bereits eine ganze Reihe von Toten haben. Ermordete und Suizidierte, die der Turm ausgespuckt hat. Der Turm ist das Wahrzeichen von Grizzville, findet sich im Stadtwappen, demnach gibt es sicher einen Bezug zu Chabriant. Aber eingefädelt haben das die Nucks und die Grüns und die Edmonds und wie sie alle heißen.

Wer hat eigentlich das Gerücht verbreitet, Ray Porter sei hingerichtet worden, indem man ihm über ein Horn glühendes Eisen in den Arsch goss?

Die Hochofennostalgie der Gegend. Alles lügt mich an, und die am allermeisten! Wäre ich jünger, ich würde mich versetzen lassen. Oder den Job wechseln. So nah war ich dran an Joe Grün, und dann pfeift man mich zurück. Irgendein Kinderficker bei der Justiz, der seine Robe über alles hält, nichts sehen, nichts hören, nichts sagen. Nächstes Mal lass ich ihn hochgehen, sur place. Er zündet den Wagen, und im gleichen Moment knallt es, und der plötzliche Druck jagt alle seine Gliedmaßen hoch, Unterleibsorgane und Brustwirbelsäule schießen aus dem Grün-Körper und der Gestank körperinterner Gase übertrifft den des gezündeten Benzins.

Fährt er nicht elektrisch, der Grün?

Auch Lithium ist leicht brennbar.

Marcello, das Nudelholz, hätte sich nie selbst umgebracht, das ist sicher. Ich habe mich in den Paragen umgesehen, ein Drecksloch neben dem andern. Joao Gustavo liefert die Ware und Prezioso schickt seine Welpinnen aus, las cachorras, ganz nach dem Vorbild mexikanischer Schlampen, die sich von Narcobabies zu Killerfrauen gewandelt haben. Ich traf eine von denen in Pollos Lager, zufällig, als ich der Matratze einen Besuch abstattete, um ihn ein bisschen unter Druck zu setzen. Gehe rein, und siehe da, eine der Welpinnen begrüßt mich.

Klar, dass die zusammenarbeiten! Das hat mir schon Capitani gesteckt, bevor sie ihn ins Ösling abzogen. Guter Mann, der Capitani, aber einigen war er wohl ein Dorn im Auge.

Man weiß gar nicht, wo man anfangen soll, totale Finsternis! Auf wessen Seite stand der tote Bischof? Da wirst du mehr aus der Glaskugel erfahren als von der Justiz. Dieses beschissene Zusammenspiel von High Society und Unterwelt, von Abartigkeit und Korruption ist die perverseste Nummer, die ich seit langem erlebt habe. Irgendwelche People of colour, oder wie das heißt, die dort eingeschleust wurden und den Segen all der gutgläubigen und hirnverbrannten Gesinnungsethiker haben, machen sich von ihren Löchern aus ans Werk, und Nucks, der Dreckszwerg, lacht sich ins Fäustchen. Vielleicht sollten wir Phlox Thrombose einschalten, der hat die richtigen Connections.

Mit Phlox Thrombose möchte ich nichts mehr zu tun haben. O. k., er ist brauchbar, wenn es um besonders schmutzige Geschäfte geht. Aber eben ein Typ der ganz üblen Sorte, 2 Mal geschieden, lebt in dritter Ehe mit einer ehemaligen Prostituierten zusammen, war mal Kickboxer und verspürt permanent den Drang, seine Kampftechniken anzuwenden, auch wenn die Situation es überhaupt nicht verlangt, versuchte vor ein paar

Jahren ein Ultimate-Fighting-Festival auf die Beine zu stellen, was ihm aber verwehrt blieb, sammelt ausgefallene Schlagwaffen und hat ein ausgesprochenes Faible für perverse Demütigungen. Für mich ist er nichts als ein Drecksfladen, eine Darmausscheidung im Maßanzug.

Aber in diesem Fall könnte er uns nützlich sein.

Da kommt eine Nachricht!

Noch jemand gesprungen?

Wieder einer mit Chip.

Allen Nucks-Mitarbeitern hat man diese Chips eingepflanzt.

Aber erfahren tun wir nichts dadurch?

Nee, sobald der Mann tot ist, ist der Chip gelöscht. Wir wissen nicht genau, wie es funktionniert. Körpertemperatur vielleicht, oder Atem oder Herzschlag. Bisher ist es uns nicht gelungen, irgendeine Info da rauszuziehn.

Man müsste einem Lebenden den Chip aus dem Körper reißen!

Wurde schon gemacht, ohne Erfolg. Die Konkurrenz hat einen von Nucks leitenden Angestellten zu diesem Zweck verstümmelt. Ohne Erfolg.

Echt scheiße!

Ja, echt scheiße.

Gysin Kuttup,
*Turm und Springer*

# 111

## A knight on the rim is dim

*(Ein Springer am Rand bringt Kummer und Schand)*

Hier ... da steht es ... streicht aus dem Alphabet den Buchstaben
J ... J wie Jickson ... damit bist du gemeint ...
Gott und Gesellschaft sind aus dem Gleichgewicht ... ich
knüpf mir diese Bande vor ...
Es ist nicht Nucks, der auf den Turm sie schickt, steht auch
da ... vielleicht ein Hinweis ...
Alles Fake ... außer den Toten ...
Zuletzt Chantal Chantilly ...
Hatte ich dir doch gesagt ... sie wird mich hängen lassen, so
gewiss Frettchen Frettchen sind ... sie hielten sie in der Zange
... ihr Kinn war so dicht an ihren Fuß gedrückt, dass ihr kaum
Platz genug blieb, den Mund aufzumachen ...
Die Lithiumvergiftung war doch schon vorher ...
Da waren Max und Joe wohl im Spiel ...
Die werden schon bald ihr Grünzeug von unten betrachten ...
Und der Nassauer unterschreibt das alles?
Der Nassauer ist der Quarterback der Korruption ... und die
Marionette einer Macht, die wir noch nicht kennen.
Es wird nicht lange dauern, dann wissen wir mehr.
Hoffen, dass es dann nicht zu spät ist.
Wenn du mich fragst, ist es jetzt schon zu spät. Der tote
Bischof ...
Was ist mit ihm?
... nahm Geschlechtsumwandlungen an Kindern vor, zu-
sammen mit Prof. Dr. C.P. Nuller, einem ehemaligen

Gesundheitsberater von Mobutu, der Kongolesen in einem improvisierten Geheimlabor hinter dem Garagentor seines Hauses in Cape Ellen arbeiten ließ. Er beutete die Schwarzen aus, missbrauchte sie zu Forschungszwecken, aber da Forschung immer einem guten Zweck dient, nahm niemand Anstoß daran. Die Aktivitäten des Professors lösten international eine Schmuddelwelle im Pharma-Bereich aus, die bis heute nicht ganz verebbt ist. Der schwarze Türsteher mit seiner ziemlich angekratzten Vinylscheibenfresse, der die Leute vor Preziosos Lokal kontrolliert, kann dir ein Liedchen davon singen. Da lief so ziemlich alles übers Darknet.

Darkcity Grizzville halt, die tagabgewandte Seite der Stadt … Nachtnebel aus penetrant süßlichem Gestank … Pollos Kunden verlangen nach immer jüngerem Fleisch … Baby Strohrum in der Klitsche mit ihrem Kirschenmündchen und ihrem Rotbäckchen-Möschen genügt nicht mehr … einer der Matratzenkunden fickt nur noch spät abgetriebene Föten … die kommen dann über die Kinikieferketten aus einem der Nachbarländer …

Und die Chantilly wußte davon?

Und musste gehn. Lithiumintoxikation. Ataxie, Tremor, Dysarthrie, Dysdiadochokinese … als Trigger der Vergiftung wurden 2 Medikamente vermutet, der COX-2-Hemmer Etoricoxib und ein Hydrochlorothiazid-Amilorid-Kombipräparat. Beide können die Elimination von Lithium stören.

Verdammt! Ich brech denen das Genick!

Nur keine unnötige Aufregung! Das Seiende, dessen Analyse zur Aufgabe steht, sind wir je selbst.

Du hast recht. Immerhin steht seit vergangenem Sommer der größte Abtreibungsanbieter der Welt unter Verdacht, Körperteile abgetriebener Babys teilweise ohne Zustimmung der Mütter zu verkaufen. Videos einer verdeckten Ermittlung zeigen Mitarbeiter, die angeben, bestimmte Abtreibungsverfahren – weniger zerstörerische Methoden, nennen sie es – einsetzen zu können, um vorbestellter Organe besser habhaft zu werden. Die Ermittlungen diesbezüglich sind noch nicht abgeschlossen.

Und da kommt dann auch Grizzville ins Spiel ...

Genau ...

Mit den Arbeiten am Areal ...

Ja. Die Sonderabfall-Entsorgungsgesellschaft hat eine neue Methode entwickelt, um infektiöse organische Klinikabfälle wie amputierte Körperteile, Organabfälle sowie Blutbeutel und -konserven nicht nur kostengünstiger, sondern auch umweltfreundlicher zu entsorgen. Das soll nicht nur die hauseigenen Verbrennungsanlagen der Krankenhäuser überflüssig machen, durch die oftmals unkontrolliert Dioxin an die Umwelt abgegeben wurde, sondern dem Großteil der Krankenhäuser angeblich auch hohe Kosten sparen. Der Klinikmüll soll nicht mehr länger in der Sondermüllverbrennung behandelt, sondern zu ungiftigem Granulat zerkleinert und anschließend in der Hausmüllverbrennungsanlage verbrannt werden. Die so entstandene Schlacke wird anschließend von der Stadt als Straßenbelag und Abdeckungsmaterial verkauft, die eben auch im Areal verwertet werden.

Das neue Areal-Viertel, die Smartcity von Grizzville mit ihrer Zukunft aus Künstlicher Intelligenz auf einem Fundament aus menschlichen Überresten.

Es sollen sich auch Fehl- und Totgeburten unter den Abfällen befunden haben, allerdings ohne das Wissen der Ärzte.

Wie ich schon sagte: Gott und die Gesellschaft sind aus dem Gleichgewicht ...

Das Sein ist es ...

Das-ungefragt-in-die-Welt-geworfen-worden-Sein ...

Die willkürliche, undurchsichtige und unwissbare Natur, die Faktizität des Daseins als konstitutive Bedingung des menschlichen Lebens ...

Pass auf! Da kommt ein Wagen ...

Spiegel und Fuller?*

Nee, das sind die Cachorras ...

Schnell, in Deckung!

Gysin Kuttup,
*Turm und Springer*

*Siehe Band 4 *Die Verlorenen*

**62** ◁      ▶ **120**

# 112

THE CLOSED DOOR SHUT
WITH A MUSICAL SOUND,
AND ALL WAS OVER.

Edward Bulwer-Lytton, *The Coming Race*

Mer sëtzen an iergendengem Kaff, egal wou, well all Schlëssel-
lächer an all Kamerae sech gläichen, an iwwerall déi selwecht
Gebaier ofgerappt a rëm opgebaut ginn, vollgestoppt mat Ka-
belen a Kafkraaft ... d'Musek fält mat doudege Mécke vum
Plaffong oder kënnt aus schwaarze Kiewerleken ... et ass eng
Bank, eng Versécherung oder d'Haus vun engem Doude-
griewer, kee weess et sou richteg, well et jidderengem egal
ass ... viru Kuerzem duerfte mer driwwer ofstëmmen, ob mer
5, 10 oder méi Stonnen an der Woch an de Solarium dierften,
dat huet an de Käpp vun de Leit eng Zort Fräiheetssonn op-
liichte gelooss, e klengt Stréifeier, duerno d'Äschen ... Gesiich-
ter, blénkeg wéi Sardinnen, mat un der Nues de Glëtz vum
Gammsen nom Pudder vun de grousse Stonnen, Männer, glat
wéi Seidekrawatten – all d'Rëff entwéckelen sech no bannen –
huerelen Zuelen un, déi grouss a faarweg op si zoukomme wéi
Zaldoten, déi hinnen d'Fräiheet bréngen ... eng Stëmmung
tëscht Oktoberfest a Fukushima-Alarm ... wat sot Dir dozou,
Här Sienkiewicz? ... den Ursus ass op Usura mëttlerweil, ver-
dreift seng Zäit mat ëmmer méi héijen Asätz, mit Vollgas im
Leerlauf aus der Schoul matbruecht, duerno eng Kéier ge-
houscht an de Geescht opginn, nëmmen nach de Kapp an d'Blot

vum Schierm gestreckt ... Noriichten aus dem muuschtege Spaass-Pazifik ... am Parlament gi lues a lues eis Deputéiert alphabetiséiert ... de optimo rei publicae statu, deque nova insula Utopia ... datt si eng Kéier kënne liesen, wou Europa hierkënnt – vu wäitsiichteg soen déi eng, déi nëmme bis bei d'Griichen zeréckginn, vun däischter soen déi, déi et bis bei d'Phenizier packen ... awer dat ass allen hei egal, well et jo Schwéngshierte sinn, déi weider näischt brauchen ze wëssen, ausser wéi si hir Mëscht maachen ... Thus BANK ... of the grassland ... „Mir sinn all betraff", seet de Premier oder President an d'Kamera oder an d'Schlëssellach, a seng Wierder fale wéi doudeg Mécken op d'Vollek, dat souwisou net méi weess, ob et nach existéiert, deem – ganz nom Virbild vum Staatschef – d'Sprooch ausgedriwwen an ersat gouf duerch en topegt Grinsen ... an der Schoul gëtt op Première *Fix und Foxi* gelies, well de Premier oder Staatschef dat och liest a gutt fënnt, a well sämtlech Rechter u *Fix und Foxi* iwwerholl goufe vun engem Neveu vum Chef vum Verwaltungsrot vu VW ... a base, a fondo ... an iwwerall ginn et Leaks, déi d'Leit en No-mëtteg laang onroueg maachen, awer et gëtt och d'Tëlee, wou Bauere Frae sichen an d'Wierklechkeet 24 Stonne laang nei zesummegekacht gëtt, wat dann erëm berouegt ... doniewent hëllefe verschidden Alkaloiden – aus dem Arabeschen al-qalia, Planzenäschen – d'Siicht op déi eegen Existenz ze erweideren ... „Mir si fir alles op", seet de Premier oder President oder Staatschef ... *Fick und Fotzi*, seet d'Vollek ... déi korrupst Länner si Griicheland, Bulgarien a Rumänien, jee no Berechnung och Italien, Lettland an d'Slowakei ... Lëtzebuerg net, Lëtzebuerg huet Banken ... a base, a fondo ... „Rumänische Diebe aus Luxemburg in Österreich gestellt", steet an der Zeitung, am Schlëssellach, an der Kamera, um Schierm ... am

Kaff, wou mer sëtzen, de vergëften Hunneg ëm de Mond, a waarden a sichen no all deene verluerene Wierder ... an ee wëllt eis hëllefen a stellt sech als Agent fir Erneierunge vir, iergend en neien Ursus oder Uranus-Willy mat sengem propper ausgewielte Personal, dee mat senge Pläng ganz Fräihandelszone fëllt, vun Dubai bis op de Findel ... no problem ... and Their Highnesses had provided credit ... that the Grand Duke hadn't lost anything by it ... hien huet d'Silizium-Glënneren am Bléck, en transatlantesche Wandhond, dee seng Trüffen erbäi schnoffelt an am richtege Moment zoubäisst ... egal, wien do ersëfft a wéivill et der sinn, déi aus den Haiser vun der Verzweiwlung krauchen ... en halleft Glas Lënse fir den Hilarion vu Gaza, dien sou schwaach ass, datt e kaum nach eppes gesäit, de Leif gekrëmmt a verschrompelt, voller Schwieren ... Här Morus, wat sot Dir dozou? ... the world is here waxed such, and so great perils appear here to fall at hand, that methinketh the greatest comfort a man can have is when he can see that he shall soon be gone ... wann dat en Dialog ass, dann ass e fir d'Kaz ... vun der Kamera gefriess sinn all Riff no Hëllef an all Verspriechen ... kee Saz huet e Grond méi ... wat der blitt ass de bloe Schierm an all sengen Opléisungen, en neien universelle Stoffwiessel, e Schlëssel fir d'Geeschterschlass vum Iwwerfloss, wou Händler huerelen an den Nuebel ubieden am plattgeleckte Bauch vun enger Goss-Gottheet ... iwwerdeems no an no all Bibliothéike verbren-nen, d'Flamen ongestéiert bei hirem Wierk ... ass dat net e klassesche Versfouss, dien do schwaarz gëtt? ... dat ass eng Erënnerung, ganz aus Äschen ... e puer Fatzen nach vun deem, wat néiergeschriwwe war ... and hell pissed up wien och ëmmer ... an en Himmel aus Zockerwaasser, dee Séisses drëpst an d'Käpp vun den Iwwerwaachten ... al Krichsfilmer, déi

weisen, aus wéi engem Schäissdreck mer kommen ... a virun
der Kiermesbud vun der Informatioun glécklech doudeg
Gesiichter ... wësst Der, de Wäert vum Goss hieft gewës-
sermoossen all aner Wäerter op, sou datt der Iech keng Suerge
méi braucht ze maachen ëm dat, wat Der sitt ... perséinlech
Beroder hëllefen Iech iwwer all Depressioun ewech ... my wall
is my street, ech ginn d'Wänn aus ... an Dir Här Pound? ...
million youths without jobs ... million adult illiterates ... de
Mister Freeport fiert a sengem Maybach vir a weist seng
Beliesenheet unhand vun enger eemoleger Fix-und-Foxy-
Kollektioun ... Mënsche ganz aus Kriibs gratuléieren him fir
säin Erfolleg a stierwen duerno méi liicht ... de klenge Véiereck
virum Bankomat, en agedroent Graf, mat zwee Féiss drop,
virun Aen déi kleng a grouss Ofrechnungen, Erfollegsproviant
fir eng gutt Zäit ... den neien Dag schielt sech aus dem
Rubbellous, rëscht mat Rousen aus Eisen de Wee an déi ver-
gaangen Zäit mat hire lästegen Zeilen, e rengt Gelänner tëscht
lieweg an doudeg ... Gras wiisst aus de Säite vum Buch, Piss-
blummen, an iergendwou piipse Mierschwéngercher, oder et
ass d'Auspiipse vum Text, wat sou kléngt, Zensurtéin wéi aus
Krichszäiten ... the cannibals of Europe are eating one another
again ... eng besonnesch Form vun Tinnitus, déi d'Geschicht
vergiesse léisst, e Bluttdauschen, dat propper wäscht ... kee
Kapp méi belaascht vun de krëpplegen Zeile vun engem ale
Blannen ... Ἄνδρα μοι ἔννεπε, Μοῦσα, πολύτροπον, ὃς μάλα
πολλὰ ... op all A déi blo Plooschter, am Genéck de killen
Trouscht vun den neien Zeechen, e Kёssen aus mëllem Goss,
en Tosch vun alem Wёssen a bor Mёnz ... an iergendenger
Bank oder Versécherung oder ass et d'Haus vun engem
Doudegriewer an iergendengem Kaff, wou all Schlësselläächer
an all Kamerae sech gläichen, a mär all eis gläichen an de

Schlëssellächer, an de Kameraen, wa mer waarden a sichen no den ale Wierder ... a base, a fondo, a deep ... wat bleift ass d'Blödheet a Form vu Schoulbouwen, déi sech um Heemwee géigesäiteg a Brand stiechen ...

*A narrative of the time of Euro* in *Quo Vadis Europa*, 2015

# 113

## Nash-Gleichgewicht

Das Nash-Gleichgewicht ist ein zentraler Begriff der Spieltheorie. Es beschreibt eine Kombination von Strategien, wobei jeder Spieler genau eine Strategie wählt, von der aus es für keinen Spieler sinnvoll ist, als Einziger von seiner gewählten Strategie abzuweichen.

In einem Nash-Gleichgewicht ist daher jeder Spieler auch im Nachhinein mit seiner Strategiewahl einverstanden, er würde sie wieder genauso treffen. Die Strategien der Spieler sind demnach gegenseitig beste Antworten. Das Nash-Gleichgewicht ist ein elementares Lösungskonzept der Spieltheorie.

Kurz: Wenn es in einem Spiel eine Strategiekombination gibt, für die gilt, dass es für keinen Spieler profitabel ist, seine Strategie zu ändern, wenn die anderen Spieler ihre Strategie unverändert lassen, bilden die Strategiekombination und die resultierenden Payoffs ein Nash-Gleichgewicht.

29 ◁                                    ▶ 4

# 114

## Be(r)ichte/Ge-dicht-schichten

Und Y, der mit ganzem Namen Yorick heißt, erinnert mich an einen Mitarbeiter in Des Moines, der beim Feuer in Hamlet, North Carolina, dabei war.

Ein großes Frittiergerät fing Feuer, die Flammen breiteten sich rasch aus und über 20 Arbeiter erstickten an den Unmengen an dichtem Rauch, der aus einer Mischung aus brennendem Sojabohnenöl, Hähnchen und dahinschmelzenden Dachinstallationen hervorging. Vorher schon hatte ein Hühnerfarminspektor, oder wie immer sowas heißt, auf den unhaltbaren Zustand des Werks aufmerksam gemacht. Ungenügend Sicherheitsmaßnahmen und verdorbenes Fleisch. Um den faulen Geschmack der Hähnchen zu kaschieren, wurden eine Zeitlang nur Nuggets produziert.

Ich aß, ohne zu wissen. Und immer zu schnell. Das ganze Leben, weg aus Des Moines nach Santa Monica, kurz nur, und später lerne ich in Athen Herrn Charles P. Ries, Vizepräsident der RAND in Santa Monica, als Botschafter in Griechenland kennen, Gespräche über Nash, Spieltheorie und Modelle, dann zurück in dieses Land, wo ich als Kind verunglückte und doch studieren durfte, was mich vorübergehend rettete.

Bei der *RAND* (Research and Development) war Nash zusammen mit Kenneth Arrow und John Milnor 4 Jahre lang (in den Sommermonaten) beschäftigt, und so stattete auch ich der *RAND Corporation* einen Besuch ab (Santa Monica, Cambridge, Doha), worüber ich hier aber nicht berichten möchte.

Es war nicht zuletzt meine Beziehung zur *RAND*, die mich zur *Gus Clinton* brachte, da auch Gus, den ich nie kennenlernte,

Beziehungen zur *RAND Corporation* pflegte.

Nun möchte ich ruhen.

Im schönen Tal.

Oder segeln.

Die *Gus Clinton* wäre ein Narrenschiff.

Und alle Angestellte schrieben plötzlich Gedichte, würden zum Beispiel sagen, sie säßen in sich zusammengesunken wie Marionetten, deren Fäden durchtrennt wurden, oder sie stünden orgelpfeifengerade, wie zum Abschuss bereit, im Kreuzfeuer weihwässernder Segensfässer und kauten die Blumenkränze fremder Gedächtnisse in sich hinein.

Die vergoldeten Toten sprächen aus Prophetenbärten zu ihnen, die Augen verengelter Kinder wären Leuchtkäfer ums Grab. Rauchfassbenebelt säßen die geheimen Verwünschungen in Magengeschwüren fest.

Bis ein Geistlicher plötzlich im Cadillac vorführe und wie Psalmen tiefgreifende Spuren in der Hühnerkacke hinterließe.

Wer nicht mit mir fährt, fährt gegen mich, hieße die Parole.

So wäre gewaltiges Börsenbrennen vorprogrammiert.

Statt ihre Wundmale zu Berge zu tragen, peilten fromme Vertreter höhere Bausparverträge an.

Wie ein ewiges Licht schiene der Handel, die Eier der toten Männer wucherten sich zu Glückshügeln hoch, pulsten im Honigschimmern des Abends aus der Erde, schwer und trächtig lägen sie auf den Gräbern, wülstig und hell wie leuchtende Riesengänseleberpasteten, zum Mitnehmen und Reichwerden.

Als Zeichen höchster Hingabe gelte das Sauberreiben von Wagenlack. Wer sich ehrerbietig an Kühlerhauben bis zur Erschöpfung abarbeite, sich selbstmitleidlos in tranceähnliche Zustände hineinzupolieren bereit wäre, dem würde kein Rachegeist am Jüngsten Tag Tränen der Angst in seine Einkaufstasche treiben.

Den Schößen der Frauen entwüchsen Krüppelkinder mit Augen aus Sand und unauslöschlichen Tätowierungen am Herzen, die Haut voller Ohrwürmer, ein Hirn aus Hackfleisch, bettelten sie um Zusammenhänge.

Die rettenden Heiligen kämen aus kalabresischen Olivenöl-fässern, wären aus Knochenmehl oder Rosentau oder tauch-ten als Bungeespringer von der Höhe des Lichts herunter in die Fernsehtäler, wo von Fernbedienten nachgestelltes Leben die Wohnungen füllte und erhellte.

Mit tausenden von Theorien aus den unterschiedlichsten Lagern würde sich um Klärungsentwürfe bemüht, die Angst vor dem jeweils Jenseitigen spiegelte sich in absonderlichsten Strategien der Besitznahme; quer durch Land und Leiber wür-den Drähte gezogen, zwischen denen Männer sich in den Besitz von Schafsherden vögelten.

Überm Drahtverhau hinge bedrohlich ein Buschmessermond, von den einen vergöttert als erlösende Kraft, von den andern als alter Harnisch aus Zeiten der Verrohung verschmäht.

Aus Angst vor der Gnadenmade würden Kleinkinder wie Stopfgänse gehalten und zu sabbernden Klumpen gemästet, die nur aus Übergewicht bestünden.

Unter den Eltern ginge Opferbereitschaft um.

Weil alles immer besser werden sollte, schütteten sie ihre Herzen aus Zwiebelsuppe vor den Armenhäusern aus, zögen als Pilger 8 Tage lang zu den geheiligten Garagentoren der Messehallen, wo sie sich die traurige Schönheit Venedigs ein-pflanzen ließen.

Die Monstranz wäre aus dem schillernden Mangold ver-gessener Geschichten, bleifrei stiegen die Gebete, gebohnert wäre die Ahnenfahne bis zur Unkenntlichkeit, der Dämon zu Kürbiskompott verkocht.

Unter der Festbeleuchtung aus Austernperlen, in grimmigen Nachäffungen Ursprünglichem auf der Spur, feierten sie vermessen ihre Verfallsdaten ab; wie einst aus der Not des Mangels die Tugend des Gebets wurde, würde hier aus jedem Kaktusfresser ein augenblicksgesättigter Rauschkäufer mit Anspruch auf Ewigkeit. Der Tag hätte 100 Nächte, alles, was wäre, schiene. Wahrheiten gäbe es mehr als Tote, und jede Wahrheit ließe sich mit unzähligen Unwahrheiten abdecken.

Ein Büschel Gras wüchse sich zu einem Golfplatz aus, aus einem Schamhaar würde der Menschheit ein Strick gedreht, und die Erzengel, die eben noch wie gewöhnliche Sterbliche in den Kaffeehäusern saßen, stürzten sich plötzlich mit der Gier hungriger Frettchen ins Nachtleben, wo sie wie ruhiggestellte Geisteskranke rätselhafte Ewigkeiten zu durchstarren suchten.

Nun fragt sich der Alte in meiner Seele, wieso er das alles durchgezogen hat, wieso er Kinder zeugte und ihnen Hoffnung versprach, wenn nun alles darauf hinausläuft, die Gesellschaft aufzulösen und Gebilde walten zu lassen, die alles besser können und nicht auf den Gedanken kommen werden, sich von der höchsten Etage hinabzustürzen – oder vielleicht doch?

# 115

## HUMANFIX-Ganzkörperfixierung

Das Fixierungssystem für die Ganzkörperfixierung mit vielen individuellen Einstellmöglichkeiten je nach Indikation wurde für nicht kooperative Patienten entwickelt. Das Komplett-Fixierungsset bietet neben der Standard-Bauchgurtfixierung mit Schrittgurt auch Hand-, Fuß- und Schulterhalterungen.

Das HUMANFIX-Standard lässt sich individuell auf die Ansprüche des jeweiligen Patienten einstellen, es fixiert gerade so viel wie nötig und lässt dabei so viel Bewegungsspielraum wie möglich. Es ist immer eine lockere oder feste Fixierung möglich. Eine Fixierung soll dem Patienten nicht das Gefühl geben, gefangen und völlig unbeweglich zu sein.

Das HUMANFIX-Komplett-Bandagen-Set bietet Ihnen die Möglichkeit, sich noch besser an jeden einzelnen Patienten anzupasse. Gleichzeitig ist durch den Schrittgurt das Gefahrenpotenzial deutlich gemindert.

Die Befestigung für das HUMANFIX-Bandagen-Set ist bereits integriert. Bitte achten Sie darauf, die richtige Variante auszuwählen. Die Bandagen gibt es für besonders breite Betten oder extra verstärkt. Die Preise der unterschiedlichen Varianten und Größen unterscheiden sich.

Passend zum HUMANFIX-Set finden Sie bei uns auch HUMANFIX-Patentschlösser. Diese eignen sich bestens zur Verwendung mit unkooperativen Patienten, denn sie funktionieren zusammen mit dem HUMANFIX-Magnetschlüssel, was eine schnelle und unkomplizierte Handhabung garantiert.

**24** ◁ ▶ **80**

*407*

# 116

Never imagine yourself not to be otherwise than what it might appear to others that what you were or might have been was not otherwise than what you had been would have appeared to them to be otherwise.

Lewis Carroll,
*Alice's Adventures in Wonderland*

# 117

## Tomas B

Ich bin noch beim Frühstück, als ich bei Dr. Walser anrufe, und weil ich wieder mal nicht aufmerksam war und das falsche Marmeladenglas erwischt habe und statt Marmelade Potoks Original Hot Lime Pickle aufs Brot geschmiert und dann, nachdem ich hinein gebissen habe ins morgendliche Marmeladenbrot, mit der Stimme eines neunzigjährigen Whiskytrinkers, der eben dabei ist, an einer Rauchvergiftung zugrunde zu gehen, die Frau am Apparat um einen Termin bete und sie merkt, dass da jemand nach Luft ringt und fragt, ob alles in Ordnung sei, muss ich ihr, die wohl üblicherweise ihre Auskünfte recht unbesorgt, ja teilnahmslos gibt, unter Tränen sagen, dass meine Augäpfel anschwellen, mein Zahnfleisch sich von den Zähnen zurückzieht und Unmengen brennender Speichelflüssigkeit freigibt und durch die Nase ein dünner Brennstab bis in die Stirnhöhle hineinsticht, so dass auch sie einen Augenblick an der Zurechnungsfähigkeit des Patienten zweifelt, was in ihrem Fall ja wohl immer wieder vorkommen mag, und, nachdem ich ein zweites Mal zum Sprechen angesetzt habe, diesmal noch zittriger, mit unterdrücktem Husten im Hals und Schwefel auf den Stimmbändern, fragt, ob sie nicht einen Krankenwagen schicken sollte. Sie muss glauben, ich sei am Ersticken.

Ist o. k., röchele ich, erhalte meinen Termin und breche sogleich die Verbindung ab, halte mein Gesicht unter den Wasserhahn, trinke, gurgele, spucke aus, ringe nach Luft, trinke wieder, immer noch keine Besserung zu spüren. Das scharfe Zeug hat mich voll erwischt, und für kurze Zeit vergesse ich meinen Zustand, die Übermüdung, den plötzlichen Besuch von Mister Schub (davon gleich mehr). Ich wische mir die Tränen aus den Augen, das Wasser aus dem Gesicht, setze mich wieder an den Tisch und bin froh, wenn nach einer Scheibe Brot – trockenes Brot! – das Brennen weniger wird und nach und nach Geschmack in meinen Mund zurückkehrt. Ich nehme einen Schluck Kaffee, der immer noch leicht nach Potok's Original Hot Lime Pickle schmeckt und rufe Guy an.

Stelle dann fest, dass der scharfe Bissen Lime Pickle sich im Nachhinein günstig auf die Atemwege auswirkt, zumindest auf die Nase, die vorher leicht verstopft war und jetzt irgendwie größer geworden zu sein scheint und bei jedem Atemzug eine beeindruckende Menge Sauerstoff aufzunehmen vermag.

Draußen ist es demnach

(Hier bricht der Text ab)

61 ◁                                    ▶ 121

# 118

## Fragment zum Selbstmord

Entweder gewinnt die Vorstellungskraft wieder an Kraft und die Illusionen nehmen wieder Gestalt und Substanz in einem tatkräftigen und beweglichen Leben an und das Leben selbst wird wieder zu einer lebendigen statt einer toten Angelegenheit und die Größe und die Schönheit der Dinge werden wieder als Substanz aufscheinen und die Religion wird ihre Achtung wiedergewinnen; oder aber diese Welt wird zu einem Verlies von Verzweifelten und Lebensmüden verkommen, und wahrscheinlich auch zu einer Wüste.

Ich weiß wohl, dies alles scheint Traum und Wahn zu sein, wie ich ebenso weiß, dass wer auch immer vor 30 Jahren diese unermessliche Revolution von Sachen und Meinungen, welcher wir beiwohnten und noch immer beiwohnen und sogar Teil ihrer sind, vorhergesagt hätte, niemanden gefunden hätte, der seiner würdig genug gewesen wäre, seine Prophezeiungen zu verspotten etc.

Jedenfalls ist es unmöglich, dieses Leben, dessen Unglück und Nichts, ohne lebendige Zerstreuungen, und ohne jene Illusionen, auf die die Natur unser Leben errichtet hat, wir kennengelernt haben, weiterzuführen.

Trotz allem ist die Politik weiterhin bestrebt beinahe rein mathematisch, statt philosophisch zu sein, als ziemte es der Philosophie nicht, nachdem sie alles zerstört hat, sich wieder zu bemühen erbaulich zu sein (obwohl dies doch gegenwärtig ihr wahres Bestreben sein sollte, im Gegensatz zu den Zeiten der Ignoranz) und als ob sie den Menschen niemals etwas Gutes bringen sollte, denn hier angelangt hat sie nichts vollbracht als kleine Wohltaten und große Übel.

Giacomo Leopardi
(Deutsch von Adrian Giacomelli)

# 119

## Tödlicher Unfall mit Fahrerflucht

Gestern Abend gegen 23 Uhr kam es am Eingang von Bjørn-stadt zu einem schweren Verkehrsunfall, bei dem eine Person ums Leben kam. Ein älterer Mann, der im Altenheim *Bellagio* lebte und das Heim ohne ersichtlichen Grund verlassen hatte, wurde auf der Landstraße Richtung Gonnerich von einem entgegenkommenden Personenwagen, der offensichtlich viel zu schnell unterwegs war, erfasst und tödlich verletzt. Der Fahrer beging Fahrerflucht. Die Polizei sucht nach einem dunklen Sportwagen (älteres Modell, schwarz, blau, dunkel-grau oder dunkelgrün) und bittet um Zeugenhinweise. Wer etwas gesehen hat, soll sich bitte bei der Bjørnstädter Polizei melden.

Bjørnstädter Blatt

**125** ◁        ▶ **126**

# 120

## Tomas B

Das mit der Drecksluft geht nun schon zu lange, die Leute wissen gar nicht mehr, ob sie noch atmen dürfen. Jeden Tag gibt es neue Messungen, anhand derer die Bevölkerung gebeten wird, sich mehr oder weniger zu schützen, Atemschutzmasken zu tragen, das Haus besser nicht zu verlassen, den Wagen nicht zu benutzen usw. Neben den Atemwegen werden auch die Augen in Mitleidenschaft gezogen, tränen und brennen. Ich habe zudem eine Tränensackentzündung, was ebenfalls auf die Luftverschmutzung zurückzuführen sein könnte, wie ich hörte. Es soll im Augenblick ziemlich viele solcher Entzündungen geben.

Als ich gestern unterwegs war, kam plötzlich ein anderes Phänomen hinzu. Ich hatte dem Journalisten Jeff Schinker* ein Interview gegeben und als ich aus dem Halbdunkel des Lokals trat, wo unser Gespräch stattgefunden hatte, und den Weg Richtung *Argosy* einschlug, wo ich anschließend Guy treffen sollte, wurde plötzlich einer der Passanten, die mir entgegenkamen, von einem mächtigen Blitz erschlagen. Ein dämonischer Feuerschweif ging von ihm aus und ich war kurz geblendet. Der Mann schien den Blitzschlag nicht bemerkt zu haben und ging ruhig weiter. Noch bevor ich die Lage erfasst hatte, traf es eine Frau, die einen Augenblick hinter einer Wunderkerze verschwand. Ich dachte, die Luft sei von elektrischen Drecksparticeln derart geladen, dass die Passanten jetzt durch die Reibung beim Gehen verbrennen. Die Bjørnstädter würden einfach ausgelöscht. Bis ich dann merkte, dass die Blitze in meinem – von der Tränensackentzündung ohnehin brennenden – Auge runtergingen. Die Feuergeschosse dauerten eine ganze Weile an. Als ich etwas später mit Guy zusammensaß, sagte er mir, dass es sich bei dem Feuerwerk um Netzhautrisse handeln könne.

Davon kann man erblinden, fügte er hinzu.

Ich geriet etwas in Panik und suchte tags darauf einen Augenarzt auf, der die Netzhautrisse bestätigte. Hätte aber nichts mit der Luftverschmutzung zu tun, sagte er. Er träufelte mir irgendwelche Anästhesietropfen ins Auge, quetschte eine Art Gummirohr hinein, damit es weit aufblieb und fing an, mit seinem Lasergerät reinzuballern.

*Siehe Band 6 *Am Nachtrand*

**110** ◁

▶ **112**

# 121

## Be(r)ichte/Ge-dicht-schichten

Ein Tag so dürr, dass. Hören und Sehen sind wie Geschnatter jetzt der Verkehr, Erinnerung an Tage in einem Dorf voller Ferienkinder, und eine Lehrerin, die beim Erzählen von Märchen an einem Apfelbiss stirbt. Eine traurige Gegend voll mit lauten Raben und dem Gejammer halbtoter Katzen, die vergiftet worden waren oder mit Steinen beworfen, lebendig vergraben von Kindern, die sehen wollten, wie es aussieht, wenn ein Tier oder Mensch lebendig unter der Erde. Wie kann er dann in den Himmel, wo alles Hölle ist? Ein Dunkel ist in den Gedanken, im Gedenken. Irgendwann werde ich der Tote sein. Unter einem Grabstein, vielleicht mit Blumen beworfen, vom Blau nichts mehr sehen, wie jetzt, wo mir der Nebel den Himmel nimmt, aber ich, quicklebendig, könnte man sagen, und es wäre zweifellos eine Übertreibung, mich vom Arbeitspensum rufen lasse, hallo, wie die Beschäftigungen dröhnen oder klappern oder sich in die Körper, die anstandslos ihren Job verrichten, hineinfressen, auf allen Ebenen und Etagen, *gaz à tous les étages*, damals im Treppenhaus, wo die Studentenwohnung und ich mit Nancy zusammen, brach ein Tag aus milchigem Licht ein und stahl uns die letzten Stunden nächtlichen Glücks. Ich traf Mister Nash und er erzählte mir, wie er versucht hatte, in Luxemburg seine amerikanische Staatsbürgerschaft loszuwerden. Und wie er vorher, lange vorher in Princeton viel Zeit mit Brettspielen verbrachte, Schach und Go, und mit anderen Studenten das Spiel So Long Sucker erfand. Gleichzeitig entwarf er auf Basis von spieltheoretischen Überlegungen das unter dem Namen Hex vertriebene

strategische Brettspiel, unabhängig von dem dänischen Mathe-
matiker (und Dichter) Piet Hein, der das gleiche Spiel unter
dem Namen Polygon am Niels-Bohr-Institut vorgestellt hatte.

# 122

## Felix

Die Bullen lassen mich sitzen. Ich soll befragt werden und sitze in einem düsteren Flur und muss warten. Neben mir eine Frau, die ebenfalls wartet. Ich habe Xanax geschluckt und bin trotzdem außerordentlich zappelig. Das Bild vom toten Wagner will mir nicht aus dem Kopf. Wie er da liegt in seinem Blut mit dem entstellten Gesicht. Ich konnte 2 Nächte nicht schlafen, brach zusammen. Brauchte Hilfe. Man riet mir, zu Dr. Walser zu gehen. Also ging ich zu Dr. Walser, obwohl ich ihn nicht kannte. Und staunte nicht schlecht, als ich auf First Lady Fabiola stieß.

Die Frau neben mir hält es nicht mehr aus, stumm neben mir zu sitzen und fängt an zu reden. Irgendetwas von ihrer Freundin Lucy. Ich höre nicht richtig zu, bin immer noch bei Wagner. Bei Walser, der First Lady Fabiola ist. Darüber sollen sich jetzt andere Ärzte beschwert haben. Weil das anscheinend nicht zusammengehe, die Psychiatrie und das Nachtleben. Wieso eigentlich? Obwohl, ich muss zugeben, ich war auch erstaunt. Und sitze immer noch erstaunt und aufgekratzt in diesem Flur neben der Frau, die mir von ihrer Freundin Lucy erzählt, die 2 Sätze später schon nicht mehr ihre Freundin, sondern die Freundin eines Freundes von ihr ist. Und sie versteht das alles nicht. Weil der Freund, Rick, doch ein intelligenter Junge sei. Und plötzlich sei es aus gewesen. Stichwort: Nierenkolik. Bitte, ich bin doch nicht hier, um mir Gerede über Nieren-koliken anzuhören. Ich soll befragt werden. Zu Walser. Nein, zu Wagner. Die Freundin habe über 100 Kilo gewogen, sagt die Frau, deshalb. Deshalb was? Ich bitte Sie. Ich möchte mich konzentrieren. Ich bin Zeuge. Aber die über 100 Kilo von Freundin Lucy drängen sich immer wieder dazwischen. Weil sie so dick war, merkte sie eben nichts von ihrer Schwangerschaft, sagt die Frau und kuckt mich dabei an wie eine Verzweifelte, die unbedingt gehört werden möchte. Bis zu dem Tag am Nürburgring, sagt sie. Auf dem Campingfeld am Nürburgring. Da war sie mit Rick hin, weil Rick sich eben für Autosport. Und da auf dem Campingplatz hat sie plötzlich diese Nierenkolik, die eben keine Kolik ist, sondern das Einsetzen der Wehen. Auf dem Campingplatz am Nürburgring. Und die andern sind alle weg. Zum Rennen. Sie allein auf dem Campingplatz. Am Nürburgring. Ich halt das nicht mehr aus. Ich will die Bullen sehen, ich werde als Zeuge befragt. Jubelrufe von den Rängen, sagt die Frau, und sie hat plötzlich diesen kleinen verschmierten Körper zwischen den Beinen, diesen kleinen verschmierten Körper. Dann geht sie in die Campingdusche am Nürburgring und wäscht die Käseschmiere ab. Sie geht rein in die Camping-dusche, wäscht die Käseschmiere von dem kleinen Körper, legt dem Kleinen in der Campingdusche dann den Schlauch um den Hals. Hören Sie doch auf! Ich war bei Doktor Walser, und es stellte sich heraus, dass er ein Doppelleben führt und nachts als First Lady Fabiola auflegt, ganz gut sogar! Und erdrosselt ihn, ja, sie erdrosselt ihn. Was ist bloß los mit den Menschen hier? Wenn die Bullen mich nicht gleich hören, hau ich ab. Ganz klar, ich hau ab. Hier ist es mir zu dunkel. Und die hört nicht auf mit ihrer Hundert-Kilo-Tante. Kennen Sie First Lady Fabiola? Die Frau grinst sich ihr breites Gebiss aus dem Gesicht und erhellt den Flur 10 Sekunden lang mit ihrem tiefgefrorenen grunzenden Grinsen aus lauter breiten weißen Zähnen. Nur gut, dass ich mich gegen meine Wut zu wehren gelernt habe. Ich bin bloß Zeuge, da brauch ich keine Wut. Hören Sie, gehn Sie mit

Ihrer Campingdusche oder es passiert ein Unglück. Wie gut, dass ich beim Wort Wut immer stehen bleiben muss. Sobald ich es nur denke, das Wort Wut, muss ich stehen bleiben. Und ich denke fast unentwegt an Wut. Besonders in einem düsteren Kommissariat, wo die Bullen mich warten lassen, nachdem ich mir eine misshandelte Leiche habe ansehen müssen, und eine Frau mir von ihrer Freundin, der über 100 Kilo schweren Kindesmörderin erzählt. Denke unentwegt meine Wut ins Hirn. So stehe ich still vor Wut. Damit nichts geschieht. Das rettet mich. Als Gesunder wär ich längst tot. Hätte mich totgewütet.

Plötzlich sind hinter einer der Bürotüren Schreie zu hören, so dass ich mich frage, ob gerade ein Verhör außer Kontrolle gerät. Kurz darauf geht die Tür auf, ein Mann tritt heraus und ich sehe, dass hinter ihm jemand auf dem Boden liegt und strampelt. Zu meiner Überraschung ist es ein Beamter. Ein zweiter kniet neben ihm, hält ihn fest und versucht, ihm etwas in den Mund zu stecken. Der Strampelnde röchelt, als werde er gewürgt. Dann geht die Tür wieder zu.

63 ◁     ▶ 127

# 123

## Annick B

Da ich die Andere immer wieder vergesse, also mich nicht erinnere, was sie gerade getan hat, also ich getan habe, habe ich beschlossen, einiges niederzuschreiben, um auf diese Weise ihr Verhalten, also mein Verhalten, besser verstehen zu lernen. Dementsprechend kann ich mich wenigstens ansatzweise selbst als die Andere lesen, wobei mir klar ist, dass das Aufgeschriebene viel zu wenig über die verschiedenen Persönlichkeitszustände preisgibt.

Ich weiß, dass ich – ich war erst seit kurzem in Paris – einmal beim Anblick einer Bank aus Beton in einer Parkanlage in der Nähe der Porte-Maillot völlig verunsichert war.

Dort hast du gelegen, sagte ich mir, denn ich wusste, wie rau der Stein wegen des Granulats, das er enthielt, war. Ich wusste aber auch, dass diese Erinnerung falsch sein musste, denn ich war vorher nie dort gewesen. Vielleicht kannte ich die Rauheit der Bank – ich spürte sie auf meinem Rücken – aus einem Film oder aus einem Buch, und das Bild oder die Beschreibung hatte sich mir eingeprägt. Oder aber die Andere war dort gewesen.

Wann genau der Identitätswechsel, nein, es braucht die Mehrzahl, also die Identitätswechsel bei mir einsetzten, kann ich nicht sagen. Ich war mir durch die damit verbundene Vergesslichkeit der Verrückungen nicht bewusst. Stellte in bestimmten Momenten – wie der an der Bank – aber fest, dass es – wenigstens andeutungsweise – erinnerte Erlebnisse gab, die auf verschiedene Persönlichkeitszustände schließen ließen.

Ganz auf einmal leuchtete mir ein: Du bist mehrere Frauen. Mit Sascha erlebe ich es am deutlichsten. Ich denke nicht, dass das damit zu tun hatte, dass er manchmal Marylène oder Marylin zu mir sagte. Ich erlebte die Höhepunkte auf so unterschiedliche Arten, dass es nicht nur an einer augenblicklichen stärkeren oder schwächeren Lust liegen konnte. Das Ungewöhnlichste war, dass einer meiner Körper regelmäßig den Orgasmus ablehnte. Je mehr ich versuchte, mir den Orgasmus zu geben, desto stärker sträubte sich der Körper. Das konnte ich nicht sein. Und war es wohl doch.

So wie ich es bin, hier, inmitten dieses trostlosen Menschenparks. Ich habe mich mittlerweile an das Gemurmel, die verdrehten Augen und die dämliche Wut der Alten gewöhnt. Sah, wie Civitavecchia versuchte, die Bettdecke zu vögeln, konnte nicht anders, als mich an Torix zu erinnern, der jedes Mal, wenn jemand auf mir lag, im kleinen Zimmer zu heulen anfing, um sich später dann am Kopfkissen zu vergehen. Und die Sablon, die sich das Genick gebrochen hat, erhängt an ihrem Rollstuhl, im Liegen. Wie konnte sie das schaffen?

Weiß nicht, was ich tun soll.

Kommt, ich setzte euch ans Fenster, dann könnt ihr kucken, wie Schwäne vom Himmel fallen.

Uns wurde mitgeteilt, die unsaubere Luft sei auf die Arbeiten im Thomas-Areal zurückzuführen. Abfälle, Industriedreck, giftige Chemikalien, die dort in der Erde lagerten, ausgebuddelt und hochgejagt. Hat es eine Explosion gegeben? Ich denke nicht. Der Kneip meinte, es seien die Geister der toten Minenarbeiter, die aufgescheucht wurden und jetzt an uns ihre Rache nehmen. Vielleicht hat er sogar recht.

# 124

## Panik

Im Traum bin ich gleichzeitig Archäologe und Penner. Mittags tauche ich mit Gebrüll aus dem Traumschweiß auf, krieche tapfer ins Bad, wo meine Angstgesänge blaukalt von den Wänden zurückschlagen. Ich beginne den Tag als grausamer Alleinunterhalter. Spucke weiße Minze und Blut in den Abfluss. Dann lasse ich mein Gesicht aus den Nebelresten im Spiegel. Das Gesicht fleht immer noch um Schlaf. Ich darf ihm nicht glauben. Gieße mir den Kaffee wie'n Schwedentrunk ein. Wette mein Toastbrot drauf, dass heute wieder kein Hahn nach mir krähen wird. Meinen bis zur Unkenntlichkeit verkürzten Lebenslauf verschicke ich mehrfach fotokopiert. Die Briefkästen der Ämter und Unternehmen müssen mittlerweile die Größe von Öltanks haben. Einige beschäftigen Graphologen, einige Astrologen. Ich bin Skorpion. Wenn's mir zu viel wird, haue ich mir den Giftstachel ins Genick, rücksichtslos. Tagsüber schlafe ich, nachts krieche ich in ein fremdes Paar Schuhe und tanze; Prinz geworden schüttele ich den Wüstensand ab; der Wüstensand ist dreckiger Staub, der vom Thomas-Areal rüber-weht. Die Fata Morgana Feuer auf der Brache, kunstvoll glühende Maschinentätigkeit unter blutrotem Gewölk. Ich beschlafe die wüste Stadt mit Schnaps und Aspirin. Ich geselle mich zu den Trinkern im *Argosy*, wo Seesterne an der Wand kleben und ein altes Fischernetz an der Decke hängt. Wir sind ein wunderbarer Fang. Mir gegenüber strampelt der suchtkranke Felix um sein Leben. Trinkt seinen vierten Gin auf die Rothaarige, die an der Theke voller Erwartung ihren Bauch herausstreckt. Felix aber beißt in einen graugrünen Kaktus. Mensch, schreit jemand, wieso fängt einer plötzlich an, Kakteen zu fressen? Ich sag's dir: Der Mann hat Sehnsucht nach Mexiko! Er möchte Pancho Villa sein und ein bisschen rumhuren. Ein Held sein, nicht so'n Zugedröhnter aus einem Vierzigtausend-Seelen-Kaff an der Grenze, wo's nichts zu schmuggeln und zu schießen gibt. Erwacht aus seinem nassen Traum und sieht das Elend in schweren Speckfalten um sich hängen. Da weint er schon, bevor er zur Arbeit geht. Falls er eine hat. Er ist der charmante Zwei-Zentner-Höhepunkt der Party, auf den die Augen aller zurollen, ein nicht zu bezahlender Entertainer, der sich zu krassesten Blödheiten hergibt, weil er anders die über die Dauer der Nummer hinaus trostspendende Achtung nicht erfährt. Und wenn man über ihn lacht, so nur, weil er es gewollt hat. Du warst echt gut, sagt eines der Mädchen, vielleicht die Rothaarige. Abends hört er immer noch ihre Stimme. Er wird sie oft hören und sich vorstellen, wie sie an seinem suchtverseuchten Sperma nascht. Und wieder an den Tod denken. Wird sich die Spritze in den Gaumen drücken, unter die Zunge, ins Augenweiß und nach immer neuen Kakteen schreien. Wir alle wollen weg. In eine andere Haut. Für Leute wie ihn mixt Ray, der Wirt, Hochprozentiges zusammen, das er Narkose nennt. Mit allen Mitteln werden Wünsche zur Strecke gebracht. Keine Arbeit, keine Ehre. Wer nichts schafft, soll wenigstens gut trinken, sagt Ray. Sein Aquarium leuchtet blau, der Lampenschirm in Muschelform gelb, so dass Guy mir grün im Gesicht gegenübersitzt, weinblättergrün mit weinblättergrünem Angstschweiß auf der Stirn. Meine Zukunft, sagt er, ist nicht mal 'n Kaffeesatz wert. Ich tröste ihn, obwohl ich weiß, dass er recht hat. Nach 2, 3 Narkosen sind wir uns ebenbürtig. Um Mitternacht suchen wir zusammen mit Felix und der Rothaarigen das Grenzviertel nach Jugendsünden ab. Die Rothaarige heißt Kamilla. Felix nennt sie „mein kleiner Nachtengel". Auch ich stelle mir einen Augenblick lang vor, in sie verliebt zu sein. Irgendwo zwischen Frittenbude und Bahnübergang schließen wir uns einer tanzhungrigen Bande an. Suchen Unterschlupf am Rande der Bewusstlosigkeit. Unter Narkose ist der Mond eine Kreissäge. Leckt sich in mein Hirn, bis zwischen den Hirnhälften eine Möse entsteht. Ich stecke meinen Schwanz hinein und sitze kopfüber im *Bardo* wie'n buddhistisches Rad. Ist das schon der Tod? Die Wiedergeburt? Doch nicht nochmal in diesen schäbigen Hautsack! Merde! Da feuert die Tanzbande meine Mutter an: Ja, ja! Jetzt noch ein bisschen! Ja, es kommt, es kommt! Und ich spüre Mutters Schrei um meinen Kopf. Der Schrei hält mich fest. Da schlägt der Arzt mir einen Feuerhaken an die Stirn: Raus da! Der Arzt trägt Handschuhe aus glühendem Plastik, die mir Löcher ins Gesicht brennen. Ja, ja!, schreit die Menge, hosanna, da ist er, hosanna, da tropft er! Und der zweite Arzt reißt triumphierend die Nabelschnur entzwei. Ich spüre den Riss am ganzen Körper, wie unter die Haut gespritztes Eiswasser, ziehe mich zusammen, bis ich klein und schrumpelig am Kopf bin wie'n alter Apfel. Dann haut die Hebamme mir aber eins in die Affenfresse, damit ich endlich zu gurren anfange, will, dass ich ihr ein Lied singe, „bei einem Wirte wundermild" vielleicht, und schlägt ein zweites Mal zu (alte Hebammenweisheit: doppelt gemoppelt), nimmt mich dann bei der Zunge, an der ich zwischen ihren Fingern hänge wie an einem Strick, und übergibt mich kurz der Mutter. Meine Nachgeburt schluppt zu Boden, sagt ade und wird von einem Blutbeschmierten in einen gelbgrünen Plastikbeutel gepackt. Auch diesmal bin ich ein Junge geworden. Ja, ja! Einige wälzen sich vergnügt in den abgestreiften Bluthandschuhen der Ärzte. Vater ist nicht dabei. Vater wird von draußen aus dem Fjord hereingeholt und ist auf der Stelle stolz. Mutter jammert erlöst unter dem Spitalkruzifix.

An meinem Kopf spüre ich die Zange. Nein, es ist mein Schwanz. Pulst mir hinter den Augen, habe Fleisch im Blick. Die Rothaarige wölbt sich mir entgegen. Der glatte Bauch fließt über mich wie Wüstensand. Ich ficke sie ohne Schwanz und erlebe, dass dies weit besser ist als mit. Hat sich aufgelöst, das Ding, ist pures Gefühl geworden, Empfindung, Lust. Steckt ja im Hirn, ja. Und schon erschrecke ich. Die Auflösung! Ich war eine Herde, Hengste und Stuten, was sonst, raste staubwirbelnd übers Parkett. Kannst dir nicht vorstellen, wie man sich als Herde fühlt! Bis so'n Texasmensch ankommt, der mich für Büffel oder Indianer hält und anfängt zu ballern. Da löst sich die Herde in Panik auf, die Tiere stieben in alle Richtungen; nichts mehr von der einigenden dahinziehenden Kraft. Jetzt reißt es mich in Stücke, ein Gevielteilter, ich, aus der beglückenden dahintreibenden Wucht wird reißender Schmerz, meine Finger krallen sich im Galopp in den Parkettstaub, mein Herz ist die getroffene Stute, die schäumend aufbäumt und zur Seite kippt; meine Füße scharren sich ins Gestein, mein ganzer Körper geht wie'n Scheuerlappen über den Boden. Die Erde schlägt mir ihre Hufe ins Rückgrat und ich kann nicht mehr schreien, da mir ungeheure Salzklumpen in der Kehle sitzen, mir Wasser und Blut nehmen. Da seh' ich meine welke Hülle wie die abgestreifte Schlangenhaut, ein Teppichmuster, in das sich Stiefelsohlen reinbrennen wie Zigarettenkippen. Ich denke: Aus jetzt! Jetzt bist du in Stücken, jetzt kommt nichts mehr. Aber der Scheißgalopp geht weiter. Wie so'n zerstückeltes Würmchen ja auch in Einzelteilen weiterstrampelt, regt sich das Leben stückweise in mir; brennendes Gedärm, eine giftige Qualle, vor der die andern Organe flüchten: die Leber, ein dunkelgraues nachschwitzendes Fohlen, das Nierenpaar, ein gesprenkelter Pegasus, die Milz, ein am Sporenrad des Schützen heulender Hund. Der Schütze bricht mein Brustbein über seinem Knie entzwei. Er gibt sich als Spezialist aus Des Moines zu erkennen, welches eine Art Bjørnstadt von Iowa sei: Krisenort, Selbstmorde. So ein *Gus-Clinton*-Mensch, der sich umbringt, einfach spitze! Herz, Leber, Lüngerl, alles vom Feinsten! Wird 'ne gute Organernte dieses Jahr. Der Farmer reibt sich Spucke in die Handritzen und setzt sein John-Deere-Grün auf mich an, harvestet, was die Maschine hält. Der Mann hat einige Rekorde aufzuweisen, ackert dir Herzen wie andere Kartoffeln, gibt 'ne kalte Kochsalzlösung über das zuckende Stück, klemmt die Aorta ab, spritzt Kalium in die Kammer, und hopp, stillgestanden und abtreten! Das Herz kommt nach Boston zwischen die ausgebreiteten Arme des Wanderpredigers Charles K, der dafür eine Niere preisgibt (70.000 Dollar, die er für sein Christuswerk spendet), welche dem ehemaligen Baseballstar Ricky T eingepflanzt wird, der 'n bisschen Knochenmark für die leukämiekranke Tochter eines Nasa-Piloten abgibt, der gerade in schwerer Abstoßungskrise mit seiner dritten Leber kämpft. Newsweek veröffentlicht einen Artikel über die psychologischen Probleme des Predigers mit falschem Herzen; der erste Mensch, der sein Gewissen mit einer Niere beruhigt. Felix ist mittlerweile spurlos aus seinem verseuchten Leben verschwunden. Der Spezialist aus Des Moines hat mich ausgehöhlt und mir den rechten Fuß ins Gesicht verpflanzt. Jetzt gehe ich im Überschlag, trete rechts mit dem Kopf auf, jeder Schritt ein schmerzhafter Körperbogen. Ich fortschreite ungeheuer. Meine Bauchnaht ist der violette Schatten der Wirbelsäule, die ich mir mit jedem Schritt ins Hirn stoße. Die darauffolgende Erektion spuckt meine Leere aus. Ich liege neben der Rothaarigen und erinnere mich kaum. Mir wollen keine Träume mehr gelingen, sage ich. Die Landschaft hinter meinem Auge ist verwüstet. Meine Vorbilder sind bedrohlich hinter mir her.

Nach missglückter Flucht saufe ich in meinem Angstschweiß ab. Die Rothaarige bietet mir ein Waschbecken voll Erholung. Unter frittengelbem Himmel proben wir einen Happy-End-Kuss. Dann lassen wir uns vom Trommelfeuer des angebrochenen Alltags durchlöchern.

Tomas B,
*Troll*

126 ◁   ▶ 123

# 125

## Liliane M

Es war Sommer.

Ein Sommer voller Kirschen.

Ein Mansardenfenster voller Kirschen.

Vom Fenster aus konnte man sie pflücken. So nah stand der Baum.

Sie hängten sie übers Ohr. Ihre Schwester und sie.

Ihre Schwester hieß Elisabeth. Ihr Vater nannte sie Lisa.

Es war keine richtige Mansarde. Es war ein Speicher, der umgebaut worden war. Falls Gäste kämen. Es kam aber niemand.

Hinter dem Kirschbaum lag das Dorf.

Mit dem Heu.

Dem Glockenschall.

Bis in die Mansarde hoch.

Die steile Treppe aus Holz.

Wie sie zitterte. Und knarrte.

Die Mäuse verkrochen sich.

Einmal stand ihr Vater mit einer toten Ratte dort.

Im Stall, der kein Stall mehr war. Obwohl es dort immer noch nach Vieh stank. Nach Gülle. Ihr Vater hatte ein Badezimmer daraus gemacht. Wo früher ein Trog stand, war jetzt die Wanne.

Die Glühbirne im Bad flackerte. Und surrte.

Und auch in der Mansarde surrte die Birne.

Ihr Vater wischte sich mit einem verdreckten Taschentuch den Schweiß von der Stirn. Er roch sauer.

Nach geronnener Milch, sagte ihre Mutter.

Ihr Vater fuhr mit dem Milchwagen.

Von Dorf zu Dorf.

In jedem Dorf warteten Kannen auf ihn, schwere Kannen, die er mit Leichtigkeit hob. Seine Arme waren dick wie die Milchkannen, die er hob.

Er ließ sie unter dem Kirschbaum fliegen.

Mit beiden Händen warf er sie hoch, so dass sie Angst bekam, an den Ästen hängenzubleiben. Sie schrie und lachte. Und auch er lachte und fing sie auf.

Meine Beste, sagte er und umarmte sie.

In der Mansarde. Wo er ihr ein paar Kirschen gepflückt hatte.

Du darfst niemandem davon erzählen, sagte er.

Das Licht zitterte, und ihre Mutter sagte zu ihm: Du musst nach den Leitungen sehn.

Ihr Vater pflückte die Birne von der Decke.

Seine Hände waren dick. Und rau. Und hatten Haare.

Sie saß auf seinem Schoß und er fütterte sie mit Kirschen.

Und flüsterte. Als wären sie in einer Kapelle.

Da dürfte man nicht laut sein.

Der Gürtel seiner Hose war gelockert. Er hatte Haare auf dem Bauch. Ein Büschel Haare.

Du verlierst deine Hose, sagte sie.

Sie erschrak, wusste nicht so richtig wieso.

Umarme mich, sagte er.

Wir spielen, sagte er.

Nachts war alles voller Kirschen.

Sie träumte, sie sei am Ersticken. Erstickte am Kirschenfleisch.

Ein Baum wuchs durch sie und drohte sie zu zerreißen.

Der Traum roch nach dem Schweiß ihres Vaters.

Du hast schlecht geträumt, sagte ihre Mutter, vielleicht hast du Fieber.

Im Bad hing Vaters Hemd und tropfte.

Ihre Mutter verschwand hinter einem Wäschekorb.

Ihr Vater umarmte sie.

Bis sie sich schämte.

Sie schämte sich, aber sie durfte nicht zeigen, dass sie sich schämte.

Sie saß in der Schule und die Lehrerin sagte: Wer nicht aufpasst, muss eine Strafarbeit schreiben.

Zuhause half ihr Vater ihr beim Schreiben.

Das ging jetzt so weiter.

Als schon keine Kirschen mehr am Baum waren.

Als es überall nach Heu roch.

Als der Baum seine Blätter streute.

Als sie die ersten Schneebälle machten.

Da war es kalt in der Mansarde.

Die nackten Äste kratzten bei Sturm am Fenster.

Die dicke Wolldecke war schwer wie die Arme ihres Vaters.

Tagelang war es Nacht. Sie hatte Lust, hinaus in die Kälte zu gehen. Einen ganz kalten Körper wollte sie haben. So kalt, dass sie nichts mehr spüren würde.

Aber dann kam schon der Frühling. Mit ganz großen Kirschblüten. So hell. Das ganze Fenster leuchtete. Ihr Vater umarmte sie. Und streichelte sie. Und sie streichelte ihn. Und wieder kam die Kirschenzeit. Und dann die der Brombeeren.

Sie drückte sich einen Stachel in die Hand. Dachte an die Spindel im Märchen. Sie wollte schlafen. 100 Jahre lang. Ewig. Nichts mehr fühlen. Sie blutete. Ganz plötzlich. Nicht am Finger. Ein Körper voller Stacheln und Dornen.

Sie dachte, das Blut, das sei wegen Vater. Aber ihre Mutter sagte, das sei normal. Ab einem gewissen Alter blute die Frau.

Sie war 10. Und alles war normal. Und sie war froh, dass alles normal war.

Die Kirschblüten leuchteten weiß.

Wie Vaters Milchkostüm.

Wie sein Sonntagshemd.

# 126

## Liliane M

Es war Sommer.

Und alles roch nach Heu.

Da kamen sie von der Mansarde.

Die knarrende Treppe herunter.

Ihre Schwester. Ihre kleine Schwester. Und ihr Vater.

Er erschrak. Er dachte, sie sei mit ihrer Mutter unterwegs.

Er hatte seinen freien Tag. Ihre Schwester hatte eine Feder im Haar, die er ihr wegblies.

Ich dachte, du bist mit der Mutter, sagte er.

Sie erstarrte. Spürte einen stechenden Schmerz im Bauch.

Ihre kleine Schwester. Jetzt macht er es mit ihr, dachte sie.

Das ging doch nicht. Sie, sie hatte sich daran gewöhnt.

Aber ihre Schwester, das durfte er nicht! Und wenn, würde sie es verraten.

Ab jetzt hasste sie ihre Schwester.

Abends fragte sie sie aus.

Sie sagte nichts. Sie drückte ihr das Kissen ins Gesicht, bis sie zu strampeln anfing. Und um sich schlug.

Sie starrte auf die dunkle Decke, bis diese sich zu drehen anfing.

Sie war mit ihrem Vater auf dem Karussell. Und spürte die Drehorgelmusik im ganzen Körper. Am Karussell waren kleine Spiegel, die Blitze warfen.

Um sie tanzte das Dorf.

Ihre Mutter weckte sie. Ihre Schwester war bereits wach und brachte ihr eine Tasse Milch. Als sei nichts gewesen. Oder um sich zu entschuldigen.

Abends kaufte Vater ihnen einen Lutscher.

Sie hatte Mühe, ihn aus dem Papier zu schälen und Vater half ihr. Mit seinen klobigen Fingern. Mit seinem schrägen Atmen. Wenn er sich gehen ließ.

Sie bräuchte nur auf den Kirschbaum hinauf und zum Fenster hineinzusehen.

Er kam mit Lisa von der Mansarde und sie war eifersüchtig. Das brannte in ihr, dass jetzt ihre Schwester …

Sonntags fuhr er mit ihr – mit ihr und nicht mit ihrer Schwester – mit dem Wagen über Land.

Vielleicht hatte er gemerkt, dass er in ihrer Schuld war. Er war das Fahren gewohnt, aber sie hatte Angst, wenn es in die Kurven ging. Die Fenster waren offen und ein Wind ging ihr durchs Haar.

Wie auf dem Schiff, sagte er und lachte.

Warum habt ihr mich nicht mitgenommen?, fragte Lisa, als sie zurück waren.

Du bist noch zu klein, sagte ihr Vater, um so schnell mit dem Wagen zu fahren. Da wird dir schlecht dabei.

Aber nicht Lisa, sondern ihr wurde schlecht.

Vater legte ihr die Hand auf die Stirn. Eine Hand aus Milchgeruch.

Von der Treppe aus machte Lisa ihr eine lange Nase. Wie oft waren sie oben gewesen?

Trink den Tee, er wird kalt, sagte Mutter.

Sie wünschte sich die Kälte. Einen Winter, der alles totfrieren würde. Und sie wäre weit weg. Weiß. In einem wunderschönen Schneesturm. Leicht wie die Flocken. Brauchte ihre Schwester nicht mehr zu hassen.

**123** ◁                                        ▶ **124**

# 127

## Be(r)ichte/Ge-dicht-schichten

THEY CALLED ME MAD, AND I CALLED THEM MAD,
AND DAMN THEM,
THEY OUTVOTED ME

Nathaniel Lee

Ich weiß weder woher noch wohin. Manchmal treibt es mich kurz in die Klarheit, als säße ich auf einer Schaukel, mit Schwung in die Begriffe hinein, kurz, und wieder zurück in ein Draußen ohne verwertbaren Anhaltspunkt, ohne benennbare Wahrnehmung; ununterscheidbar sind Worte und Wesen. Ich weiß nicht, was in meinem Mund vorgeht. Liegt mir der Himmel auf der Zunge oder zieht die Zeit mir gerade einen entzündeten Zahn? Oder anders ausgedrückt: Wie viele Türen hat mein Blick? Oder bezeichne ich etwas, das aufgeht, als Rechnung oder Fenster?

**Vergebliche Sinnsuche 1**
Versuche Beinschlinge

**Vergebliche Sinnsuche 2**
Venus glich Brecheisen

Ich glaube nicht, dass irgendein Ausdruck noch allgemeingültige oder überhaupt Bedeutung haben kann. Oder wir uns auf den unverrückbaren Sinngehalt eines Begriffes einigen könnten.

Ich nehme mir die Freiheit zu sagen: Ich bin ein ziemlich verliebtes Zimmer bei Nacht.

Morgens verwandle ich mich in eine Ausnüchterungszelle. Gemeint ist immer der Kern der Not. Die Welt kreist als notdürftige Bewegung um mein sprechfestes Auge. Auch meine Nase ist ein Sprachfest.

Wenn wir schweigen, gibt es uns nur als Tapetenmuster. Das bedeutet, die Wand hat hellseherische Fähigkeiten.

Oder ein Mann namens Grumsvötn tritt auf und behauptet, eine Wolke oder ein Vulkan zu sein. Was tun Sie dann? Sie legen Ihr Gewissen als Schachbrett aus. Sizilianische Eröffnung. Oder grünfeldindisch.

Als Spieler sind wir eine Begegnung, drehen uns um unsere Heiterkeit. Wie Licht und Socke anfällig für Schwindel. Ich bin ein Schwindelzimmer in notdürftiger Bewegung. Mein Herz wächst als Birnbaum in die Schachwelt hinein und lässt sich als Naturerlebnis feiern. Was weiß es vom Hochhausgehalt der Welt?

Wie spricht eine Libelle das Wort Kommunikationsarchitekt aus?

Wir sagen Remis, um nochmal anfangen zu können und tun, als könnten wir es wirklich. Nutzen Hochhaus und Birnbaum als Schachgelände.

Empfinden Sie auch manchmal eine solche Mattigkeit in Gesellschaft? Sagen Sie auch: Im Kern bin ich größer als mein Äußeres.

Solche Dinge, die man denkt und die niemand sieht. Wie: Ich bin ein Brückenbauer und die Birne ist ein weicher Baum. Wenn wir Tee trinken, weicht das Tapetenmuster vom Weg ab. Genau. Wir verbeugen uns vor dem Licht. Das Hochhaus ist eine gebeugte Nase und weiches Flüstern im Birnbaum.

Vielen Dank für die Abweichungen.

# 128

## Eine vierte Lesart

Wie der wankende Hang des Wahngedanken oder die Mit-
arbeiter von Frau Elisabeth Koenig als logikbasierte Haufen
oder abgelaufene Historik, die Möglichkeiten neuer Kombi-
nationen und Deutungen herauslesen aus einem geworfenen
Text als Atemübungen, Deduktionen, Unionen oder unfeinere
Amtsweg-Exoten oder auch bloß merken, wie das Wort Geld-
hunger sich im Phenolgeruch der Halde versteckt oder Mett
im Schmetterling, eine anagrammatische Erkundung also,
eine andere Art zu begreifen, Adams ruckartige Mahnungen
als befreiende Traueranzeigen, und sich so eine vierte Lesart
aneignen und damit Alices Ehrentage intensivieren, Eigen-
sinns vereitelte Anarchie beflügeln und gematrisch ein neues
Buch entdecken (Anrechte, Schmiedestücke, Neubeginn).

**66** (ab da als schwarz weiter) ◁          ▶ **64**

# Anmerkungen

**WIDMUNG**

Julio Florencio Cortázar (1914–1984) war ein argentinisch-französischer Schriftsteller und Intellektueller und neben Jorge Luis Borges einer der bedeutendsten Autoren der fantastischen Literatur. Da seine Texte die Grenzen zwischen Realität und Fiktion ausloten, werden sie mit dem Surrealismus in Verbindung gebracht.

**ANFANGSZITATE**

Für das Jean-Claude Juncker zugeschriebene Zitat gibt es keinen Beleg. Möglicherweise hat sich der Autor hier geirrt.

**SPIELREGELN**

In einigen Spielregeln finden sich versteckte Hinweise auf Emile Cioran. Auch der Ausdruck „Tier auf Umwegen" geht auf diesen Autor zurück.

*Himmel und Hölle* ist ein Verweis auf Julio Cortázars Roman *Rayuela*.

Das Nash-Gleichgewicht wird im Verlauf dieses Buches erklärt.

In diesem Zusammenhang könnte das Go! am Schluss nicht nur ein Startzeichen sein, sondern auch eine Anspielung auf das Go-Spiel, dem John Forbes Nash viel Zeit widmete.

John Forbes Nash Jr. (1928–2015) war ein US-amerikanischer Mathematiker, der besonders in den Bereichen Spieltheorie und Differentialgeometrie sowie auf dem Gebiet der partiellen Differentialgleichungen arbeitete. Im Jahr 1994 erhielt er zusammen mit Reinhard Selten und John Harsanyi den Alfred-Nobel-Gedächtnispreis für Wirtschaftswissenschaften für die gemeinsamen Leistungen auf dem Gebiet der Spieltheorie. Damit war Nash einer der wenigen Mathematiker, die diesen Preis erhielten. 2015 erhielt er mit dem Abelpreis auch noch einen der wichtigsten Wissenschaftspreise auf dem Gebiet der Mathematik.

Nach einem vielversprechenden Start seiner mathematischen Karriere erkrankte Nash mit 30 Jahren an Schizophrenie. Von der Krankheit erholte sich Nash zu Beginn der 1990er Jahre. Seine Geschichte ist 2001 einem breiteren Publikum durch den Film *A Beautiful Mind* bekannt geworden.

**KAPITEL 1**

Unklar, wer hier spricht. Thematik, Satzbau, Struktur und auffällige Formulierungen deuten aber daraufhin, dass es sich um Matthias Back handeln könnte, dass also hier bereits einer der Texte, die er Be(r)ichte/Ge-dichtschichten nennt, vorliegt.

In einzelnen Sätzen schwingt das Echo der Philosophie Heideggers mit, in andern wird deutlich Bezug genommen auf verschiedene Forscher und Denker im Bereich der Künstlichen Intelligenz. So könnte die *sehr kurzweilige Zeit* durchaus eine Anspielung sein auf Ray Kurzweil.

## KAPITEL 2
... wegen DES KINDES ... Um welches Kind es sich handelt, ist nicht klar. Da Liliane M in der dritten Person von sich spricht, könnte sie sich selbst damit meinen.

## KAPITEL 3
Die rote Königin ist eine Anspielung auf Leigh Van Valens Red-Queen-Hypothese, die Van Valen wiederum Lewis Carolls *Through the Looking-Glass* entlehnte. Van Valens Red-Queen-Hypothese besagt, dass biologische Arten aufgrund beständigen Konkurrenzdrucks unaufhörlich neue adaptive Anstrengungen und Weiterentwicklungen hervorbringen müssen, um nicht unterzugehen.

## KAPITEL 4
Ob es zwischen dem hier erwähnten Text *Eng Hex* und dem von John Nash erfundenen Spiel *Hex* einen Zusammenhang gibt, ist nicht klar.

## KAPITEL 5
Vercingetorix (*ca. 82 v. Chr.– 46 v. Chr.) war ein Fürst der gallisch-keltischen Arverner, der fast alle gallischen Völker vereinigte, um ihre Unabhängigkeit gegen den Eroberer Julius Caesar zu verteidigen.
... ER THEMATISIERTE DEN FEHLENDEN ARM ... Der erste Satz des Romans *Die Tanzenden* lautet: Wo hatte ich meinen Arm gelassen?

## KAPITEL 6
Tartine et Chocolat, französische Kindermode. Das Unternehmen wurde 1976 gegründet von Cathertine Painvin, die sehr beeindruckt gewesen sein soll von der „Eleganz" der Kennedy-Kinder bei der Beerdigung ihres Vaters 1963.

## KAPITEL 7
Film Fund Luxembourg, auch Fonds national de soutien à la production audiovisuelle untersteht dem Kulturministerium und hat den Auftrag, die Filmproduktion in Luxemburg zu unterstützen und zu entwickeln.

## KAPITEL 8
Eyjafjallajökull und Grímsvötn sind Namen von isländischen Vulkanen, wobei zu bemerken ist, dass Jökull eigentlich einen Gletscher bezeichnet.

## KAPITEL 8 ½
Der Name, den der Autor einem der Lokale gegeben hat, *Argosy,* ist ohne Zweifel eine Anspielung auf das US-amerikanische *Pulp*-Magazin gleichen

Namens, das zwischen 1882 und 1978 erschien. Zu den bekanntesten Autoren von *The Argosy* gehören Gertrude Barrows Bennet (die unter dem Pseudonym Francis Stevens veröffentlichte), Horatio Alger, Edgar Rice Burroughs, Dashiell Hammett oder auch Upton Sinclair.

## KAPITEL 9

Halil, auch Khalil ist ein Name arabischen Ursprungs und bedeutet so viel wie Freund.

## KAPITEL 11

Da JPW sich sehr gut an die Szene am Flughafen zu erinnern vermag, gibt er die dort gesprochenen Sätze ganz genau wieder, was für den Leser irritierend sein mag, da er den Dialog bereits kennt.

## KAPITEL 12

*Die letzten Tage von Pompeji* ist ein Roman von Edward Bulwer-Lytton aus dem Jahr 1834. *Die letzten Tage von Pompeji* ist wohl das populärste Werk des Horaz- und Schiller-Übersetzers Bulwer-Lytton, der in Deutschland unter anderem von Arno Schmidt übersetzt worden ist (*My Novel, or Varieties in English Life*, das Bulwer-Lytton unter dem Pseudonym Pisistratus Caxton herausbrachte, erschien 1973 in der Schmidtschen Übersetzung als *Dein Roman: 60 Spielarten englischen Daseins*). Ein Werk von Bulwer-Lytton, über das heute immer noch diskutiert wird, ist *The Coming Race* (siehe Kapitel 88). Des Weiteren ist Bulwer-Lytton bekannt durch Richard Wagners Oper *Rienzi*, die auf einem seiner Romane basiert, aber auch durch den Bulwer-Lytton Fiction Contest, bei dem der schlechteste Anfangssatz eines Romans gekürt wird. Dieser Wettbewerb orientiert sich am ersten Satz von Bulwer-Lyttons Roman *Paul Clifford*, der da lautet: „It was a dark and stormy night."

## KAPITEL 13

*Bekenntnisse des Hochstaplers Felix Krull* ist ein unvollendet gebliebener Roman von Thomas Mann.

## KAPITEL 14

Heiko Maas (*1966 in Saarlouis) ist ein deutscher Politiker (SPD).

## KAPITEL 15

Der Pterosaurus oder Flugsaurier war als erstes Wirbeltier in der Lage, aktiv zu fliegen. Die frühesten Funde von Flugsauriern reichen zurück bis ins Karnium, vor etwa 228 Millionen Jahren. Flugsaurier waren präsent bis zum großen Massenaussterben an der Wende von der Kreidezeit zum Paläogen vor etwa 66 Millionen Jahren.

## KAPITEL 16
Der Marathon des Sables ist ein Etappen-Ultramarathon, der in der marokkanischen Sahara organisiert wird.

## KAPITEL 17
Der Titel *Kahl und stumm und langsam im stillen Flusse abwärts* erinnert weitläufig an einen Satz aus Hermann Hesses Roman *Unterm Rad* (1906). Zu Leigh Van Valens Theorie, siehe Anmerkung zu Kapitel 3.

## KAPITEL 18
Unklar ist, wer hier mit Waringo gemeint ist, ob es sich um eine erfundene Person handelt oder doch um den Luxemburger Filmproduzenten Claude Waringo.

George Smiley ist eine literarische Figur des britischen Schriftstellers John le Carré, bürgerlich David John Moore Cornwell (1931–2020). Smiley kommt in vielen Romanen le Carrés vor, sei es als Haupt- oder als Nebenfigur.

Anthony Kiedis (\*1962) ist ein US-amerikanischer Musiker und Mitbegründer, Texter und Sänger der kalifornischen Funk-Rock-Band Red Hot Chili Peppers.

Gysin Kuttup, geb. Kuttupowski (\*1922) ist ein US-amerikanisch-belgischer Dichter und Schriftsteller russischer Herkunft. Er ist bekannt als experimentierfreudiger Verfasser unterschiedlichster Texte und gilt als Begründer des Transexotischen Realismus.

*Die purpurnen Flüsse 2 – Die Engel der Apokalypse* (Originaltitel: *Les Rivières pourpres II – Les anges de l'apocalypse*) ist ein Action-Thriller aus dem Jahr 2004 von Olivier Dahan mit Jean Reno und Benoît Magimel in den Hauptrollen. Der Film ist die Fortsetzung des Films *Die purpurnen Flüsse* von Mathieu Kassovitz, der im Jahr 2000 herauskam.

Sidney Gilchrist Thomas (1850–1885) war ein bedeutender britischer Metallurg.

Percy Carlyle Gilchrist (1851–1935) war ein britischer Chemiker und Metallurg.

## KAPITEL 21
Robert Schumann (1810–1856) war ein deutscher Komponist, Musikkritiker und Dirigent. Schumann besaß eine literarisch-musikalische Doppelbegabung; Gedichte, Prosa und Dramenentwürfe und musikalische Kompositionen standen in jungen Jahren gleichberechtigt nebeneinander. 1854 unternahm er einen Selbstmordversuch. Seine letzten Jahre verbrachte er in der Heilanstalt (auch Privat-Irrenanstalt) des Psychiaters Franz R. Richarz (1812–1887) in Endenich.

## KAPITEL 23
*Bellagio* ist eine italienische Gemeinde am Comer See. Der Ort ist bekannt für seine malerische Lage und ein Anziehungspunkt für Prominenz.

Die Bewegung der *Gilets Jaunes* (Gelbwesten) ist eine überwiegend über soziale Medien organisierte Bürgerbewegung in Frankreich, die landesweit Proteste ausrief. Die Bezeichnung leitet sich ab von den gelben Warnwesten, die die Protestierenden als Erkennungszeichen tragen.

### KAPITEL 24

Pedro Calderón de la Barca González de Henao Ruiz de Blasco y Riano (1600–1681) war ein spanischer Dichter und Dramatiker.

Gustav Mahler (1860–1911) war ein österreichischer Komponist und Dirigent. Die *9. Symphonie* ist das letzte vollendete Werk des Komponisten. Die Uraufführung am 26. Juni 1912 unter Bruno Walter konnte Mahler nicht mehr miterleben. Das Werk überforderte das Wiener Publikum und löste statt Jubelstürme (wie bei der *8. Symphonie*) Verwunderung und Befremdung aus.

### KAPITEL 25

... rue Prommenschenkel ... Jean-Pierre Prommenschenkel (1843–1937) war ein Luxemburger Steinmetz. Bekannt wurde er dadurch, dass er die Brücke über den sogenannten Schießentümpel (kleiner Wasserfall im Lauf der Schwarzen Ernz) eigenhändig erbaute, ohne dass ihm dafür ein Plan unterlegt worden war.

Jan van Eyck (1390–1441) gilt als Begründer und zugleich berühmtester Vertreter der altniederländischen Malerei. Wegen seiner vollendeten Technik und seines Sinns für wirklichkeitsgetreue Darstellung wurde er von vielen Autoren als „König unter den Malern" bezeichnet.

... DER PHILOSOPH ... angespielt wird auf Emile Cioran, von dem ein Satz paraphrasiert wird.

### KAPITEL 26

George Soros (*1930) ist ein US-amerikanischer Investor ungarischer Herkunft.

William „Bill" Henry Gates III (*1955) ist ein US-amerikanischer Unternehmer und Programmierer.

### KAPITEL 27

John Lester Nash Jr (1940–2020), besser bekannt als Johnny Nash, war ein US-amerikanischer Pop- und Reggaemusiker sowie Schauspieler.

*Nancy (with the laughing face)* ist ein Song von Jimmy van Heusen (Musik) und Phil Silvers (Lyrics), geschrieben 1942 und 1944 ein erstes Mal von Frank Sinatra aufgenommen.

### KAPITEL 28

... GING DER CHE ... Gemeint ist hier Ernesto „Che" Guevara (1928–1967). Guevara, der aus einer argentinischen bürgerlichen Familie stammte und eine Ausbildung als Arzt hatte, war ein zentraler Anführer der Rebellenarmee der Kubanischen Revolution und neben Fidel Castro deren wichtigste Symbolfigur.

*Schwanenkönig* ist ein Lied der deutschen Rockgruppe Karat, das durch eine Fabel von Leonardo da Vinci angeregt worden sein soll.

## KAPITEL 29
... BARATIN ... deutsch: Geschwätz, Gebrabbel, Bluff.

## KAPITEL 30
Schumann, Robert Schumann, siehe Anmerkung zu Kapitel 21.

Domenico Scarlatti (1685–1757) war ein italienischer Komponist und Cembalist. Seine Hauptbedeutung liegt in den 555 Sonaten für Cembalo, die zum Originellsten ihres Genres im 18. Jahrhundert zählen. Sie beeinflussten die Werke anderer Komponisten wie zum Beispiel Johann Sebastian Bach (*Fantasia c-moll, BWV 906, Goldberg-Variationen, BWV 988*).

Thomas Roseingrave (1690–1766) war ein englischer Komponist, Organist und Cembalist. Er soll die Fähigkeit gehabt haben, auch die schwierigsten Stücke fremder Komponisten fehlerfrei vom Blatt zu spielen. Seine späteren Lebensjahre waren von zunehmender geistiger Verwirrung gezeichnet.

## KAPITEL 32
Ryder Nightwood ist eine von Tomas Bjørnstad entworfene literarische Figur. Er ist der Protagonist der in den Roman *Die Tanzenden* eingegliederten Graphic Novel, die den Namen des Helden zum Titel hat. Ryder Nightwood ist ein vom Dienst suspendierter Polizist, der eine mysteriöse Affäre aufzuklären hat, dies unter allerschwierigsten Umständen, da sich im ganzen Land ein seltsames und gefährliches Virus verbreitet hat und soziale Unruhen mit sich zieht. (Obwohl die beschriebene Dystopie als Anspielung auf die aktuelle Corona-Pandemie gelesen werden könnte, kann der Text nicht durch sie beeinflusst sein, da der Roman bereits im Frühjahr 2019 erschienen ist).

*Ryder* und *Nightwood* wiederum sind die Titel zweier Werke der Schriftstellerin Djuna Barnes (1892–1982), eine der wichtigsten Autorinnen der literarischen Moderne.

Menn Malkowitsch (Geburtsjahr unklar) ist der Autor einer von Nico Helminger unter dem Titel *Kuerz Chronik vum Menn Malkowitsch sengen Deeg an der Loge* herausgegebenen Textsammlung, für die ihm 2018 der Servais-Preis zugesprochen wurde.

Robert Anthony Rodriguez (*1968) ist ein US-amerikanischer Filmregisseur, Drehbuchautor, Filmkomponist und Filmproduzent mexikanischer Herkunft. Er arbeitete zusammen mit Quentin Tarantino, mit dem ihn eine enge Freundschaft verbindet.

Quentin Tarantino (*1963) ist ein US-amerikanischer Filmregisseur, Produzent, Drehbuchautor, Kameramann und Schauspieler, mehrfacher Oscar- und Golden-Globe-Preisträger sowie Gewinner der Goldenen Palme in Cannes.

**KAPITEL 33**

Der Detektiv Harry Jickson in Kuttups Roman ist möglicherweise eine Anspielung auf die Hauptfigur der Serie *Harry Dickson*. Diese Heftromane gab es ab 1907 in Deutschland. Damals hieß der Detektiv der Serie noch Sherlock Holmes, bis dann Sir Arthur Conan Doyle seine Rechte einklagte. Die Reihe wurde danach verlegt als *Aus den Geheimakten des Weltdetektivs* und aus Holmes wurde Harry Dickson. Jean Ray, der die Texte ins Französische übersetzte und sie als schlecht einstufte, begann sie zu verändern und nach und nach völlig umzuschreiben, schuf damit seinen eigenen Harry Dickson.

Darauf, dass Harry Jickson sich auf Dickson bezieht, lässt auch das Spiel mit den Sprachen in Kuttups Text schließen.

Jean Ray ist ein Pseudonym von Raymundus Joannes de Kremer (1884–1964), einem belgischen Schriftsteller, der seine Werke in niederländischer und französischer Sprache veröffentlichte (zu den Pseudonymen siehe Kapitel 81). Einer seiner bekanntesten Romane, die sich größtenteils der fantastischen Literatur zuordnen lassen, ist *Malpertuis*, verfilmt mit Orson Welles als Schauspieler.

**KAPITEL 34**

Henri Julien Félix Rousseau, genannt „Le Douanier Rousseau" (1844–1910) war ein autodidaktischer französischer Maler, dessen Stil dem Postimpressionismus und der naiven Kunst zugeordnet wird. Er gilt als einer der Wegbereiter des Surrealismus.

**KAPITEL 38**

Musée d'Art Moderne Grand-Duc Jean, kurz Mudam, ist Luxemburgs Museum für moderne Kunst. Architekt des 2006 eröffneten Gebäudes ist Ieoh Ming Pei, weshalb das Gebäude im Volksmund auch als Pei-Museum bekannt ist.

Sécurité sociale, staatliche Sozial- und Krankenversicherung

**KAPITEL 39**

Mercy-le-Bas ist eine französische Gemeinde im Département Meurthe-et-Moselle in der an Luxemburg grenzenden Region Grand Est.

**KAPITEL 42**

19.10 PM existiert als Zeitangabe nicht. Der Autor spielt hier offensichtlich auf ein im Jahr 2020 vom Centre national de littérature herausgegebenes Buch mit dem Titel 19 10 PM an, in dem vom Fotografen Philippe Matsas (PM) porträtierte Schriftsteller den Monat Oktober (10) des Jahres 2019 kommentieren. Dementsprechend sind auch die weiteren Zeitangaben im Kapitel nicht korrekt wiedergegeben.

Jean Ray, siehe Anmerkung zu Kapitel 33.

Heiko Josef Maas, siehe Anmerkung zu Kapitel 14.

Luisa Neubauer (*1996) ist eine deutsche Klimaschutzaktivistin.

Armin Laschet (*1961) ist ein deutscher Politiker (CDU).

Samuel Hamen (*1988) ist ein Luxemburger Schriftsteller, Kritiker und Literaturwissenschaftler. Seit 2020 ist er Präsident des luxemburgischen Schriftstellerverbands A:LL.

... ZITIERT ROUSSEAU ... Gemeint ist der Philosoph, Schriftsteller, Pädagoge, Naturforscher und Komponist Jean-Jacques Rousseau (1712–1778).

Lambert Schlechter (*1941) ist einer der bekanntesten Schriftsteller Luxemburgs.

Francis van Maele (*1947) ist ein belgischer Verleger, Gründer der Éditions Phi in Luxemburg, lebt seit 2002 in Irland, wo er zusammen mit Antic-Ham den Verlag Redfoxpress leitet.

Jean d'Ormesson, eigentlich Jean Bruno Wladimir François-de-Paule Le Fèvre d'Ormesson (1925–2017) war ein französischer Schriftsteller und Journalist.

... DER HANDKE ... Gemeint ist der österreichische Schriftsteller und Übersetzer Peter Handke (*1942), dem 2019 der Nobelpreis für Literatur zuerkannt wurde.

Angela Lehner (*1987) ist eine österreichische Schriftstellerin.

Jeff Schinker (*1985) ist ein Luxemburger Schriftsteller und Kulturjournalist.

Olav Håkonson Hauge (1908–1994) war ein norwegischer Lyriker und Übersetzer.

In diesem Kapitel gibt es des Weiteren unzählige Anspielungen auf Schriftsteller, Verleger oder sonstige Besucher der Buchmesse, die aus Platzgründen hier nicht erläutert werden können.

... MITTEL DER SELBSTZERSTÖRUNG ... spielt an auf Ciorans *Lehre vom Zerfall.*

## KAPITEL 43

Daniele Buetti (*1955) ist ein Schweizer bildender Künstler, der sich in verschiedenen Medien, hauptsächlich Installation und Intervention, ausdrückt. Seine Arbeit umfasst Fotografie, Video, Sound, Zeichnung, Skulptur sowie digital-assistierte Medien. In den 1990er Jahren wurde er mit manipulierten Fotografien von Supermodels berühmt.

Die im Text erwähnte Figur Brock (sie tritt nicht auf, wird immer nur von andern erwähnt) ist inspiriert durch den Künstler und Kunsttheoretiker Bazon Brock (*1936). Ben Martin Rewing vertritt im Gespräch schlagwortartig verschiedene Ansichten und Theoreme Bazon Brocks, worauf Guy H, der Brock kennt und schätzt, ihm in manchem aber auch kritisch gegenübersteht, sich über diese Zitatensammlung ärgert.

Gerhard Richter (*1932) ist ein deutscher Maler, Bildhauer und Fotograf. Seine Werke zählen auf dem Kunstmarkt zu den teuersten eines lebenden Künstlers.

**KAPITEL 45**

Kary Banks Mullis (1944–2019) war ein US-amerikanischer Biochemiker.
Die Polymerase-Kettenreaktion (PCR) ist eine Methode, um Erbsubstanz in
vitro zu vervielfältigen. Die Bezeichnung „Kettenreaktion" bedeutet in diesem
Zusammenhang, dass die Produkte vorheriger Zyklen als Ausgangsstoffe für
den nächsten Zyklus dienen und somit eine exponentielle Vervielfältigung er-
möglichen. Die PCR wird in biologischen und medizinischen Laboratorien
zum Beispiel für die Erkennung von Erbkrankheiten und Virusinfektionen, für
das Erstellen und Überprüfen genetischer Fingerabdrücke, für das Klonieren
von Genen und für Abstammungsgutachten verwendet.

Alain Souchon, eigentlich Alain Kienast (*1944) ist ein französischer Lieder-
macher, Sänger und Schauspieler.

Die *RAND Corporation* (Research And Development) ist ein Think Tank in
den USA, der nach Ende des zweiten Weltkriegs gegründet wurde, um die
Streitkräfte der USA zu beraten. Ab 1950 war John Forbes Nash 4 Jahre lang in
den Sommermonaten an der *RAND Corporation* mit geheimer Forschungs-
arbeit beschäftigt. Zu den Mitarbeitern der *RAND* zählten unter anderem
Daniel Ellsberg, John von Neumann, Condoleeza Rice und Francis Fukuyama.

Leopold Bloom ist eine fiktive Figur im Roman *Ulysses* von James Joyce.

**KAPITEL 49**

Dorothy Faye Dunaway (*1941) ist eine US-amerikanische Schauspielerin,
Regisseurin, Filmproduzentin und Drehbuchautorin. In dem Gangsterfilm-
Drama *Bonnie and Clyde*, das 1967 unter der Regie von Arthur Penn entstand
und die Geschichte des Verbrecherpaares Bonnie Parker und Clyde Barrow
erzählt, spielt sie die Rolle der Bonnie.

Tramadol ist ein Arzneistoff aus der Gruppe der Opioide und wird zur
Behandlung mäßig starker bis starker Schmerzen verwendet. Außerhalb der zu-
gelassenen Anwendungsgebiete wird Tramadol im sogenannten Off-Label-Use
zur Behandlung des Restless-Legs-Syndroms verwendet.

Eine weitere Off-Label-Anwendung ist die Behandlung von ejaculatio prae-
cox (vorzeitiger Samenerguss). In Westafrika wird Tramadol von großen Teilen
der Bevölkerung als Droge eingenommen. Es stammt hauptsächlich von indi-
schen Generika-Herstellern. Einem Bericht aus dem April 2018 zufolge wurden
in den vergangenen 5 Jahren in Afrika südlich der Sahara etwa 3 Tonnen Tra-
madol beschlagnahmt. Der Handel mit Tramadol dient auch Terrorgruppen
wie Boko Haram oder dem Islamischen Staat als Finanzierungsquelle.

… ENSOR-MASKEN UND BACON-FRATZEN … Anspielung auf die Maler
James Ensor und Francis Bacon.

James Sidney Ensor (1860–1949) war ein belgischer Maler und Zeichner.
Er ist dem Symbolismus zuzuordnen und wird auch als Vorläufer des Ex-
pressionismus angesehen. Bekannt wurde er aber als der Maler der Masken.

Francis Bacon (1909–1992) war ein in Irland geborener britischer Maler.
Francis Bacon gehört zu den bedeutendsten gegenständlichen Malern des

20. Jahrhunderts. In seinen Werken setzte er sich vornehmlich mit der Darstellung des deformierten menschlichen Körpers in eng konstruierten Räumen auseinander.

## KAPITEL 50

... HABITUÉS... Stammgäste

## KAPITEL 51

Hier der genaue Wortlaut aus Goethes Wilhelm Meister und die 4 Strophen des Liedes:

Und so antwortete sie bedeutend auf jede unschuldige, leichte Frage. Als die Neugierde der kleinen Gesellschaft befriedigt war und der Eindruck dieser Erscheinung stumpf zu werden anfing, wollte man sie wieder auskleiden. Sie verwehrte es, nahm ihre Zither, setzte sich hier auf diesen hohen Schreibtisch hinauf und sang ein Lied mit unglaublicher Anmut:

So laßt mich scheinen, bis ich werde;
Zieht mir das weiße Kleid nicht aus!
Ich eile von der schönen Erde
Hinab in jenes feste Haus.

Dort ruh ich eine kleine Stille,
Dann öffnet sich der frische Blick,
Ich lasse dann die reine Hülle,
Den Gürtel und den Kranz zurück.

Und jene himmlischen Gestalten,
Sie fragen nicht nach Mann und Weib,
Und keine Kleider, keine Falten
Umgeben den verklärten Leib.

Zwar lebt ich ohne Sorg und Mühe,
Doch fühlt ich tiefen Schmerz genung;
Vor Kummer alter ich zu frühe;
Macht mich auf ewig wieder jung!

## KAPITEL 54

In diesem Kapitel gibt es textliche Anspielungen auf und Zitate aus William Shakespeares Richard III (... RAUER FELDLÄRM ... MISSGESTALTEN ... GRIMMIGSTEN KRIEGE ... POSSENSPIELE ... USW.)

*Openlux* ist eine Recherche zu Steuervermeidung in Europa. Ausgewertete und im Februar 2021 veröffentlichte Dokumente zeigen Details zu Steuervermeidung aufgrund der dafür begünstigenden Finanzpolitik Luxemburgs. Die Gesetzgebung des Landes schadet der Europäischen Union nach Bewertungen von Experten jährlich in Höhe von 10 Milliarden Euro.

**KAPITEL 55**

Witold Marian Gombrowicz (1904–1969) war einer der bedeutendsten polnischen Schriftsteller des 20. Jahrhunderts.

**KAPITEL 57**

Eine ähnliche Szene gibt es in Gysin Kuttups Roman *Two Step Transfer*, in dem er sich mit dem Überwachungskapitalismus auseinandersetzt. Dort kommt allerdings der Kunde nicht frei.

**KAPITEL 58**

Robert Mapplethorpe (1946–1989) war ein US-amerikanischer Fotograf und bildender Künstler. Als bekannt wurde, dass sich Mapplethorpe mit dem HI-Virus infiziert hatte, schnellten die Preise für seine Fotos in die Höhe. Im Dezember 1988 verkaufte er Fotos im Wert von 500.000 US-Dollar.

**KAPITEL 59**

*RAND*, siehe Anmerkung zu Kapitel 45.

Das *I Ging*, historische Transkription, heute: *Yijing (Buch der Wandlungen)* ist eine Sammlung von Strichzeichen und zugeordneten Sprüchen. Es ist der älteste der klassischen chinesischen Texte. Seine legendäre Entstehungsgeschichte wird traditionell bis in das 3. Jahrtausend v. Chr. zurückgeführt.

Als genetischer Code wird die Weise bezeichnet, mit der die Nukleotidsequenz eines RNA-Einzelstrangs in die Aminosäurensequenz der Polypeptidkette eines Proteins übersetzt wird. In der Zelle geschieht dies, nachdem zuvor die in der Abfolge von Basenpaaren des DNA-Doppelstrangs niedergelegte Erbinformation in die Sequenz des RNA-Einzelstrangs (Boten- oder Messenger-Ribonukleinsäure, mRNA) umgeschrieben wurde. Dieser genetsche Code ist bei allen bekannten Arten von Lebewesen in den Grundzügen gleich. Er ordnet einem Triplett von 3 aufeinanderfolgenden Nukleobasen der Nukleinsäuren – dem sogenannten Codon – jeweils eine bestimmte proteinogene Aminosäure zu.

**KAPITEL 62**

Die Besonderheiten dieses Kapitels wollen wir hier nicht kommentieren, um dem Leser nicht eine bestimmte Lesart zu suggerieren. Hingewiesen sei aber auf die Bedeutung, die Kapitel 62 in Julio Cortázars *Rayuela* hat. In dem Kapitel plant der Schriftsteller Morelli ein Buch in einer neuen, radikalen Schreibart über die, wie er sagt, uns bewohnenden fremden Kräfte, ein Buch, das er aber nicht schreibt, da es als völlig unerklärlich angesehen würde und die Figuren fälschlicherweise als total idiotisch gedeutet werden würden. Die hier konzipierte Idee verwirklicht Cortázar mit seinem außergewöhnlichen Roman *62/Modellbaukasten*, der mit gewohnten Erzählmustern bricht.

Jeff Koons (*1955) ist ein US-amerikanischer Künstler.

Koons kommt in mehreren von Bjørnstads Büchern vor, wobei die Erwägung stets von Ironie getragen ist. In *Die Tanzenden* heißt es zum Beispiel: „Wir sitzen im Speiseraum einer großen Limousine, die von Herrn Koons gesteuert wird. In der Mitte eine Badewanne in Form einer panzerlosen Schildkröte, die den Kopf von der Cicciolina hat. Wer ist das schon wieder? Ach, ja, von dem Koons die Frau aus der Pornoabteilung, die Saddam Hussein ihren Körper anbot als Gegenleistung für das Beenden seiner Diktatur." (S. 247)

## KAPITEL 63

Willard Van Orman Quine (1908–2000) war ein amerikanischer Philosoph und Logiker. Im Bereich der systematischen theoretischen Philosophie gehört er zu den bedeutendsten Philosophen des 20. Jahrhunderts. Sein Werk berührt alle Kerndisziplinen der theoretischen Philosophie wie Erkenntnistheorie, Sprachphilosophie, Wissenschaftstheorie, Logik und Ontologie.

... DES GEBORENSEINS MÜDE ... ist ein Verweis auf Emile Cioran.

## KAPITEL 65

Hier gibt es vereinzelt Hinweise auf Lewis Caroll.

Brock, siehe Anmerkung zu Kapitel 43.

... ALS GUT GILT HEUTE ... das Zitat ist von Robert Musil.

*So long sucker* ist ein von John Nash erfundenes Spiel.

## KAPITEL 67

Die eigenwillige Orthografie ist eine Hommage an Julio Cortázar.

## KAPITEL 68

*Aftenposten* (norwegisch für Abendpost) ist die führende norwegische Zeitung aus Oslo.

... ONKEL TEDS BERÜCHTIGTEN PARTYS ... Ein Gedicht in *Fjorde* befasst sich mit den Festen bei Onkel Fred:

Die Feste bei Onkel Ted waren der Ehrgeiz der Familie;
hätte man das Geld gehabt, man hätte afrikanische Elefanten,
den Tiger von Eschnapur und David Bowie eingeflogen.
Großmutter machte sich fix mit Tabletten und Haarspray,
voll und fertig war sie ein einsames Gelage
aus Perlenkette, Bluttransfusion und Odengehabe,
Großvater trug einen Hörapparat aus Elfenbein,
mit dem er hineinhörte in Gegenden
jenseits des Bewusstseins. Mein Stiefvater
warb für Sanitäranlagen, reiner als die Reinheit selbst,
was meiner halbjüdischen Mutter ab und zu
einen mehrdeutigen Seufzer entlockte.
Die Gäste hatten Mundgeruch aus aller Welt,

die falschen Steine waren von echten nicht zu unterscheiden.
Niemand verbarg seine Trunksucht.
Wenn, wie üblich, nach Mitternacht
der Mond sich in ein Rentier verwandelte, machten alle mit.
Einzig mein Vater kämpfte gegen den Nachtfrost
mit dampfenden Nüstern

**KAPITEL 70**
Hier gibt es deutliche Anspielungen auf Leigh Van Valens Red-Queen-Hypothese (siehe Anmerkungen zu Kapitel 3)
... DIE STIMME VON GUY HELMINGER ... gemeint ist hier der luxemburgische in Köln lebende Schriftsteller Guy Helminger (*1963), nicht zu verwechseln mit Guy Helminger, der im Vorwort dieses Buches als Autor des Werks *Beim blanne Jhang* genannt wird.

**KAPITEL 71**
*Tannhäuser*, Oper von Richard Wagner (1813–1883). Wagner war Komponist, Dramatiker, Dichter, Schriftsteller, Theaterregisseur und Dirigent. Mit seiner Schrift *Das Judenthum in der Musik* gehört er geistesgeschichtlich zu den obsessiven Verfechtern des Antisemitismus.

Bayreuth, Anspielung auf die Bayreuther Festspiele (auch Richard-Wagner-Festspiele), einem Musiktheaterfestival, das den zehn letzten Opern Richard Wagners gewidmet ist.

Ludwig Philipp Albert Schweitzer (1875–1965) war ein deutsch-französischer Arzt, Philosoph, evangelischer Theologe, Organist, Musikwissenschaftler und Pazifist. Er gilt als einer der bedeutendsten Denker des 20. Jahrhunderts.

Michel Clees (*1963) ist Arzt, Schauspieler, Schriftsteller und Liedermacher.

**KAPITEL 73**
Die Figur Schmidhuber basiert auf Jürgen Schmidhuber(*1963), einem deutschen Informatiker und KI-Forscher, dessen Thesen hier diskutiert und von Guy H angefochten werden. Seit 1995 ist Jürgen Schmidhuber wissenschaftlicher Direktor bei *IDSIA (Istituto Dalle Molle di Studi sull' Intelligenza Artificiale)*, einem Schweizer Forschungsinstitut für Künstliche Intelligenz.

**KAPITEL 80**
Léo Ferré (1916–1993) war ein französischer Dichter, Komponist, Sänger und Anarchist. Ferré gilt als einer der bedeutendsten Chansonniers des 20. Jahrhunderts.

Gérard Manset (*1945) ist ein französischer Chansonnier, Maler, Fotograf und Schriftsteller.

Serge Gainsbourg (1928–1991), geboren als Lucien Ginsburg war ein französischer Chansonnier, Filmschauspieler, Komponist und Schriftsteller.

Bouvard et Pécuchet, Hauptfiguren des gleichnamigen unvollendeten satirischen Schelmenromans von Gustave Flaubert (1821–1880).

Vladimir et Estragon, Hauptfiguren aus Samuel Becketts Theaterstück *Warten auf Godot*.

Samuel Barclay Beckett (1906–1989) war ein irischer Schriftsteller. Er gilt als einer der bedeutendsten Schriftsteller des 20. Jahrhunderts und wurde 1969 mit dem Nobelpreis für Literatur ausgezeichnet.

### KAPITEL 82
Cult of Luna ist eine schwedische Post-Metal-Band.

### KAPITEL 89
Georges Perec (1936–1982) war ein französischer Schriftsteller und Filmemacher. Er zählt zu den wichtigsten Vertretern der französischen Literatur des 20. Jahhunderts.

Arnold Schönberg (1874–1951) war ein österreichischer Komponist, Musiktheoretiker, Maler, Dichter und Erfinder. 1933 emigrierte er in die USA und schrieb sich fortan Arnold Schoenberg. Er entwickelte parallel zu dem weniger bekannten Josef Matthias Hauer die theoretische Formulierung der Zwölftontechnik.

### KAPITEL 92
Fernando Botero (*1932) ist ein kolumbianischer Maler.

### KAPITEL 93
Friedrich Wilhelm Voigt (1849–1922) war ein aus Ostpreußen stammender Schuhmacher, der durch seine spektakuläre Besetzung des Rathauses der Stadt Cöpenick mit Hilfe eines Trupps gutgläubiger Soldaten als Hochstapler Hauptmann von Köpenick, bekannt wurde.

### KAPITEL 95
Ryôkan (1758–1831) war ein zen-buddhistischer Mönch, Kalligraph und Dichter.

### KAPITEL 97
... GUGGING ... Gemeint ist die Landes-Irrenanstalt Kierling Gugging in Maria Gugging (Niederösterreich). Diese wurde 1885 in Betrieb genommen und 2007 aufgelöst. 1981 gründete der Psychiater Leo Navratil dort das Zentrum für Kunst und Psychotherapie. Auf dem Klinikgelände sind heute das Art/Brut Center Gugging und das Institute of Science and Technology Austria ansässig.

**KAPITEL 98**

Jorge Luis Borges (1899–1986) war ein argentinischer Schriftsteller, Dichter, Übersetzer, Professor und Bibliothekar. Er gilt als Mitbegründer des Magischen Realismus und zählt zu den Schlüsselfiguren der spanischsprachigen Literatur.

**KAPITEL 99**

Thomas du Castel de Saintonge (1715–1789) war ein französischer Dichter, Historiker und Philosoph. Sein *Essai sur la bourrasque* befasst sich hauptsächlich mit dem englischen Dichter John Harington (1561–1612) und dessen Werk *The Metamorphosis of Ajax: a cloacinean satire; with the Anatomy and apology*. Einem größeren Publikum dürfte der Dichter Harington vor allem durch die Erfindung des Wasserklosetts bekannt sein.

**KAPITEL 100**

Alle Sätze dieses Kapitels sind der Website *Bjørnbling22* entnommen; wenn einzelne Passagen dem Leser seltsam, unlogisch oder unkorrekt vorkommen sollten, so ist dies auf die Verfasser der Website zurückzuführen, nicht auf das Lektorat dieser Texte. Die Sätze werden wiedergegeben, so wie sie auf der Website zu lesen sind, lediglich die orthografischen Fehler wurden korrigiert.

**KAPITEL 103**

NGC 1275 ist die zentrale Galaxie des Perseus-Galaxienhaufens.

Jackson Pollock (1912–1956) war ein US-amerikanischer Maler und ein bedeutender Vertreter des abstrakten Expressionismus. Er wurde bekannt mit der von ihm begründeten Stilrichtung des Action Painting.

**KAPITEL 109**

Hans Moravec (*1948) ist ein kanadischer Wissenschaftler, der sich mit Robotik beschäftigt.

Rodney A. Brooks (*1954) ist ein australischer Informatiker und Kognitionswissenschaftler.

Bouneschlupp ist ein traditionelles Gericht der Luxemburger Küche.

**KAPITEL 112**

Vgl. Henryk Sienkiewicz, *Quo Vadis, A Narrative of the Time of Nero*, 1895

**KAPITEL 114**

*RAND*, siehe Anmerkung zu Kapitel 45.

**KAPITEL 118**

Giacomo Leopardi (1798–1837) war ein italienischer Dichter, Essayist und Philologe.

**KAPITEL 123**

Eine Bank aus Beton in einer Parkanlage in der Nähe der Porte-Maillot kommt auch vor in dem Buch *Das sexuelle Leben der Catherine M.* von Catherine Millet.

**KAPITEL 127**

Matthias Backs Aufzeichnungen *Be(r)ichte/Ge-dicht-schichten* sind hier nicht vollständig wiedergegeben. Zum einen hätte ihr Umfang den Rahmen dieses Projekts gesprengt, zum andern gibt es zahlreiche Passagen, die, wenn überhaupt, nur schwer verständlich sind, wie zum Beispiel der folgende Auszug:

„Gestrn gstritt ein Herbstleiden dazu sitzen gesichtsbüchern in Selbstbooten oder Krankenkajüten, worauf niemand wartet, schon gar keine Zeit, Tastenrieseln wie enthemded oder Pritschengesang, ein Hauptwartebereich oder Korridor voller Sichtfelder lila Wimpern am Licht blättert eine Prüferin erwähnt Taxen und Schachzüge der Gegnerschaft, ein Back leuchtet nicht, er ist eine Sammelstelle für Irrtümer, der Fall gesetzt, Ihre Aufgabe, Frau Leuchtschrift, mit Koeffizient 4, was bedeutet, Hand schütteln, Herz auslassen, rasen wie ein fast hätte ich gesagt Mäher, aber so pudelkernig ist kein Wesen, dass nicht ein paar Härchen blieben, in suburbanen Subkulturen oder Schließfächer mit Botschaften, Koffern, Überweisungen, Schnittstellen, ZahlenkombiNationen. Was wir hier tun hat einen Bemerkenswert von 1500. Mehr nicht irritierend, als Lösung gedacht und alle Neuen wie gehabt Zielsetzung: Alles holen aus sich raus, rein mathematisch eine nutzlose Formel, eine Fälschung also keine Identitätsgleichung oder Allquantifizierung nicht Tupel oder Dupel, nachts, Mnemosyne, Fünkchen sprühlings verzartet, verarztet am Schreitisch, Blauschirm, Grauschirm in Schattenzonen verwaltet wie Abteilungen übersee Schuhcremegesicht Kopfriss Blog Blogger Chips Dämonendomäne Dividenden und kein Ende ..."

# VOM SELBEN AUTOR

Tomas Bjørnstad
**Band 1: FJORDE**
auf Deutsch
Lyrik
© éditions guy binsfeld, Luxemburg 2018
96 Seiten, 134 x 210 mm
Gebunden mit Schutzumschlag
ISBN: 978-99959-42-42-7

**Bjørnstads literarisches Debüt**

In dem teils autobiografischen Lyrikband *Fjorde* schildert Bjørnstad poetische
Momentaufnahmen, die immer wieder über den festgehaltenen Augenblick
hinausgehen und hinter denen sich tiefgründige Themen wie Angst, Krankheit
und Tod verstecken.

Mit einer Mischung aus Melancholie und Humor, der stellweise zum
Grotesken mutiert, veranschaulichen die Gedichte die Unerträglichkeit des
Alltags sowie der Gesellschaft und lassen im Alltäglichen menschliche
Abgründe zum Vorschein kommen.

Tomas Bjørnstad
**Band 2: DIE TANZENDEN**
auf Deutsch
Roman
© éditions guy binsfeld, Luxemburg 2019
272 Seiten, 134 x 210 mm
Gebunden mit Schutzumschlag und
Lesebändchen
ISBN: 978-99959-42-37-3

**Bjørnstads erster Roman**

In einem Text der thematisch zwischen Selbstfindung und Selbsthass
jongliert, erzählt der Autor von Menschen, die sich auf die Suche nach neuen
Lebensentwürfen begeben. Sie sind auf der Flucht vor gesellschaftlichen
Normen und Konventionen, wollen sich nicht festlegen, können jedoch
gleichzeitig nicht loslassen.

Ein Roman über Verstörung, Krankheit und Sucht, aber auch über
Sinnsuche, die sich mitunter nicht mehr vom Wahn unterscheiden lässt.

Tomas Bjørnstad
**Band 3: VON DER SCHÖNEN ERDE**
auf Deutsch
Fragmente & Skizzen
© éditions guy binsfeld, Luxemburg 2022
464 Seiten, 134 x 210 mm
Gebunden mit Schutzumschlag und
Lesebändchen
ISBN: 978-99959-42-82-3

**Bjornstads dritter Band**

In einem literarischen Gebilde, das sich zu unterschiedlichsten Erzählungen verknüpfen lässt, findet ein Spiel statt, bei dem Philosophie und Trivialliteratur, Drehbuch und Werbung, Daten, Zitate und Poesie, Wahnwitz, skurriler Humor und Groteske aufeinanderprallen.

Es geht um eine Ortschaft auf ihrem Weg zur Smart City und um Menschen, die sich in diesem gesellschaftlichen Wandel nicht zurechtfinden. Tomas Bjørnstad beschreibt die Sinnentleertheit einer im Grunde ramponierten Leistungs- und Konsumgesellschaft, die Hinfälligkeit der Gegenwart, aber vor allem die Ungewissheit der Zukunft …

Tomas Bjørnstad

**Band 4: DIE VERLORENEN**
**Band 5: TROLL**
**Band 6: AM NACHTRAND**
**Band 7: VIVARIUM**
**Band 8: SPAM**
**Band 9: KIDIGICITY**
**Band 10: LICHTUNG**
**Band 11: BARDO**
**Band 12: NEXT LIFE**

**Sonderband (hors série): MEIN FALL**

ISBN: 978-99959-42-82-3

1. Auflage 2022
© Éditions Guy Binsfeld, Luxemburg 2022

Titel: Von der schönen Erde
Autor: Tomas Bjørnstad

Redaktion und Lektorat: Myriam Reisdorfer, Nadine Pirrung
Layout und Coverdesign: Anja Thielen
Druck: GGP Media GmbH, Pößneck (Deutschland)

editionsguybinsfeld.lu